貓頭鷹書房

　　有些書套著嚴肅的學術外衣，但內容平易近人，非常好讀；有些書討論近乎冷僻的主題，其實意蘊深遠，充滿閱讀的樂趣；還有些書大家時時掛在嘴邊，但我們卻從未看過……

　　如果沒有人推薦、提醒、出版，這些散發著智慧光芒的傑作，就會在我們的生命中錯失──因此我們有了**貓頭鷹書房**，作為這些書安身立命的家，也作為我們智性活動的主題樂園。

貓頭鷹書房 ── 智者在此垂釣

伊斯蘭新史

ISLAM
A New Historical Introduction

——以1O大主題重探真實的穆斯林信仰——

著———卡蘿·希倫布蘭德　　譯———何修瑜

الإسلام

一本為所有人寫的伊斯蘭新史
Carole Hillenbrand

Published by arragement with Thames and Hudson Ltd, London,
Islam: A New Historical Introduction © 2015 Thames and Hudson Ltd, London
The edition first published in Taiwan in 2018 by Owl Publishing House,
a division of Cité Publishing Ltd.
Taiwanese edition © 2018 Owl Publishing House
ALL RIGHTS RESERVED

貓頭鷹書房 445
伊斯蘭新史：以 10 大主題重探真實的穆斯林信仰

作　　者　卡蘿·希倫布蘭德
譯　　者　何修瑜
選書責編　張瑞芳
協力編輯　李鳳珠
校　　對　林昌榮、張瑞芳
版面構成　張靜怡、簡曼如（拉頁）
封面設計　児日

行銷業務　鄭詠文、陳昱甄
總 編 輯　謝宜英
出 版 者　貓頭鷹出版

發 行 人　涂玉雲
發　　行　英屬蓋曼群島商家庭傳媒股份有限公司城邦分公司
　　　　　104 台北市中山區民生東路二段 141 號 11 樓
　　　　　劃撥帳號：19863813；戶名：書虫股份有限公司
城邦讀書花園：www.cite.com.tw　購書服務信箱：service@readingclub.com.tw
購書服務專線：02-2500-7718~9（周一至周五上午 09:30-12:00；下午 13:30-17:00）
24 小時傳真專線：02-2500-1990~1
香港發行所　城邦（香港）出版集團／電話：852-2877-8606／傳真：852-2578-9337
馬新發行所　城邦（馬新）出版集團／電話：603-9056-3833／傳真：603-9057-6622
印 製 廠　中原造像事業股份有限公司
初　　版　2018 年 11 月　二刷　2020 年 3 月
定　　價　新台幣 690 元／港幣 230 元
Ｉ Ｓ Ｂ Ｎ　978-986-262-366-4

讀者意見信箱　owl@cph.com.tw
投稿信箱　owl.book@gmail.com
貓頭鷹知識網　www.owls.tw
貓頭鷹臉書　facebook.com/owlpublishing

【大量採購，請洽專線】(02) 2500-1919

城邦讀書花園
www.cite.com.tw

國家圖書館出版品預行編目資料

伊斯蘭新史：以 10 大主題重探真實的穆斯
林信仰／卡蘿·希倫布蘭德著；何修瑜
譯 .-- 初版 .-- 臺北市：貓頭鷹出版：家
庭傳媒城邦分公司發行，2018.11
　　面；　　公分 .-- (貓頭鷹書房；445)
譯自：Islam : a new historical introduction
ISBN 978-986-262-366-4 (平裝)

1. 伊斯蘭教　2. 歷史

258　　　　　　　　　　　　　　107016699

好評推薦

　　愛丁堡大學學者希倫布蘭德的《伊斯蘭新史》，藉由回歸歷史、連結當代的書寫方式，引導讀者探討伊斯蘭世界在初創時的過程、以及今日發展的面貌。由於當代西亞地區太多紛亂的問題，導致主流輿論都在探討伊斯蘭何以不能與其他世界和平共存？但是，在還沒有伊斯蘭的時代，西亞地區就已是東西方勢力爭奪之地，今日的問題絕非因伊斯蘭而起，還得反過來問為什麼其他世界不與伊斯蘭和平共存？理解伊斯蘭並不容易，但閱讀《伊斯蘭新史》這樣簡潔有力的著作，讓讀者得以不受雜亂無章的大眾輿論之影響，好好地走入最為實際層面的伊斯蘭世界。

—— 陳立樵／輔仁大學歷史系助理教授

　　作者努力克服不同語言的障礙，從西方角度探討伊斯蘭的真理，讓世人了解，無論語文、膚色、人種或地區、時代的不同，人類都能夠共同了解與學習真理。

　　我們應當繼續努力，朝向整理有關伊斯蘭宗教的專有名詞，與這些字彙的正確涵義，避免產生不必要的爭議與誤解。相信這一切的作

為，都將幫助世人更容易正確地去學習與了解：伊斯蘭不但是穆斯林的宗教信仰，更是他們的生活基礎。

——趙錫麟／國立交通大學兼任助理教授

我記不起上次如此愉快地閱讀一本伊斯蘭書籍是在何時。書中內容經過深入研究，流暢的寫作風格讓人想一口氣讀完。

——韋吉丹·阿里·哈希米公主殿下，

博士、外交官與約旦國家藝廊創辦人

卡蘿·希倫布蘭德精采的新書成就斐然。本書有絕佳的組織架構，下筆清晰而有說服力，勢必將長期成為該主題不可或缺的入門書。

——理查·哈羅威博士，

著有《離開亞歷山大港：信仰與懷疑的回憶錄》

本書立論明確，結構清楚，觀點平衡而睿智，而且以大量博學與敏銳的觀察為基礎。

——優瑟夫·舒埃里／曼徹斯特大學

當代必備的人文素養 —— 了解伊斯蘭

鄭慧慈／政大阿拉伯語文學系教授兼系主任、外語學院院長

　　近兩三年台灣出版圈開始重視中東地區知識的傳播，伊斯蘭的發源地阿拉伯半島在人們眼中逐漸不再是荒蕪的沙漠或源源不絕的石油代名詞，儘管進程緩慢，卻也令人欣慰。伊斯蘭進入台灣人的生活中，無數戴頭巾的穆斯林走在台灣大街小巷裡、Halal 食物出現在市場中、大批外籍勞工擠進台北車站的開齋節特殊景觀，凡此都在教導台灣人，伊斯蘭不僅屬於中東，而是鮮明的存在全世界的每一個角落，包含台灣小島。

　　此書作者卡蘿・希倫布蘭德教授精選世人所熟悉而足以代表伊斯蘭的核心議題，諸如穆罕默德、古蘭經、信仰、律法、吉哈德、女性等，深入淺出地將整部伊斯蘭史與伊斯蘭思想的精髓點出。她清晰的詮釋被人誤解的伊斯蘭律法，為許多衝突解套，並將伊斯蘭異於其他一神教的內涵分散在全書各議題中討論，分析三個一神教的根本差異，釐清一般人對伊斯蘭的過度正面或負面的想像。字裡行間呈現她在努力扮演西方與伊斯蘭世界橋梁的角色，充分發揮文化人尊重差異、詮釋差異的精神，譬如在解釋為人所詬病的伊斯蘭刑罰時說：

「令非穆斯林困擾的並不是全部的伊斯蘭法，而是其中兩部分——對待女性的方式以及嚴峻的刑罰，後者例如斬首與砍斷雙手。除此之外，他們的了解其實很有限。」並說：「顯然很少人知道一項事實，那就是基督徒、猶太教徒和穆斯林在英國都有宗教機構，可以執行部分宗教法，一般而言這類系統成效不錯。然而，九一一事件以及倫敦七七爆炸案之後人們對穆斯林的仇恨氛圍，再加上如『伊斯蘭英國』（Islam4UK）與『移民』（Al-Muhajiroun）等穆斯林激進團體發表『將英國伊斯蘭化』這一類聳動言談，更加深英國人民心中對伊斯蘭法產生的刻板與敵對印象。」

許多層面上，作者用同理心表達伊斯蘭教的精神，譬如「古蘭經自始至終並沒有同意殺戮。它強調讓受到伊斯蘭訊息吸引的人自願皈依，這是一個由真主規範、讓人類信奉的宗教，而不是以武力脅迫皈依的宗教。」又如在詮釋「吉哈德」真義之外，也批評西方觀點的偏頗：「例如某位西方軍事史學家就表示，伊斯蘭是『世界上最好戰的宗教』，因為『聖戰（吉哈德）是它的教義』。這種評論在伊斯蘭教的歷史與其基本教義中根本沒有立論基礎。在一項二○○八年舉辦的全球蓋洛普民調中，全球穆斯林中只有百分之七是好戰的極端份子。」、「這些穆斯林被視為沉默的大多數，或許只是因為他們沒有代言人。但情形往往是他們的聲音不被西方媒體選中，因為這些意見不是以英語表達；就算有人聽得懂，也覺得沒有報導的價值。」作者以平實的態度呈現一個真實的伊斯蘭面貌，是身為現代人必須學習的思考態度。

伊斯蘭的什葉派與遜尼派的分歧，遠自十世紀初遜尼派核心教法

論述底定之後便始終紛爭不斷。今日伊斯蘭世界中，該兩派鬥爭白熱化，不僅整個伊斯蘭世界無法倖免，許多強權勢力亦如它們一貫的作風參與其間，其複雜度因牽涉各國政治、軍事、經濟利益的爭奪，更甚於中古時期，造成目前世界動盪不安，和平遙遙無期。作者深知此議題的重要性，對伊斯蘭教派和分支、其歷史淵源等有平實的敘述，足以教導不諳什葉與遜尼兩教派及其各支派長久以來糾葛不清的對立情結者，對身為今日世界公民而言，無疑是重要的課題。

作者對穆斯林的未來顯然抱持樂觀的態度，她說：「穆斯林思想家醞釀出種種知識活動、辯論與爭議。然而所有人都有同樣迫切的渴望，盼望能在政治環境充滿挑戰的時代，找出一條新的信仰之路。拜容易取得的電子傳播方式之賜，這些辯論不只會持續下去，在速度與數量上也將大為增加。」

發展學術的目標本應聚焦在改善與提升人類的精神與物質生活，經濟處於弱勢、人文素養偏低的地區更應秉持此原則，尤其須將人文學術發展定位在大眾化、時代化，俾使之直接影響當代人的思想與行為，提升生活品質。值得敬佩的是，此書作者是學術圈深研伊斯蘭的教授，卻不似一般學術人為闡明一己的特殊甚至偏頗的觀點而將事實如鐵絲一般扭轉，形塑一盆漂亮的松柏盆栽，譁眾取寵而無法讓讀者認識松柏蒼勁挺拔的本色。作者挺身為許多對伊斯蘭懵懂的大眾而作，告訴人們依據歷史洪流的啟示，松柏是屬於大地、屬於山間。

伊斯蘭對全球現代人的重要性，不僅在老生常談的一些面向，譬如今日世界十七億穆斯林人口占全球人口四分之一、其發源地在今日世界具有決定性的政治、軍事、經濟、文化地位等。我更認為伊斯

蘭可貴之處在它以積極的態度保留人類珍貴的思想價值，為瞬息萬變的今日社會保存人類是與非、善與惡、美與醜、真與假的永恆分辨準則。

　　此書作者用嚴謹的邏輯思維，連結古今，將伊斯蘭歷史的影子呈現在現代伊斯蘭世界的各種狀態中，去蕪存菁將伊斯蘭本色呈現給讀者。作者自身的多語文能力更幫助她以宏觀、包容與平和的態度，處理與評論許多伊斯蘭發展史上政治與教派糾結的問題、教義的問題……，沒有添加西方人一貫的意識形態行銷。讀者閱畢全書，估計能建立對伊斯蘭的真知，對伊斯蘭的縱橫發展有清楚的概念，並得以釐清對許多問題的誤解與困惑。此書堪稱是欲通古今伊斯蘭發展者的佳作。

作者台灣版序

　　《伊斯蘭新史》即將在台灣出版，我深感榮幸。本書英文原著寫於二〇一四年，因此有個問題必須要提出來，那就是這幾年間的變化對書中傳遞的主要訊息是否有所影響？我認為沒有。伊斯蘭既是一種宗教也是一種文化，而或許首要作為一種政治概念的伊斯蘭教依舊一直被西方世界以錯誤的方式向世人描繪其面貌，而這些充斥著偏見、過度簡化、帶著有色眼鏡，以極具煽動性詞彙表達的訊息，強勢衝擊著全世界其他地區。現在包括俄國在內的西方強權，持續以軍事介入許多穆斯林居民占多數的國家。它們的世界石油蘊藏量占世界石油產量的大多數，因此西方將無止境持續干預這些國家。以巴衝突尚未見到解決的跡象。所謂伊斯蘭國（ISIS）作為聖戰國的力量，在伊拉克與敘利亞的確已經瓦解，但相關聯的小團體還是持續在許多國家活動，而歐洲各地由穆斯林激進份子發動引人注目的恐攻數量也愈來愈多——這是恐怖份子看見西方干涉穆斯林國家事務時，做出的直接反應。在許多穆斯林國家，期待「阿拉伯之春」運動後有新政治秩序將隨之而來的希望已然破滅。事實上，當地獨裁者的勢力日漸壯大，其代價是人民的自由。

然而戰地人民的苦難漸增，是二〇一四年以來相當顯著的變化，尤其在伊拉克、敘利亞和葉門等國家最為明顯。其結果是大量人民流離失所，造成有史以來規模最大的移民危機。大批穆斯林湧向歐洲，光是德國就有一百萬難民入境，土耳其則吸收了約三百萬難民。許多歐洲國家對難民的態度轉趨強硬，並伴隨著一波波種族主義與民族主義聲浪。此種劇烈人口變遷造成的長期影響難以預測。

在這些持續發生的危機所醞釀出的激烈辯論中，我們更迫切需要增進對穆斯林世界的理解。再怎麼強調都不為過，愛好和平、循規蹈矩的大多數沉默的穆斯林如果繼續保持沉默，將危害到他們自己。在過去二十年間默不作聲的穆斯林必須以更大的音量，將自己和極端主義者無所不在的宣傳劃清界線，因為後者正以伊斯蘭之名犯下暴行，危及這個信仰的名聲。極端主義者的種種行為，使得伊斯蘭這三個字被全球唾棄。這堪稱悲劇的現象必須視為緊急狀況，加以彌補。在此，有一個空間等著被世界上大多數穆斯林填滿，他們來自非洲、南亞和東亞，這些居住在戰區之外的穆斯林以和平方式實踐他們的信仰。好消息向來比壞消息難登上新聞頭條，但是如果有個口徑一致、而且更重要的是個國際性的運動，來宣傳這些人數多達十五億（編注：二〇一八年粗估十七億）、深知該如何與鄰人和平共處的穆斯林所信奉的伊斯蘭核心價值，就能有助於驅散許多西方人心中與伊斯蘭相關的無知疑雲。伊斯蘭靜默戒律的價值深植於每日的祈禱與齋戒月禁食中；對社會福利、同胞情誼與敦親睦鄰的普遍責任感支持下所做的定期救濟活動；透過朝覲活動而切身體會強烈的靈性——這一切都值得我們給予更清晰的著墨。在這些實踐過程中，伊斯蘭是一種生活

方式，而不是一連串激烈捍衛教義的立場。伊斯蘭教的核心態度傾向於包容，而非排外。我們必須以這樣的訊息，取代極端主義者侵略性的大聲咆哮。

　　全球有智慧又心繫國際事務的公民，試圖理解今日組成這個世界的信仰、無信仰、政治體系與社會結構等等令人困惑的拼圖，這些人該如何面對伊斯蘭呢？答案其實簡單明瞭。伊斯蘭在今日至關重要，因為這是一個十五億人信奉的宗教，它的信徒人數在世界人口佔了很大的比例。當然，認同伊斯蘭教與尊崇伊斯蘭教的人，對這宗教有不同的理解與實踐方式。知道如何在每天的生活中運作，就能使每個人更能了解我們所居住的這個世界，並且能看見我們沉迷其中的自大、偏頗與不盡然為真的媒體報導以外的事實。知識就是力量，具有必要背景知識的人，因而能看見當前的事件與趨勢的根源所在，也才更能理解這些新聞。本書的構想，不只希望能引導讀者了解現代伊斯蘭教如何實踐，也希望能分析這個宗教如何與為何發展起來。忽略伊斯蘭歷史的人，注定要重蹈前人覆轍。因此歷史有其重要性，在表述何謂伊斯蘭與伊斯蘭對穆斯林的意義為何時，歷史往往是簡化的陳述中被遺漏的成分。

　　最重要的是，本書的讀者群不是穆斯林，而是鎖定在非穆斯林。全球人類都肩負著世界的使命，我們與世界休戚與共，必須克盡職責。我們迫切需要在不同文化間搭起橋樑，促進人與人之間的理解。本書正朝著這目的勉力而為。我自己不是穆斯林，因此某方面而言，這本書與那些從傳統穆斯林立場解釋伊斯蘭信仰與文化的著作有所不同。但我試圖處理的，是在過去將近半個世紀以來與穆斯林世界的接

觸期間，非穆斯林最常向我提出的問題。他們才是這本書既定的讀者，如果這群人能從中獲益，我將感到很欣慰。

卡蘿・希倫布蘭德

二〇一八年十月

目　次

中文版特別收錄（拉頁）———————————————

・伊斯蘭年表

・時間軸（伊斯蘭史與世界史）

・伊斯蘭曆

・古蘭經篇章名

編輯弁言

1. 據皮尤研究中心調查，二〇一五年全球人口七十三億，穆斯林人口約占百分之二十四，即十七億左右。二〇〇九年的大調查結果為十五億。本書收錄資訊依據不同資料來源，為十五至十六億不等。考量人口數會不斷變更，中譯本維持原文數字。

2. 本書中的《古蘭經》引文，主要引用馬堅譯本，如配合原著譯文而採用其他譯本，會加注說明。

3. 本書中多處需參酌同書其他段落內容，均以括弧標注第幾章第幾頁（如：第六章，頁 222）。

4. 書中提及《古蘭經》章節時，均以阿拉伯數字表示，如：第 2 章或 2:1。

5. 內文中以粗體字標示的詞彙，均可於書末「詞彙表」中查詢原文與定義。

序

　　本書對象是大學生與一般讀者。我希望能對修習如全球伊斯蘭文明、比較宗教、伊斯蘭史、中東研究與其他相關課程的學生有所幫助，也希望許多有興趣了解目前以伊斯蘭為名發生的複雜事件的讀者，將因書中歷史與各式各樣主題性觀點的探索而有所收穫——這些觀點著重於今日世界各地的穆斯林信仰伊斯蘭教的方式。

　　撰寫本書時，我特別強調基本概念，以較大篇幅敘述主要觀點，避免用過多細節混淆讀者，看來是較為明智的做法。然而，在適當時機，我也會討論另類觀點。我希望讀者覺得書中的討論是具體而清晰的，各章節的焦點明確，此外為了將伊斯蘭教完全置於應有的脈絡中，本書也將各種歷史、社會、經濟、政治與性別因素等納入考量。

　　全書分為十一章，這十一章談及伊斯蘭教信仰和實踐上最基礎的面向。出於必要，這些主題密切相關，各章節之間也可互相參照（例如〈古蘭經〉這一章與每一章都有關聯性）。讀者順著章節往下讀，就能對這龐大複雜的宗教有更深而廣的認識。每一章都建立在前一章的基礎之上，而最後一章則是針對二十一世紀伊斯蘭教提出深思熟慮的見解與平衡觀點。穆斯林與其信仰對今日世界至關重要，這一章能

讓讀者了解伊斯蘭歷史背景如何影響穆斯林與非穆斯林的生活，以及它對於現在和未來的伊斯蘭與西方世界之間的關係，意義何在。

　　書中插圖是內文的延伸，針對古今不同地區與文化中穆斯林的信仰與實踐，提供了視覺引導。圖說讓讀者藉由各式各樣插圖，更全面地了解伊斯蘭信仰。地圖也是重要的視覺輔助，引導讀者理解這個發源自阿拉伯單一一個城市的信仰，是如何逐漸發展成擁有超過十五億信徒的全球性宗教。

　　將一長串原始資料去蕪存菁，寫成一本易讀而且讓不熟悉伊斯蘭教的讀者廣泛認識該領域的著作，是一項深具挑戰性的大工程。本書書目涵蓋英語世界中最重要的著作，有助於讀者進一步閱讀並研究該主題。但寫作本書時，我刻意廣泛運用其他語言的學術成果 —— 採用我畢生對阿拉伯文、波斯文、土耳其文、德文、法文、義大利文與西班牙文史料的學術研究 —— 其中包括前幾代人的著作，而只要其優秀的研究成果能對本書有所助益，均有採用。

第一章
引言

我們斷不能如井底之蛙，以為井裡圍繞著牠的牆就是世界的
盡頭，認為只有我們的宗教代表完整的真相，其他宗教都是
假的。以虔誠的心研究世界上其他宗教，就能知道他們的宗
教和我們同樣為真，而所有宗教必然同等重要。

—— 甘地[1]

　　我寫作本書的目的，是盡可能正確而客觀地描述多年來形塑並統
一全世界**穆斯林**（Muslim）社群的中心信仰、實踐與教義。本書定
義並分析這些基本的要素；對所有為了向非穆斯林解釋穆斯林如何與
為何思考與行動所做的研究而言，這些要素都是不可或缺的基礎。

　　我的目的是根據史實，細膩呈現**伊斯蘭**（Islam）信仰與實踐，
讓讀者明白過去如何影響、並仍持續影響現今世界。全球各地絕大多
數穆斯林信奉的現代伊斯蘭教，是建立在一連串歷史事件 —— 尤其是
該信仰形成的最初幾世紀 —— 所構成的基礎之上。最重要的信仰與慣
例，在這段時間內就已確立，然而其中細節卻尚未定案。也因此本書
最重要的目的，就是呈現這段時間中穆斯林在諸多議題上的信仰與
實踐，並見到相應而來的各種調適、修改與淬煉。例如，現代主義穆

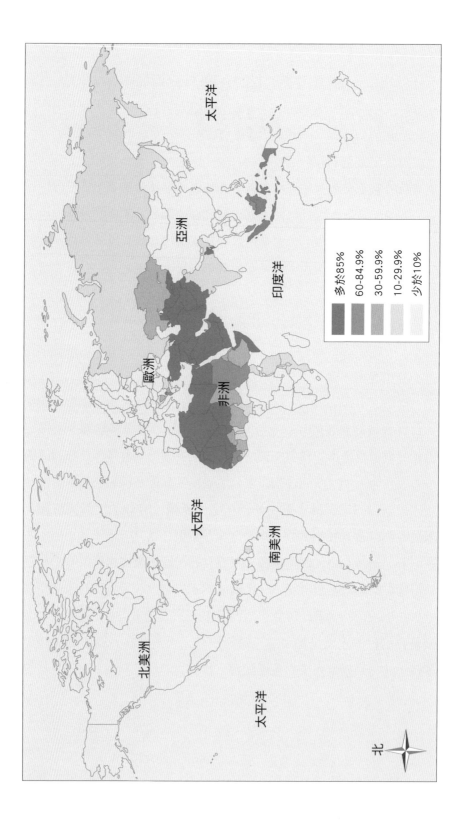

太平洋

亞洲

印度洋

歐洲

非洲

大西洋

南美洲

北美洲

大西洋

多於85%
60-84.9%
30-59.9%
10-29.9%
少於10%

北

斯林思想家一直試圖解釋伊斯蘭律法，以回應現代社會需求（見第五章）。如何詮釋**古蘭經**（Qur'an）戒律的細節並應用在某個特定狀況，確實可以視情況改變；然而改變只能發生在古蘭經裡類似的內文、以及先知**穆罕默德**的格言與行為典範之中。希望我能合理聲稱，本書特別著重和以上議題有關的歷史觀點。我將會特別著墨於伊斯蘭教的草創時期，尤其是先知穆罕默德與其**聖伴**（Companions）的生平，但我也同樣把重心放在第七章中談論的十八與十九世紀，因為這是一段見證伊斯蘭教復興和改革的關鍵期，而這都要感謝一連串傑出的人物。閱讀以上章節，讀者便具備了解現代穆斯林如何生活所必需的理解力與歷史性的觀點。書中提及的內容包括穆斯林儀式與每日的禮拜，並思考穆斯林對現代議題如何反應，例如與銀行往來的倫理與政治危機等等。

寫一本與伊斯蘭有關的書有許多種方法。這一類書籍長期以來一直有市場需求，這是個非常鼓舞人心的現象，表示有不計其數的人——不只是西方人，也不只是非穆斯林，而是包括穆斯林本身——都渴望對這個在過去一世紀以來變得如此重要的信仰有更深入的了解。那麼，這類書籍作者的寫作方法是什麼呢？值得高興的是，許多作者（往往不是穆斯林）描述的是現代伊斯蘭教，當然這對於迫切想知道

全世界穆斯林分布圖。百分比為 2010 年每個國家穆斯林占該國人口比率。伊斯蘭是全世界第二大宗教（僅次於基督宗教），有十六億信徒，也就是全世界人口的百分之二十三（譯注：據皮尤研究中心調查，2015 年全球人口七十三億，穆斯林人口約占百分之二十四，即十七億左右）。

穆斯林如何生活及其信仰為何的現代讀者而言極具相關性，尤其當穆斯林在今日世界扮演了相當重要的角色。畢竟，對大多數開始研究伊斯蘭教的人而言——無論因為它是大學課程的一部分，或只是出於個人好奇心——動機都是想了解後九一一世界。因此符合該需求的書籍，也在許多方面豐富了我的寫作內容。同樣的道理，在寫作本書時，參考刻意從信仰內部切入的穆斯林作者的書籍，對我也有所幫助；而這些穆斯林迫切地想向世人表明那些被視為永恆的宗教確定性。

然而另一種寫作方法，也就是本書不時從中擷取靈感的書籍所採用的方法，其作者呈現出單一社群的特定伊斯蘭教實踐方式；這些社群的習慣和詮釋往往與我們在其他穆斯林世界所觀察到的不同。伊斯蘭教是全球性的信仰，這事實再怎麼強調也不為過；伊斯蘭教徒不只從西邊的摩洛哥一路延伸到東邊的印尼，包括橫越兩者之間的每一個國家，而且在非洲、歐洲與美洲也都有許多教徒。巴西住著黎巴嫩穆斯林，而在英國蘇格蘭的外赫布里底群島也住著說蘇格蘭蓋爾語的巴基斯坦穆斯林。

在思索以上各種寫作方式的同時，這些書籍都有值得推薦的優點，也都影響我撰寫本書。因此我的結論必然如下：武斷地宣稱任一書籍才是描述伊斯蘭教的正確方式，並希望藉此對這個信仰有更深刻的認識，並非明智之舉。最後的成品，是仔細考量所有寫作方式以及從其中學習的結果。本書也盡可能充分利用其他著作中的許多史料，試圖囊括所有資訊。

寫作本書時，我希望書中文字對一般讀者而言，是淺顯易懂的。

因此我避免岔開話題，繞到只有專家感興趣的次要主題去。我也避免使用音譯，那會讓不懂阿拉伯文的人望之卻步，而懂阿拉伯文的人又嫌囉唆。基於相同的理由，我把術語使用頻率降到最低，也按捺做注腳的誘惑，以免引發爭論或堆疊額外的資訊──過多資訊很容易破壞注腳的良善用意。我將討論內容局限在大多數穆斯林信仰的事物與他們的生活，也說明了為何相對而言我給予某些主題如神學和哲學較少篇幅，因為當代學者對這些主題或許有迫切的學術興趣，街頭的穆斯林男女對此卻毫不在意（見第七章）。我試圖更廣泛地以冷靜的語調客觀陳述內容，堅持採取宏大的觀點，警惕自己不要落入偏頗的陷阱中。

讀者有權知道我的背景，因為那畢竟會影響我所說的話。我是阿拉伯語教授，專長是從宗教與文明的觀點研究伊斯蘭史。我成年之後大部分時間都獻身於伊斯蘭研究，包括伊斯蘭教的教義、歷史與文化。我也研究穆斯林核心地區使用的主要語言，並將我在這些領域習得的知識傳授給每一屆學生。他們的反應往往是既興奮又覺得充滿挑戰性。我在發表的期刊論文中直接使用阿拉伯語、波斯語和土耳其語史料；多年來我也教授涉及伊斯蘭律法、政治思想與蘇非主義等內容的古典阿拉伯文與波斯文宗教文獻。我還參與一些曾在英國、美國與中東播出，以伊斯蘭教為主題的電視節目與廣播節目。

我提出以上經歷，無非是為了這看似大膽的寫書計畫找到正當理由。我不是穆斯林，我確實也與我成長的基督宗教與文化環境有著很深厚的私人關係。因此我不能從個人經驗出發，把伊斯蘭教當作是與生活息息相關的信仰。不過，若不是對伊斯蘭的文化與宗教極為景仰

尊重，我不會選擇以研究伊斯蘭教作為我的職業生涯。

因此本書是在長時間研究穆斯林文化，將近半個世紀造訪許多穆斯林國家，以及數十年對西方學生講授穆斯林世界的成果。這些經驗累積對我做為一個人以及身為一個學者，都有深刻的影響；我對伊斯蘭教的理解與態度都因此更敏銳細膩。希望我可以宣稱，相關經驗決定了我要把哪些內容放進書裡，以及我如何呈現這些內容。

順道一提，只有穆斯林才能寫出這一類書籍的說法，在我看來是一個嚴重的誤解。我的論點是，非穆斯林的伊斯蘭學者，比穆斯林更能辨認非穆斯林時常提出的伊斯蘭教問題 —— 這些非穆斯林可能是學生或一般大眾、或是信仰其他宗教或沒有任何信仰的人。向大眾解釋常出現的誤解以及陳述造就現今穆斯林世界的基本事實與概念的必要性，形成建構本書的樣貌。經過一番深思熟慮，我試著找出關鍵議題，區隔出最重要和次重要的事。為了確保我沒有遺漏最重要的議題，這是個艱難而漫長的選擇過程。書中每一章都有一個標題。我刻意這麼做，為的是讓自己集中注意力，我希望相對地我的讀者也能如此。這表示想查找某個特定主題的人，就能快速找到。我在每一章和目次頁裡大量使用小標題，也是基於同樣理由。

這不是一本讓你一口氣讀完的書。其實它的用意是引導認真的讀者，告訴他們如果想獲得進一步資訊時該去哪裡找。以下狀況不但奇妙，或許也是明顯的事實：在過去三十年左右出版了許多書籍，這些書籍陳述穆斯林信仰的本質，以及主導他們生活的根本事物，然而其中只有某些書籍提出必要的資訊。因而很不合理的是，感興趣的讀者必須從兩、三段文字的簡單摘要（這些摘要幾乎難免流於表面）以及

整本書之間，找尋中間立場的討論；而其中細節之多，使得該書對象成為專家，而不是一般讀者。當然也有不少書——例如討論古蘭經、先知穆罕默德或伊斯蘭律法的書，長度剛好適合它的讀者。但這種書裡或許對其他主題隻字不提，而在本書中卻值得花上一整章的篇幅。因此相關資訊總在某個地方找得到，只是散落各處，非專業讀者很難查找。本書正是要解決這個問題。

　　因此我在書中檢視過去的一切如何塑造出今日，相信鑑古便可知今。在穆斯林世界中更是如此——將近一千四百年前發生的事件，直接影響今日世界。顯而易見的例子就是當初**遜尼派**（Sunnis）與**什葉派**（Shi'ites）分裂，導致寫作本書時中東地區的喋血事件（亦見第十一章）。因此，書中內容就是為了呈現給讀者過去伊斯蘭教的基本資料，以便盡可能清晰地提供理解現今穆斯林世界的脈絡。同樣得去強調的是，儘管在世界各地愈來愈明顯，許許多多歐洲人與美國人過於簡單地認為穆斯林只居住在中東，但事實上情形已不再如此。的確，嚴格來說這種看法並非事實。今日的穆斯林無所不在，所以世人比以往更需要深入了解伊斯蘭教。

　　因此本書是一個女性謙虛地試圖對抗危及客觀性且氾濫的無知心態，這樣的無知已對伊斯蘭教造成強大的偏見。本書的目的是整理伊斯蘭教相關事實並加以解釋。我希望站在宗教研究的立場，並且持續意識到歷史是如何構成宗教的發展。沒有一種宗教能隔絕歷史的影響而孤立存在。也沒有一種宗教在每個時間和地點的樣貌都相同。某些伊斯蘭學者的觀點有時被一些信徒用來代表信仰本身，而不像我們之前所說，研究者永遠必須將觀點放在古蘭經或是先知穆罕默德的言語

或行為典範的背景中。如此將影響到許多非穆斯林看待伊斯蘭教的方式。對許多西方人而言，「伊斯蘭」這個詞的確變成形容一個宗教、一個社會、一種文化和一種無所不包的政治實體的簡便速記。雖然在本書中，我提到「伊斯蘭」這個字時，主要是採用它的宗教意義，不過社會、文化和政治等面向當然也與宗教息息相關。

在此我也要強調一個顯然是次要的名詞使用問題。本書試著區分「伊斯蘭」和「穆斯林」這兩個字；它們都既是名詞，也當形容詞用。這兩個字常被當成同義詞，但其實不是。「伊斯蘭」指的是治理人類事務的道德、社會與政治等所有面向的一套信仰、制度與實踐。因此它指的就是伊斯蘭的宗教、著作與文化。另一方面，「穆斯林」指的是穆斯林國家的居民，或是信奉伊斯蘭教的人。這個字的不同用法的例子如「伊朗伊斯蘭共和國」或「穆斯林世界」或「**伊斯蘭法**（Shari'a）的規定」等。

最後簡單提一下現代媒體通常如何看待伊斯蘭，這看來很適合做為本章的結尾。許多有才華的記者大量報導現今穆斯林世界的事務，而且往往具有客觀性。不過這些都是短暫發生的事件；我們必須保持適當的距離，才能正確看待它們，而詳細的歷史知識就能拉開這樣的距離。但願書中對歷史的細膩討論，能讓讀者以探詢的、擁有背景知識的但同時也具有批判性的心態，來看待針對伊斯蘭教和穆斯林那些流於表面而又不可信任的論戰；遺憾的是，這些論戰都在大眾媒體片段的新聞與評論中出現。當然，遭殃的不是只有伊斯蘭這個主題，但我們很難估量日積月累的錯誤訊息和偏見所造成的衝擊會有多麼大。一個世界性宗教的名聲被恐怖份子如此玷汙是一大悲劇；這些自

稱穆斯林的恐怖份子在兇殘的行動背後有其政治動機,其實他們的行為受到伊斯蘭教嚴厲譴責。正因如此,世界各地許多非穆斯林才會普遍不經思考地誤解伊斯蘭教與恐怖主義有所關聯。然而這是一個擁有十五億信徒的宗教,其中絕大多數教徒與恐怖主義毫無關係,並且正好相反的是,他們很驕傲地擁有千年以上的宗教寬容傳統,從哥多華到耶路薩冷和德里,以及其他許多地方,穆斯林都能與其他信仰共存。

第二章
穆罕默德

穆罕默德是伊斯蘭的先知，是「眾先知的封印」，上帝挑選他將最終的訊息帶給人類。這一章將穆罕默德置於他身處的宗教、歷史與文化背景中，由此考量他的成就，並討論數世紀以來穆斯林如何理解他的生平、性格與重要性。

伊斯蘭教出現之前的阿拉伯

先知穆罕默德在特定的歷史時刻出生於一個特殊的社會，也就是西元六世紀的阿拉伯。了解時空背景對他的人生與他所傳遞的訊息造成的影響，當然十分重要。

地理環境

當時的阿拉伯樣貌如何？學者通常會明確區隔南阿拉伯（特別是西南角，也就是今日的葉門）與阿拉伯半島其他地區。這種區隔是基

圖1：綠洲。阿曼王國的巴尼哈利德河谷。水源、樹木、遮蔭、肥沃的土地——沙漠所缺乏的一切，成為阿拉伯游牧民族縈繞不去的想像。難怪深入古蘭經的天堂景象也僅僅是喚起這幾項要素，再轉化為靈性的隱喻。

於地理因素：北部沙漠廣大無垠，四周圍繞綠洲；而在古代被稱為阿拉伯樂園（Arabia Felix）的半島南部，土地比北部豐饒許多，有豐沛的降雨量，廣大而複雜的灌溉系統支持發展成熟的農業。

　　阿拉伯半島南部人口眾多，居民在約西元前八世紀開始就是定居的農民。此地城鎮有相當高度發展的政治制度、藝術與建築。古希臘羅馬作家曾提及傳說中奢華的示巴王國（以及著名的示巴女王），此外還有考古證據證明在該地區曾有成熟的都市文化。最早在西元前八世紀就有人說到馬利卜（在今日的葉門）赫赫有名的灌溉系統，這在

古代被譽為工程奇蹟。伊斯蘭教出現前不久，曾損壞數次的馬利卜水壩已經徹底倒塌，這對阿拉伯其他地區產生了深遠的影響。這件事在穆斯林傳述中被神化，漸漸成為南部阿拉伯王國衰落的象徵。其結果是大批人口往北遷移。

阿拉伯半島其他地方和南邊十分不同。北方人的生活總是十分艱困。廣大沙漠裡的居民主要是放牧人，他們過著不安穩的生活，靠豢養「沙漠之舟」駱駝與種植椰棗樹為生。阿拉伯游牧民族，也就是貝都因人，適應力強且足智多謀；他們在沙漠中心放牧駱駝，或在如雅斯里卜〔即後來的**麥地那（Medina）**〕和海拜爾等綠洲城市周圍的農業區附近豢養綿羊或山羊。農夫種植椰棗和小麥。阿拉伯沙漠區的勢力平衡掌握在駱駝放牧人的手上，他們的動物可以養活更多人。他們與綠洲居民共生，用游牧生活的產品如奶、肉類和獸皮等交換椰棗、小麥和武器。

阿拉伯的海港藉由與地中海、非洲和印度洋的貿易連結起來。內陸綠洲城市如**麥加（Mecca）**與雅斯里卜（位於麥加北方約三百三十公里）是陸路路線上的停靠點，商人帶來乳香、香料、絲綢和棉花等貨物，而貝都因人知道如何利用星辰和其他自然界的徵象，帶領本地與遠程商隊橫越廣大沙漠地帶。**古蘭經**（106:1-2，編注：指第 106 章第 1 至 2 節，全書以此編碼表古蘭經的章節）本身就曾提到，麥加最主要的部族——貝都因的古萊須族（Quraysh），也就是先知穆罕默德所屬的部族，藉由每年兩次的商隊貿易致富；經文中說道，真主「保護古來氏，因為在冬季和夏季的旅行中保護他們」。

政府與社會

　　北部、中部與東部的阿拉伯人沒有中央政府。貝都因人的社會不願意被任何掌控一切的政治制度束縛，因此一直依著古老的方式在部落組織中生活，無論是放牧人、農夫與城市的商人皆是如此。氏族與部落的大小、結構與聲望各不相同。日常生活可能是以共享紮營區和飲水區的小型部落活動為主。

　　和其他游牧民族社會相同，貝都因人是平等主義者，不過每個部落都有一位首領，其地位來自個人的領袖魅力。他的職責包括防禦敵人、保護部落神聖的象徵以及平息紛爭與招待客人。受到何種傷害就以同樣方式報復，貝都因人以這種方式維繫部落間的正義，用「以牙還牙，以眼還眼」的制度確保部落成員自身與家人、財產的安全。

　　貝都因人生活在軍事化的社會中，他們隨身攜帶武器。為了爭奪牧草地，他們必須掠奪住在城鎮附近或城鎮內的其他游牧部族。貝都因人有自己的榮譽法則，讚揚勇氣、耐力和軍事技能，這些特點對他們而言或許比遵循任何宗教信仰更有意義。

民間信仰與宗教

　　貝都因人採**泛靈信仰**（animist），包括崇拜偶像、石頭和樹木，他們會依照規定的次數繞著這些神聖的物品或走或跑（繞行儀式）[1]。預言者（kahins）扮演多種**薩滿**（Shamanism）角色，包括算命、治療和尋水術。貝都因人崇敬神聖的「**禁地**」（haram 或 hawta），有

些禁地沒有人守護，有一些則是由世襲的宗教菁英管理。這些聖所的功用乃作為避難處，或解決部落內部紛爭的中立區。聖所本身和周圍地區被視為極度神聖的地方，不能在該處打鬥。某些異教神明與某些聖所有關：胡巴爾神和**卡巴天房**（Ka'ba，一個正立方體建築，東南角嵌了一塊黑色隕石）有關，而阿拉特、烏札（二者通常被認定是維納斯）和瑪納特（命運女神）這三位女神在麥加附近特別受到崇敬。被奉為半島上普遍信仰的造物主**阿拉**（Allah）的「女兒」。每一年的市集都會在這些聖所附近舉行。

自西元五世紀以來，掌控麥加的古萊須部落一直照顧每年在神聖月份來到麥加的朝聖者；為了獲得神明的恩寵，朝聖者在儀式潔淨狀態下繞行卡巴天房七次，他們相信其為**亞伯拉罕**和他的兒子**以實瑪利**（伊斯瑪儀）所建造。卡巴天房被一個神聖禁地包圍，它的功用是避難所，這裡是停戰區；的確，當阿拉伯部落到麥加朝聖時，彼此間的所有仇恨都會暫時放下。在前伊斯蘭時代，朝聖之旅對麥加人來說是財富和名譽的來源。然而，貝都因人對於和異教徒神明有關的任何正式宗教儀式似乎都不大熱中，對他們而言，生活就是必須靠著勇氣和忍耐力撐下去，直到死亡在既定的時間將他們擊倒為止。這些感受反映在前伊斯蘭阿拉伯人的口傳詩歌中。

阿拉伯語是一個重要的連結，將游牧民族和城市居民結合在一起，它促進了自豪與團結的情感。當禁止打鬥時，他們就會聚在一起，聆聽記憶力驚人的部落成員以高雅的阿拉伯語高聲傳誦詩歌。這個時刻，阿拉伯人會覺得彼此之間有著超越部落忠誠的共同傳統與認同感。正是這樣的背景，提供了穆罕默德建立他那超越部族的社群之

圖2：前伊斯蘭偶像崇拜。石雕女神像
（位於約旦佩特拉翼獅神廟，西元一世
紀）。伊斯蘭教堅決反對多神信仰，包括
描繪神性的想法在內，就連左圖散發出神
祕力量、極其抽象的表現形式都不行。石
雕上以納巴泰文（一種古代閃族語文）刻
著：「哈揚女神，寧巴之子」，它雕刻的
是烏札女神、伊西斯女神或阿芙蘿黛蒂女
神。穆罕默德不顧他人反對，摧毀了坐落
於卡巴天房周遭各種神明的雕像。

基礎，這社群受到來自阿拉伯本土的全新**一神論信仰**（monotheist）
伊斯蘭教所啟發。

阿拉伯的猶太人和基督徒

除了前伊斯蘭時期的**多神教**（polytheism）以外，評估外來宗教
傳統對阿拉伯半島的影響也同樣重要。到了西元六世紀晚期，猶太
教和基督教已深入阿拉伯，尤其是西南邊以及北邊靠近**拜占庭帝國**
（Bzyantine Empire）邊界的沙漠區。四世紀早期阿比西尼亞國王皈
依基督教之後，在阿拉伯南部創造強大的基督教王國。四世紀的亞丹
也有基督教社群。猶太教信徒出現在阿拉伯中部的綠洲，海拜爾與雅

圖**3**：聖地地形圖。
朝聖者前往聖城麥加
與麥地那的指南（印
度，十九世紀）。這
兩幅圖畫以經過簡化
的等距表現方式，以
圖示將某些聖地納入
朝聖者的標準行程
中。用來裝飾邊框的
顏色是代表天國的昂
貴金色與藍色，強調
圖畫的神聖性。

斯里卜這兩個城市教徒特別多，他們以種植椰棗樹為生。在阿拉伯南
部，身分顯赫的人物都改信猶太教，例如六世紀赫米葉爾朝國王優素
夫‧阿薩爾，也就是穆斯林傳述中所稱的都‧努瓦斯。伊斯蘭教興
起之前最後一個伊朗的帝國──**薩珊**波斯帝國（sasanian），也將它
的國教**瑣羅亞斯德教**（zoroastrianism）傳入阿拉伯南岸。在五七〇年
代，有些瑣羅亞斯德教徒確實是在那裡皈依。

　　阿拉伯並沒有和猶太教與基督教等一神信仰傳統切斷關係，但這
些信仰在這裡也沒有顯著進展。貝都因人有他們自己本土的宗教傳
統，有些孤立地區也信奉基督教和猶太教；在薩珊王朝現今伊拉克邊
境，以及拜占庭帝國現今敘利亞附近的某些部落，信奉不同形式的基
督教。阿拉伯人也知道在舊約聖經與新約聖經裡都提到過的撒瑪利亞

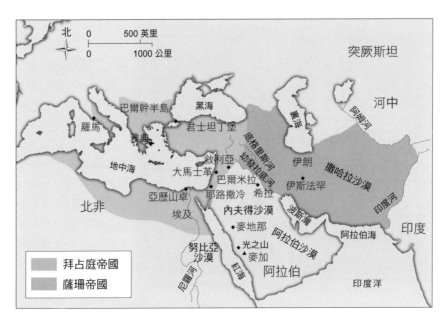

圖4:拜占庭帝國與薩珊帝國疆域圖,約六三〇年。二十年後,穆斯林軍隊將埃及與敘利亞從拜占庭帝國手中奪過來,並征服整個薩珊帝國。往後一千多年,伊斯蘭教在這些地方都是最主要的宗教。

人。古蘭經(20:85)曾提到**摩西**時代有一個撒瑪利亞人在沙漠中誘惑以色列子民。從古蘭經以隱喻的方式提到亞伯拉罕傳統(也就是起源可以追溯至亞伯拉罕的幾種宗教)的先知們,可以清楚知道穆罕默德其實是向已經非常熟悉聖經故事的一群人傳教。

然而,在此必須強調,古蘭經從唯一的神那裡得到的訊息,也就是穆罕默德在阿拉伯向他的同胞宣揚的宗教,與猶太教和基督教不同。事實上,之後的穆斯林傳統希望讓伊斯蘭教遠離這兩個之前的一神信仰,常提到阿拉伯在前伊斯蘭時期的一神教信徒「**哈尼夫**」

（hanifs）的存在，他們與猶太教或基督教沒有關係，卻奉行阿拉伯人之父、在麥加建造卡巴天房聖地的亞伯拉罕的「純正宗教」。這個觀念是否確實反映歷史真相，還有疑問，因為前伊斯蘭時代的阿拉伯宗教儀式很複雜，至今沒有人能完全理解。

穆罕默德生平：傳統的穆斯林敘事

好幾世紀以來，懷抱崇敬與虔誠的信徒已將先知穆罕默德生平的歷史事件神聖化。事件發生之後的敘述僅根據傳統的穆斯林史料，每一個穆斯林從小就學會相信這些敘述。兩千多年來，基督徒透過虔誠的透鏡看見並擴大構成**耶穌**主要傳記內容的幾個關鍵性事件；同樣的道理，穆斯林也從好幾世紀對這位先知的崇敬與愛的光環中，感受穆罕默德被正典化的人生故事中的一切。

出生與早年生活

無論從穆斯林或非穆斯林的史料，都查不出穆罕默德確切的出生日期，不過他大概生於五七〇年左右。出身自麥加的巴努・哈須姆氏族，是古萊須部落中較小的氏族，雖然還有些許聲望，但其財富和權勢在當時已經沒落。穆罕默德小時候就成了孤兒；他父親阿布杜拉在他出生前兩個月就去世了，而他年僅六歲，就失去了母親阿米娜。古蘭經經文（93:6）提到這一點：「難道他沒有發現你伶仃孤苦，而使

你有所歸宿？」穆罕默德先是被祖父阿布－穆塔利卜、之後被叔叔阿布－塔利卜撫養長大。

青年穆罕默德成為一名商人，他替富有的寡婦**哈蒂嘉**經商，順利完成幾趟前往敘利亞的商隊之旅，並且在約五九五年與哈蒂嘉結婚。他們有六個孩子，包括四個女兒和兩個死於襁褓中的兒子。他最有名的女兒是**法蒂瑪**，她是**阿里**的妻子，以及穆罕默德孫子**哈珊**與**胡笙**的母親。根據穆斯林傳統敘述，早在成為先知之前，年輕的穆罕默德就已經被同時代的人賦予阿敏（值得信賴者）的稱謂，替眾人排解紛爭。

啟示與迫害

中年時〔傳統上所說的中年大約是在四十歲，四十對**閃族人**（Semitic）而言是具有象徵意義的重要數字〕，穆罕默德對麥加與卡巴天房所處的異教環境以及麥加人的貪婪深感不滿，因此開始到麥加城外冥想，並在「光之山」（Jabal al-Nur）上一個叫做「希拉」（Hira）的洞穴中，長時間專注進行宗教禱告。在洞穴裡他透過**天使加百列**領受了上帝的第一個啟示。加百列指示他唸誦以下字句：「你應當奉你的創造主的名義而宣讀：他曾用血塊創造人。」（古蘭經96:1, 2）一般認為這是古蘭經啟示的第一句，也就是穆罕默德領受上帝啟示的第一句。這次啟示和接下來類似經驗令穆罕默德不知所措，他因自疑而煩惱不已。但哈蒂嘉充滿愛的安撫與鼓勵成為他的支柱，他愈來愈有信心，認為真主確實召喚他成為祂的使者。

圖 5：險峻的群山。 麥加後方的山脈。先知穆罕默德時常隱遁入山，在山中祈禱與冥想。穆斯林傳述中描述天使加百列是如何來到穆罕默德面前，給他第一次啟示，之後的多次啟示構成古蘭經內容。

　　約在六一三年，一股強烈的衝動讓穆罕默德開始公開對麥加人傳教。這第一份先知訊息構成最早的古蘭經麥加篇章（suras，**蘇拉**），強調**末日**（Last Day）隨即到來，以及人類迫切需要悔改，改信唯一的神，以免後悔莫及。穆罕默德的呼籲不受重視。但他身邊漸漸聚集了一小群積極的追隨者，他們「順從神」（這就是**穆斯林**此一字詞的意義）。在這個階段，他似乎已經將自己當成真主送到阿拉伯人身邊的信差，警告他們行不義之事的可怕後果。

　　在穆罕默德持續領受啟示之際，他和信奉多神教麥加人之間的鴻溝愈來愈大，而他傳教的核心教義——也就是一神信仰——也更加明確；這對麥加人的經濟造成威脅，因為他們能從麥加卡巴天房周遭的

異教儀式、市集和朝聖活動等帶來的龐大利潤中獲利。根據伊斯蘭教傳述，有些麥加人開始迫害穆斯林，因此穆斯林在六一五年左右前往阿比西尼亞避難[2]，他們在那裡受到信奉基督教的國王尼格斯保護。然而，穆罕默德沒有和他們一起去，這時候他還在他的氏族與氏族領導者也就是他叔叔阿布－塔利卜的保護傘之下。

六一九年，對穆罕默德來說是最痛苦的年份之一。哈蒂嘉和阿布－塔利卜在這一年相繼去世，他的另一位叔叔阿布－拉哈布（這個名字的意思是「（地獄）火焰之父」）取得氏族的領導權，然而後來他卻對穆罕默德的傳道充滿敵意。這時，沒有氏族保護的穆罕默德必須尋找另一個能傳遞伊斯蘭教訊息但不會被迫害、性命不會受到威脅的地方。六二○年他先到麥加東南方六十英里外的塔伊夫，他在那裡傳道了幾天。那裡的人譏笑他，還對他丟擲石頭，因此他逃了出去。約一年後，有個更幸運的機會到來了。有些來麥加進行宗教儀式的雅斯里卜人聽了先知傳遞的訊息，他們接受了伊斯蘭教，並邀請他和他們回去，運用他仲裁的才能替他們排解內部的棘手紛爭。他接受邀請，而在麥加皈依穆斯林的所有人，漸漸一批批都離開了麥加。他們的出走井然有序。他們安全抵達雅斯里卜，那裡的穆斯林安頓了他們。只有穆罕默德、他虔誠的友人**阿布－巴克爾**和忠誠的堂弟與女婿阿里還留在麥加。最後阿里睡在穆罕默德的床上，以便騙過這位先知的敵人，讓穆罕默德和阿布－巴克爾離開麥加，躲在城南的洞穴裡（古蘭經 9:40）。

穆罕默德和阿布－巴克爾終於在六二二年九月二十四日抵達雅斯里卜（此地很快就改名為 Madinat al-nabi，意思是先知之城，也就是

後來的麥地那）。使用穆斯林的曆法之後，這一天就成為新伊斯蘭時代的開始，紀念穆罕默德從麥加遷往麥地那的「**聖遷**」（hijra）。他在麥加的成就是創立一個新的宗教，伊斯蘭教。而他在麥地那則是建立穆斯林宗教社群「**烏瑪**」（umma）。

伊斯蘭教在麥地那的早期發展，六二二至二六年

當時在麥地那的阿拉伯人分為兩個主要的敵對部落，奧斯和哈茲拉吉。此外，還有三個重要的猶太氏族，納迪爾、蓋奴卡和古萊札，他們在麥地那的經濟活動中扮演重要的角色。沒多久麥地那的猶太人就明白拒絕先知傳遞的訊息，此舉使他們遭到嚴重的後果，對伊斯蘭教之後的演變也有很大的影響。

此後十年（六二二至三二年），先知穆罕默德在麥地那可以自由傳教，公開崇拜神，並且創造了烏瑪這個**神權**伊斯蘭社群。伊斯蘭教在社會層面上理應十分重要，因為穆斯林必須學習如何根據新的信仰過生活。這些新來的麥加穆斯林〔也就是所謂的**遷士**（Muhajirun）〕抵達麥加時沒有任何資源或支持，因此需要融入麥地那社會。最初這個問題藉由穆罕默德在遷士和麥地那穆斯林〔所謂的輔士（Ansar）〕之間建立的「兄弟會」制度獲得解決。在早期穆罕默德的傳記作者**伊本－易斯哈格**（約七〇四至六七年）的著作中，保存了應該是原版的伊斯蘭教基本文獻，即「**麥地那憲法**」，或稱「**麥地那憲章**（Medina Charter）」。約在麥地那時期第二或第三年完成的這份文獻，顯示穆罕默德作為調停者的卓越才能，以及他試圖結合當地社

會中極為不同的各種元素，以便讓麥地那成為統一的社群。他必須建立社會秩序，才能在新環境中給予他自己和信徒不可或缺的保護，並防止麥地那內亂。從他所擬定的文字中看來，即使在草創階段，這個宗教社群也清楚顯示出它的伊斯蘭精神——最高權威是超越部落，屬於真主與他的先知穆罕默德。這份文件談的是來自麥加與麥地那信徒的宗教社群——**烏瑪**，然而它也容許納入猶太人、基督徒和異教徒。事實上，在之後對抗麥加人的戰役中，有些麥地那猶太人也和穆斯林並肩作戰。然而，隨著穆罕默德的地位更加強大，建立排外宗教社群的需求更為迫切，於是這份文件較為務實的觀點很快就改變了。

在穆罕默德奠定烏瑪基礎的同時，古蘭經啟示也在持續向他揭示。麥地那篇章與麥加篇章不同之處，在於前者詳盡宣告穆斯林在個人與公共生活每一層面的行為。我們很難確立麥地那時期的精確年表。但從古蘭經提到偽善者（munafiqun）——烏瑪中破壞性的、不忠誠的成分；很明顯地，穆罕默德早期設法讓麥地那猶太人接受伊斯蘭教的啟示，希望將他們納入社群內，但被猶太人拒絕了。許多在麥地那時期揭示的古蘭經經文以駁斥的形式出現，那是為了讓穆罕默德用以對抗敵人虛假錯誤的言論。從古蘭經訊息顯示他對猶太人逐漸幻滅，並且愈來愈強調伊斯蘭教這個新信仰的排他性和原創性。穆罕默德相信，他的信仰是真正的亞伯拉罕信仰；亞伯拉罕藉由兒子也就是阿拉伯人的祖先伊斯瑪儀，在麥加建造卡巴天房。他改變穆斯林**禮拜的方向**（qibla），將原本朝向耶路撒冷的祈禱方向改為朝向麥加的卡巴天房。他也將穆斯林曆的第九個月，整整一個月訂定為齋戒月。

穆罕默德不只在穆斯林內部建立和諧的社群，也抵禦麥加人威脅

伊斯蘭社群的外部攻擊。伊斯蘭傳述中記錄了他對抗麥加人的一連串戰役，這些戰役於是成為**吉哈德**（jihad）的原型；根據穆罕默德的定義，吉哈德是抵禦外侮（見第九章）的奮鬥。穆斯林對抗麥加人的第一場大勝仗就是六二四年的巴德爾戰役，他們打擊了麥加人的聲望，使穆斯林士氣大增，因為這場勝仗足以證明這新的信仰得到神的喜愛。在穆罕默德成功抵擋外敵入侵之後，更加深他的決心，要除去從麥地那內部威脅伊斯蘭社群的人，尤其是猶太人。他包圍猶太氏族蓋奴卡的堡壘，很快他們就被迫遷移到阿拉伯其他猶太人聚居地，如麥地那北邊的海拜爾；他們的物品就變成烏瑪的財產。

一年之後，在六二四至二五年[3]，希望能一雪巴德爾敗仗恥辱的麥加人，派出據說由三千人組成的一支軍隊，在阿布－蘇夫揚的領導下來到麥地那。穆罕默德與信徒到城外的一座叫烏胡德的山丘。這是伊斯蘭歷史中一個不名譽的詞彙，因為它代表隨後麥加人擊敗穆斯林的一場戰役。麥加軍隊領導者蘇夫揚帶著阿拉特女神與烏札女神上戰場。戰役進行到一半，突然傳出先知已經倒下的謠言，許多穆斯林因而四散奔逃。這個事件被認為是古蘭經（3:144）的啟示內容，經文譴責這些穆斯林：「穆罕默德只是一個使者，在他之前，有許多使者，確已逝去了；如果他病故或陣亡，難道你們就要叛道嗎？」但是，穆罕默德只是受了傷，他設法逃脫。麥加人的名譽暫時恢復，他們就此離開，沒有乘勝追擊。雖然穆罕默德丟了面子，這次失敗對他和他的信徒而言是一個教訓，如古蘭經經文（3:154）所言：「（真主這樣做，）以便他試驗你們的心事，鍛鍊你們心中的信仰。真主是全知心事的。」沒有和麥加人打仗的麥地那猶太人對於穆罕默德的不幸

歡欣鼓舞；但沒多久，第二個猶太氏族納迪爾就被迫離開麥地那，遷移到海拜爾和北邊其他猶太人聚居地。

鞏固烏瑪，六二六至三〇年

來自麥加的另一次威脅很快又出現。麥加人發覺穆罕默德的力量沒有被削弱，於是聯合海拜爾的猶太人集結成一支約一萬人的大軍，在六二六至二七年朝麥地那挺進，打算占領這個城市。麥地那的猶太人也涉嫌參與這項軍事行動。穆罕默德在麥地那缺乏防禦的區域前方挖了一個壕溝。圍城戰開始，但壕溝阻止敵人前進，圍城的危機終於解除。接下來就是所謂的壕溝戰役，穆罕默德獲得最後勝利，於是他宣布對麥地那最後一個猶太氏族古萊札宣戰，包圍他們的堡壘。這一次他趕盡殺絕；根據伊本－易斯哈格的紀錄，古萊札所有男人 —— 數目約在六百至九百人之間 —— 在一場審判之後都被處死。這場審判是由他們自己部落裡一個叫薩德・賓－穆阿德的男人舉行，穆罕默德授權給他，由他決定這些猶太人的命運。女人和孩童都成為奴隸。

這次事件是新穆斯林社群發展的一個重大轉捩點。將三個猶太氏族從麥地那剷除之後，穆罕默德即將達成在只有穆斯林的城市裡組織烏瑪的目的。他也與一些敘利亞沙漠邊緣的阿拉伯部落接觸，希望能說服他們欣然接受伊斯蘭教，在真主與他的先知治理下，服從烏瑪的權威。六二八年，穆罕默德認為他已經夠強大，能採取下一步行動，他發現麥加漸漸對他產生好感，決定嘗試將這個重要的城市併入宗教社群。此時他運用無與倫比的協商能力拉攏麥加人，他與他們形成聯

盟，不再發動軍事衝突。這兩年內，他奠定和平進入麥加城的基礎。六二八年，他宣布打算前往麥加朝聖。朝聖的路上，在麥加聖地外圍一個叫胡代比亞的地方紮營時，他與麥加人達成協議，讓他次年可以回到麥加進行**小朝**（'umra），而且還與他們簽訂了一份為期十年的和平條約。這份胡代比亞合約是這位先知的一項外交勝利。在沒多久的六年前，曾對他的傳教充耳不聞、將他趕出城外的麥加人，如今不再想去殺他，或摧毀這個新宗教和新社群，而是改站在對等的關係與他協商。

六二八至二九年，穆罕默德攻占猶太人綠洲城市海拜爾。這是他第一次征服麥地那以外的地區。他處置這個城市的方式，成為接下來穆斯林處置其他城市的榜樣，無論這些城市是在先知生前或死後由其他穆斯林所征服。他沒有將海拜爾的猶太人殺掉或趕走；他讓這些「有經的人」——也就是基督徒和猶太人等有聖經的宗教社群——留在原地繼續信奉他們的宗教，只要交一筆人頭稅即可。根據穆斯林傳述，就是大約在這個時期，穆罕默德派人送信給當時最有權力的統治者，包括拜占庭皇帝、薩珊波斯國王與阿比西尼亞國王，邀請他們皈依伊斯蘭教。學者對於這些信件是否為真依然有爭論，但至少可以看出後世穆斯林是如何看待從前的歷史事件，並看見先知穆罕默德將伊斯蘭教傳至阿拉伯半島以外的遠大目標。在此同時，穆罕默德也渴望將伊斯蘭教傳入所有阿拉伯部落，包括住在當時信奉基督教的拜占庭與信奉瑣羅亞斯德教的波斯這兩大帝國邊境的部落。

六二九年，為配合胡代比亞條約，麥加人出城三天，讓穆斯林進行小朝。這時一些之前與穆罕默德為敵的麥加重要人物都改信伊斯蘭

教。但麥加的核心份子依然拒絕穆罕默德的友好協議，於是他們破壞了胡代比亞條約。因此，在六二九年，穆罕默德帶領一支軍隊進入麥加。麥加領導者出來與他談和，穆罕默德同意大赦所有放下武器的麥加人。

六三〇年一月，穆罕默德不費一兵一卒，凱旋進入麥加，並摧毀散布在卡巴天房四周的所有異教偶像，不過據說他曾用雙手蓋住畫在柱子上的**聖母馬利亞**與耶穌像，以免畫像被毀[4]。他傳達了相當清楚的訊息──多神教已死，一神教至上。幾週後，他在胡乃恩擊敗了一支中部阿拉伯部落的大軍。

穆罕默德最後的歲月，六三〇至三二年

穆罕默德人生的最後兩年在麥地那度過。在這段時間裡，他更加努力確保通往敘利亞的北方道路的政策，以便擴展烏瑪以及保護商隊貿易。穆罕默德親自參與六三〇年在敘利亞的塔布克戰役。那年許多部落的使節到麥地那拜訪他，他與他們擬定條約。從家鄉麥加遷往麥地那，也就是所謂「聖遷」的十年後，六三二年，穆罕默德進行首次伊斯蘭朝聖之旅（hajj）──也就是後世所稱的「告別朝聖」。他在那次朝聖中的所有個別儀式，成為日後伊斯蘭朝聖儀式的典範（見第四章，頁 145-48）。他轉化異教徒進行的朝拜卡巴天房儀式，將亞伯拉罕建造的這棟建築物，以伊斯蘭教的名義再次神聖化。在古蘭經經文（5:3）中可看出真主偏愛穆罕默德，據信這些經文是在這重要時刻在他面前揭示：「今天，我已為你們成全你們的宗教，我已完成我

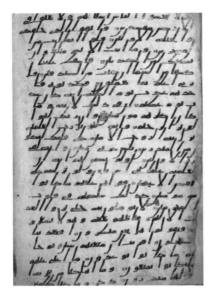

圖 6：伊斯蘭教的神聖經典。羊皮紙上的古蘭經，可能以阿拉伯文寫成（七至八世紀）。以沒有母音和沒有標點的庫法體──最早古蘭經使用的書寫體──寫成，筆跡向後傾斜，每一頁有二十四行緊密排列的文字，為早期字母形式，字距偶爾不規則，左邊頁面空白處呈鋸尺狀，幾乎沒有經文記號，這種文字自然難以閱讀。之後會出現更適合古蘭經的字體和版型〔見伊本－巴瓦布（Ibn al-Bawwab）的古蘭經，約一〇〇〇至〇一年，頁 58〕。

所賜你們的恩典，我已選擇伊斯蘭做你們的宗教。」

回到麥地那之後，穆罕默德開始計畫一次新的遠征，他打算親自領軍橫越約旦。但就在原訂的出征時間前，他病倒了，發了高燒。他於六三二年六月八日去世，在舉行簡單葬禮後被埋葬在麥地那自宅中。他沒有留下兒子。繼他之後誰來帶領穆斯林社群的問題，變得更加重要（見第六章）。

穆罕默德生平史料來源

我們不可能重建這位伊斯蘭先知生平的客觀歷史敘述。然而不久

之後，先知傳記就已成為固定的記述和穆斯林神聖歷史的焦點，他畢生的重要階段具有象徵性與標準化的重要性。換句話說，不只穆罕默德的語錄與見解，還有包括軍事戰役的各種行動，這些由他的親信（也就是**聖伴**）與他們的後代觀察並記錄下來的事蹟，都成為整個穆斯林社群的典範。對於信徒而言，這種種神聖的歷史的細節與全貌，都很難加以分析、改變與反駁。

傳統穆斯林史料

　　穆罕默德生平神聖歷史的基礎，由三種主要傳統穆斯林史料建構而成：古蘭經、先知穆罕默德的經典語錄（hadith，**聖訓集**），以及由伊本－易斯哈格所寫的穆罕默德正傳（sira，《**先知傳**》）。以下將依序檢視，不過這三種史料之間當然關係密切。

　　首先是古蘭經。雖然研究者嘗試從古蘭經中摘錄出先知的生平經歷，用這份啟示錄當作史料並不容易。不可否認，從古蘭經譴責阿拉伯人生活的某些方面看來，它解釋了某些先知想要改革當時盛行的社會情況與慣例，然而透過古蘭經中的暗示去追溯他生涯中的各個階段，卻很容易做出粗糙而簡化的結論。穆斯林與非穆斯林學者對於古蘭經的篇章與個別經文的年代學，都持續存有爭議[5]。因此，古蘭經不算是這位先知的傳記。不過，和聖訓集與《先知傳》另外這兩種重要的伊斯蘭史料一起閱讀時，記錄他所經歷的試煉與勝利的古蘭經，確實能讓讀者對穆罕默德人生的各個發展階段有了深刻的認識。古蘭經的敘述雖然難以理解，聖訓集卻往往能加以澄清並詳述其中文

字。聖訓集和《先知傳》在穆斯林宗教文學中是兩個截然不同的類別，但兩者都有對於先知的描述，合併來看兩者內容就形成「**聖行**」（Sunna，先知的「慣例或基準行為」）。

聖訓集包含當時人記錄的大量先知言行，據信由聖伴廣為流傳，並且在之後由數代早期穆斯林予以神聖化。他們詳細描述穆罕默德的傳道與其他活動的畫面，尤其是麥地那時期（六二二至三二年）發生的事。然而，我們不可能將聖訓集的傳述當作史料看待：非穆斯林聖訓集學者對於聖訓集是否在七世紀早期出現仍有爭議，而且其內容往往瑣碎、片段，有如預言，無法拼湊出全貌。有時敘述前後矛盾，有時顯然經後人竄改。然而，聖訓集還是忠實反映出早期伊斯蘭儀式與律法的變動性、多樣性與演變過程，以及伊斯蘭創教最初兩三世紀虔誠的學者努力建立的「真正伊斯蘭教」之路。的確，聖訓集傳述最終還是能替穆斯林日常生活各面向的伊斯蘭律法發展提供基礎（見第五章）。在九和十世紀就已成書的四部聖訓選集，被視為遜尼教的權威典籍「正訓」（sahih）；現存於世還有許多由其他學者蒐集的聖訓史料。**什葉派**也有屬於該派的聖訓選集，某方面來說提供了先知言行的另一種解釋。

無論是遜尼派或是什葉派的選集，聖訓集的重要性，在於其合法性功能。聖訓集中的先知穆罕默德以或精簡或詳細的方式，向穆斯林宣告他們應該相信什麼，或應該如何作為。古蘭經與聖訓集因此互相彌補彼此的不足；前者隱晦的性質，經由後者豐富完整的敘述而加以擴大。聖訓集在相當廣泛的題材中引用先知的話語，包括衣服、珠寶、食物、說閒話、立誓詛咒或甚至牙籤，乃至於最富靈性的時刻如

吉哈德、敬拜、朝聖、天堂、地獄和審判，以及真主的仁慈等等。聖訓集充分展現穆罕默德人性的一面，他有個人的好惡，一方面關注形而上學，一方面關注儀式的細節。他在聖訓集中的語氣充滿自信而又宏亮。聖訓集中的先知是有權威的立法者，也是所有穆斯林在日常生活中試圖仿效的典範。

構成先知生平神聖歷史的第三個重要史料來源是正式的傳記文類，也就是《先知傳》，由伊本－易斯哈格於八世紀開始撰寫，之後由**伊本－希夏姆**（卒於八三三年）彙編完成。絕大部分以聖訓傳述為基礎的這本傳記，是一本複雜而引人入勝的書籍。其中有許多穆罕默德個人的生活與個性方面的細節描述，此外還有奇蹟、神祕與傳說的成分。伊本－易斯哈格的《先知傳》仍舊是最忠實而虔誠的先知傳記，之後數世紀的傳記都深受其影響。

聖訓集根據主題排列事件順序，《先知傳》則不同，它講述一個有頭有尾有中段的故事，是一個英雄的敘事。傳記以大多數穆斯林熟知、精準且不可改變的順序，呈現穆罕默德生命中的事件。雖然傳記中被認為充斥奇蹟與傳奇的成分，它也構成現代種種先知傳記的基礎，包括西方非穆斯林所寫的先知傳記。西方學者明白《先知傳》史料的問題所在，這些問題他們已加以分析，之後他們仍然依賴傳記中的史料，因為其他史料來源付之闕如。

《先知傳》廣泛描述先知的一生，不過還有其他主題範圍較窄的文獻，例如專注於描述穆罕默德軍事遠征的**戰役之書**（maghazi books），以及詳細描述穆罕默德的聖伴與其後代的傳記字典。其他重要史料來源還包括**阿拔斯朝**（'Abbasid）偉大的穆斯林歷史學家的

著作，當時最重要的就是巴拉德胡里和塔巴里。他們的編年體靈感來自於數世紀以來的口頭傳述（由忠誠的教徒仔細記住，盼能勿忘先知職志與穆斯林輝煌勝仗），以及目前早已亡佚、第一批伊斯蘭文字史料。有些偉大的阿拔斯歷史學家是「編纂者」：他們多為宗教學者，小心翼翼蒐集並篩選前人留下的資料片段，無論是完整的或破碎的。為了證明資料可信度，這一類消息或軼事會附帶一項檢驗機制〔也就是所謂的「傳述鏈」（isnads）── 追溯某個特定事件的一連串敘事者，若有可能則一直回到先知時代為止〕。

非穆斯林的穆罕默德生平史料

在過去五十年左右，西方的非穆斯林學者針對穆罕默德與伊斯蘭教來源做了許多研究。他們的研究，是設法將上述九世紀穆斯林學者以正典形式編纂的穆罕默德生平神聖歷史，與七至十世紀猶太人、基督徒和瑣羅亞斯德教徒等談論穆罕默德與伊斯蘭教興起的非穆斯林文獻史料，兩者清楚地區分開來。整體而論，後者無法以學者所需的細節提供前後一致的穆罕默德生平敘事，這些寥寥無幾的史料也很難不帶偏見；其中有許多史料都有其特定的目的。但這些史料的說法也應當仔細調查，因為對於先知職志與伊斯蘭興起的現象，他們提供了有別於穆斯林傳述的觀點。

從非穆斯林歷史和宗教文獻看來，穆罕默德確實真有其人。最早描述穆罕默德事業的文字，來自於六六〇年代一份無名氏所著、沒有

書名的亞美尼亞編年史[6]。作者提到穆罕默德是一名商人，他對族人宣教：「永生的神向他們的父親亞伯拉罕顯示祂自己。」他筆下的歷史也說到征服土地，並記錄穆罕默德的格言：「你們只能愛亞伯拉罕的神，並且去拿下神給你們父親亞伯拉罕的國家。」[7]非穆斯林史料中沒有提到麥加，或穆罕默德就在阿拉伯，而是強調巴勒斯坦的重要性。基督教作者主要強調他們的內在認知被前來征服的阿拉伯人破壞的情形，基督徒以天啟的口吻形容這些阿拉伯人是「上帝之劍」。八世紀末期，來自美索不達米亞北部一位作者所寫的《祖格寧編年史》對穆罕默德的描述如下：「第一位國王是他們（阿拉伯人）之中的一人，他名叫穆罕默德。他們也稱這人為先知，因為他讓他們放棄所有異教，教導他們世上只有一個神，祂是創世之神……他們稱他為先知與神的使者。」[8]

另一位更為有名的作者，**大馬士革的約翰**（六七六至七四九年），於七三〇年代[9]寫了一本談論異教的爭議性著作，書中將穆斯林稱為「以實瑪利人」、「夏甲人」和「薩拉森人」。在對伊斯蘭教的謾罵中，他透露自己曾讀過古蘭經。

除了上述書籍和一些西元七百年至一千年間特別提到穆罕默德的穆斯林史料，值得一提的趣事是，一份六四三年的紙草文獻上標注的日期是「二十二年」；這暗示在六二二那一年發生了重大事件（根據穆斯林傳述，聖遷發生在這一年，它也是穆斯林曆元年）[10]。此外，在開羅的一個墓碑上寫著穆斯林月份「主馬達月 II，三十一年」，相當於基督教的六五二年一月至二月[11]。這兩份不相關但各有其重要性的文件，卻符合了許久之後穆斯林編年史的歷史架構。

那麼，關於穆罕默德的生平與他所傳遞訊息，從非穆斯林的外部證據可得出何種結論？這樣的結論又該如何與穆斯林版本的伊斯蘭教興起說法相互協調融合？這是非穆斯林學者一直爭論不休的問題。然而，我們至少可以這麼說，基督徒、猶太人和其他非穆斯林史料有其重要性，他們的史料能反映這些宗教社群在伊斯蘭教出現時是在何種歷史背景之下做出回應。然而在此同時，既然這些人無疑是帶著偏見與誤解看待伊斯蘭教的興起，我們也不能太過強調這些史料的可信度。穆斯林書寫自身經驗時時充滿了意識形態的成分，非穆斯林書寫亦然。

對穆斯林而言，無論是細節或大範圍事件，穆罕默德生平的「神聖歷史」不能更改。正如耶穌生平的「神聖歷史」之於基督徒，穆罕默德生平與其訊息的正統版本，並不遵循「普通」歷史的法則。雖然這個被眾人接受的神聖化版本很有可能包覆著真實歷史事件，但就連最虔信的學者都無法擺脫爭論。簡而言之，學者無法取得真實歷史與神聖歷史的一致性。本書呈現給讀者的是一般為穆斯林所接受的對穆罕默德的觀點。而用以補充穆斯林觀點的早期非穆斯林參考資料，則難以描繪出前後一致的非主流看法。

穆斯林傳述中呈現的穆罕默德生平與傳教過程

在短暫（只占據他人生最後三分之一時間）但輝煌的宗教生涯之中，穆罕默德展現極大的勇氣、活力與遠見。他不但扮演了真主指派

的先知角色，同時也是一位政治家、立法者和軍事領導者，絕佳的魅力從他生活的時代至今一直影響著穆斯林社群。

先知穆罕默德

穆罕默德必須同時完成許多角色，這一點他做得非常徹底。但首先也是最重要的就是真主的先知這個角色，在這方面他只是真主啟示的傳播媒介，在他傳教過程中這些啟示持續出現在他面前。猶太教－基督教傳統中有許許多多位先知都是飽經苦難，在傳遞神的訊息時遭到眾人嘲笑與拒絕。穆罕默德也是這樣的先知之一。在麥加最早的古蘭經經文中明白顯示，穆罕默德領受的啟示與早先中東一神先知的傳道內容極為相似，這些先知和早期阿拉伯一神教先知在聖經中都有記載。不過很重要的是，我們要記住穆罕默德一開始沒有把自己當成是一個新信仰的創立者。當他開始傳教，面對麥加異教徒的唾罵，並設法恢復曾經在阿拉伯存在的原始一神教時，創教的意識才逐漸成形。雖然穆罕默德成為麥地那烏瑪的領導者，他還是一直擔任先知的角色。在聖遷之後，他繼續受到嘲笑、遭人敵視與拒絕。

和他之前的某些先知相同，穆斯林傳述中有相當多穆罕默德的生平事件都是奇蹟，在《先知傳》中尤其如此。《先知傳》中說到，在穆罕默德出生前，猶太人和基督教預言家預言穆罕默德將降臨世界，就如同基督教福音書將耶穌降臨，解釋為以賽亞與在他之前其他猶太先知的預言已然實現。像這樣批准穆罕默德先知身分，對於他帶給人類啟示的可信度來說十分重要。此外，如同耶穌的降臨與誕生是由伯

利恆之星、天使報喜和童貞女懷孕等天國預兆傳達給世人，穆罕默德的情形也相同。他出生時是由某個聲音向他的母親阿米娜宣布，有些人認為那就是加百列。穆罕默德出生後，阿米娜說她看見一道光從她身上射出，照亮了東方和西方之間。

《先知傳》中還記錄了一則更有名的奇蹟，那就是穆罕默德幼年時，有兩位天使打開他的胸部，清潔他的心。之後，如同聖經中描述耶穌被馬利亞和約瑟帶到耶路撒冷的聖殿中，一位名叫西面的虔誠老者注視著他，說自己在看見「以色列的安慰者」之後，就能安詳地死去。《先知傳》中也說，當穆罕默德還是個小男孩時，他在敘利亞的布斯拉見到一位名叫巴希拉的基督教聖人。這人認出跡象，知道他是基督徒傳述中預言的先知：「他看著穆罕默德背後，看見他雙肩中間的先知封印。」

伊本－易斯哈格以戲劇性而奇蹟似的筆調，記錄了真主如何透過祂的中間人天使加百列給予穆罕默德第一次啟示。有位天使拜訪在睡夢中的他；天使命令他唸誦寫在一塊錦緞上的字（這就是古蘭經中的最先出現的字句），於是他努力唸誦。後來當他在希拉的洞穴中冥想時，加百列又「以長著翅膀的男人形象出現，飄在空中，雙腳觸地」，到洞穴中拜訪他。

根據穆斯林傳述，當穆罕默德在麥加傳道末期，就在聖遷的最後一年，他遭到所屬的古萊須部落強烈反對與迫害，當時藉由**夜之旅**（Night Journey）和**登霄**（mi'raj），他很篤定自己得到神的支持。這個事件可在《先知傳》中找到幾個版本（聖經中的以利亞與耶穌升天的故事與其相同），但一般都同意以下敘述：某天晚上穆罕默德被

天使加百列叫醒，天使將他帶到一隻長著翅膀的神獸面前，牠叫布拉克。穆罕默德騎上布拉克，和天使一起到了耶路撒冷，「見到天堂和人世之間的奇蹟」。將耶路撒冷與著名的先知們以及**最後審判日**（Day of Judgment）連結在一起，這目的地因此意義深遠。關於穆斯林為何一天祈禱五次，有一種說法是，這是穆罕默德在天堂與真主談判的結果。根據這個故事的其中一個版本，他們從麥加的清真寺啟程，抵達一個叫遠寺（al-masjid al-aqsa）的地方，穆罕默德在這裡見到了亞伯拉罕、摩西和耶穌。在其他版本的敘述中，穆罕默德和他之前的雅各一樣，看見一把通往天堂的梯子〔梯子就是登霄（mi'raj）這個字詞的本義〕，於是他和加百列爬了上去。在天堂他見到許許多多位天使，還被帶到七層天中的每一層。他在每一層天堂遇到不同先知，從第二層的耶穌和他的表哥約翰，然後回到過去，見到第七層天堂的亞伯拉罕，在那裡穆罕默德站在真主的王座前面，和祂說話。接著他回到地面。我們必須注意到，這是真主對穆罕默德充滿信心的證明，祂向他展示天堂的榮耀，讓他與過去的諸位先知會面；《先知傳》將這則故事放在穆罕默德在麥加的最後時期，這是他最脆弱和受到迫害的低潮期。

因此，流傳數世紀的先知傳記擁有奇蹟的光環，很適合這位新宗教的創立者。一開始傳記只在阿拉伯流傳，展示給他的同胞阿拉伯人，不過，沒多久顯然《先知傳》就成為給全人類閱讀的傳記了。他生命中一切含有奇蹟成分的事件，幾乎都發生在早年的麥加時期，當時的他正為了接受成為先知這重要角色而奮鬥。然而，在他生命的最後十年，奇蹟仍不時發生，正如伊本－易斯哈格的紀錄，天使協助穆

罕默德與穆斯林打勝仗。也難怪穆罕默德一生中的奇蹟，在伊斯蘭神祕主義者**蘇非行者**（Sufis，見第八章）的生命中極為重要。他們視穆罕默德為第一位蘇非行者，盡其所能以他的行為作為典範。為了與真主更接近，穆罕默德的夜行尤其是蘇非主義者冥想的重點。

身為領導者與戰士的穆罕默德

上述穆罕默德生活與事業上的奇蹟是真主讚許他的外在記號，他多面向的領導才能與這些奇蹟相輔相成。他認為自己肩負建立宗教社群的重責大任，這個社群將守護新的信仰，並在他死後將信仰傳播出去。他是一位卓越的領導人物。在文獻描述中，他在事業早期就展現了政治和外交技巧，選擇住處就是一例。根據穆斯林傳述，他並沒有偏袒紛擾不斷的麥地那地區裡任何一個派系，而是讓他的駱駝漫無目的地前行，而他就在駱駝最終駐足的地方居住。

穆罕默德也是立法者與法官。在麥地那的十年中，他必須每天處理各式各樣、大大小小的問題。他必須做決定與判決，以及解決問題。支持與引導他的降臨啟示，形成古蘭經較長的麥地那篇章裡的特定主題，並以權威的口吻講述各種信仰與實踐的問題。正如舊約聖經中的摩西律法，古蘭經中的命令（例如第 2 章）相當詳盡地敘述了各方面的儀式和律法。聖訓集主體就包含大量由穆罕默德所做、並由忠誠信徒寫下的陳述和決定。許多《先知傳》的內容中也顯示，先知必須花時間處理法律事務。

在伊斯蘭神聖歷史中，有時也會出現穆罕默德身為戰士的一面。

在麥加，他試圖以和平手段爭取古萊須族人的認同，他對他們傳遞一神信仰的訊息，說服他們接受新的伊斯蘭信仰，但效果有限。到了六二二年，他失去了部落的保護，必須遷至麥地那。在那之後，顯然唯一確保能完成先知任務、建立以伊斯蘭為基礎的社群的方式，就是與麥加人作戰。古蘭經的經文寫得很清楚，穆罕默德一開始拒絕對他的同伴麥加人動武，因為他與他們有血濃於水的關係，然而一旦經真主確認這是向前邁進的唯一方式，他就準備發動攻擊。正如古蘭經所形容的（2:216）：「戰爭已成為你們的定制，而戰爭是你們所厭惡的。」要說服追隨他的穆斯林攻打麥加人是可以接受的行為並不容易，但他盡力而為。他有能力做出困難的決定，並且堅持到底。更困難的是他必須在阿拉伯傳統中禁止作戰的神聖月份攻擊麥加人；但是，真主再次向他確認他的行動方針是可行的：「他們問你〔先知〕禁月內可以作戰嗎？你說：『禁月內作戰是大罪；妨礙主道，不信真主，妨礙（朝覲）禁寺，驅逐禁寺區的居民出境，這些行為，在真主看來，其罪更大。迫害是比殺戮還殘酷的。』」（古蘭經 2:217）

穆罕默德只發起了三場主要戰爭——巴德爾戰役、烏胡德戰役和壕溝戰役。巴德爾戰役和壕溝戰役的勝利是真主一直偏愛穆斯林的跡象，對穆斯林士氣有著極大的鼓舞。甚至連烏胡德戰役失利，也被穆罕默德視為對穆斯林的教訓，他們的信仰因此必須更堅定。

很明顯的是，第七世紀阿拉伯的氛圍，和好幾世紀以前摩西當時的情形一樣（另一位展現許多奇蹟的戰士先知），為了保護遭到圍攻的穆斯林社群以及維持伊斯蘭新信仰的存續，唯一方式就是挺身而出。麥加人為維護經濟生活與長期珍視的異教信仰，戰到最後一刻，

圖7：鏡廳。西班牙哥多華大清真寺內部，建於八至十世紀。持續改變的視線與透視點創造出持續移動的暈眩感。這是伊斯蘭教在西方最大的清真寺；重複使用的成排石柱（取自之前的羅馬與基督教建築廊柱）支撐形式獨特的條紋疊置拱門，使得屋頂看起來更加高聳。

所以穆斯林遭受反抗，有時得訴諸武力。因此，正如摩西和約書亞在舊約中的戰鬥，世世代代穆斯林也將穆罕默德的軍事遠征視為真主以宗教之名神聖化的戰爭，同時也是生死存亡之戰。

根據穆斯林傳述，特別是戰役之書，將麥地那的軍事行動形容為走在真主道路上的奮鬥（吉哈德）；書中的穆罕默德在激戰中領導並激勵穆斯林戰士。在烏胡德戰役中，他了受傷，掉了兩顆牙齒。他證明自己是一位足智多謀的軍事將領，必要時接受建議，決定最好的制敵方式，以及當麥地那被麥加人包圍時該如何防禦，如壕溝戰的例子。巴德爾戰役的勝利，靠的不只是強調宗教熱情，也因為穆罕默德明智地選擇戰場。但只要有可能，就必須避免打仗。只有當所有說服的手段都失敗之後，才容許發動戰爭，而由於穆罕默德高超的談判技

巧，他才能在六三〇年和平進入麥加。

穆斯林與非穆斯林對穆罕默德的看法

　　在古蘭經以及虔誠信徒所做的傳記中，穆罕默德浮現出的形象是個不折不扣的凡人。古蘭經直接這麼稱呼穆罕默德：「你說，『我只是一個同你們一樣的凡人』。」（18:110）穆罕默德絕對沒有和基督教中的耶穌一樣，被描述為神的兒子，或是三位一體的其中之一。他也不像福音書中的耶穌，是「受難的僕人」。穆罕默德不是沒有罪的人。他有人類的感情和缺點，必須仰賴神幫助他，才能走在真主指派給他的先知之路上，而且他每走一步就要請求真主的引導。他的敗仗、挫折和失敗，和他的勝利一樣，都記錄在穆斯林史料中。穆罕默德是最崇高的奇蹟 —— 古蘭經 —— 的傳播媒介，而為了強調伊斯蘭啟示的奇蹟本質，穆斯林學者相信他是「**不識字的先知**」，無法讀寫。因此，他所擁有的過去先知的知識，都是神性啟示的結果。

　　不過，雖然穆罕默德基本上具有人類的天性，一直到現代，許多世紀以來，穆斯林對他的崇敬依然更甚於其他人。他是穆斯林仿效的典範。世界各地的穆斯林會在伊斯蘭曆第三個月（賴比爾月）的第十二天，慶祝先知的生日（聖紀節）。十一世紀時，什葉派伊斯瑪儀派（見第六章，頁202）在開羅盛大慶祝聖紀節，而從十三世紀開始該節日在以遜尼派占多數的地區廣為流傳。慶祝活動的重點是讚美先知的布道與詩。一八三四年，著名的英國伊斯蘭學者愛德華‧連恩詳

細描述了他在開羅親眼所見的聖紀節慶典。連恩特別注意蘇非行者在慶典中的角色，不過一般人也很投入其中，快樂地參與各種街頭慶祝活動，有魔術師、糖果攤、咖啡店以及點燈遊行等。雖然多年來一直有著若干反對聲音，聖紀節在世界各地大多數穆斯林地區仍是一個信徒熱烈慶祝的節日。

　　讚美穆罕默德的詩，以土耳其語、波斯語、烏爾都語、斯瓦希里語和許多其他語言吟誦，但地位最高的或許還是一首最有名的阿拉伯文詩，名稱是〈斗篷頌歌〉。這首由詩人**布希里**（一二一二至約九四年）所作的頌歌，有超過九十種評注版本。詩的內容是感謝穆罕默德來到他的夢中，將斗篷罩在他身上，因而治好了他的麻痺。這首讚頌先知穆罕默德的出生、聖遷與吉哈德的詩，被認為有特殊的力量，信徒會在葬禮與其他宗教儀式中誦讀。例如，假使它被誦讀了一千次，有些穆斯林相信如此就能終生受到祝福；旅人在路途中一天誦讀一次，就能保障旅途平安。以下經文強調穆罕默德的重要性：「穆罕默德（願真主賜福他）是兩個世界、兩種創造物與兩個團體——阿拉伯人與非阿拉伯人——的領袖。我們的先知能控制（善）與禁止（惡）……他是最受（神）喜愛的，眾人希望得到他的仲裁……」經文結尾提到，眾人都相信先知穆罕默德被賦予一個重要的角色——最後審判日的仲裁者，他將代表他的社群，在神的面前進行仲裁。最知名的中世紀穆斯林學者**嘎札里**，將以下這段話獻給穆罕默德：「我是最適合（做出仲裁）的人，只要真主容許祂意欲與選擇的人進行仲裁。」於是真主對他說：「噢穆罕默德，抬起頭說話，因為你將被聽見；只要尋求仲裁，你的祈求都會被允許。」[12]

穆斯林對穆罕默德遭受批評時的反應

穆斯林對穆罕默德抱持特殊的崇敬心情，因此當他遭到非穆斯林批評、諷刺與誹謗時，穆斯林的反應一直都非常強烈。以下三個例子，一個來自中世紀，另外兩個是現代的例子，都非常有說服力，能清楚說明這一點。對先知強烈的情感可以追溯到很早之前。早在十字軍東征使得在猶太教之後出現的兩個一神教 —— 基督教與伊斯蘭教 —— 對立情況加劇之前，就發生了一些凸顯穆罕默德在伊斯蘭世界無可爭論神聖地位的事件。九世紀時，穆斯林統治的西班牙是「三種宗教並存的土地」，這個地方以宗教寬容與信徒和平共存聞名；一群西班牙基督徒在哥多華市眾目睽睽之下將穆罕默德的名字塗黑。這次事件牽涉到一群名為「哥多華殉道者」的團體，在穆斯林與基督教史料中都有記錄。史料中指出，誹謗先知名字的人一心殉教，他們清楚知道如何才能確保他們達到目的。的確，這些人故意讓穆斯林當權者毫無選擇，雖不情願，也只能將他們處決。

魔鬼詩篇

時間來到現代，**薩爾曼・魯西迪**於一九八八年出版的小說《魔鬼詩篇》在世界各地引發極大爭議性，讀者情緒激昂，導致四處出現暴動，有三十八人因此死亡。這本書在英國被穆斯林公開燒毀，在印度被禁。圍繞這些事件的宗教、政治與社會議題，出現在數千本書籍與文章中（雖然穆斯林是否真的讀過這本小說令人存疑）。作者

的名字薩爾曼和受人敬重的第一位皈依伊斯蘭教的波斯人同名，而他的姓 Rushdie 來自 Rahidun 這個字，也就是最早的四大正統**哈里發**（caliphs）的尊號，因此擁有如此神聖名字的作家竟然選擇如此挑釁的書名；他還用帶有貶意的「魔罕德」（Mahound）作為故事主角的名字，這是中世紀歐洲基督徒對穆罕默德帶有敵意的稱呼，因此穆斯林當然感到備受汙辱。全世界穆斯林群情激憤，尤其是在伊朗、巴基斯坦和印度，伊朗領袖**何梅尼**對魯西迪下達追殺**教令**（fatwa），其他國家立刻跟進。從那時候開始，穆斯林對《魔鬼詩篇》一直有不同的意見 —— 有人不認同追殺教令，支持魯西迪有權說出他想說的話；還有人極端厭惡他汙辱先知的態度[13]。魯西迪本人則宣稱這本小說不是在講伊斯蘭教，而是「關於遷移、隱喻、分裂的自我、愛與死、倫敦與孟買」[14]。如果是這樣，那我們或許可以這樣說，《魔鬼詩篇》的書名與這七個主題看起來不太相符。

這本小說的書名引用了一個鮮為人知的事件：據說穆罕默德宣稱自己得到某個啟示，內容是烏札、阿拉特和馬納特這三位麥加女神 —— 她們在卡巴天房受到信奉多神教的阿拉伯人崇拜，是所謂的「阿拉的女兒」—— 能替穆斯林信徒在上帝面前說情。當然，這種說情已經摧毀伊斯蘭教無法妥協的訊息 —— 相信唯一的神，並且只相信祂。後來，據說穆罕默德發現這是個來自撒但的假啟示。接著真主又給了他真正的啟示，徹底廢除三女神任何仲裁的有效性：「〔不信教者〕他們告訴我吧！拉特和歐薩，以及排行第三，也是最次的默那，怎麼是真主的女兒呢？……這些偶像只是你們和你們的祖先所定的名稱，真主並未加以證實。」（古蘭經 53:19-20, 23）

有些學者，其中有穆斯林也有非穆斯林，有中世紀學者也有現代學者，他們主張「魔鬼詩篇」這整個故事都是虛構的，在聖訓集中根本沒有提到過。其他人則說，先知確實曾經從撒但（即魔鬼）處得到假的啟示，但後來又回到一神的正途上。確實，在穆罕默德死後最初兩個世紀有許多早期穆斯林評注者，包括伊本－易斯哈格與塔巴里，依照古蘭經上清楚的敘述以及其他記錄穆罕默德生平的文獻，忠實記錄了這個事件，顯示他只是個會犯錯的人類，容易受人類的缺點與情感左右。然而，所有什葉派古蘭經評注者都否認這個事件的真實性；他們的立場是基於以下原則：真主的先知不會犯錯；而且，正如前哈佛大學巴基斯坦裔伊斯蘭學者夏哈卜・阿哈麥德所言：「現代伊斯蘭正統教義派極力否認這個事件的史實性。」[15] 西方學者正好相反，他們傾向於接受這個事件曾經發生，主張穆斯林不可能捏造這種故事。

無論真相是什麼，魯西迪小說引發的爭論凸顯出一個重要且至今持續爭論的問題，那就是如何滿足民主社會的言論與出版自由需求，和其他非穆斯林信仰者的需求（或滿足那些根本沒有任何信仰的人），又能尊重全世界穆斯林視為神聖的伊斯蘭信仰，在這三者間取得平衡。

丹麥漫畫

一則二〇〇六年刊登在丹麥報紙、之後又刊登在法國報紙上的漫畫裡畫的穆罕默德，大大激怒了穆斯林。某些穆斯林團體的反應相當激烈，因為這則漫畫的出版不偏不倚打擊了穆斯林對穆罕默德虔誠與

崇敬的心。許多國家都出現群眾暴動的場面，有些抗議人士甚至威脅要處決刊登漫畫的出版者。

　　許多西方評論家認為這不過是一則幼稚而毫無品味的漫畫。然而，我們不能說它只是瞎搞；漫畫家把先知畫成一個自殺炸彈客，頭上戴著定時炸彈頭巾，上面寫著清真言：「萬物非主，唯有真主。」無論是通常保持沉默的大多數穆斯林，或是少部分政治激進份子（根據最近的全世界民調，這部分穆斯林占全世界穆斯林人口的百分之七），世界各地穆斯林全都為此勃然大怒[16]。

　　是什麼冒犯了他們？除了把穆罕默德畫成自殺炸彈客之外，大多數非穆斯林沒有看出卡通裡的一樁罪過。長久以來，穆斯林都不願意創造穆罕默德的像。伊斯蘭教和猶太教一樣，是一個以話語而非形象表現的宗教。這是為了遠離異教徒崇拜視覺上的偶像。反之，在基督教中沒有摒除人類形象的做法；許多教堂都有釘在十字架上的耶穌形象，有他生平的故事場景，以及可追溯到至少早至三世紀的聖人像等。中世紀晚期有過一段短暫的時期，出現了大量穆罕默德的畫像，這些是在蒙古入侵之後由東方的穆斯林製造出來的；他的臉部在某些畫像中有出現，在另一些畫像裡被遮住，有些又被後人塗成白色或擦掉。總之，替穆罕默德畫像的習俗並未深植於穆斯林世界，但它也沒有完全消失。今天，穆罕默德的聖像公開在伊朗街頭販售。但在某些穆斯林國家，製造、販賣與擁有這種畫像是違法行為。大致來說，今日的穆斯林相信，以視覺方式表現穆罕默德的行為應該被禁止。即便是敘述穆罕默德生平的經典電影《上帝的使者》中，螢幕上也完全沒有出現他的臉，觀眾只能感覺到他的存在。因此，無論這則丹麥漫畫

內容如何，它畫出先知的像，就已經是犯了穆斯林的大忌。

不過，這則漫畫還不僅止於此。它不只將穆罕默德畫出來，還極盡嘲諷之能事，最糟的是醜化他。而且這事件還發生在伊斯蘭恐懼症日漸加深的氛圍中。如同英國《獨立報》在二〇〇六年寫道：「此事乃是西方世界無知加上自大的實例。我們已點燃火苗，風會將火吹得很遠。」全世界各地報紙中都出現類似的憂心言論。倫敦《泰晤士報》甚至擴大討論範圍，指出：「今日許多歐洲人認為，嘲諷基督教最令人崇敬的面向也無所謂 —— 他們的方式通常既粗俗且毫無品味。」[17] 對於發生的事件，許多穆斯林有理由感到震驚、恐慌，然而他們並沒有縱容某些激進穆斯林團體威脅殺掉相關人士的回應。穆斯林國家反而選擇和平但有力的抗議，他們對丹麥的輸出貨品如奶油等發動短暫的經濟抵制。

偏見與刻板印象

從本章的內容，我們可以清楚知道穆斯林毫無疑問接受穆罕默德是神的先知，是「眾先知的封印」，他帶來最終且最完美的一神啟示。但是，本書主要是寫給那些雖然不是穆斯林、卻想更進一步明白什麼是伊斯蘭教的讀者。他們或許已經受到太多對穆罕默德根深柢固之偏見的影響，這些偏見在西方已經延續了好幾世紀。以下將檢視其中一些關於這位先知的概念和批評。

在這些相關的事物中，最根本的議題是，我們必須認真審視過去

的人在更強烈受到宗教信仰規範的時代裡，非穆斯林如何看待穆罕默德，尤其是基督教徒的看法。這類討論也必須考慮今日虔誠的基督教徒和猶太人，以及那些拒絕所有宗教信仰的人，如何談論穆罕默德。

從中世紀到現代，穆斯林與非穆斯林極端份子持續嚴厲批評彼此的信仰。從中世紀早期以降，在基督教的辯論文章中，伊斯蘭教數度被攻擊，正如在穆斯林的辯論文章中也同樣批判某些基督教教義。正是這些武斷的分歧，而非他們共同的亞伯拉罕諸教信仰，使得自**伍麥亞朝**（Umayyad，六六一至七五〇年）之後，在哈里發面前有過許多穆斯林－基督徒不同信仰間的碰撞、公開爭執與辯論文章的主題。例如八世紀初，大馬士革的約翰稱穆罕默德為「假先知」，他向穆斯林挑戰，要他們證明穆罕默德宣稱他領受「神聖啟示」的真實性[18]。這些爭論背後的動機是競爭，而不是渴望得到有結論的對話。

亞伯拉罕諸教的第二與第三個宗教 —— 基督教與伊斯蘭教 —— 之間的爭論，比起這兩者與猶太教之間的爭論都要來得激烈；猶太教廣義而言並非一種傳教的宗教。戰爭使兩教間的爭執更加白熱化。在中東，到了十字軍東征末期，亦即從十四世紀開始，反穆斯林的辯論變得十分惡毒，特別是針對先知穆罕默德而來的言論。對穆罕默德強烈敵意的表現，可見於義大利最著名詩人但丁的長詩《神曲》；眾所周知的是，他在《地獄篇》中將穆罕默德置於地獄底層。在他的描述中，穆罕默德是那些永世落入地獄的罪惡靈魂之首，他的罪行是分裂宗教[19]。

中世紀形成的刻板印象持續盛行，直到十九世紀歐洲基督徒開始殖民穆斯林世界依舊如此。至今我們心中依舊存有這些穆罕默德的

負面形象。可以理解，不只少數以怒吼或暴力行為公開對全世界表達其情緒的穆斯林，其實對所有穆斯林而言，都為此悲痛不已。根本問題在於：基督徒毫無疑問接受穆斯林清真言的前半部 —— 宣告世上只有一位神的那部分 —— 他們卻徹底拒絕後半部，否認穆罕默德擁有先知身分。此舉與穆斯林相反，他們完全接受耶穌是先知；事實上他們極其景仰耶穌，尊奉他為在穆罕默德之前、從亞伯拉罕以降的諸位先知之一。因此，伊斯蘭教雖然拒絕接受基督教關於耶穌的教義 —— 他被釘上十字架、替世人贖罪，以及他是三位一體之一的地位，穆斯林並不會誹謗耶穌，無論他是人還是先知。巴勒斯坦伊斯蘭史學家塔利夫・哈里迪在《穆斯林眼中的耶穌》一書中振振有詞地表示，數世代以來的穆斯林是如何深愛耶穌。然而另一方面，由於信奉的宗教早於伊斯蘭教，基督徒無法承認出現在耶穌之後的穆罕默德是傳道者。因此，他們詆毀身為普通人的穆罕默德。整個中世紀以來基督徒一直這樣做，至今依舊，在今日緊張的政治氣氛中更是如此。

基督徒對於穆罕默德生平的理解，還有一個潛在的問題，那就是耶穌自認扮演「和平之君」的角色，但穆罕默德的行為卻無法符合這樣的典範。穆罕默德在生命中最後十年成為「戰士先知」，這是基督徒難以接受的概念。不過，無論是猶太人或基督徒，都相當熟悉摩西、約書亞、大衛與其他舊約聖經人物的生活方式；他們在面對威脅摧毀一神教的異教敵人時，也必須採取戰爭手段。再者，要不是穆罕默德拿起武器對抗異教親屬，也就是麥加的古萊須氏族，以及麥地那城內信奉異教的阿拉伯人與信奉一神的猶太人，這些敵人將會摧毀他、他的宗教社群，以及他新創立的伊斯蘭教。

基督徒在看待穆罕默德時還有另一個困難點，那就是耶穌清楚表明他的王國不存在於現世；然而，穆罕默德不同，他十分入世，而且後來的確成為麥地那這個神權小國「烏瑪」的領袖。西方學者描寫穆罕默德最著名也最受敬重的一本書，作者是蒙哥馬利‧瓦特。他處理的方式是直接將這本書命名為《穆罕默德，先知與政治家》。這種直接將這位先知的事業生涯切成麥加與麥地那這兩部分，暴露出某些非穆斯林學者難以理解穆罕默德的職志。他們覺得古蘭經的麥加篇章與麥地那篇章很難相互協調；前者以啟示的口吻談及審判日逼近以及悔改與信神必要性，而後者詳細指導穆斯林在日常生活中的行為規範。聖訓集傳述強調穆罕默德是一位卓越的管理者與立法者。因此，某些非穆斯林很難接受穆罕默德從被迫害的先知轉變為精明的領導者。他們說，一位先知怎麼可能在面對神性的強烈影響之下，還能擁有處理法律問題與抵抗內憂外患、保衛社群所需的幹練智慧呢？穆斯林會這麼回答：只因為穆罕默德每天面對管理新社群所遭遇的棘手狀況，並不表示他或他的信徒有一刻忘卻他在麥加領受天啟的強大訊息。確實，在麥地那時期，即使聽到這位先知持續將領受自神的啟示傳遞給他們，信徒依舊時時牢記並唸誦麥加篇章，以便在神的道路上得到慰藉與鼓勵。

必須一提的是，在基督教傳統中，耶穌被描繪為獨身者。如此一來，他與穆罕默德就形成對比，後者在聖訓集選集中以及在《先知傳》的描述中盡享人類的歡愉，包括肉欲的快樂。數世紀以來的非穆斯林尤其喜歡嘲笑穆罕默德的妻子數目。然而，所羅門有七百名妻子，三百名姜（《列王記上》11:3）。正如古代以色列不實行一夫一

妻制，阿拉伯前伊斯蘭時期也是如此，歷史背景必須時時列入考慮。據說穆罕默德有許多妻子。他與第一任妻子哈蒂嘉結婚時還相當年輕，她比他大十五歲。她在世時他沒有娶其他妻子。之後他又與幾名女子結婚（估計有十至十二名不等）；其中有五名是穆斯林寡婦，她們的丈夫在對抗麥加人時被殺，如果沒有部落支持她們無法活下去；而且我們不該忘記，在聖遷時從麥加與先知同來的穆斯林已經拋下原有的一切，與麥加氏族切斷關係。因此，這些男人留下的寡婦如果不結婚，就無法受到保護，也沒有謀生能力。如同古典時代晚期的中東，統治者與酋長以聯姻達到社會政治的目的。穆罕默德的四次婚姻都是政治聯盟的一部分，為的是鞏固麥地那在阿拉伯的權威。他最鍾愛的妻子應該是活潑可愛的阿伊夏，她是穆罕默德忠誠的夥伴阿布－巴克爾的女兒；阿布－巴克爾在六三二年成為第一任哈里發。

評價穆罕默德

　　不管是對非穆斯林或穆斯林而言，評價穆罕默德都相當困難。不過，沒有人能否認，在過去十四個世紀以來，對於伊斯蘭教和伊斯蘭社群來說，他都是最重要的人物。

　　非穆斯林對他有先入為主的偏見，卻不自知。基督徒把耶穌與穆罕默德做比較，他們偏好選擇和平之路且清楚劃分此世與來生的耶穌。穆罕默德不僅替世人帶來新的宗教，還建立了穆斯林社群，因此這個新宗教 —— 伊斯蘭教 —— 不但存活下來，還在偶像崇拜根深柢固

的土地上成長茁壯，這一點令基督徒難以接受。雖然穆罕默德和在他之前的摩西一樣是位了不起的政治家和仲裁者，但他有時還是必須作戰，為了保護羽翼未豐的穆斯林社群而做出困難的決定。他也和摩西一樣，不得已而必須替日常生活中的各方面立下詳細明確的規範，並且解決實際發生的種種問題。

　　穆斯林也無法客觀看待穆罕默德。他們不會批判先知。他們深愛他。他們對他的感受，已經被對他最深的敬意所影響。許多虔誠的穆斯林只要一提到穆罕默德的名字，就會依慣例在後面加上「願他安息」（Peace be upon him），當他們以文字寫他的名字時，就會在後面寫下「願他安息」的首字母縮寫 PBUH。和其他世界性宗教創立者的情形一樣，我們不可能將有關穆罕默德的「歷史真相」與虔誠教徒流傳的傳說故事一分為二。他的諸多傳記目的不同，各有特色，從歷史性的回憶與神話，到教義和律法不等。穆罕默德的生平一直是宗教歷史和虔誠穆斯林傳述的重點，不過每個世代的穆斯林，自然也都是根據他們當代的宗教、文化與政治情況，詮釋穆罕默德的行為模式。穆罕默德的一言一行，構成每個年齡層中每一位穆斯林日常生活的一部分。雖然各有不同的種族與習俗，全球各地穆斯林相信，穆罕默德是許許多多一神先知當中的最後一位，他從唯一的神那裡替世人帶來最後、最完整也是最完美的天啟。

　　穆罕默德在許多方面無疑都是最有魅力的領袖。若非如此，在他死後，極度悲痛的穆斯林社群就不會有強大的意志與力量，依照他指示的道路繼續完成他的職志。先知穆罕默德的成就無與倫比，他既是領袖，也是立法者、法官與軍事將領。在他人生的最後，大部分阿

拉伯人都已承認麥地那的權威地位。他成為傳遞新的一神信仰伊斯蘭教啟示的媒介。他讓這些啟示成為一個雖微小但有活力的神權統治社群的發展基礎，信徒統一在這新宗教之下。這個社群很快地就萌芽茁壯，成為龐大的穆斯林帝國。他還留下一部古蘭經，這部經典深植於虔誠信徒的腦海與心中，信徒以口傳或書寫的方式把經文內容代代相傳。或許最重要的一點是，透過強韌的個性，穆罕默德激勵了信徒，讓他們繼續走在神的這條新道路上，這是他為他們鋪好的道路。在古典時代晚期複雜的宗教環境中，新的宗教、教派和民俗信仰來來去去，唯有伊斯蘭教持續存在並發揚光大，在適當的時機成為世界性宗教，也就是亞伯拉罕諸教的第三個宗教。

選讀書目

Brown, Jonathan A. C., *Muhammad. A Very Short Introduction*, Oxford: Oxford University Press, 2011

Cook, Michael, *Muhammad*, Oxford and New York: Oxford University Press, 1983

Hoyland, Robert G., *Arabia and the Arabs: From the Bronze Age to the coming of Islam*, London and New York: Routledge, 2001

Lings, Martin, *Muhammad: His Life Based on the Earliest Sources*, New York: Inner Traditions International, 1983

Sshimmel, Annemarie, *And Muhammad is His Messenger: The Veneration of the Prophet in Islamic Piety*, Chapel Hill, NC: University of North Carolina Press, 1985

第三章
古蘭經

假若我把這部古蘭經降示一座山，你必定看見那座山因畏懼真主而成為柔和的，崩潰的。這些警喻，是我為眾人而設的，以便他們省悟。

—— 古蘭經 59:21[1]

初讀古蘭經，就感到無比敬畏。

—— 薩哈爾・娜蒂[2]

天主刻意在祂靈感啟發下完成的聖經各處散布難題，或許是為了讓我們在此激勵之下更專注地閱讀與研究，也為了讓我們承認自己的知識有限，進而懂得謙卑。

—— 教宗庇護十二世[3]

　　本章將探討**伊斯蘭**最核心的宗教文本**古蘭經**，進而發現為何十五億**穆斯林**[4]如此敬愛它，視它為如何生活與如何更接近真主的基本指引。古蘭經對穆斯林而言，是真主以不變與不可變的形式，向人類揭示的完美存在。真主在古蘭經中告訴人類，他們是如何來到世

上，又該如何照顧祂創造的萬物，以及他們該如何對待彼此。諸如此類的訊息適用於所有年齡及所有穆斯林男女的狀況。在伊斯蘭教發展成世界性宗教的同時，古蘭經的確一直是伊斯蘭教各面向的基礎——無論是信仰、儀式、法律、神學與密契主義。在有關伊斯蘭教的所有討論中，古蘭經是最重要的，因此本書所有章節都會提到古蘭經；而本章內容將會集中在經文本身。

古蘭經的第 1 章就叫做〈開端〉（Fatiha）章，某種程度上它將古蘭經的精神以及它對穆斯林日常生活的重要性，都濃縮在這一章裡。它以精鍊的簡單語言邀請穆斯林讚美真主的仁慈與偉大。古蘭經告誡信徒應避開惡行，謹守正道。〈開端〉章可說是古蘭經的縮影，是伊斯蘭信仰的精髓。它是所有穆斯林敬拜時不可或缺的一部分，虔誠的穆斯林在出遠門前都會唸誦這一章。信徒在新生兒耳邊，也在瀕死之人耳邊，唸誦〈開端〉章：

> 一切讚頌，全歸真主，全世界的主，
> 至仁至慈的主，
> 報應日的主。
> 我們只崇拜你，只求你佑助，
> 求你引導我們上正路，
> 你所佑助者的路，不是受譴怒者的路，也不是迷誤者的路。

古蘭經的性質與架構

古蘭經這個字詞的意思是「背誦」或「誦讀」。穆斯林稱它為「高貴的古蘭經」，視古蘭經為獨一無二的奇蹟。它可說是前無古人，後無來者。任何想模仿它的人，都是徒勞無功；正如真主所言：「如果你們懷疑我所降示給我的僕人的經典，那末，你們試擬作一章。」（2:23）除了在岩石或牆上的塗鴉和一些銘文，在古蘭經以正典形式被寫成經書之前，沒有任何阿拉伯文字留存至今。根據穆斯林傳述，古蘭經完成於六三二年，**穆罕默德**逝世後的二十年左右。特別是沒有人發現前伊斯蘭時代曾有任何大篇幅文字形式的詩或散文文獻，因此，以語言方面來說，古蘭經確實成就斐然。它不是有邏輯性的書，也不是說理的論文，而是一本靈性作品，內容包含真主在大約二十三年間 —— 從大約六一〇年至穆罕默德去世之前 —— 藉由這位先知傳給世人的啟示。有時它的形式是逐步揭示，內容不連貫、隱晦或神祕難解；但有時候它的訊息卻又毫不含糊。

古蘭經與聖經不同。聖經篇幅相當長，有許多不同作者；古蘭經簡短，而且虔誠的穆斯林相信它只有一位作者，那就是真主。其中的差異相當顯著。穆斯林也相信古蘭經的經文是由真主透過天使**加百列**口述給穆罕默德。古蘭經聲稱它確認並完成猶太教徒的《摩西五經》與基督教的《福音書》。此外，它還是歸納並接替前兩種一神信仰啟示的最終啟示。

古蘭經分為三十部分，便於教徒在**賴買丹月**（Ramadan）也就是齋戒月時唸誦整本經文。這三十個部分再被分為一百一十四章（**蘇**

圖8：低調的輝煌。以大量金色圖案裝飾的〈開端〉章，袖珍版古蘭經。由知名書法家伊本－巴瓦布以極為清晰的草書抄寫在紙上（巴格達，約一○○○至○一年）。穆斯林相當熟悉〈開端〉章撫慰人心的文字，如同基督徒熟悉主禱文。這些經書有助於個人的虔誠祈禱。

拉，sura）。除了第1章〈開端〉章是一段較短的祈禱文以外，其他章的排列大致按照長度遞減。事實上，古蘭經中的章節有時長短差異相當大；有些章只有幾行，而像最長的第2章，卻有二百八十六節。伊斯蘭學者說得很對：「沒有人真正知道蘇拉如何或為何這樣安排。」[5] 在一章裡的每一節（aya）都是以押韻而不是按照主題編排順序。有時候韻文會用制式的短句，例如「上帝是全知全智的。」每一章都有一個名稱，例如〈蜜蜂〉、〈黃牛〉、〈蜘蛛〉、〈復活〉和〈勝利〉。章名並不是原始篇章的一部分，不過也是來自內文中重要的關聯物。穆斯林唸誦時往往說的是篇章名稱，而不是篇章的數字。

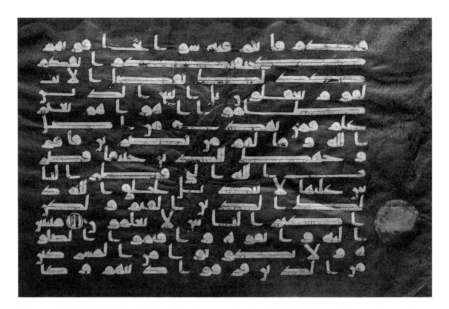

圖9：古蘭經的宗教。「藍色古蘭經」書頁，藍染羊皮紙（九至十世紀）。字母的縮放程度相當誇大，謎樣的押韻方式更增加閱讀困難度：此種設計吻合神聖經文令人敬畏的神祕感。也有些古蘭經染成鮭魚粉紅、番紅花紅和檸檬黃，這些顏色的使用或受到拜占庭時期染成皇家紫色的福音書影響。

　　穆斯林相信，古蘭經目前的篇章安排順序，完全符合真主希望的方式。篇章順序並不完全依時間先後，不過還是依照以下兩部分排列──第一部分被認為是穆罕默德在**麥加**時領受的啟示，也就是約六一〇年他剛開始領受真主啟示時；第二部分是他於六二二年**聖遷**時在**麥地那**領受的啟示。雖然將古蘭經的蘇拉以及各篇章內各段落強制分配到麥加或麥地那這兩大類中，是一種過於簡化的做法，但某種程度上篇章內容還是可以一般化。現代學者將穆罕默德領受的啟示分為四個

時期。前三個時期是六一〇至二二年的麥加時期。第一個麥加時期的篇章是向信徒宣揚一神訊息，以及在**審判日**前歸順真主的迫切必要性。第二個麥加時期的主題是神的創造物、天堂與地獄，以及不留意聆聽真主先知傳達訊息的人，將會遭到可怕的懲罰。第三個麥加時期的內容大至可分類為較長的「過渡」章或節，大約相當於先知穆罕默德開始公開傳教，直到遷往麥地那之前的這段時期。這些章節採取布道的形式，並且呼應古老故事中其他先知們傳下的訓誡。至於啟示的第四個時期，也就是從六二二至三二年在麥地那揭示的篇章，內容主要是討論社會行為與立法，這時為了擔負起領導新誕生的穆斯林社群的責任，先知穆罕默德需要引導。麥地那篇章也強調穆斯林與基督徒之間——以及最重要的是和麥地那猶太教徒之間——逐漸惡化的關係，麥地那篇章是古蘭經中最長而且在最前面的篇章；麥加篇章較短，而且靠近後半段。

一般認為古蘭經中的第一個啟示在第 96 章一開始。這是敘述中年穆罕默德如何開始隱居在麥加城外一個叫希拉的山洞中冥想（見本書第二章，頁 40）。某一天他正在冥想時，天使加百列帶著真主的第一個啟示，出現在他面前：

你應當奉你的創造主的名義而宣讀，

他曾用血塊創造人[6]。

你應當宣讀，你的主是最尊嚴的，

他曾教人用筆寫字，

他曾教人知道自己所不知道的東西。（96:1-5）

這一章接下來的段落是警告信徒，如果不知悔改、不謙卑俯首、不接近神，將有入地獄的危險。

古蘭經的最後一則啟示（5:3）通常被認為是穆罕默德於六三二年去世之前，神無比喜悅地確認他先知的身分。「今天，我已為你們成全你們的宗教，我已完成我所賜你們的恩典，我已選擇伊斯蘭做你們的宗教。」先知穆罕默德創立的宗教名稱正源自於此[7]。

古蘭經的語言

古蘭經裡有許多不同的語言。著名的古蘭經譯者之一，英國學者亞瑟·亞伯瑞寫道，古蘭經「既非散文也非詩，卻是融合兩者的獨特文體」[8]。古蘭經中某些段落以優美的押韻散文寫成，文句內含頭韻和諧音。第 96 章的前二節，也就是穆罕默德領受的第一個啟示，以阿拉伯文讀來格外莊嚴，因為最後幾個字的語音雷同（譯注：中譯與阿拉伯文原文語法不同，因此押韻的字常不在一句的最後）：

你應當奉你的創造（khalaqa）主的名義而宣讀，
他曾用血塊（'alaqin）創造人。
你應當宣讀，你的主是最尊嚴的（alakramu），
他曾教人用筆（bi'l-qalami）寫字……

將描寫審判日來臨時恐怖大洪水情景的第 99 章（〈地震〉）與第

圖 10：讚誦古典。敘利亞大馬士革大清真寺鑲嵌畫（七一五年前）。伍麥亞朝的工匠們在描繪建築與風景時，參照羅馬而非拜占庭的藝術作品。他們將這些主題賦予天堂的意義，與古蘭經中描述高聳的樹木、宏偉的宮殿與潺潺小溪等待有福之人於死後悠遊其間的畫面相同。

81 章（〈黯黮〉）這兩章前兩節大聲唸出，確實相當令人震撼：

當大地猛烈地（zulzilat）震動（zilzālahā），
拋其重擔（athqālahā）……（99:1-2）

當太陽黯黮（kuwirrat）的時候，
當星宿零落（inkadarat）的時候……（81:1-2）

圖 11：神性光芒的隱喻。清真寺玻璃油燈（敘利亞，約一三三○年）。此油燈是替瑪姆魯克朝一位宮廷斟酒人製作。請注意它的高腳杯紋章在油燈的左上及右上方。刻在油燈上的古蘭經經文在黑暗中閃耀，強調該物品的宗教重要性。

　　這些篇章分為不同長短與不同押韻的句子，以符合相應的主題。例如以極度狂喜的口吻描述**末日**，或用在約瑟故事中的敘事風格，還有在更正式的論文和其他正式文件中所使用的法律禁令等。

　　最早的古蘭經篇章讀起來宛若神諭，有驚人的開場句子，以及簡短而口氣銳利、對象為穆罕默德與其聽眾的警句。這些篇章帶有詩意且充滿活力，力道強得讓讀者聽眾喘不過氣來。它的內容著重描寫創造之美，也就是真主的仁慈表徵。然而，人類是有罪的，必須立即悔改，因為審判日即將到來。古蘭經極其生動地描寫地獄與天堂；地獄之火與天堂的對比相當明顯：罪人將會被抓住頭頂上的頭髮拖入地獄，而天堂中有小河流淌的花園則是令人愉悅。古蘭經末尾的麥加篇章也同樣有著非常特別的共鳴與圖像，縈繞在人腦海中徘徊不去，信徒將經文唸誦出來時尤其如此。例如 82:1-5，形容揭開審判日序幕的大洪水，喚起啟示錄中海嘯的圖像：

當穹蒼破裂的時候，

當眾星飄墮的時候，

當海洋混合的時候，

當墳墓被揭開的時候，

每個人都知道自己前前後後所做的一切事情。

　　這幾行經文的阿拉伯原文，在唸誦時韻文的共鳴比譯文更有衝擊力。麥加篇章都不長，有些只有寥寥數節。只要大聲唸出，即便是唸出譯文，都不難了解為什麼這些經文會讓聽眾產生如此激烈的情感[9]。

　　至於麥地那篇章，就像暴風雨後的寧靜。它們通常比較長，而且比麥加篇章的寫法更直截了當，為的是告訴穆斯林在日常生活中各方面的規範——如何崇敬真主、如何與其他穆斯林以及非穆斯林相處，這些經文也詳細指示伊斯蘭教諸多其他事項，包括該如何做禮拜，如儀式的潔淨、祈禱、朝聖，或日常生活的禮拜。麥地那篇章的律法涵義，使得經文中多處與舊約聖經從《出埃及記》到《申命記》中神聖的**摩西**律法相關聯。特別是《利未記》，例如對儀式潔淨的強調。和猶太教一樣，伊斯蘭教被稱為律法宗教應該當之無愧；穆斯林正因為律法才能過正義的生活。

　　古蘭經其他經文蘊含更複雜的訊息，其中豐富象徵性的文字邀請信徒進一步深思。一個著名的例子是神祕的長篇經文，也就是所謂的「光明經文」（24:35），這段文字深受**蘇非行者**（見本書第八章，頁260）喜愛：

真主是天地的光明，

他的光明像一座燈檯，

那座燈檯上有一盞明燈，

那盞明燈在一個玻璃罩裡，

那個玻璃罩彷彿一顆燦爛的明星，

用吉祥的橄欖油燃著那盞明燈；

它不是東方的，也不是西方的，

它的油，即使沒有點火也幾乎發光 —— 光上加光 —— 真主引

導他所意欲者走向他的光明。（24:35）

另一段經文（31:27）強烈暗示真主的智慧永無止境、無邊無
際；對於冥想古蘭經經文意義的教徒而言，它也可以當成是經文有多
重解讀可能性的象徵：

假若用大地上所有的樹來製成筆，

用海水作墨汁，再加上七海的墨汁，

終不能寫盡真主的言語。

真主確是萬能的，確是至睿的。

古蘭經的核心主題

古蘭經中的主題與另外兩個**亞伯拉罕宗教**（猶太教和基督教）相

似，它堅守相同的傳統。不過，其中有同也有異。三個最關鍵的主題是：一神信仰、神創造萬物以及審判日。

一神信仰

古蘭經時常宣稱神只有一位。祂不能有同伴。祂不是萬神廟的諸神之一，也不屬於三位神的其中一位。如此不妥協地強調神的獨一性（tawhid，**認主**）是古蘭經傳遞的核心訊息。這也就是為何古蘭經中不遺餘力地抨擊七世紀阿拉伯的**多神教**，尤其是麥加地區，以及基督教的三位一體教義。

古蘭經中的真主，有時以代名詞「我」、「我們」或「祂」稱呼。「祂」還有九十九個「美麗的名字」（20:7-8），暗示祂的特質。祂對人類的情感從「仁慈的主」與「憐憫的主」這兩個名字可以看出，它們出現在古蘭經除第 9 章外每個篇章開頭的宣言中：「奉至仁至慈的真主之名」。

神創造萬物

古蘭經極力讚美真主創造萬物的奇蹟，包括地球、日月星辰、廣大無垠的海洋和爬蟲類。第 55 章的名稱是〈至仁主〉，這是一首讚美真主創造萬物奇蹟的交響樂，反覆的疊句組成，對象包括人類，也包括由真主創造的靈性的生物，也就是所謂的精靈（jinn）：「你們究竟否認你們的主的哪一件恩典呢？」[10] 或許這了不起的一章中最令

人難忘的部分就是第 26-27 節：

> 凡在大地上的，都要毀滅；
>
> 惟有你的主的本體，
>
> 具有尊嚴與大德，將永恆存在。

　　所有創造物都崇敬造物主（16:49）；確實，真主創造了天使、精靈和人類。古蘭經說，祂「用烈火創造了精靈」（15:27），以「黑色的黏土塑造人像」而創造了人類（15:28）。

　　真主的造物顛峰之作是人類。人類優於所有靈魂與天使，因為真主將自己的氣息吹入人體內（38:72）。祂甚至命令天使服從亞當，也就是被祂任命為掌管世間一切的人。撒但拒絕臣服於「會死的凡人」，因此他被真主驅逐，並受到詛咒，直到審判日來臨（7:11-18）。撒但（阿拉伯文為易卜列斯或夏伊坦）在世間遊蕩，誘惑人類，在人類耳邊叫他們不要服從真主。真主賦予人類照顧世間的責任，因為人類有能力思考。人類天性善良，但環境會對人產生負面影響。與新約聖經不同的是，在古蘭經裡沒有原罪的概念，因此也沒有救贖；美國伊斯蘭研究教授約翰‧艾普西托是這麼說的：「耶穌藉由十字架釘刑與復活達到全然贖罪的犧牲行為，並無神學上的需要。」[11] 在審判日那天，每一個人類在真主的面前都要為自己的行為負責。是否受到拯救，端看人是否能完全臣服在真主的面前（這就是「穆斯林」這個字詞的意義）。

　　真主全知且無所不在的。祂不只知道一個人住哪裡，他或她做

了些什麼事，還知道每一個人內心最深處的想法：「真主是全知你們的活動和歸宿的。」（47:19）如果有人不信祂，真主必會大為震怒：「不信道、並妨礙主道、死時還不信道的人們，真主絕不赦宥他們。」（47:34）古蘭經中有許多例子足以證明，真主對過去不臣服於祂、不服從祂命令的群體，給予可怕的懲罰（91:14-15）：

故他們的主因他們的罪過而毀滅他們，使他們普遍受難。
他是不顧慮那災難的後果的。

因此，真主對於不信道的人，毫不遲疑給予可怕的懲罰。

審判日

古蘭經中的審判日有許多不同詞彙，包括「該時」、「報應日」、「末日」、「決定日」、「復活日」與「聚集日」等。死者在審判日將會從墳墓中被取出：「當墳墓被揭開的時候，每個人都知道自己前前後後所做的一切事情。」（82:4-5）當天真主會將所有人聚在一起：「我們的主啊！……在無疑之日，你必定集合世人。」（3:8-9）每個人的所作所為都將被衡量。做的好事比壞事多的人，會被放在真主的右邊，獎賞是進入天堂享福。作惡多端的人會被放在真主的左邊，然後被拖入地獄之火。

這一天何時到來？在古蘭經中的事件並不是按照年代順序，時間也不是以線性呈現。它的訊息重點往往在於末日，籠罩著真主審判即

將到來的陰影。審判日可能在祂所希望的時間隨時到來：

> 天地的幽玄只是真主的。復活時刻的到來，只在轉瞬間，或
> 更為迅速。
> 真主對於萬事，確是全能的。（16:77）

如此強烈的訊息引發人類的敬畏與恐懼，警醒人必須悔改與信真主，而且並不是在遙遠的將來覺得自在的某一時刻，而是現在 —— 此刻。那些尋求真主的原諒、遵循「正路」（42:52）、服從真主的法令、嚴格守法以及避免真主所禁止之事的穆斯林，在審判日就能得到拯救。

審判日是何種景象？許多經文中撼動的修辭與啟示的圖像都十分駭人，表達了這令人敬畏的事件。第75章的標題是〈復活〉，貼切地表明人逃不過真主令人敬畏的審判：

> 他問復活日在甚麼時候？
> 當眼目昏花，月亮昏暗，
> 日月相合的時候，
> 在那日，人將說：「逃到哪裡去呢？」（75:6-10）

天堂與地獄的概念，在古蘭經第47章描述的圖像中有強烈對比。在這一章裡，真主承諾祂將看顧信道與行善的人。祂必會讓他們進天堂。對於不信道的人，等著他們的是萬劫不復的地獄，而信道的

人會進入各種河水流淌其下的花園（47:12）。天堂的人飲用的這些
河水，包括純淨的水、牛奶、葡萄酒和最純的蜂蜜。至於那些永遠在
地獄之火裡的人，他們飲用的是使他們肝腸寸斷的沸水（47:15）。
第 56 章稱作〈大事〉（即將到來的災難），整篇描述令人無法忘記
的末日；最後幾節（88-94）說到垂死的人，「如果他是被眷顧的，
那末，他將享受舒適、給養與恩澤的樂園；如果他是幸福者，那末，
一般幸福的人將對他說：『祝你平安！』如果他是迷誤的、否認復活
者，那末，他將享受沸水的款待，和烈火的燒灼」。

先知與預言

受到猶太教與基督教傳統影響的非穆斯林學者，往往把古蘭經放
在依年代順序編排的框架裡。古蘭經是一神啟示中第三個出現的啟
示，排在舊約與新約聖經之後。這種觀點免不了會將伊斯蘭與其他
兩種先出現的一神教相比，尤其是比較古蘭經和在聖經中都出現過
的先知故事 [12]。猶太教和基督教徒的確常批評他們熟知聖經故事的伊
斯蘭版本，斷定古蘭經「說錯了故事」。這三個亞伯拉罕宗教都有
著豐富多樣化的故事流傳於世，這些故事傳統比聖經的敘述更加充
實，因此上述比較顯然並不恰當。這類故事被稱做**以色列子孫的故事**
（Isra'iliyyat），也就是來自猶太與基督教傳述以及古代中東各地民
間故事的敘事。值得牢記的一點是，猶太教與基督教傳述，絕大部分
不是線性發展的故事，亦即不是如今日所見聖經為了使讀者相信而建

圖 12：中國長袍上的聖經故事。拉胥德丁所著《世界史》（伊朗大不里士，一三一四年）。《世界史》手稿中的一些圖像遵循猶太與基督教傳統，強調上帝以奇蹟拯救祂所揀選的人。這幅圖畫中可見遠東的元素；例如聖經裡的大魚變成一條柔弱的鯉魚，此外水的畫法也令人聯想起中國繪畫風格。

構出的方式。

　　古蘭經裡有豐富的先知題材，這些先知都在舊約聖經中出現過，但他們的「故事」在古蘭經呈現的方式，有時有別於聖經故事。然而，許多古蘭經裡敘述的細節，都能在猶太傳述中找到。的確，猶太教徒視為神聖的教學與注釋文字《米德拉西》（特別是口傳律法《哈拉哈》）以及《塔木德》，都是寶貴的訊息。同樣道理，古蘭經在看待施洗者約翰、**聖母馬利亞**與**耶穌**等基督教重要人物時，不僅將他們的來源追溯到《馬太福音》、《馬可福音》和《路加福音》，也追溯

到偽名福音（沒有被收錄到新約聖經中的早期基督教福音書），和近東神祕**諾斯替教派**（Gnostic）的教義。

所有先知都帶來悔改以及皈依一神的訊息；如果不照做，人在死後就會遭到可怕的懲罰。在古蘭經中，真主列出**亞伯拉罕、以實瑪利**、以撒、雅各、摩西和耶穌等先知的名字後，說道：「我們對他們中任何一個，都不加以歧視。」（2:136）除了穆罕默德，古蘭經又提到另外二十八位猶太人與基督徒都知道的先知名字，聖經中都說過他們的故事，包括亞伯拉罕、以實瑪利、以撒、雅各、摩西、約伯、約拿、亞倫、所羅門、大衛等等。除了對約瑟、摩西和耶穌有較多著墨，其他先知在古蘭經中都是順道一提，彷彿信徒都十分熟悉這些人物。經文中通常都用以下的句子開頭，暗指他們：「你們記得摩西的故事嗎？」或「你是否想起挪亞後來怎麼了？」這些先知的故事太耳熟能詳，因此不需要再說一次，而是利用他們點出某種德行以便警惕世人。我們因此明白古蘭經絕對繼承先前的一神傳述，尤其是猶太教傳述。古蘭經也提到在中東以外地區幾乎鮮為人知的其他宗教人物故事，例如魯格曼、薩立赫和胡德，這些先知在伊斯蘭教出現之前就已在阿拉伯傳道。他們向偏離真正一神信仰道路的邪惡部落談論神，但這些人拒絕了神透過先知帶給世人的訊息，因此神懲罰他們。古蘭經將先知描述為警告者，他們被世人忽略；第43章宣告：「我曾派遣許多先知去教化古代的民族，每有先知來臨他們的時候，他們都加以愚弄。」（43:6-7）

古蘭經中的許多段落中都提到亞伯拉罕，他特別重要，因此被挑選出來。他建造麥加的**卡巴**天房，他與他兒子以實瑪利曾在此祈

禱（2:125-27）。穆罕默德信奉的是「奉正教的易蔔拉欣的宗教」
（2:135）。伊斯蘭教恢復了原始的亞伯拉罕一神信仰。確實，亞伯
拉罕是古蘭經中稱為**哈尼夫**（hanif）的典型人物，也就是達到真正
一神信仰的人。他對他的人民說：「我確已崇正地專向天地的創造者
（哈尼夫），我不是以物配主的人。」（6:79）哈尼夫不是猶太人，
不是基督徒，也不是多神教徒。所有人類生來的天性就是要信奉這個
純粹的一神教信仰，這真正的信仰沒有被猶太教、基督教或多神教的
解釋所扭曲[13]。

約瑟

　　古蘭經第 12 章以整整一章的篇幅描述約瑟的故事，而且以他的
名字作為篇名（譯注：古蘭經的約瑟中譯為「優素福」）。這是古蘭
經唯一只談論一個主題的篇章，而且從頭到尾完整敘述一個故事，雖
然第 19 章的大部分也都在描述童貞女馬利亞（見本書頁 98）。古蘭
經第 12 章的約瑟故事，和舊約聖經《創世記》第 42 章中的敘述方式
有些不同（例如它並不是細節詳盡的連貫敘述），不過在其他方面非
常類似。它的敘述技巧著重於這故事的某些部分。約瑟被嫉妒他的哥
哥們扔進井裡，而後被經過的商隊帶走。一位不知名的統治者（在聖
經中這人叫波提乏）買下約瑟，將他帶到一個不知名的國家。這位統
治者叫他的妻子（祖萊哈）真誠對待約瑟。她對他產生欲望，試圖引
誘他。約瑟想趕在她追來之前逃跑，他們倆同時到達門口，她在他身
後扯破他的襯衣。這時她先生出現在門口，妻子試圖怪罪約瑟，但

圖13：克服誘惑。優素夫（約瑟）逃離祖萊哈（波提乏的妻子），畫作由波斯細密畫畫家比札德簽名，為詩人薩迪的抒情詩《薩迪的布斯坦》書中插圖（阿富汗赫拉特，一四八八年）。這篇重寫《創世記》的作品以神祕的語詞敘述故事，令人聯想到通往天堂的梯子（即「登霄」）。祖萊哈建造了一座宮殿，帶領優素夫通過七個以情色繪畫裝飾的相連房間試圖引誘他，但徒勞無功。綠色和紅色分別象徵神聖與熱情。

他的襯衣是從後面被撕破，顯然是她在說謊。她丈夫叫她求他寬恕自己的罪，他說：「這的確是你們女人的詭計。」[14] 之後，城裡的婦女說統治者妻子的閒話，因此她邀請他們來參加宴席。她讓她們坐在沙發上，發給每人一把刀，應該是用來切水果的；傳述中她們吃的水果是柳橙。接著她把約瑟叫來給大家看；這時古蘭經的經文如下（12:31）：

當她們看見他的時候，她們讚揚了他，（她們都被迷住了），以致餐刀割傷了自己的手。她們說：「啊呀！這不是一個凡夫，而是一位高潔的天神。」

之後約瑟在獄中解釋獄友的夢境，而他的解釋與聖經的敘述相同。他在古蘭經中被描寫為一位有德行的人，遵循先祖亞伯拉罕、以撒和雅各的宗教。信徒可以從他的故事中學到信仰與虔誠所得到的回報。約瑟在許多方面都被描述為一個敬畏神的最佳模範。

摩西

在古蘭經中，摩西（譯注：古蘭經中的摩西中譯為「穆薩」）比其他前伊斯蘭宗教人物有更多著墨[15]。古蘭經沒有花一整篇內容講述摩西的故事，也沒有關於他的連貫敘述，但古蘭經中有一百三十六處提到摩西，而且往往內容非常詳細。許多摩西的事蹟都在麥地那篇章，穆罕默德就是在那裡與猶太人接觸。古蘭經中提到的摩西，令人聯想起舊約聖經中那些熟悉的故事，雖然有時兩者的細節不同。在古蘭經中，摩西遭受的苦難，以及在他肩負的先知任務中受到上帝幫助的方式，預示了穆罕默德在傳教任務中將遭遇的挫折。

嬰兒時的摩西被人放進盒子中（而非如聖經故事所說，放進蘆葦編成的籃子），丟進海裡。法老的妻子發現他（在聖經故事中她是被法老的女兒發現），於是將他撫養長大（26:18）。摩西的姊姊一直注意著這個小嬰兒，因此她設法安排讓摩西的母親乳養他（26:18）。

長大後摩西帶著先知訊息來到法老面前，但他被控施展「明顯的魔術」（10:76），這與穆罕默德之後的遭遇相同。當法老叫摩西給他一個「跡象」時，摩西把他的手杖變成一條蛇，把他的手變成白色。神從法老手中釋放摩西與以色列子民，讓他們安全渡過紅海，並溺死法老與他的軍隊（7:136 與 10:90）。摩西獨自在曠野中流浪四十天。當他不在時，他的人民轉而崇拜一頭金色的小牛，而神責備他們的偶像崇拜行為：「我與穆薩約期四十日〔在西奈山上〕，在他離別你們之後，你們認犢為神，你們是不義的。在那件事之後，我恕饒了你們。」（2:51-52 與 7:148）。神在沙漠中對摩西揭示了更多奇蹟：神降下甘露與鵪鶉給眾人吃（2:57；亦見《出埃及記》第 16 章）[16]，而且當摩西向神祈求飲水，神叫他用手杖敲一敲石頭，石頭裡就湧出了十二道泉水（2:60）。

將這些故事描述給穆罕默德，是為了向他擔保：正如神看顧他的先知摩西與他的子民，祂當然也一樣會看顧穆罕默德。最重要的是，摩西是一位一神教信徒。與穆罕默德相同，神賞賜摩西「經典，和辨別真偽的準則」（編注：配合原書，此處用馬仲剛譯本）（2:53）。

馬利亞，耶穌的母親

古蘭經中只要提到耶穌，就一定提到馬利亞[17]，因為耶穌總是被稱做「麥爾彥之子爾薩」（馬利亞的兒子耶穌）[18]（譯注：麥爾彥是古蘭經中的馬利亞，不同譯本則有不同的中譯）。「童貞女」也是馬利亞的諸多稱號之一。她還被稱為服從神的人、神的忠實僕人，以及

圖14：東方天使報喜圖。比魯尼，《古代民族編年史》（伊朗大不里士〔？〕，一三○七年）。新約偽經《雅各福音書》描述馬利亞正以紫色羊毛紡織神殿窗簾時（意指耶穌之死），領受天使的訊息。在圖中馬利亞坐在伊斯蘭式的拱門之下，門上有偽庫法體的銘刻。畫中看得出佛教畫像元素，包括臉部形狀、馬利亞盤腿姿勢以及加百列的火焰光暈及飄動的腰帶。

嚴守真理的人。她是古蘭經中最重要的女性典範，也是唯一提到名字的女人（見第十章，頁346）。

　　古蘭經中詳細敘述馬利亞一生中最重要的三個事件：她的出生與成長、天使報喜與耶穌誕生。馬利亞還沒出生，她母親就將她獻給神，她說：「我的主啊！我誓願以我腹裡所懷的，奉獻你，求你接受我的奉獻。」（3:35）不久後孩子生下來，她母親對神說：「我確已生了一個女孩……我確已把她叫做麥爾彥。」（3:36）第37節中接著說道，慈愛的神接受她，並讓她健康長大。她由耶路撒冷神殿裡的宰凱里雅撫養。當馬利亞在神殿裡時，宰凱里雅很訝異神總是直接提

供食物給她（3:37）。

　　古蘭經第 19 章叫做〈麥爾彥〉。這一章敘述基督徒相當熟悉的天使報喜。馬利亞離開家人，來到「東邊一個地方」，這時「神的靈」裝扮成一個身材勻稱的人[19]。他告訴她，他只是神的使者，來給她一個「最純潔的兒子」。馬利亞問：「任何人沒有接觸過我，我又不是失節的，我怎麼會有兒子呢？」（19:20）這位在古蘭經中從未被稱做加百列的使者，向馬利亞保證，說這種事對神來說輕而易舉。這就是古蘭經版本的童貞女生子教義。

　　然而，古蘭經裡耶穌誕生的故事與新約聖經福音書中所說的不同。馬利亞懷了兒子，即將臨盆之際，她躲到偏遠的地方，陣痛使她來到一棵椰棗樹旁[20]。在劇痛中，她大喊：「啊！但願我以前死了，而且已變成被人遺忘的東西！」（19:23）於是嬰兒耶穌對她說，她不該憂愁；他指著一條神造在她下方的小溪，叫她搖一搖椰棗樹，椰棗就會落在她面前。就這樣神展現奇蹟，給予她食物和水。馬利亞帶著孩子回到族人身邊，他們責備她做了一件「奇事」。馬利亞指著孩子，那孩子開始說話：「我確是真主的僕人，他要把經典賞賜我，要使我做先知……我在出生日、死亡日、復活日，都享受和平。」（19:30, 33）

　　以上就是所有古蘭經對馬利亞的描述。此外，從講述馬利亞故事這種間接的方式看來，顯然聽穆罕默德唸誦古蘭經的人早已知道這故事。古蘭經中關於馬利亞的敘述並不長；只有一些基本的故事，顯示她是異乎尋常的人，因此適合當耶穌的母親。顯然古蘭經裡的天使報喜和耶穌誕生故事與新約聖經福音書裡的敘述雷同。馬利亞被描寫為

一位獨特的女人，貞潔而純真；她是被神選中的女子。不過，古蘭經中沒有提到伯利恆的馬槽和牧羊人，也沒有三王來朝；也完全沒有提到木匠約瑟。

耶穌

和亞當一樣，古蘭經中的耶穌也沒有人類父親；他的名字是馬利亞之子耶穌。他被視為穆罕默德之前的最後一位先知，因此給予彌賽亞的尊稱[21]。他「帶著〔上帝的〕明證」前來（43:63），但人們卻嘲笑他。在古蘭經中，耶穌證實他眼前的啟示，也就是《討拉特》（摩西五書），因此他帶來福音：「〔我們〕賞賜他《引支勒》（譯注：即阿拉伯文的《福音書》），其中有嚮導和光明，能證實在他之前的《討拉特》」（5:46）。耶穌也期待在他之後將出現的另一位信使：

「麥爾彥之子爾撒曾說：『以色列的後裔啊！我確是真主派來教化你們的使者，他派我來證實在我之前的《討拉特》，並且以在我之後誕生的使者，名叫艾哈默德的，向你們報喜。』」（61:6）艾哈默德的意思是「受到讚美的人」，而且和穆罕默德這個名字來自同樣的阿拉伯語源，因此穆斯林認為這段經文暗示艾哈默德就是穆罕默德。

正如之前所說，耶穌在古蘭經中與馬利亞幾乎都是一起出現。他倆被視為神的奇蹟，是大家追隨的典範，是所有人的預兆（23:50）和象徵（21:91）。耶穌展現奇蹟：天使告訴馬利亞，耶穌會用泥塑成小鳥，並吹入生命[22]；他會治療盲人與痲瘋病患者，並使死者復活

（3:49; 5:110）。

耶穌也被稱為「來自神的一句話」（3:45）：「天神說：『麥爾彥啊！真主的確把從他發出的一句話向你報喜。他的名字是麥爾彥之子麥西哈‧爾撒』。」穆斯林對這段經文有一種解釋，那就是「創造耶穌的是神的命令，而不是一位人類父親的干預」[23]，因此他才被稱為「來自神的一句話」。古蘭經也用了「這句話就是神」（the Word was God / logos），和新約聖經在《約翰福音》第1章第1節相同，不過它可能是為了檢測基督教的影響力[24]（譯注：the Word was God 在聖經中譯本中，譯為「道就是神」，logos 是希臘文的「道」）。

雖然對耶穌極為尊崇，古蘭經卻清楚否認某些基督教的耶穌核心教義。以下經文強調耶穌並不是神的兒子，也不是三位一體的其中一位：

> 麥西哈（譯注：即彌賽亞）‧爾撒——麥爾彥之子，只是真主的使者，只是他授予麥爾彥的一句話，只是從他發出的精神；故你們當確信真主和他的眾使者，你們不要說三位……真主是獨一的主宰……他絕無子嗣。（4:171）

不僅如此，古蘭經甚至還描述耶穌駁斥三位一體教義：「當時，真主將說：『麥爾彥之子爾撒啊！你曾對眾人說過這句話嗎？「你們當捨真主而以我和我母親為主宰」。』他說：『我讚頌你超絕萬物，我不會說出我不該說的話。如果我說了，那你一定知道。』」（5:116）

古蘭經其中一節經文（4:157）否認耶穌被釘十字架，非穆斯林

學者以及某些穆斯林學者為此爭論不休。經文如下：

他們〔猶太人〕沒有殺死他，也沒有把他釘死在十字架上，
但他們不明白這件事的真相。

根據這節經文一般穆斯林都接受的解釋，耶穌沒有被殺。他是先知，因此遭受釘刑的是其他人[25]，但古蘭經繼續說道，耶穌被真主帶到天堂，如以下經文強調：「真主已把他擢升到自己那裡。」（4:158）[26] 在之後的穆斯林宗教傳述中，有許多不同版本的耶穌釘刑，也就是所謂的「替代傳說」。在其中某個版本裡，猶大（加略人）取代耶穌被釘上十字架。

總而言之，古蘭經雖然與福音書有許多相似處，在與重要教義相關時，對耶穌的描寫卻呈現不同面貌。

穆罕默德

古蘭經中的經文，與穆罕默德人生中的一連串事件密切相關，但我們不可能只根據經文建構出他的傳記（見本書第二章）。穆罕默德不只是諸多先知之一，也是「**先知的封印**」（Seal of the Prophets，33:40），換句話說就是最後一位先知。真主特別提到他並讚揚他：「我確已派遣你為見證者，為報喜者，為警告者，為奉真主之命而召人於真主者，為燦爛的明燈。」（33:45-46）

在穆罕默德懷疑自己與遭受迫害時，古蘭經安慰了穆罕默德，向

他保證真主與他同在，他的確是尊貴的使者（81:19-22）。古蘭經中的穆罕默德只是個凡人，不過某些奇蹟與他有關，例如他超越時間的經歷——古蘭經 17:1 提到的夜行登霄，也就是從麥加到耶路撒冷，到達七重天，並來到真主面前。古蘭經也提到與先知穆罕默德關係密切的人物，例如他的養子宰德（33:37）與他的幾位妻子（33:50），以及他在世時的一些事件，例如六一五或六一六年波斯軍隊戰勝**拜占庭**軍隊（33:2-3）。

唸誦與閱讀古蘭經

　　穆罕默德生於擁有悠久口述詩歌與故事傳統的阿拉伯社會；有些人記下祖先的光榮事蹟，然後將這些功績朗讀給帶著欣賞與批評眼光的聽眾。因此，古蘭經的篇章早在成書之前，信徒就已大聲唸誦，是自然不過的事。一般認為先知穆罕默德一生都在大聲唸誦古蘭經，這並不令人訝異。古蘭經裡就找得到證據，因為真主時常命令穆罕默德說出及背誦祂的啟示，例如在第 112 章開頭：「你說：他是真主，是獨一的主；」以及第 96 章開頭，據信是真主對先知穆罕默德最早的啟示：「你應當奉你的創造主的名義而宣讀，他曾用血塊創造人。」在 53:7-10 中，曾約略提到真主藉由天使加百列傳送給穆罕默德的第一個啟示的情況：

　　他〔加百列〕在東方的最高處，

然後他漸漸接近而降低，

他相距兩張弓的長度，或更近一些。

他把他所應啟示的啟示他的僕人。

在這特殊的時刻，穆罕默德對真主的感受，既是聽覺上也是視覺上的。

唸誦

　　在穆斯林的史料中常充滿情感地說到聆聽唸誦古蘭經對忠誠信徒的衝擊。古蘭經本身就記錄了唸誦所創造的強大影響：「當他們聽見誦讀降示使者的經典的時候，你看他們為自己所認識的真理而眼淚注注」（5:83）。許多伊斯蘭傳述（**聖訓**）都記錄由穆罕默德本人唸誦的神聖經典的美妙聲音；某位信徒聽到先知穆罕默德唸誦古蘭經第95章時，他說：「我從未聽過比他更美妙的唸誦聲音。」[27]

　　唸誦古蘭經在穆斯林社會中是一項備受重視的技能，有人說它既能得到物質，也能得到靈性的報償。唸誦一直被視為傳遞神聖經典最權威的方式。它能讓聽眾顫抖、啜泣，而且有一種毋庸置疑的旋律性，來自強烈的音樂節奏。無論男女、大人或小孩，只要是熟練的唸誦者，都受過遵循正規指導原則（tajwid，**誦讀學**）唸誦的訓練，這些原則包括速度、重音、停頓、終止、旋律、聲音、發音，以及儀式純淨與絕對專注的必要性。唸誦古蘭經是伊斯蘭教敬拜、實踐與教育重要的一環，當然在齋戒月與朝聖等的虔誠行為中也扮演了重要的角

色。埃及與印尼的唸誦者尤其出名。難怪古蘭經唸誦成為復興信仰的有力工具。

　　古蘭經中有二十九章開頭都是單獨的阿拉伯字母，只要大聲唸誦時，這些字母都要唸出來，視同完整經文的一部分。有些章的開頭只有一個字母，例如第 68 章是字母 "n"（nun）。第 19 章和第 42 章有五個單獨字母排成一列。關於這些字母有許多解釋與理論。有人說字母只是抄寫員名字的首字母縮寫，有些人相信它們有密契主義的重要性。不過，無論是穆斯林或非穆斯林學者，都還不明白這些神祕字母的意義和目的。

　　從以前到現在，一般穆斯林已經習慣記憶古蘭經並大聲朗讀。能記住整部古蘭經的人叫做**哈菲茲**（hafiz），他們備受敬重，這樣的穆斯林人數多達數十萬人。在沙烏地阿拉伯，教導犯人古蘭經是一項古老的傳統；在通過兩次法令之後（一九八七年與一九九〇年），能記住整部或部分古蘭經的犯人，就能獲得減刑 [28]。杜拜也有同樣做法；那裡每年舉辦的古蘭經唸誦比賽，其中一隊參加者就是在監獄中學習古蘭經的犯人 [29]。

閱讀古蘭經

　　古蘭經是一本簡短的書，但它並不好讀。正如十九世紀英國作家湯瑪斯・卡萊爾在長篇演說中對古蘭經的著名負面評語：「這是我所讀過最吃力的讀物……任何能讀完古蘭經的歐洲人，都只是出於責任感。」[30] 當然，卡萊爾是以褊狹的目光與自大的心態閱讀古蘭經。

古蘭經並不是一本讓人從頭到尾一口氣讀完五十頁的書，而是該慢慢地讀，最好是閱讀阿拉伯文，而且是一段一段或一章一章地讀。讀的人應該緩慢而帶有敬意地研讀經文，留一些時間讓字句沉澱、產生影響。沒有讓自己經歷這種閱讀過程的人，從以前到現在一直對古蘭經經文做出負面評價。由於整本古蘭經都是由許多穆斯林評注者分章撰寫，或甚至各自撰寫獨立的各節，如果以快速閱讀和先入為主的觀念讀古蘭經，就會對這本書的性質草率做出一般化的陳述。

經文的歷史

有許多不同的理論與傳述，說明古蘭經如何被組合成書面文字。

傳統穆斯林觀點

真主並非將啟示一次傳給穆罕默德。啟示是以口語和間歇的方式出現。古蘭經的某些部分是穆罕默德將啟示傳給**聖伴**時所寫下的，因此經文被不同的家族與部落保留下來。也有些古蘭經訊息可能是透過記憶流傳下來 —— 如之前提過的，阿拉伯人有背誦詩句的悠久傳統，有些人的記憶力過人。故據說第一任**哈里發阿布－巴克爾**（卒於六三四年）請先知穆罕默德其中一位聖伴柴德·伊本－塔比特「從紙莎草、扁平的石頭、棕櫚樹葉、動物的皮、肩胛骨和肋骨以及木片上，還有從人的心中」蒐集古蘭經的啟示[31]。

根據穆斯林的教義，穆罕默德不會讀寫，因此他在領受啟示時將聽到的內容「背誦」下來。當然，由於阿拉伯以口頭傳遞知識與文化的傳統十分盛行，我們不難看出為何穆斯林相信這種傳統可以將古蘭經文從啟示出現的當時保存到現在。

　　根據某些穆斯林傳述，文字形式的古蘭經正典早自阿布－巴克爾時期就已開始蒐集。不過，更廣為接受的說法是，在第三任哈里發歐斯曼（六四四至五六年）統治期間，他找來所有版本的古蘭經（在新穆斯林帝國的各個不同地區，產生唸誦經文時的微小差異）與穆罕默德的抄寫員柴迪，以及一群穆罕默德的親信，編出一本最終版本古蘭經正典，並且將這種版本送到主要省份的各城市中。古蘭經正典使得新穆斯林社群間更加團結一致，而之前可能只有些微經文差異的版本，從此棄之不用。

　　中世紀穆斯林學者曾經熱烈討論古蘭經到底是「被創造的」或「無法被創造的」（與真主永存的），特別是在九世紀時，哈里發**瑪蒙**（七八六至八三三年）介入爭論，站在支持古蘭經是「被創造的」教義這一方（見第七章，頁232）。其他團體與著名的發言人強烈否認這種說法，聲明古蘭經是「無法被創造的」。後者的觀點被**遜尼派**穆斯林接受，因而原始的古蘭經存在於天堂裡「保存完善的匾上」這種信仰逐漸普及。

現代學說

　　古蘭經文字的早期歷史當然還有更多值得學習之處。早期伊斯蘭

教最輝煌的歷史建築是耶路撒冷的圓頂清真寺，基座銘文刻著伊斯蘭曆七十二年（西元六九二年）[32]，古蘭經銘文長度共七百九十英尺（二百四十公尺）。早在一九二七年瑞士學者馬克斯・馮・貝赫姆就已發表論文提出這項證據，然而卻少有古蘭經學者提到此事，更不用說從中做出任何結論；許多專門研究古蘭經的東方學學者甚至完全不願意正視它。這是未來古蘭經研究的當務之急。

葉門首都沙那的大清真寺閣樓的一個袋子裡，收藏著數量相當多的古蘭經斷簡殘篇，其中有些日期可上溯至八世紀或甚至七世紀；一九七二年文件被發現時，各界都相當興奮，但目前針對相關主題發表的研究論文卻很少見。不過，這些都是實體的證據——古蘭經單獨的篇章寫在紙莎草、硬幣上，甚至還有建築物銘文——經文的年代都是在先知穆罕默德死後不到一世紀，而且可以證實現在的古蘭經正典經文的正確性；根據其中某一頁所做的碳十四測定，結果顯示年代為西元六四五至九〇年，正確率為百分之九十五。

自從十九世紀德國開始盛大研究東方學以來，許多西方學者都以聖經研究常用的「以語言與文本為基礎」的方式，研究蒐集古蘭經的歷史。根據耶魯大學知名的伊斯蘭研究教授傑哈德・布佛辛表示，它理所當然被稱為「編年問題的地雷區」[33]。從一九七〇年代起，許多非穆斯林學者如約翰・旺斯伯勒、派翠西亞・克隆和麥可・庫克都使用非穆斯林史料提出激進的理論，來解釋伊斯蘭教如何興起、古蘭經的起源以及它是在哪裡與何時被撰寫。他們的研究沒有被穆斯林學術界承認。尤其是旺斯伯勒，他建立備受爭議的古蘭經文本批判「學派」，主張古蘭經經文在八世紀末之前或許並未完全成為正典[34]。探

詢由西方非穆斯林學者提出的問題——尤其是古蘭經傳播的機制——這一類研究對於經文本身或對於世界各地穆斯林表現出對古蘭經的敬愛程度，並沒有明顯的衝擊。

有些以謹慎與虔誠態度研究古蘭經的改革派穆斯林學者，也在尋找詮釋經文與研究古蘭經歷史的新方法。例如埃及學者納瑟‧哈密德‧阿布－柴德研究古蘭經的時限性，他強調某些經文必須在穆罕默德在世時的歷史背景下進行分析。他在一九九二年被冠上叛教者（放棄宗教信仰的人）罪名，婚姻被宣告無效，最後被迫逃往歐洲；定居於荷蘭[35]。

因此，許多由西方學者提出的古蘭經議題，尤其在近數十年來，並不影響穆斯林對這本神聖經典的敬意。不過，西方學者切割古蘭經文、在其中尋求理解歷史性理解的研究傳統，對許多穆斯林來說是一種侮辱。他們專注於細節，卻迴避古蘭經的精神所在。對古蘭經經文的這一類批評，英國學者亞伯瑞痛斥為：「妄想以目光如豆的平庸分析，去度量先知如海洋般廣闊的滔滔雄辯。」[36]而且即便是「平庸的分析」，對古蘭經也沒有造成半點眾人公認的改變。

翻譯古蘭經

最早的聖經是以希伯來文、阿拉姆語或希臘文寫成，之後歷經漫長的時間，先被譯為拉丁文（武加大譯本），再被譯為各種歐洲語言。至於對講英語的人，一六一一年出現了詹姆士王譯本（欽定版聖

經），成為新教徒的標準聖經。古蘭經的翻譯來得較遲。西方最早的古蘭經譯本出現在一一四二至四三年，譯者是被稱為凱頓的羅伯特，他將古蘭經譯為拉丁文。從那時開始就陸續有英文、法文、德文與其他西方文字的古蘭經譯本。

　　然而，穆斯林一般相信古蘭經是不可譯的。它是一個奇蹟。它以阿拉伯文向世人揭示：「我把它降示為阿拉伯文的智慧。」（13:37）穆斯林主張，所有譯文都不過是詮釋或解說古蘭經的意義 —— 馬默杜克・皮克索爾在他出版於一九三〇年的古蘭經譯本序文中如此坦承（這是首次由一位皈依伊斯蘭教的英國人嘗試翻譯古蘭經）。他形容他的工作「僅是設法用英文呈現古蘭經的意義，以及揣測其中的魔力」[37]。不只如此，皮克索爾以虔敬的口吻表示：「沒有一本宗教經典，可以藉由不相信其精髓與訊息的人呈現出來。」[38]

　　就早期古蘭經的拉丁文譯本而言，以上陳述或許有其根據；這些譯文無疑帶有爭議性的目的，因為拉丁文譯者的目的是證明古蘭經中的訊息是虛假的。不過，近來有許多品質很好的古蘭經翻譯，出自語言學、宗教與文化背景等各個專長的學者，這樣看來皮克索爾的說法或許太極端[39]。這些譯本都以不同的方式，在理解複雜與神祕的古蘭經經文這項持續的任務上，付出心力。例如亞伯瑞完成於一九六二年的《古蘭經解讀》，雖然有些人批評它與神聖經文的直譯相去甚遠，但這本譯文還是努力傳達阿拉伯原文恢弘的氣魄，而且穆斯林也給予很高的評價。亞伯瑞雖然不是穆斯林，但他卻在序文結尾充滿熱情地寫道：「本書的詮釋縱然難以映照出原文的光輝，但我祈禱它或許至少能在某種程度上指導、滿足並啟發讀者。」[40]

古蘭經很難翻譯成今日所使用的語文。大多數西方人都已幾乎失去對「神聖的」這個字的感覺，而且強調古蘭經世界觀概念的文字，如「**禁止**」（*haram*）和「**准許**」（*halal*）這兩個字詞，在二十一世紀可說已經失去了人們的共鳴。

許多穆斯林宗教界人士長久以來強烈抗拒翻譯古蘭經。許多穆斯林相信翻譯對於慣例規範或禮拜儀式都是毫無幫助。對他們來說，阿拉伯文的古蘭經是莊嚴神聖、充滿精神性且獨一無二的；只有以阿拉伯語唸誦古蘭經才是有效的。然而，早至十或十一世紀，在古蘭經阿拉伯經文的行間就已有波斯文的逐字翻譯；第一批鄂圖曼土耳其語的古蘭經印刷譯本於一七二六年由伊斯坦堡的亞美尼亞（不是穆斯林）印刷業者印製。又經過了好一段時間，才出現其他語文的古蘭經譯本，例如烏都文、馬來文和中文。穆斯林改革派學者馬哈穆德‧沙爾圖特在一九三三年做出劃時代的決定，稍後埃及總統納瑟在開羅授予他享有盛名的艾茲哈爾謝赫一職。沙爾圖特說，古蘭經譯本對於非阿拉伯人是有用的，而且譯本中依舊含有真主的言語。

今日許多西方穆斯林不懂阿拉伯語，因此將古蘭經譯為許多現代語言的需要更是前所未有且急迫。例如，現在已有許多英文譯本，有些還是在二十一世紀完成。由穆斯林翻譯的古蘭經往往是逐字翻譯，而且還保留了一些關鍵字詞的阿拉伯文，以至於非穆斯林難以理解經文意義。不過一般來說，翻譯古蘭經的情況，已經比喬治‧薩爾於一七三四年出版第一本聲譽卓著古蘭經英文譯本的年代好得太多；雖然顯露出對伊斯蘭教豐富的知識與極大的興趣，薩爾還是在序言中向他的讀者保證，任何一位良善的基督徒「都不必擔心因閱讀如此明顯

的偽作而遭到任何危險」[41]。

　　在如瑞典等歐洲國家，為數眾多的人皈依伊斯蘭教，這是一個相當新的現象，也因此他們需要更多古蘭經譯本。例如第一本羅馬尼亞文的古蘭經，不久前於二〇〇六年才出版。本書使用的古蘭經英譯本由知名穆斯林學者阿布達爾・哈利姆翻譯，於二〇〇四年出版。它的英式譯文很適合不懂阿拉伯語的人現代讀者閱讀。

今日的古蘭經

　　古蘭經是穆斯林尋求生活各方面指引時，最先求助的對象。它是靈感的來源，「作為信道民眾的嚮導和恩惠」（16:64），供信徒時時唸誦，尤其在遭遇困難時。有事需要真主引導的穆斯林會隨意翻開一頁。人們相信某些篇章擁有善的力量（baraka，即祝福）；例如穆斯林通常會對瀕死或去世的人唸誦第 36 章，希望得到真主恩寵的人也會每天唸誦這一章。

　　古蘭經教導穆斯林信徒孝順父母、疼愛孩子與照顧孤兒。其中許多告訴人什麼該做與什麼不該做的日常生活的規範，擁有一致的精神層面。一位穆斯林必須將他對真主和末日的信仰，轉化成每日的虔誠行為。因此，古蘭經禁止吃豬肉與飲酒以及潔淨儀式、結婚、離婚、繼承和其他社會中活中的重要規則，穆斯林都必須遵守。

圖 15：及早學習古蘭經。古蘭經教師正在教導孩童。金色清真寺（巴基斯坦白沙瓦，二〇一〇年）。穆斯林孩童常藉由吟唱學習古蘭經，這種方式或許源自於以宏亮的聲音背誦基督教經文的敘利亞僧侶。七歲孩童就已經學會背誦整本古蘭經的情形並不少見。

古蘭經的神聖地位

現今伊斯蘭世界對古蘭經的崇敬，遠大於西方世界對聖經的崇敬。古蘭經依舊被信徒視為奇蹟，它不需要修改，正典也只有唯一一個版本。孩童在傳統的學校以西方早已失傳的口述傳統方式學習古蘭經。老師背一句，所有孩子一起複誦，然後老師再糾正錯誤。七歲孩童就已經記住整本古蘭經的情形並不少見。這些背誦整本古蘭經的孩子，以及那些雖沒有背誦全部但有記起來一部分的小孩獲益良多。到

圖16：石柱上的神聖文字。 全能伊斯蘭清真寺（德爾菲，一一九二年）。印度穆斯林建築的外牆上常刻有長篇古蘭經經文。這座在穆斯林征服德里後立即興建的清真寺，以波斯文宣稱它是以「二十五座異教神廟的廢墟」建造而成。因此，這座清真寺既是皈依的工具、伊斯蘭教優越的表徵，也是一種神聖空間的挪用。

成年時，古蘭經經文早已迴盪在穆斯林心中，然而聖經對於許多傳統上基督徒人口占多數的國家卻沒有相同的效力。我們或許會質疑還有多少基督徒能引用聖經內容的百分之一。

日常生活中隨處可見古蘭經的神聖地位。一本古蘭經可以用來宣誓，也可以誦讀給病人聽。古蘭經不能放在地上，它通常包在乾淨的布裡，放在房間高於頭頂的地方。穆斯林只能在儀式潔淨（見頁124-26）的狀態下觸摸古蘭經。正因如此，二〇〇五年五月在古巴關達納

摩灣美軍軍事監獄中，傳出惡意毀壞古蘭經的新聞，導致世界各地穆斯林對此事件抗議。

古蘭經是一部靈性啟示的作品，但它並不是以主題為編排順序。從以前到現在，許多人都對古蘭經有各種詮釋。對於穆斯林遭遇的問題，它也沒有絕對的答案。因此，如何以古蘭經為基準回應現代許許多多問題，例如基因改造的農作物或幹細胞研究等，還有很大的爭議空間。但此外還有更傳統、更存在已久的問題。尤其是穆斯林對於誰是伊斯蘭社群的合法統治者，幾世紀來爭論不休，遜尼派與什葉派一直無法取得共識（見第六章，頁 185-86）；在這極為重要的問題上，古蘭經並沒有明確表示。

從早期至今日，每一代穆斯林都曾對古蘭經做出博學的評注。他們討論其中模糊的字詞意義，描述特定經文的上下文脈絡。然而，古蘭經的某些層面依舊神祕難解，因為它原本就是一部靈性啟示的作品。穆斯林學者是否終究會允許對古蘭經做文本批判，如十九世紀以來聖經曾遭到的批判，還有待觀察。

語言、科學與藝術

數世紀以來，古蘭經語言已經成為文學與口語的正式高等阿拉伯語基礎。無論在文學作品、日常生活的語言和政治演說中，引用或附和古蘭經經文的情形都很常見。確實，我們或許可以將古蘭經視為一股隱形的力量，將所有伊斯蘭國家以及穆斯林生活中的一切連結在一起，成為單一社群。二十世紀初期，阿拉伯人設法掙脫鄂圖曼帝國好

幾世紀以來的箝制，阿拉伯的穆斯林與基督徒都認定古蘭經是團結所有阿拉伯人的力量。

對多數穆斯林而言，古蘭經可與現代科學相容，因為它能處理知識與人類經驗的不同面向。另一方面，有些團體主張古蘭經中可以找得到現代科學理論，或預言科學的出現。相較之下，古蘭經向來是伊斯蘭律法的主要根基，有些國家試圖將古蘭經作為政府組織的基礎，如馬來西亞。

穆斯林把古蘭經經文當作伊斯蘭建築物的主要裝飾樣式。精選的古蘭經詩句常成為重要建築物的銘刻文字，刻在**清真寺**（mosques）、**經學院**（madrasas）與陵墓的門廊、壁面、講壇和其他地方。清真寺裡將古蘭經放在**壁龕裡**（mihrab，內牆上的凹處，位置是朝向麥加的方向）。所謂的「寶座經文」（2:255，見頁 117-18）常出現在牆上、劍上和磁磚上。印度某些墓的牆上刻有整部古蘭經，建築物上也常見到長篇古蘭經引文，因此建築物就是一本象徵性的古蘭經。中世紀盔甲和避邪襯衫上都有用以躲避厄運的古蘭經文。從早期伊斯蘭時代就已有書寫精美的經文手抄本，從有稜角的庫法體到後來曲線較流暢的書法等多種字體都包括在內。

沒有別的文化像伊斯蘭教這樣大量運用聖典。古蘭經經文可說是具有聖像意義，日常生活中每一件物品都因經文而神聖化，從陶盤、香爐，到織品和地毯，都將祝福帶入家中。反之，我們想不出有哪間教堂的牆上刻著福音書某一章。一間都沒有。

「獨一無二的交響樂」

非穆斯林習慣將古蘭經和聖經放在一起，互相比較。藉由這種方法當然會有許多發現。同屬所謂「亞伯拉罕諸教」的這三個宗教，在末日與最後審判、先知的故事與許多道德和律法信條等信仰都十分類似。然而，所能做的比較也僅止於此。

雖然古蘭經汲取大量同屬一神教的猶太教和基督教傳統，古蘭經和希伯來聖經、新約全書卻有顯著不同。古蘭經和猶太教在絕對的一神信仰以及嚴格強調儀式潔淨上很相似，然而它堅信穆罕默德的先知地位，這點卻與猶太信仰截然不同；麥地那的猶太人完全否認這一說法。古蘭經的訊息同樣也和基督教有許多雷同處，包括童貞女懷孕生子和耶穌復活；然而，它完全否認基督教信仰中耶穌的神性以及三位一體教義。

> 基督教徒說：「麥西哈是真主的兒子。」……他們怎麼如此放蕩呢！（9:30）
>
> 他是天地的創造者，他沒有配偶，怎麼會有兒女呢？他曾創造萬物，他是全知萬物的。（6:101）

在歷史上一個特殊的時刻，古蘭經出現在一個特殊的地方。因此，它自然而然反映出七世紀阿拉伯這個特殊的環境氛圍。在這社會中，先知穆罕默德的布道有如此特殊的改革與轉化的影響力，其中一例就是古蘭經強烈譴責女性的殺嬰行為。伊斯蘭教在阿拉伯多神教社

會背景下發展，因而古蘭經傳遞的絕對一神訊息就格外重要。我們也必須理解先知穆罕默德居住的部落環境，才能體會古蘭經的社會命令所造成的重大影響力。

敞開心胸閱讀經文，就能更進一步領會古蘭經的啟示。讀者可以基於不同層次、以無數方法理解經文。其中還包含有時限性的評注，有助於說明七世紀阿拉伯社會情況；不過，它傳達的訊息，也適用於所有年齡層的每一個人。只要是仔細、慢慢地閱讀古蘭經的人，都會被它啟迪人心深刻的宗教信仰所打動。古蘭經是穆斯林不可或缺的指引。它時時給予他們撫慰、建議與安定的力量。它使他們反思此生及來世。它提供教義、道德與社會生活上的指示。雖然許多非穆斯林認為有些古蘭經訊息過於暴力與憤恨，穆斯林的回應是，古蘭經中每一章開頭都提到神的恩慈，只有其中一章除外。

無論穆斯林懂不懂阿拉伯文，他們都希望能聽到以這神聖伊斯蘭教語言唸出的古蘭經，否則它的訊息聽起來就只是沉悶的語調。雖然世界上大多數穆斯林都無法理解整部阿拉伯文古蘭經，他們卻感覺得到它的力量，並讚嘆它的聲音；正如蘇非學者福里傑夫・舒恩如此形容：「他們生活在其影響中，卻不知原因。」[42] 對皮克索爾而言，這本聖典是一首「獨一無二的交響樂」；樂音使人們感動落淚，陷入狂喜情緒[43]。

以寶座經文（2:255）結束這一章，似乎最適合不過，它最能體現古蘭經精神，也就是唯一的神是無所不在、全知全能的：

真主，除他外絕無應受崇拜的；

他是永生不滅的，是維護萬物的；

瞌睡不能侵犯他，睡眠不能克服他；

天地萬物都是他的；

不經他的許可，誰能在他那裡替人說情呢？

他知道他們面前的事，和他們身後的事；

除他所啟示的外，他們絕不能窺測他的玄妙；

他的寶座*，包羅天地。天地的維持，不能使他疲倦。

他確是至尊的，確是至大的。

選讀書目

Abdel Haleem, M.A.S., *The Qur'an: A new translation*, Oxford: Oxford University Press, 2004

Cook, Michael, *The Koran: A Very Short Introduction,* Oxford: Oxford University Press, 2000

Ernst, Carl W., *How to Read the Qur'an:A New Guide, with Select Translations,* Edinburgh: Edinburgh University Press, 2011

Esack, Farid, *The Qur'an: A Short Introduction,* Oxford: Oneworld, 2002

Sells, Michael, *Approaching the Qur'an:The Early Revelations,* Ashland, OR: White Cloud Press, 1999

＊譯注：此處馬堅原譯文為「知覺」，英文原文為 throne，也就是這段經文的名稱來源。為配合英文原文，因此將中譯改為「寶座」。

第四章
信仰

它是純粹的一神信仰，有明確的道德體系和完整的宗教學術傳統。沒有一部聖典像古蘭經那樣清楚傳達一神訊息。

——葉海亞，皈依伊斯蘭教的年輕英國學生[1]

這一章將概述**穆斯林**的信仰，以及這些信仰與實踐如何塑造他們的生活。之後幾章還會更仔細檢視信仰與實踐的不同層面。然而，這一章要談的是信徒所體驗到的**伊斯蘭教**核心——也就是構成他們的信仰以及崇敬一神方式的內容。

根據穆斯林傳述，在先知**穆罕默德**死後不久，信徒就開始強調早期穆斯林宗教生活中某些重要的層面，以其作為信仰的象徵；他們定義了能增強對真主的崇敬，以及培養信徒認同感的種種實踐事項。這些宗教義務（'ibadat，**伊巴達特**）也就是所謂的**伊斯蘭五功**（arkan al-din）：誦唸證言、禮拜、齋戒、天課和朝覲[2]。無論屬於哪個團體或教派，所有穆斯林都必須嚴格奉行這五功。然而，這並不表示穆斯林只須中規中矩地執行表面動作：對信徒而言謹守五功是喜悅而充滿祝福的，而且能賦予生活深層的靈性意涵。中世紀穆斯林學者**嘎札里**（卒於一一一一年）言簡意賅地說：「敬拜的每一個動作宛如穀殼與

穀粒，既有外在層面也有內在層面的意義。」[3]

如何遵守這五功，及其各自的意涵，都詳細寫在九世紀以降的種種伊斯蘭律法書籍裡。無論是每天或偶爾的實踐，這五功共同構成了穆斯林生活的準則。

伊斯蘭教第一功：誦唸證言（唸功）

對信仰的聲明或信念，是宗教社群信仰的典型成分。伊斯蘭第一項也就是最重要的一功就是唸功：「萬物非主，唯有真主；穆罕默德，是主使者（rasul Allah，「**真主的使者**」）。」當一個人想成為穆斯林，將自己獻給真主時，必須在證人面前將以上這段簡短的話大聲唸三次。所有穆斯林每天的禱告都從誦讀以上「**清真言**」（shahada）開始。

清真言簡單扼要。它有兩部分，第一部分「萬物非主，唯有真主」是純粹而絕對的**一神信仰**[4]。穆罕默德將這則訊息傳遞給基督徒，以及他許多當時還信奉**多神教**的阿拉伯同胞。宣稱任何真主以外的人或物能共享祂的獨一性，是一項重罪，阿拉伯文稱為 *shirk*。如此宣稱的人是阿拉伯異教徒，他們崇拜**麥加**女神（也就是所謂的「阿拉的女兒」），穆罕默德在傳教的時期，異教徒在**卡巴天房**膜拜這三位女神（見第二章，頁 35）。此外，「萬物非主，唯有真主」也強烈挑戰基督教三位一體與**耶穌**神性的教義。

清真言的第二部分是確認穆罕默德先知身分的有效性：他確實是

真主的使者。在家鄉阿拉伯，穆罕默德宣稱自己是真正的先知，帶來真主的啟示，卻遭到異教徒同胞的非議和訕笑，唯有一些阿拉伯猶太人能接受他的傳道。在他去世後，有些基督徒也對穆罕默德的先知聲明有所懷疑。雖然有些基督徒支持清真言第一部分一神的理論，但一般基督徒對穆罕默德，即清真言第二部分所傳達的內容，帶有敵意。然而，今日世界上超過有十五億穆斯林，他們每次唸誦「穆罕默德，是主使者」時，都再次堅定其信仰。

神的獨一性對伊斯蘭教而言極為重要。古蘭經主張將耶穌賦予神性是罪大惡極：

> 信奉天經的人啊！你們對於自己的宗教不要過份，對於真主不要說無理的話，麥西哈·爾撒──麥爾彥之子，只是真主的使者，只是他授予麥爾彥的一句話，只是從他發出的精神；故你們當確信真主和他的眾使者，你們不要說三位。你們當停止謬說，這對於你們是有益的。真主是獨一的主宰，讚頌真主，超絕萬物，他絕無子嗣，天地萬物只是他的。真主足為見證。（4:171）

伊斯蘭教與猶太教的核心信仰都是神的獨一性。根據傳述，一神信仰的訊息是神在西奈山上向**摩西**揭示的第一誡：「除了我以外，你不可有別的神。」（《出埃及記》20:3）古蘭經中，提到伊斯蘭教神的獨一性的重要篇章是第 112 章：「你說：他是真主，是獨一的主；真主是萬物所仰賴的；他沒有生產，也沒有被生產；沒有任何物可以

做他的匹敵。」（112:1-4）

清真言的要義 ——「萬物非主，唯有真主」是在阿拉伯文銘刻中最常見的一段話。它時常出現在**清真寺**的禱告壁龕上，幾百年來它也被刻在穆斯林王朝發行的硬幣上。它以這種方式傳遍穆斯林社群，時時提醒真主在人類生活中的角色。

幾世紀以來，穆斯林學者撰寫了許多解釋伊斯蘭教基本信條的文字，闡述清真言的訊息，並解釋它對穆斯林社群更深刻的重要性。例如，嘎札里的解釋如下：「真主的本質就是唯一，沒有夥伴，他是單獨的且沒有同類，是永恆的且沒有相對者，是獨特的且沒有與他同等者……他是第一位，也是最後一位。」[5] 嘎札里也強調清真言的兩部分必須一起說出。如果「在說出『穆罕默德，是主使者』這句話時沒有證人陪同」，清真言就是不完整且無效的[6]。

十五世紀穆斯林學者優素夫・薩努西住在阿爾及利亞，遠離伊朗的嘎札里；他充滿感情、振振有詞地對清真言的精髓要義做出以下結論：

> 啟示使清真言成為伊斯蘭教由衷的表達方式，除非發自內心，沒有人的信仰是值得被接受的。因此，理性的人應該時時記得，在記憶信條的同時，須讓文字其中的涵義與他的血肉融合；如果真主意欲如此，他（信徒）將能在文字中見到無盡的祕密與奇蹟。[7]

薩努西也說得很明白，當穆斯林說出清真言第二部分時，這些字

詞也包含了之前先知們的信仰與他們傳的道：「因為穆罕默德是來證實這一切的真實性。」[8]

要如何唸誦清真言？每一個穆斯林一生中至少必須唸誦一次，必須正確無誤地記下每個字，帶著誠摯的意念大聲唸誦，正確理解其中意義。穆斯林最好能證實並深化他們對清真言重要性的體悟，每日唸誦，終生如此。在任何時間地點，它都具有永久的力道與有效性；它促使人類不要向任何虛偽的神低頭，只篤信唯一的真主。正如古蘭經如此宣告：「真主，除他外絕無應受崇拜的；他是永生不滅的，是維護萬物的。」（2:255）伊斯蘭絕對的一神信仰是毫無爭議性的。清真言表達並蘊含這凌駕一切的信仰架構，穆斯林的日常生活以此為基準。一神信仰也貫穿伊斯蘭其他四功。

伊斯蘭教第二功 —— 禮拜（禮功）

禮拜（salat，**禮功**）的重要性在伊斯蘭五功中排名第二。在例行禮拜儀式中做出規定的動作，象徵穆斯林對真主的順服，而在禮拜中唸誦的字句，提醒他們對真主盡的義務。這些禮拜儀式的頻率和規律性能使穆斯林不要忘記，除了纏繞於心的世俗煩憂之外，生命還有更深刻的意義。信徒一起做禮拜，能讓全世界穆斯林團結在一起，而且整個伊斯蘭世界的禮拜形式相同，因此遠離家鄉的穆斯林可以藉由參加極為熟悉的禮拜儀式獲得慰藉。

穆斯林有句諺語：「做禮拜和穆斯林是同義詞。」確實，就穆斯

林一年中每一天必須做禮拜的次數而言，做禮拜是他們崇敬真主的主要儀式。即使在每天喧囂擾攘的生活中，穆斯林依舊經常想到真主；在禮拜中他們會停下來，反思靈性的真諦與自己對真主的承諾。許多皈依不久的教徒都認為，一天五次的禮拜儀式，使他們的生活更有規律和意義。

穆斯林在青春期時就可以準備做禮拜，但大人鼓勵他們從七歲就開始。禮拜方式有以下兩種。由個人所做的**私人禮拜**（du'a'），任何時候都能進行，不必遵循特定規則；原則上禮拜可以是任何內容——例如讚美、懇求或悔悟。這種禮拜沒有特定動作。另一種例行禮拜（**禮功**）是一日五次的禮拜，必須以阿拉伯文進行，而且要嚴格遵守儀式內容與必要肢體動作等規定。

禮功的儀式潔淨

穆斯林做禮拜前一定要保持**儀式潔淨**（tahara）的狀態，否則禮拜無效。每個清真寺外面都有噴水池和淨身儀式用的洗滌槽，讓穆斯林為禮拜做準備。根據伊斯蘭教設立的規定，教徒做禮拜前必須清潔身體。有以下兩種特定的淨身方式：次要和主要的的淨身方式。次要的淨身方式（wudu'，**小淨**）是用流動的水洗淨臉部、雙手、手臂至手肘處以及雙腳，包括腳踝，並用水擦拭部分頭髮。如果一個人有了性行為，或做出伊斯蘭律法視為不潔淨的身體動作，那麼就應當進行主要的淨身方式（ghusl，**大淨**）[9]，也就是必須洗淨全身，包括口鼻內部。經期間的女性被視為處於不潔淨狀態，必須進行大淨[10]。生產

圖 17：準備做禮拜。新清真寺洗腳的男人（土耳其伊斯坦堡）。伊斯蘭教中，外在肢體動作往往含有內在的靈性層面。水池、洗滌槽和噴水池都可以用來淨身；有些現代清真寺還有更精心設計的設施。大部分土耳其人所屬的哈納菲法學派，規定淨身必須使用流動的水。

圖 18：極簡禮拜。游牧者在沙漠中禮拜（突尼西亞杜茲）。「全世界都是你的清真寺，」先知穆罕默德說，「無論在何處，只要時間到了，就地禮拜。」在沙漠中祈禱的這人用葉片插在地上，指向麥加方向，並用沙子淨身。照片中呈現出教徒嚴苛儉樸的禮拜方式。

完四十天內的婦女也須遵守同樣規定[11]。

　　例行禮拜還須符合其他條件：男女的衣服和身體一樣要保持乾淨。男人從肚臍到膝蓋間不能裸露，女人除了臉和雙手以外全身都要遮住。做禮拜的地板也必須很乾淨，因此清真寺裡常會放定期清掃的地毯，在其他地方也會放上個人禮拜用的地墊。如果旅行中的穆斯林做禮拜時沒有水可供清洗，可以用沙代替水[12]，提醒信徒早期穆斯林在沙漠中的生活環境。

　　淨身程序的特定細節，是為了強調禮功內在靈性的重要性。它能讓穆斯林反思自身內心的純淨，在準備崇敬真主時，移除不純淨的思想。嘎札里強調淨身更進一步的意義與神聖性，因此在這重要準備過程中的虔誠動作，不應敷衍了事、流於表面。嘎札里先指出信徒清洗身體時，不同時刻應唸誦特定的祈禱文，之後他將建議總結如下：「如果一個人在淨身時說出所有祈禱文，他的罪將從身體的每一部分離開；淨身時已建立一道封印。」[13]

禮拜儀式

　　做例行禮拜時必須朝向麥加卡巴天房的方向。這個方向，也就是**禮拜方向**（qibla），常以清真寺中的**壁龕**標明。如果穆斯林禮拜時間沒有在清真寺，因而面對錯誤的方向祈禱，但由於意圖良善，真主還是會感到喜悅。

　　每天五次的例行禮拜，由**宣禮員**（muezzin，現在都從擴音器廣播）從**宣禮塔**（minaret）上向信徒們呼喊，黎明、中午、下午、日落

和夜晚各一次。無論穆斯林住在世界上的哪個角落，一天五次都會聽到以下用阿拉伯文唸誦的**宣禮詞**（adhan）：

真主至大。〔四次〕
我作證萬物非主唯有真主。
我作證穆罕默德是主使者。
快來禮拜〔兩次〕
快來走獲救之路〔兩次〕
真主至大〔兩次〕
萬物非主，唯有真主。

黎明的宣禮詞會在第五行後面加上一句「禮拜勝於睡眠」。在信奉**什葉派**地區，宣禮詞會在第三行後面加一句唸誦兩次的「我作證阿里是真主所喜悅的」。在第六行後面，什葉派會加上「快來走正道之路」。

禮拜儀式最好在清真寺裡與其他穆斯林一起進行，但並非強制如此。如先知穆罕默德所說，全世界都是清真寺，因此穆斯林可以在任何地方做禮拜，有需要也可以獨自祈禱。女性穆斯林可以在清真寺裡做禮拜，例如在特別為女性設置的迴廊，或專門以繩子隔開供她們使用的區域。或者她們也可以在家做禮拜（亦見第十章，頁 367）。

每天做五次禮拜是非常嚴格的規定。如果穆斯林不巧錯過一次禮拜，應該在之後彌補。但如果是在旅途中，他們可獲准將中午的禮拜和下午的禮拜，以及日落的禮拜和夜晚的禮拜，分別合併為一次。住

圖 19：通往天堂之門。哥多華大清
真寺壁龕（西班牙，九六至一六五
年）。在拜占庭帝國協助之下完成
的鑲嵌畫，令人想起耶路撒冷圓頂
清真寺內超脫凡俗、宛如植物形狀
的圖案。放射狀光芒的設計，讓禮
拜中的哈里發頭頂籠罩光環。古蘭
經銘文採用象徵天國的藍與金色。
門的後方是一個小房間，功用不明。

圖 20：一體。週五禮拜中成排的信徒（伊斯坦堡土納胡恩清真寺）。通
常在大清真寺中，教長（伊瑪目）——在照片中身穿白袍——站在壁龕
內，負責協助的其他帶領者以固定間隔被安排在較後方的講台上，確保所
有會眾在相同的時間點做出同樣的禮拜動作。

在如斯堪地那維亞半島或俄羅斯北部的穆斯林，依季節不同，白天時間長短差距極大，因此獲准依照白日長短將禮拜做某些調整。

做禮拜時，每位穆斯林都是直接與真主接觸；伊斯蘭教沒有神職人員作為教徒與真主的媒介。男人必須參加（而女人不用）清真寺週五中午的禮拜 14，這一次禮拜由教長（imam，**伊瑪目**）帶領，他在前面顯著的位置，其他穆斯林成排站在他身後。教長面對壁龕，也就是麥加的方向，因此會眾只看得見他的背。接著他按照嚴格的順序做出一連串動作，他身後所有穆斯林整齊劃一地同步跟隨。如果會眾人數眾多，寺內就會安排其他伊瑪目站在高起的台子上，好讓後方遠遠的敬拜會眾看得見他們，避免眾人腳步搖晃不穩、動作不一致和失序。數千名信徒準確地同時進行禮拜儀式的畫面令人訝異且動容——它強烈象徵信徒的團結一致與兄弟情誼。

禮拜的反覆動作

在禮拜反覆動作中的每一組動作稱為**拉卡**（rak'a）；穆斯林必須做出以下幾種基本的動作或姿勢——舉起手向前伸、站立、鞠躬、跪拜、俯臥、前額觸地、恢復坐姿，然後再次俯臥。這就完成一輪拉卡。這套特定動作象徵穆斯林對真主信仰的各層面。例如站姿是嚴正提醒教徒在**末日**時必須站在真主面前，這一天全人類聆聽真主審判時都必須站立。鞠躬代表渴望得到真主寬恕。俯臥則是指崇拜真主。如古蘭經中所說：「信道的人們啊！你們應當鞠躬，應當叩頭，應當崇拜你們的主，應當力行善功，以便你們成功。」（22:77）

不同的禮拜時間各有不同的拉卡的次數：黎明兩次，中午、下午和夜晚各四次，日落三次。有些拉卡是必須的，而有些則是在旅行、生病或只是不想做時可以不用做。每一個拉卡的開頭都是「真主至大」，接著唸誦古蘭經第一章，〈**開端**〉章：

奉至仁至慈的真主之名，一切讚頌，全歸真主，全世界的主，至仁至慈的主，報應日的主。我們只崇拜你，只求你佑助，求你引導我們上正路，你所佑助者的路，不是受譴怒者的路，也不是迷誤者的路。（1:1-7）

唸誦這一**蘇拉**時信徒是站立的，這個時候，在前兩次拉卡會唸誦一些古蘭經經文，接著說「真主至大」，也就是**大讚詞**（takbir）。在鞠躬時，信徒默默重複三次「榮耀全歸至高無上的真主」。接下來，以站姿唸誦「真主確已聽到讚頌他的人」，接著回應，「一切讚頌全歸真主」。然後唸大讚詞，信徒俯臥在地上，重複三次「榮耀全歸至高無上的真主」。在下一次俯臥之前和之後，他們都會唸大讚詞。

以上是經過縮短的一輪必要的禮拜流程，伊斯蘭律法的四大主要**遜尼**法學派都各有不同的版本（更不用說什葉教派）。它的主要用意是表明例行禮拜是一連串動作、宗教祈願與陳述的複雜組合，重複是必要的元素。

圖 21：神聖會見世俗。清真寺的講道者，哈利里，《瑪卡梅集》抄本插圖（巴格達，一二三七年）。講道者站在講壇上布道，內容一部分是講道，一部分是政治效忠的聲明，雖然聽眾對他提出激烈的質問。他黑色的袍子與頭巾、黑色木嵌版與捲收的旗子，都象徵對代表色為黑色的當權者阿拔斯王朝效忠。

特殊崇拜日

先知穆罕默德替穆斯林選擇週五作為特殊崇拜日。每週的這一天，身心健康的成年穆斯林都必須前往清真寺參加週五中午的集體禮拜[15]。正如古蘭經所說：

信道的人們啊！當聚禮日召人禮拜的時候，你們應當趕快去紀念真主，放下買賣，那對於你們是更好的，如果你們知道。（62:9）

在週五禮拜開始之前，傳統上站在講壇第二階上的伊瑪目會對信徒**布道**（khutba），其中除了靈性的忠告之外，也包含政治與社會內容。

在一年中某些特定的宗教場合，穆斯林也會做禮拜，例如兩個年度重要節日，一個是**齋戒月**（Ramadan）結束時的**開齋節**（'id al-fitr，見頁138），另一個是在都爾黑哲月，也就是穆斯林朝聖的月份（見頁145-47）。在葬禮或甚至是祈求真主降雨的儀式上也都會做禮拜，後者通常會是整個社群一起參與。信徒可以自願進行額外的夜晚禮拜，而且特別建議的時間是下半夜。

伊斯蘭教第三功──施捨（課功）

伊斯蘭教教義認定有兩種慈善的給予──自願捐贈（sadaqa，**布施**）和義務捐贈（zakat，**天課**）；後者是第三功。似乎施捨在伊斯蘭教中一開始是出於虔誠信仰的自願行為，但逐漸發展成一種必要的責任。

支付天課的義務提醒了穆斯林，此生所擁有的財物全都借自真主，自己只是負責看管。就個人來說，送出財富是感謝真主仁慈的方式，是對真主的崇敬，它也代表淨化自己的貪婪和渴望（天課字面意思是「純淨之物」）。就社群來說，穆斯林藉由捐贈天課，更加強社會的團結、和諧與福祉。

古蘭經中要求信徒慷慨捐贈財富：「信道的人們啊！你們當分捨

自己所獲得的美品，和我為你們從地下出產的物品。」（2:267）它尤其建議信徒暗中行善，而不要公然吹噓：「如果你們公開地施捨，這是很好的；如果你們祕密地施濟貧民，這對於你們是更好的。這能消除你們的一部分罪惡。」（2:271）先知的言論集（**聖訓**）中，對於依法應付出卻沒有付出天課的人給予嚴厲警告：他們在**審判日**將受到可怕的懲罰[16]。

傳統做法

伊斯蘭早期天課徵收方式，可從古蘭經中略知一二。在第 2 章裡簡短提到穆斯林必須支付天課；例如 2:43：「你們當謹守拜功，完納天課，與鞠躬者同齊鞠躬。」天課更詳細的內容可見於聖訓集，不過擷取聖訓集內容的穆斯林律法書籍中，關於天課的各種施行細則有更精確完備的準則與條款。

至於誰該收取天課的問題，穆斯林學者謹遵古蘭經 9:60 的經文：「賑款只歸於貧窮者、赤貧者、管理賑務者、吸引其心傾向〔伊斯蘭教〕者、無力贖身者、不能還債者、為主道工作者、途中窮困者；這是真主的規定。」（編注：採馬堅與馬仲剛譯本）

有義務支付天課幫助窮人的穆斯林應是心智健全的成人，擁有**尼薩卜**（nisab，在支付天課前擁有的最低額度財產）。因此，收入在超過規定最低額度的每一位穆斯林，都必須每年從財產中拿出一筆固定金額幫助窮人。換句話說，家境貧困的穆斯林不用支付。因此，這條規定強調的是公平性。

穆斯林在擁有某些財物一整個陰曆年之後，就可以支付天課。在伊斯蘭教早期，如何捐獻財富，與伊斯蘭世界中不同時間、地點的特定群體社經條件有關。因此，在傳統伊斯蘭律法書中有關天課的明確規定，指的是穀物、水果和牲口等農產、畜產品收入，以及金、銀等貴重物品。

現代做法

當然，穆斯林律法書中的許多規定已經不再直接適用於現代城市生活，正如虔誠的猶太人不再遵守某些《摩西五經》（希伯來聖經中的前五書：《創世記》、《出埃及記》、《利未記》、《民數記》、《申命記》）所列出焚燒牲禮的詳細規定。例如，在伊斯蘭教早期，穆斯林必須知道如何以駱駝支付天課，但今日大部分穆斯林已不從事農業；住在城市裡的穆斯林不需要知道要用多少小麥、大麥、稻米和其他農產品支付天課[17]。

目前遜尼派穆斯林支付的正式天課比例，是一個人每（陰曆）年年收入的百分之二點五。什葉派十二伊瑪目派穆斯林支付的稅叫做**庫姆**（khums），也就是收入的「五分之一」。這個數字來自古蘭經（8:41）：「你們應當知道：你們所獲得的戰利品，無論是甚麼，都應當以五分之一歸真主、使者、至親、孤兒、赤貧、旅客。」現在財富可包括各式各樣的物品，從牲畜與穀物的收益，到商業行為、債券、股票與股份收益等不一而足。

現代穆斯林將世俗法律需要繳交的稅，與天課區隔開來，後者特

別用來幫助窮苦與有需要的人。許多穆斯林選擇神聖的齋戒月支付天課，他們相信自己在這特別月份的善行將會得到更大報償。現在的天課往往出於個人良知自願繳納。

天課通常由特別的委員會負責收取，再分配給他們認為合適的窮人與需要幫助的人。在今日某些主要信奉伊斯蘭教的國家例如沙烏地阿拉伯和巴基斯坦，人民有義務施捨，因此天課由國家統一收取。在其他穆斯林占多數的國家如科威特、約旦、巴林和黎巴嫩，天課由人民自願捐獻，不過繳交後還是由國家管理，因此天課的施行方式各地也有相當差異。今日穆斯林的慈善機構利用天課這筆資金提供數百萬人急難救助，對象包括遭受地震與海嘯等天災的災民，以及由邪惡與貪婪所造成的人禍，如建造不良的大樓倒塌與使用生化武器等。

伊斯蘭第四功 —— 齋戒（齋功）

每一年齋戒月一整月，也就是穆斯林陰曆第九個月，全世界穆斯林都會遵守伊斯蘭教第四功，進行禁食（sawm，**齋功**）。這是所有教徒都要遵守的責任。但它不僅是儀式性義務，而是具有深遠宗教意義的行動。齋戒月是穆斯林非常特別的月份；在這個月裡，他們比其他時候更能感受到真主的祝福。事實上，除了一整個月白天禁食遭受身體上的不適以外，穆斯林一般都同意他們從這樣的經驗中獲益良多。這一個月的過程中，信徒們感受到的是快樂甚至是興奮而狂喜的氣氛。他們覺得自己學到靈性的教訓，並且他們對伊斯蘭教的信仰與

承諾因此改頭換面。穆斯林深深相信自己的身體已被淨化。整個月的白天忍受飢渴，因此對於全世界無數每天餓著肚子上床的人，他們感同身受。今日私下或公開在職場進行第四功的穆斯林，向世人昭告他們信仰的力量，而有許多非穆斯林也注意到他們的行動。

齋戒的起源

齋戒月（賴買丹月）的齋戒源自於先知穆罕默德時代。當時阿拉伯異教徒早已熟知禁食的習俗。在對穆罕默德的同胞說話時，古蘭經暗示了這一點：「信道的人們啊！齋戒已成為你們的定制，猶如它曾為前人的定制一樣，以便你們敬畏。」（2:183）代表妻子**哈蒂嘉**從麥加往北走的穆罕默德，一定曾經聽說或甚至看過基督教隱士在阿拉伯與敘利亞沙漠中靈修，其中包括禁食。他也知道猶太先知摩西在西奈山上不吃不喝過了四十天的故事；還有退隱到沙漠中的耶穌，也同樣禁食四十天（在**閃族**傳統中，「四十」表示很多）。

穆斯林傳述中記錄，穆罕默德一遷移到**麥地那**，就將猶太教贖罪日那天當作是穆斯林的齋戒日。然而，之後他宣布，往後整個穆斯林陰曆九月也就是賴買丹月，都應該訂為穆斯林齋戒期。這重要決定出現在古蘭經這一節的啟示之後：「賴買丹月中，開始降示古蘭經，指導世人，昭示明證，以便遵循正道，分別真偽，故在此月中，你們應當齋戒。」（2:185）

單純就實際層面看來，讓穆斯林定居在麥地那時，他選擇在賴買丹月齋戒，是一項非常睿智而有遠見的決定；這個月是前伊斯蘭時期

的休戰月之一，戰鬥的部族都會放下武器。然而，選擇賴買丹月也具有深刻獨特的伊斯蘭教意義。就在六一〇年賴買丹月最後十個晚上的其中一晚，也就是所謂的**高貴之夜**（laylat al-qadr），根據伊斯蘭信仰，古蘭經完全進入穆罕默德的靈魂中：「我在那高貴的夜間確已降示它，你怎能知道那高貴的夜間是什麼？那高貴的夜間，勝過一千個月。」（97:1-3）在慶祝賴買丹月的二十六至二十七日這天晚上，是教徒眼中穆斯林曆最神聖的夜晚。

如何齋戒

賴買丹月的禁食規定非常嚴格明確。每一個身體健康的穆斯林成年人，無論男女，這一整個月都必須在白天禁食。社會上某幾類穆斯林人口有充分理由可以免去這項義務：老年人、病人、年齡未到青春期的孩童、旅行者、粗重勞力工作者和懷孕與正在哺乳的女性。關於老年人，並沒有定義幾歲才算老。這是很有遠見的規定，因為如此，在法律精神內就有很大的調整空間。當一個人有生命危險或女人在經期間，也禁止禁食。如果在賴買丹月的某幾天無法禁食，就應該在之後禁食同樣天數以補足之前的時間，或者如古蘭經所稱，供養窮人：「故你們當齋戒有數的若干日。你們中有害病或旅行的人，當依所缺的日數補齋。難以齋戒者，當納罰贖，即以一餐飯，施給一個貧民。」（2:184）

賴買丹月的禁食，也包括在這一整個月的每一天從黎明到日落之間，戒斷所有感官娛樂，如飲食、抽菸、性交與聽音樂。穆斯林最

好一日落就馬上停止禁食，仿效先知的例子，先吃些椰棗和水，之後再吃分量較多的餐點。接著他們應該在第二天禁食前不久，吃當晚的最後一餐。白天禁食，日落後和親友分享餐點，穆斯林社群感大為增強，社會也更加的團結。

由於賴買丹月是神聖的月份，穆斯林應該抑制邪惡的念頭與行動，做出額外的虔誠行為，例如每晚唸誦賴買丹月專屬的**泰拉威禮拜禱告詞**（salat al-tawarih）。這唯獨在賴買丹月唸誦的禱告詞特別長，伴隨二十或三十二次拉卡，而且是整晚以規則的間隔進行，直到黎明那次的例行禮拜為止；在傍晚則是在日落後的例行禮拜之後開始。在每四次拉卡之後，就是每個穆斯林進行私下禮拜的時間。泰拉威對於帶領禮拜的伊瑪目來說確實是一項耐力考驗。他們不但要指導信徒進行次數極多的拉卡，還選擇長段古蘭經經文段落讓信徒大聲唸誦，搭配禮拜動作。因此，他們常常必須輪流帶領禮拜。

此外，穆斯林在賴買丹月月底必須閱讀整部古蘭經；根據伊斯蘭傳述，這也就是古蘭經之所以被分成三十個等長的主要部分與七個次要部分。賴買丹月在歡樂的開齋節（停止齋戒的盛宴）中告一段落。這時候穆斯林會穿上最好的衣服，交換禮物，像是基督徒過耶誕節那樣。他們去清真寺禮拜，並盛大慶祝，和親友享用大餐。

當人們看見齋戒月的新月，或前一個月舍爾邦月已經過了三十天之後，就必須開始禁食。禁食始於黎明第一道光芒出現在地平線時，結束於黃昏時分。由於穆斯林曆為陰曆，齋戒的賴買丹月每一年都會提前十一天，因此數十年間齋戒月會在不同季節開始。當齋戒月在夏季時，生活在中東、非洲和亞洲氣候炎熱地區的穆斯林，口渴的問題

圖22：**齋戒的喜悅**。哈菲茲，《詩歌集》（阿富汗赫拉特〔？〕，一五二七年〔？〕）。宮廷中的每個人都享受音樂、美食與美酒以作為賴買丹月的開始。傳統上，會有一位法官裁定新月已經出現──並示意賴買丹月開始。這幅畫的圖說提到綻放的玫瑰，因此圖中季節應是初夏。

就十分嚴重。此外，現在連先知也從未聽聞的北方國家也有穆斯林居住，更不用說在他去世後編纂伊斯蘭律法書的那些人。當賴買丹月落在白日漫長的夏季時，這些北國教徒就很難實行齋戒。

在現代，伊斯蘭學者開始關心這項議題，他們本著彈性與人性化，尋求解決之道，正如以下「**教令**」的指示：「北極與南極附近晝長夜短，我們認為住在這些地方的穆斯林，在賴買丹月進行齋戒時有

兩種選擇。」[18] 第一種是與麥加和麥地那禁食的時間一樣，「這兩個城市晝夜長短相同」。第二個選擇是，住在這些偏遠地區的穆斯林，齋戒時間應該參照離他們最近、禁食時間可接受的國家。不令人意外的是，基於宗教和現實的理由，教令建議第一種選擇。二〇一二年的倫敦奧運對穆斯林選手就是一個很大的挑戰，因為奧運時間正好是賴買丹月。選手們的反應不一：有些選手即使必須付出代價也要遵守賴買丹月齋戒，而另外一些選手樂得不用齋戒。

就實際狀況，齋戒的規定基本上還是會顧及人道。重要的是律法精神，不是字面意義，因此穆斯林可以秉持良知，判斷如何在早年無法預見的情況下，遵守賴買丹月的齋戒。

伊斯蘭教第五功 —— 朝覲（朝功）

穆斯林朝覲與麥加密不可分。麥加是先知穆罕默德的出生地。它是伊斯蘭教的首都。作為伊斯蘭儀式與想像力組織起源的麥加，儼然成為信徒遍布全世界的伊斯蘭教社群關鍵的節點；信徒與先知穆罕默德連結，與麥加連結，並透過信仰和家庭的網絡，與彼此連結。身為穆斯林，就是要和同樣篤信伊斯蘭教、每天朝向麥加禮拜五次的夥伴聯繫在一起。每一年，麥加都吸引數百萬朝觀者從世界各地來進行偉大的朝聖之旅，或稱**朝功**（hajj），伊斯蘭教第五功。

朝覲在都爾黑哲月進行，信徒前往麥加禁寺（al-masjid al-haram），以及麥加鄰近的米納、穆茲達里發和阿拉法特等地。古蘭經

中明確提到朝覲的必要：「凡能旅行到天房的，人人都有為真主而朝覲天房的義務。」（3:97）

歷史背景

為了解朝覲的基礎背景與儀式的重要性，我們必須認識伊斯蘭教傳述中**亞伯拉罕**扮演的角色。伊斯蘭教中的亞伯拉罕角色不同於聖經《創世記》敘事中猶太教－基督教傳統看法。穆罕默德把自己看成亞伯拉罕真正的後裔，因此在亞伯拉罕一生故事流傳到穆罕默德和他同時代人的耳中時，有許多朝覲儀式的內在意涵就與他的故事大有關係。

在穆斯林傳述中的亞伯拉罕傳說，有兩方面值得注意。首先，亦即最重要的，就是亞伯拉罕是只崇拜一神的虔誠信仰者（**哈尼夫**）。當初就是亞伯拉罕帶著神的命令來到阿拉伯，建造了被稱為卡巴的石造建築。根據古蘭經說法，也是亞伯拉罕建立小朝的慣例：「當時我曾為易蔔拉欣指定天房的地址，我說：『你不要以任何物配我，你應當為環行者、立正者、鞠躬者和叩頭者，打掃我的房屋。你應當在眾人中宣告朝覲。』」（22:26-27）

夏甲與**以實瑪利**（伊斯瑪儀）的故事在穆斯林傳述中也相當重要。穆斯林的敘述如下。真主叫亞伯拉罕帶著他的妻子夏甲和兒子以實瑪利到阿拉伯，逃離亞伯拉罕第一個妻子撒拉的妒意。接著真主指示亞伯拉罕暫時離開夏甲和以實瑪利，讓他們獨自留在阿拉伯。以實瑪利口渴了，拚命找水喝，夏甲在麥加城外兩個叫做薩法和麥爾瓦的

圖 23：展開畢生難忘的經歷。哈利里，《瑪卡梅集》抄本插圖（巴格達，一二三七年）。飄揚的旌旗、咚咚鼓聲與宏亮的喇叭聲，伴隨著衣著華麗的朝觀者往麥加出發，他們臉上個個難掩喜悅興奮的神情。請注意圖中的絲綢頂篷駱駝座椅，這或許是早期的麥哈馬勒（一種織品製成的轎子，上面載著古蘭經）。

小山丘之間來回走了七趟。最後，真主回應夏甲的禱告，天使**加百列**以翅膀敲打地面，於是奇蹟出現，地面冒出**滲滲泉**（Zamzam）[19]。

　　阿拉伯人在前伊斯蘭時期就已經前往卡巴天房朝觀。他們把卡巴天房當成異教崇拜的地方，在周圍放置許多異教神像。古蘭經強烈批評他們的儀式，說真主認為它們是空洞、無意義且令人不悅：「他們在禁寺附近的禮拜，只是打呼哨和拍掌。（不信道的人啊！）你們為

圖 24：狂喜的禮拜者。卡巴天房前的瑪吉努，尼札米《五部曲》（阿富汗赫拉特，約一四九〇年）。大多數信徒穿著由兩片長條白布包在身上做成的朝覲服；種族、財富與社會地位的區隔因此消失無蹤。在這幅畫裡，原本覆蓋卡巴天房、中世紀詩人稱之為新娘面紗的鮮豔絲綢布變成黑布，上面繡著古蘭經經文，並以山形金線裝飾。至今繡金線的布幔每年會在埃及製作。（譯注：「萊拉與瑪吉努」〔Leila and Majjnun〕是一則古代阿拉伯的短篇愛情故事，由波斯詩人尼札米〔Nizami〕改編後聞名於世，歷代皆有不同故事版本與畫作。直到現代也曾被拍成電影與編為音樂歌舞劇。編注：一九六二年起，因政治因素沙烏地阿拉伯自行製作天房布幔）

不信道而嘗試刑罰吧。」（8:35）不過，當穆罕默德在伊斯蘭曆七年（六二九年三月）和伊斯蘭曆十年（六三二年十月）兩次到麥加朝聖時，他改變朝覲的形式，並將之神性化。他所做的改變，成為後世每

一位穆斯林的典範行為。

朝覲儀式的規範

穆斯林無論男女，只要有能力，一生都至少應該到麥加朝聖一次。在麥加以及鄰近某些地區，他們必須進行數天繁複的規定儀式。他們一生中可以朝聖不止一次，此舉值得讚揚，但並非必要。並非所有穆斯林都獲准前往麥加朝聖。有資格的朝覲者必須是身體健康的成年人，有足夠資金前往，而且出門在外時還能養活留在家的親人。某幾類穆斯林可以不用朝覲：精神失常者、囚犯、未成年人與沒有男性親人陪伴的女性。

在中世紀時，麥加之旅對大多數穆斯林而言是一趟遙遠而艱辛的路程。此外，如果他們出於意外而錯過規定朝覲的月份都爾黑哲月，就必須再等整整一年。因此，仔細規劃絕對有其必要性，而且必須將最低限度的安全性考慮在內。由於朝覲涉及各種不同複雜儀式，從以前到現在的穆斯林，在踏上這段生平最重要的旅途之前，都必須花很長時間研究這些儀式該如何進行，並試圖理解其內在重要性。

初抵麥加的朝覲者充滿喜悅之情；對他們而言，此生見到卡巴天房就表示來生有可能面見真主。所有朝覲者都必須處於一種儀式上的特殊純淨狀態（Ihram，**伊蘭**），才能進行朝覲儀式。朝覲從朝覲者發表虔誠意圖的宣言開始。接著男性穿上一種特殊服裝 —— 兩大塊沒有縫製與拼接的布，其中一塊腰布包住肚臍到膝蓋，另一塊長方形披巾披在左肩，綁在右下方。女人不用穿和男人一樣的衣服。她們應該

露出臉，但包住頭髮；手腕和腳踝以上全部遮住。穿著特殊衣服進行朝覲，使得儀式更有靈性。嘎札里再次為信徒確認某些宗教的重要性：「朝覲者應該因此想起埋葬時包裹著他的壽衣……他或許永遠無法完成到『真主之家』（卡巴天房）的旅程，但可以肯定的是他必須去見真主……當他包裹著壽衣時。」[20] 有些穆斯林法學派准許女性在經期間朝覲，但另一些法學派則否。

從朝覲者處於伊蘭狀態的那一刻起，他們就不能夠做某些事：性行為、剪頭髮與剪指甲、刮鬍子與噴香水。他們不能與人爭執或打鬥。每一個想進入儀式純淨狀態的穆斯林，都要進行祈禱，包括做兩次拉卡，並且唸誦以下特別的句子：「我任您差遣，噢真主，我任您差遣。」曾經出自亞伯拉罕之口的這句話，千百年來由穆斯林在朝覲之旅時不斷重複。

朝覲者很有可能當其仍在家中或初次進入沙烏地阿拉伯時就進入朝覲所需的儀式純淨狀態。朝覲者也必須完成朝覲所有的儀式和階段，除非他有非常迫切的理由必須提早結束。朝覲者進入卡巴天房周圍神聖區域的那一刻開始，就必須嚴格遵守朝覲儀式。對於如何進行這些儀式，每個穆斯林法學派都有一些細微的差異。法學書籍中以相當長的篇幅說明這些差異。

朝覲行程

在朝覲日的前一天，也就是都爾黑哲月七日，在麥加禁寺會舉行一場特別的禮拜儀式。朝覲行程從都爾黑哲月八日正式開始。這是

圖 25：世界中心點。卡巴天房（麥加禁寺），自從西元六〇八年建成以來，經常修復。對穆斯林而言，這座清真寺代表做禮拜時的**禮拜方向**。朝觀者必須要繞行卡巴天房七次。在**高貴之夜**，有一百萬名穆斯林聚集在麥加祈禱。

深思的一天，處於儀式純淨狀態的朝觀者進行第一個儀式，也就繞行卡巴天房，方式必須是逆時針繞行七次。這是重複天使環繞真主王座的動作。接著是親吻並觸摸黑石，這顆古老的石頭鑲在卡巴天房東方牆上，象徵順從真主。由於人潮眾多，不可能讓每一位信徒都親吻或碰觸黑石，但朝觀者可以向黑石做出手勢。接著他們前往「奔跑之地」。朝觀者在麥加城外的薩法和麥爾瓦這兩座小山丘間奔跑七趟。根據某個傳說，夏甲就是在這兩座小丘間來回奔跑七次，替兒子以實

瑪利尋找飲用水。跑完的朝覲者喝些滲滲泉水，然後離開麥加。根據穆斯林傳述，在薩法和麥爾瓦山丘間奔跑，可視朝覲者為在惡行與善行間、懲罰與寬恕間往返的象徵。

在都爾黑哲月第九日，也就是被稱為站立日的這一天，朝覲者前往阿拉法特山，他們從中午一直待到日落之後（不一定要站著）。這是莊嚴的一天，在這天要時常唸誦「我任您差遣，噢真主，我任您差遣（**塔爾比亞**，talbiyya）」這句話。這天結束時，朝覲者前往阿拉法特與米納之間的另一座山谷穆茲達里發，在這裡過夜。穆斯林相信大批信徒聚集在阿拉法特山，是為了提醒人，所有人類靈魂在末日都會聚集在耶路撒冷城外的平原，等待接受真主審判。

都爾黑哲月第十日，也就是**開齋節**，是全世界穆斯林歡欣慶祝的日子。朝覲者收集小石子，到米納進行所謂的投擲石拒魔儀式。他們必須向三根花崗石柱丟擲石子，這三根石柱是紀念亞伯拉罕向撒但丟石子的地方。朝覲者必須拿一定數目、大小如鷹嘴豆的石子，輪流丟向石柱。

朝覲者在穆茲達里發再待一晚，在朝覲的最後一天他們宰殺駱駝、公牛和公羊等牲口。朝覲儀式至少為期五天，最長六天。最後男人剃頭，女人剪掉一小撮頭髮，結束儀式純淨狀態。此時朝覲者完成正式的朝覲；他們在真主眼中，已是受到偏愛的信徒。

朝覲並不是伊斯蘭教唯一的朝聖形式。還有一種較簡短的朝覲叫做「**小朝**（umra）」，信徒通常會在完整的朝覲之前進行，不過也可以在一年的其他時間完成。小朝沒有被歸類於伊斯蘭五功之一，因此它無法取代朝覲義務。小朝在一個半小時內就能結束，內容是繞行卡

巴天房七次，以及在薩法與麥爾瓦兩座小山丘之間來回七次，可以半走半跑。如果本人生病或去世，可以委託代理人完成小朝。

直到不久之前（在中世紀更是如此），比方來自西班牙的穆斯林，必須離家約兩年，這趟前往麥加的朝聖之旅實在非常不平凡。眼前路途如此遙遠，這些穆斯林可能來自西方的西班牙與東方的中國、馬來西亞與印度，卻仍然有這麼多人真能設法前往，十分令人訝異。距離只是其中眾多挑戰之一，此外他們必須忍受路途中的艱辛、可能遭遇的危險、旅程的花費以及朝觀者家人因而陷入的經濟困境——因為沒人說得準朝觀者何時，或甚至是否會回家。然而，眾人照常上路，正如十四世紀偉大的穆斯林旅人**伊本－巴杜達**振振有詞地形容：「被我內心一股壓倒性的力量征服。」[21]

在今日世界，朝觀活動的運作安排變得極其複雜，但沙烏地阿拉伯政府投入相當多金錢與精神，以便配合利用便宜快速的旅程進行朝觀的大批朝觀者。根據沙烏地阿拉伯統計，二〇一二年，穆斯林朝觀者多達三百一十六萬一千五百七十三人。由於在前三天，也就是都爾黑哲月的八、九、十日，朝觀者必須按照規定順序進行儀式，這表示例如在開齋節當天，朝觀當地必須要能讓數百萬人丟擲石子和宰殺牲口。無論在行政事務或人的管理上都是極大的挑戰。

朝觀的重要性

伊斯蘭第五功是穆斯林一生中最重要的世間旅程。到聖城或到例如聖人墓地等聖地朝聖的習俗，是基督教和猶太教的古老傳統。整

個中世紀時期有許許多多基督教朝聖者前往坎特伯里、阿西西、繁星原野聖地牙哥（Santiago de Compostela）、羅馬，以及最重要的聖城——耶穌受難與死去的耶路撒冷——等地，而且信徒往往徒步旅行。但與穆斯林不同的是，不會有為數眾多的基督徒集中在特定的某個月前往某個聖地，他們也不會出於任何教義規定的義務去朝聖。然而，自從伊斯蘭創教至今，穆斯林一直進行朝覲儀式。

從人性層面來看，信徒共同朝覲儀式是一種強化行為——朝覲的景象證明所有信徒團結一致，眾人在真主眼中完全平等，無論貧富男女，或者來自何處、屬於哪個種族。視覺上這是一幅壯觀且激勵人心的景象，朝覲者情緒必定十分激動。返家後的朝覲者備受其他穆斯林敬重。他們被授與「哈吉」（hajji）的尊稱。在更深刻的層面上，這趟麥加之旅和當地的經歷改變了他們，使他們將在麥加受到的祝福，傳達給在家的親人。許多信仰並非特別虔誠的穆斯林，朝覲回來時處於靈性充沛的狀態。

在中世紀流傳於穆斯林之間的地圖上，麥加位於世界正中央，這並不奇怪。許多穆斯林努力傳達麥加聖地之旅的精神面向，這正是他們每天禱告的方向。穆斯林將它形容為即將到來之事，它滔滔不絕地說著看不見的事情。許多人將造訪麥加的經歷描述為「回家」，朝聖正是讓靈魂預先嚐到他們所等待的來生滋味。

數世紀以來，穆斯林的評論與解釋，賦予許多朝覲詳細儀式象徵性的意義或靈性的重要性。許多穆斯林沒有詢問或沒有意識到這其中的許多關聯。對他們來說，共同的朝覲儀式本質、走在先知穆罕默德曾經走過的土地上，以及這一切衍生出的強烈情緒，令他們的心與

圖26：朝覲者的驕傲。朝覲者之屋（埃及盧克索）。這是一棟典型埃及村落房屋，正面牆壁上以樸實的民俗風格壁畫裝飾。大門旁畫了一個人——可能是屋主本人——穿著朝覲服，在卡巴天房前禱告「噢真主」，後方是麥加群山。左上方是這位朝覲者乘坐的船。

靈魂充滿喜悅，朝覲因此成為一生中難忘的顛峰。正如一位年輕穆斯林女性在二〇一一年所說的：「朝覲不只是一項儀式，它還是一場革命。其中每一部分都牽涉到個人的奮力改革——摧毀自我之後，重新作為真主之奴，擁抱人性。」[22]

　　奉行五功，對穆斯林信徒而言有多層意義。但在古蘭經與伊斯蘭律法書中，對於如何免除這些基本宗教要求，也同樣有明確的規定。

這樣的規範讓穆斯林擁有極大的保障與安慰。對於希望探索五功神祕的人，有無限機會供個人反省與沉思。在全球穆斯林社群中無可避免有不同的解釋與傳述，但這些差異也不能破壞虔誠地共同遵守五功所創造出的團結感與凝聚力。

選讀書目

Cornell, Vincent J., "Fruit of the Tree of Knowledge. The Relationship Between Faith and Practice in Islam," in Esposito, John L. (ed.), *The Oxford History of Islam*, Oxford and New York: Oxford University Press 1999, pp 63-105

al-Ghazali, Abu Hamid, *Inner Dimensions of Islamic Worship*, trans. Muhtar Holland, Leicester: Islamic Foundation, 1983

Rippin, Andrew, *Muslims: Their Religious Beliefs and Practices,* Abingdon: Rouledge, 2005, pp.103-117

Watt, W. Montgomery, *Islamic Creeds,* Edinburgh: Edinburgh University Press, 1994

Wolfe, Michael, ed., *One Thousand Roads to Mecca: Ten Centuries of Travelers Writing About the Muslim Pilgrimage,* New York; Grove Press, 1999

第五章
法律

我使你〔穆罕默德〕遵循關於此事的常道〔伊斯蘭法〕。你
應當遵守那常道。

—— 古蘭經 45:18

在那些有伊斯蘭法的國家，他們向女人擲石頭，將女人打
死。

—— 蘇珊‧威格，堪薩斯州參議員[1]

伊斯蘭法是個體生活與法律的理想形態，將所有穆斯林約束
在一起，成為一個單一社群。就某些特定學說而言，伊斯蘭
法是神的意旨的體現；接受它並運用它的信徒，保證能在此
生獲得和諧人生，而在來生也得到幸福。

—— 賽伊德‧侯賽因‧納賽爾，伊朗學者[2]

「**伊斯蘭法**」（Shari'a，沙里亞）這個字詞的來源，清楚表明
其重要性。它的意思是有飲水的地方，或通往水的道路，是真主所
給予、提供生命的道路。正如猶太教律法「**哈拉卡**」（halakha）是

「道路」的意思，而早期基督教也將整個宗教稱為「道路」³，因此每一個虔誠**穆斯林**所遵循的道路叫做「沙里亞」。穆斯林並不將伊斯蘭法視為強加於外在的義務，而是發自於喜悅地擁抱道路的信徒內心。

在穆斯林宗教與社會生活各方面，伊斯蘭法賦予其意義和結構，無論在個人與真主之間的關係，或是處理與同胞之間的關係都是如此。它告訴穆斯林什麼能做、什麼不能做。理想狀況下，穆斯林日常生活的每一步都在伊斯蘭法的指導下做決定：它涵蓋一切，包括人性與神性。基督徒往往區隔此生的義務與對神付出的義務，如同猶太法學博士對**耶穌**提出難題時，耶穌所做的回應⁴。相較之下，伊斯蘭法不僅關切穆斯林日常生活中的職責，還關切他們的宗教義務。

這一章將**伊斯蘭遜尼教派**律法的發展放在歷史背景中檢視，以凸顯這個主題的複雜與多面向。本章也試圖分析，在過去好幾世紀以來，以及今日，遜尼教派詮釋伊斯蘭律法概念的各式各樣方法（伊斯蘭法對「**吉哈德**」的觀點，請見第九章；與女性有關的議題，請見第十章；**什葉派**律法將在第六章詳細討論）。

早期伊斯蘭世界的律法演變

從**麥地那**時期開始，先知**穆罕默德**就是一位立法者。在世時他的決定就是最終版本。然而，在他去世後，當早期**哈里發**（穆斯林統治者）與其地方官員必須時時面對社會、經濟與靈性等新問題並做出

困難的審判時，快速擴張的穆斯林社群需要更細節的指導。因此，從一開始，伊斯蘭律法就必須回應不可預期的挑戰。這些早期穆斯林統治者試圖做出先知曾做過的事，他們珍視他說過的故事。但在適當時機，實際的問題解決方案必須以穩固的新法律基礎取而代之，而這些基礎是根據所謂真正的伊斯蘭原則。

聖訓

　　早期伊斯蘭宗教學者（稱為 ulama，**烏拉瑪**）希望能以全然的虔誠精神，忠實遵循新創立的伊斯蘭教。因此，在處理日常生活各方面事務時，當然最先就是尋求**古蘭經**幫助。但是，古蘭經是一本啟示之書，並不是法條文集。事實上，在它的六千三百四十六節經文中，只有大約五百條經文與律法有關，而且這本聖書雖然在穆斯林日常生活中占有絕對重要的地位，其中卻僅清楚提到幾個重要裁決，或只有少數裁決確實來自古蘭經[5]。因此，為了設法形塑他們眼中真正的伊斯蘭教指導原則，早期宗教學者也參照另一本聖典，就是**聖訓**。這是信徒仔細回憶先知對**聖伴**說過的話語，以及先知曾經在信徒面前做過的事或默許的事（亦見第二章，頁 51-52）。參照聖訓有助於學者進一步發揮古蘭經針對特定議題的陳述，例如祈禱或朝觀，並讓他們在宗教生活（無論是個人的或新社群的生活）各方面規劃出精確的行為準則。

　　在穆罕默德去世後（西元六三二年）最初兩個世代，信徒對他的言行仍舊記憶深刻，尤其是在他度過人生最後十年的麥地那時期發

生的事。然而，隨著伊斯蘭社群擴張，這記憶庫必須更正式地被記錄下來，以免被人遺忘，或不被遠方皈依伊斯蘭教的信徒所知。因此，早期伊斯蘭教學者蒐集聖訓，並且發展出一套聖訓學評論，也就是訂定一套標準，藉此建立與穆罕默德相關的權威解釋或陳述。將一條聖訓歸類為真實事件，必須要有可信的一連串傳述者，這些人的證詞可追溯至先知或他的聖伴。早期穆斯林學者**伊本－漢巴勒**（七八〇至八五五年）曾提到穆罕默德聖伴的地位，他說：「在聖伴中最微不足道的那些人，也勝過沒有見到先知本人的世代。」[6]而聖訓集中最受敬重的就是**布哈里**（八一〇至八七〇年）與**穆斯林**（約八一五至七五年）兩人編寫的部分，其中數千條聖訓替完善的法學體系提供堅實的基礎[7]。

從六三二年一直到**伍麥亞朝**於七五〇年滅亡，在這期間宗教學者人數大增，他們浸淫在古蘭經與聖訓中；哈里發在這些人的協助下漸漸發展出之後形成伊斯蘭法的基礎。不過，顯然困難重重。到了八世紀初，從西班牙到印度，穆斯林已遍及世界上廣大區域；由於距離遙遠造成溝通不易，整個穆斯林帝國在法律事務上不可能有統一解釋，這一點在所難免。正因如此，以大馬士革、庫法、巴斯拉和麥地那等重要城市為基地發展出地方法學派，稱做「**伊斯蘭法學派**」（madhhab），也就是「（解釋法律的）方式」。

非穆斯林的影響

伊斯蘭律法實施的種種方式，深受伊斯蘭教到來之前就已經在當

地實行的法律系統影響。確實，許多伊斯蘭律法反映出猶太背景，或在伊斯蘭征服的國土中，反映原有的特殊法律根基與實施方式，尤其是羅馬法[8]。

正如基督教會法大都源自羅馬法典，前現代時期的伊斯蘭律法在逐步成形時也參考了非穆斯林律法。的確如此，直到歐洲殖民勢力來到中東以穆斯林為多數的國家之前，伊斯蘭律法與各式各樣前伊斯蘭律法、各地習俗以及統治者的行政命令等平行發展。「**法典**」（Qanuns，世俗法律）在許多地方都與穆斯林律法同時頒布。顯然在初步階段，穆斯林世界中也有其他種類的法庭存在。最廣為人知的就是「**申訴法庭**」（mazalim），它是前伊斯蘭時期的波斯傳統，法庭由世俗統治者親自審理。土耳其**塞爾柱朝**（Seliuq）波斯**大臣尼札姆·穆勒克**（卒於一○九二年），在他所寫的政治學論文集《治國策》中對**蘇丹**（Sultan）瑪立克夏做出如下建議：「國王絕對需要一週兩天開庭審案，平反冤獄，設法讓受迫害的人得到賠償，主持正義，直接聽取臣民的話，不經過中間人。」[9]

古典遜尼派法理學（伊斯蘭法學），八至十八世紀

伍麥亞朝（六六一至七五○年）務實的法律裁決，逐漸被**阿拔斯朝**（七五○至一二五八年）穩固的中央集權所取代。阿拔斯王朝從新首都巴格達對地方臣民實施更有秩序與組織化的伊斯蘭律法。也正是在阿拔斯朝時期，學者制定了伊斯蘭教法理學的古典理論。

伊斯蘭法學與聖行

在古蘭經與伊斯蘭教早期，「**伊斯蘭法學**」（fiqh）這個字詞原本的意義是「理解」或「分辨」[10]，但之後它又包含「法理學」這個特殊意義。在所有伊斯蘭宗教知識的分支中，大多數穆斯林都同意，法理學替他們決定什麼是對的行為[11]。伊斯蘭法學發展的過程累積為「**法律判決**」（hukm），然而判決可以被更改或撤銷。

穆斯林會優先諮詢作為法理學的實務來源的古蘭經訓諭，古蘭經討論的主題包括婚姻、離婚、非法性行為、飲酒、繼承、財產、偷竊和自殺等。雖然古蘭經的規定無法完全涵蓋不同時代與不同地理位置發生的許多法律案件，它卻承認先知代表真主立法的權力：「你們當服從真主和使者，以便你們蒙主的憐恤。」（3:132）因此，習慣於古代阿拉伯部族「**慣例**」（sunna）（根據前代既有習俗產生的行為方式）[12]概念的法律學者，後來便將這個字詞重新解釋為先知的行為典範——也就是將穆罕默德的一舉一動——當作領導穆斯林生活的樣板。也因此先知的「**聖行**」，配合他的格言（聖訓），成為澄清或詳加解釋古蘭經中某條特定法律的權威指引。偉大的穆斯林思想家**伊本－哈勒敦**（一三三二至一四〇六年）將古蘭經與聖行的地位總結如下：「一切傳統學問的基礎，就是古蘭經中有關法律的內容，以及先知的慣例行為，這兩者就是真主與祂的使者給予我們的律法。」[13]

圖 27：研究小組。哈利里，《瑪卡梅集》抄本插圖（巴格達，一二三七年）。兩位主要人物相當生動地展現學者唇槍舌戰的畫面，底下是仔細聆聽得入迷的聽眾。由**塞爾柱朝**波斯大臣**尼札姆・穆勒克**開辦的**經學院**中，明星學者可獲得優渥薪資。也請注意畫中細膩的奢華布置，還有右手邊的人物拿著扇子搧出陣陣涼風。

法理學原則

　　夏菲儀（七六七至八二〇年）被公認為早期主要將法理學系統化的學者，他依據四大主要來源：古蘭經、聖行、**公議**（ijma‘）和**類**

比（qiyas）。前兩項是律法的根源，而後兩項比較像是方法學的基礎，或律法的應用原則[14]。公議是指某特定時期的學者之間的共識，因為根據一條著名的聖訓：「我的社群絕對不會同意錯誤之事。」[15]一位指定的法官針對律法問題做出公開判斷，如果沒有任何宗教學者提出令人信服的反對論點，那麼經過所有人同意之後，就達成公議。類比的原則是將既有的律法應用在新狀況中。一個知名的類比範例是飲酒。古蘭經將飲酒稱為「惡魔的行為」[16]，而在聖訓中提到禁止穆斯林飲用椰棗酒。這兩本聖典中沒有提到葡萄酒、啤酒和威士忌等其他酒精飲料，然而烏拉瑪禁止人飲用這些酒類，因為根據類比原則，既然椰棗酒會讓人醉，那麼其他酒精飲料也有相同作用。

伊斯蘭法將個人與社會中的人類行為歸為五個範疇：**義務**（fard）、**嘉許**（mandub）、**默許**（mubah）、**可憎**（makruh）、**禁制**（haram）[17]。義務行為有兩類，包括個人義務，如禮拜前的淨身（見第四章，頁 124-126），以及由參與者數量夠多的穆斯林一起進行的禮拜，如週五在清真寺的集體例行禮拜（見第四章，頁 131），或是進行小吉哈德（見第九章，頁 297）。伊斯蘭法沒有使用粗糙的簡化方式將這五種類別分成「好的」或「壞的」行為，而是提供一種細膩的量測尺度。

伊斯蘭法可容許其他法理學原則：**理性思考判斷**（ijtihad，律法學者做決定時的獨立推論過程）[18] 與**福利**（maslaha，依公眾利益做出的決策）。習俗的角色（'urf，**習慣法**）也很重要，在穆斯林世界不同地區的學者，可以被容許有某種程度的彈性保留當地習俗，維持古老而受敬重的傳統；然而，依規定傳統也必須不能牴觸伊斯蘭法。不

過，用一個不同的字詞（慣例）形容此種習俗與傳統，也能明確地將它們與伊斯蘭法的信條截然區隔開來。

伊斯蘭法學派

在伊斯蘭教發展的前幾世紀，學習律法的學生會圍繞在穆斯林帝國主要城市中的特定人物身邊，也會為了尋求律法知識長途跋涉。有些伊斯蘭法學派出現後又消失，但到了十一世紀，已出現四個基礎穩固的主要伊斯蘭遜尼法學派 ── **哈納菲法學派**（Hanafi）、**瑪立基法學派**（Maliki）、**漢巴里法學派**（Hanbali）和**夏菲儀法學派**（Shafiʻi），這些法學派持續至今。每一個法學派都是以早期制定出各法學派特質的宗教學者命名，也就是**阿布－哈尼法**（卒於七六七年）、**瑪立克·賓－阿納斯**（卒於八〇一年）、伊本－漢巴勒與夏菲儀（後兩人同前述）。這些法學派信徒並非跟隨某個特定的律法專家，而是忠於一套仔細建構的方法學，其基礎則是歷史有載的律法判決。這是由各世代許多虔誠的學者鑽研古蘭經和聖行，所鑽研出的方法學。擁有同樣方法與意見的烏拉瑪（也稱做 fuqaha' ── 解釋法學的**伊斯蘭法學家**）聚在一起，形成擁有特定名稱的法學派，同時也是這漫長發展過程的最後階段[19]。

伊斯蘭律法是動態而非靜態的，是有彈性而非僵化的。雖然有時候彼此意見有顯著差異，或者只是針對枝微末節的看法不同，也時常因此產生爭論，但一般說來，穆斯林法學能寬容看待彼此的地位。比方說，在擬定婚姻契約的重要條文時，不同法學派之間常有相當分

歧的看法：正如某位當代學者的觀察：「提出與接受婚姻時所使用的語言，會衍生詳細的法學討論」以及「雖然由男方提出婚約是常態，有些學者也准許由女方監護人提出」[20]。另一方面，律法意見也可能涉及瑣事。正如科林‧音伯爾在一本談論**鄂圖曼**（Ottoman）法學家**阿布－蘇德**（約一四九〇至一五七四年）的著作中指出，如果有人是雙性人，那麼處理此人繼承財產份額的這類模糊問題（因為男人與女人在律法中享有的權利不同），將享有莫大知識上的愉悅感。律法知識象徵一個人的虔誠，也是他名譽的指標。鄂圖曼法學家會在蘇丹面前、在煙火表演旁、在模擬作戰時和宴會時辯論，例如一五三〇年替蘇丹蘇萊曼大帝的兒子舉行割禮儀式的宮廷節慶時也是如此[21]。

　　哈納菲法學派尤其重要；它是阿拔斯王朝（七五〇至一二五八年）與接下來的各個土耳其王朝——如征服伊朗、伊拉克與敘利亞的塞爾柱朝（一〇四〇至一一九四年）最偏好的法學派。土耳其**瑪姆魯克朝**（Mamluk，一二五〇至一五一七年）統治以開羅為中心的龐大帝國，該朝准許四種遜尼法學派在境內百花齊放。鄂圖曼土耳其帝國（一三〇〇至一九二二年）在一五一七年消滅瑪姆魯克朝，統治整個穆斯林世界，它的官方法學派是哈納菲法學派。到了十六世紀，哈納菲法學派已經傳遍土耳其、巴爾幹半島、中亞與印度次大陸。瑪立基法學派往西傳播，盛行於西班牙，直到基督徒在一四九二年重新征服該地為止；它也傳到北非與西非，一直到今天都是當地主要的法學派。夏菲儀法學派逐漸盛行於阿拉伯半島與東非的部分地區，之後並傳到馬來西亞與印尼。漢巴里法學派目前主要集中在阿拉伯灣附近。它的追隨者相對而言數目很少，卻在穆斯林宗教歷史上扮演重要角

圖 28：「『你們求知吧！哪怕它遠在中國。』先知如此規勸。」哈利里，《瑪卡梅集》抄本插圖（巴格達，一二三七年）。學者熱烈地辯論；他們身後書架上有水平堆疊的書（為了安全起見，書通常會用鍊子鎖起來）。將書中文字以口頭傳授給一大群人，而不是一次一人抄寫原文，更能增進傳遞知識的正確性，並能培育出許多大型圖書館。

色。十四世紀漢巴里法學派學者**伊本－泰米葉**（一二六三至一三二八年）在世時期，以及十八世紀**瓦哈比**運動（Wahhabi）在阿拉伯興起時（見第七章，頁 248），漢巴里法學派尤其聲譽卓著。

可以這麼說，雖然分屬不同政治區域，在穆斯林所謂的「伊斯蘭之地」（世界上穆斯林居住的廣大地區，在高峰期曾經從西班牙延伸至印度），直到十八世紀末和歐洲殖民主義到來之前，都還是採用某

種形式的伊斯蘭律法。例如，十四世紀偉大穆斯林旅人**伊本－巴杜達**詳實記錄二十八年間遊遍伊斯蘭世界經歷，無論在家鄉摩洛哥，或在遙遠的馬爾地夫，以及短暫落腳的印度洋，都能夠執行宗教學者與**卡迪**（qadi，法官）的工作。

施行伊斯蘭法

在遜尼教派傳統中，哈里發是伊斯蘭法至高無上的象徵（見第七章，頁 243-46）。執法並捍衛伊斯蘭法，是他的責任。他的穆斯林同胞必須責無旁貸服從他，但這只是因為他是伊斯蘭法的代表，他自己也必須臣服於伊斯蘭法。即便當伊斯蘭之地中的世俗權力掌握在軍事篡位者手中──八世紀以降這種情形愈來愈常見──各地遜尼穆斯林也奉哈里發為名義上的領袖，他是他們共同的信仰象徵。最高軍事統治者會覺得有需要找出哈里發，才能賦予他們統治征服領土的正統性。

遜尼派律法掌握在定義伊斯蘭法、並在必須判定某些特別案件時頒布**教令**（律法評斷）的伊斯蘭法學家以及坐在宗教法庭中審理眼前案件的法官手中。在這些法官的治理之下，阿拔斯帝國各地建立起基礎穩固的伊斯蘭法庭。伍麥亞朝已經有伊斯蘭法庭，但並不像阿拔斯帝國時期以如此有系統與徹底的方式運作。四個主要遜尼法學派之中有三個法學派禁止指派女性當法官，因為他們遵循古蘭經經文（4:34）中的說法：「男人是管束女人的。」（編注：王靜齋譯本）不過，哈納菲法學派則是准許指派女性為法官。

圖 **29**：**執法**。哈利里，《瑪卡梅集》抄本插圖（埃及或敘利亞，約
一三三五年）。一個光腳的狡猾無賴在猜疑的法官面前彎下身。法官在頭
巾外面還披著一件「泰拉桑」，這是一種有帽子的披風。另外兩個畫中主
要人物以沉默的手勢和眼神表達彼此之間複雜的互動。

　　在中世紀穆斯林社會中，這些法學菁英並不享有完全獨立的地
位，他們需要統治階級支持。同樣地，奪權者也需要法學家替他們合
法的統治地位背書，而法學家往往提醒統治者，他們的統治義務來自
伊斯蘭法。學者也常扮演統治者與一般人民之間的橋梁。

　　十一世紀以降，想成為法學家的人必須在**經學院**研讀，這些學院
最重要的是要教授某種特定法學派的法理學。經學院課程並不受限
於法理學；課程中或許也會囊括所有宗教學，包括古蘭經、神學、聖

圖30：**學院生活**。賓一優素夫經學院（摩洛哥馬拉喀什，一三二五年）。許多經學院源於教師自宅，這一點反映在這所經學院的家庭氣氛和室內面積不大等特色上。壯觀體面的公共區域樣貌，以雕刻的木頭、灰泥與上釉磁磚裝飾，和完全不在視線中的樸素學生宿舍區形成對比。

訓以及阿拉伯語法（對於伊斯蘭神學與哲學的進一步討論，請見第七章）。在開明的哈里發**穆斯坦席爾**（統治期間為一二二六至四二年）統治下，一二三二年著名的穆斯坦席爾經學院成立於巴格達，容納四個遜尼伊斯蘭法學派。這是第一所由哈里發興建的經學院；雖然之前也有替一個以上法學派設計的經學院，這卻是第一座真正的全體遜尼派經學院，它象徵穆斯坦席爾成為伊斯蘭法名義領袖地位的目標，在他的保護下，創造一個無所不包的統一穆斯林社群；由於一二二〇年以降蒙古入侵造成的毀滅性影響，此一目標就是刻不容緩的任務[22]。

圖 31：第一所全體經學院。穆斯坦席爾經學院的庭院（巴格達，一二二七至三四年）。由倒數第二位阿拔斯朝哈里發興建，作為他權威遍及全穆斯林世界的審慎政治表態，穆斯坦席爾經學院對於四個主要伊斯蘭法學派都給予相同空間，這是讓各教派合一的大膽姿態。這所經學院有前所未見的大範圍宿舍與設施，包括廚房與圖書館。

十四世紀的土耳其瑪姆魯克朝，同樣也在開羅興建廣納四個遜尼法學派的經學院。

現代伊斯蘭法理學書籍往往將它的發展形容得相當簡化，彷彿法理學突然間就以最終形式出現。但在穆斯林時代的最初幾世紀，如前所述，伊斯蘭律法是一個從西班牙到印度各地恆常演化的實體。之後

各世代的宗教學者回溯前輩們曾面臨的律法問題，他們的工作往往只是將早期必定十分靈活而複雜的學識辯論琢磨一番。

法理學書籍

穆斯林世界的圖書館，有成千本中世紀阿拉伯法理學書籍，其中有許多還是手稿。無論這些書籍是在何時何處完成，它們都依循相當類似的格式。同一個法學派中，一部七世紀寫成的法理學著作，與一部九世紀的著作差異極小。

法理學書籍的格式謹守以下兩類：首先，與崇敬真主有關的行為（'ibadat，**宗教義務**）；其次，是穆斯林與其他人之間的關係規範（mu'amalat，**民事法規**）。這些書籍往往提供極其詳盡的訊息，敘述穆斯林如何確實執行伊斯蘭法中規定的職責，也就是與伊斯蘭五功相關的責任（見第四章），以及如何吃飯、在公共浴室的行為規範、如何經商交易、如何在婚姻中得到幸福、如何發動**吉哈德**、如何與生活在穆斯林土地上的非穆斯林相處，以及許許多多其他精確描述的規則。沒有一件事是過於繁瑣而不值得解釋。不同法學派關注彼此間的差異，例如某個禱告詞是否該大聲或輕聲說出，以及在說「真主至大」時雙手應該要伸得多高。古蘭經某個特定篇章通常以相關引文開始，因此要引用適合的聖訓。接著，學者會提到早期學者對某篇章特定主題的觀點，然後才加入自己的評論，而且往往詳盡冗長。

教令

除了查詢並記憶法理學書籍，穆斯林法學家也常被要求宣告它們對於公眾或私人事務的意見。在社群中，統治者或任何一個穆斯林平民都會針對特定議題諮詢**穆夫提**（mufti）—— 也就是有資格提出教令的人。這些意見可能牽涉到家庭問題，例如遺產或離婚，或重大政治問題，例如遜尼派蘇丹向什葉派穆斯林發動小吉哈德的正當性。在查詢古蘭經與聖行，並依循類比與公議原則的指導之後，學者可以運用他獨立的推論能力，對徵詢他意見的一個人或一群人傳達教令。教令可以是一個字如「是」或「否」，或者可長達數頁。如有必要，這教令可以送到伊斯蘭教法庭做後續處理，法官將會宣布判決，偶爾也會判定課以罰金。然而，法庭判決不一定需要教令。法官可以將教令納入考慮，但他們沒有義務這麼做。

遜尼派漢巴里法學派學者伊本－泰米葉的許多教令非常有說服力。在某個著名的教令中，他激動地記錄從一二九九到一三○一年兩次蒙古入侵敘利亞的可怕事件[23]。他絕不接受蒙古人是穆斯林，雖然蒙古統治者合贊於西元一二九五年公開皈依伊斯蘭教。伊本－泰米葉認為，蒙古人沒有施行伊斯蘭法，而是繼續遵循它們自己的法典「札薩」。因此，他稱他們是「敵人」，並宣布穆斯林必須對他們發動吉哈德。住在敘利亞地區的伊本－泰米葉，也對當地占少數的什葉派穆斯林抱持絕對敵意，他指控他們與蒙古人合作。在一三○○年，他的確親自參與一場對抗當地什葉派的吉哈德，為此他也頒布一項教令，批准這次攻擊行動。

圖 32：社交中心。費薩維咖啡店,開羅哈利利市場。咖啡和菸相同,在最初引進伊斯蘭世界時令法學家十分驚愕,但沒多久就廣受大眾歡迎。茶店與咖啡店一直是男性喜愛的社交(與閒聊)地點,他們會在店裡說故事、抽水煙和玩西洋雙陸棋。

　　在穆斯林社會中出現新議題時,就有需要頒布教令。法學家最終難免面對法理學上在先知時代還不構成問題或甚至不存在的事情。一個有趣的例子是十六世紀喝咖啡與咖啡店的法律定位[24]。有人提出咖啡是否為會令人喝醉的飲品,應該被禁止(阿拉伯原文的 qahwa 這個字意思是「葡萄酒」,但同一個字也用來指「咖啡」),以及它在穆斯林社會中是否准許開咖啡店。有人提議,這不是一個受歡迎的社交場合,因為有人會在裡面討論危險的政治議題。咖啡店合法地位引發眾人熱烈討論,不過到了十六世紀中,反咖啡店的遊說團體已經節節敗退。要不了多久,咖啡與咖啡店就遍布鄂圖曼帝國與帝國以外的各個角落。

刑罰

伊斯蘭法包含一套特定的固定刑罰，也就是**伊斯蘭刑法**（hudud，字面意思是「限制」）；這些刑法可以廣義地定義為「真主對人類自由設定的界線」[25]。古蘭經中說得很明白，這些刑法用意是要在公共場所中執行，達到殺雞儆猴的功效。某些罪行在古蘭經或聖行中有特定的處罰方式。例如，古蘭經中特別指出，如果罪證確鑿，有不合法性關係的人必須被打一百鞭（24:2）。小偷必須被砍斷雙手；古蘭經說（5:38）：「偷盜的男女，你們當割去他們倆的手，以報他們倆的罪行。」伊斯蘭法需要詳細的證據才會針對以上兩項以及伊斯蘭刑法中提到的其他罪行加以懲罰，事實上穆斯林不常執行這些刑罰。

丟擲石塊曾經是猶太教的刑罰，可見於聖經[26]。穆斯林也採用這項刑罰。古蘭經只有在提到前幾代異教徒殺死真主派來教導人類真正宗教的先知時，才會出現丟擲石塊的刑罰。今日，不管是穆斯林或非穆斯林，都常常將不正當性行為與丟擲石塊的刑罰相連，正如伊斯蘭律法的觀點。古蘭經的 zina' 這個字意思是婚姻制度以外的性行為[27]，無論在古蘭經或在聖訓中都對此大加撻伐。古蘭經說：「你們不要接近私通，因為私通確是下流的事，這行徑真惡劣！」（17:32）古蘭經規定，要懲罰不合法性交（打一百鞭），必須先提出證明，要有四位品格良好的男人親眼見到罪行——這是非常重要的條件，因此這條刑責幾乎不可能實行。在古蘭經同一章裡（24:4）規定，如果有人指控正直的女性，卻無法帶來四位品格良好的證人，那麼這些人必須被

打八十鞭。被強暴的女人不會遭受這類刑罰。古蘭經中沒有提到以丟擲石塊懲罰非法性行為。

然而，約有十條聖訓都提到，穆罕默德曾下令，被抓到犯下婚外性行為的男女，必須接受被擲石塊的懲罰[28]。縱然這些聖訓構成的理論基礎十分薄弱[29]，丟擲石塊卻在法理學上被奉為懲罰婚外性行為的一條刑責，然而需要四位男性作證的條件，也被認為是避免人時常使用這條刑責的防護措施[30]。

今日，穆斯林女性主義學者和女權運動者以及人權組織，針對丟擲石塊的議題熱烈討論。二〇〇三年諾貝爾獎得主**希琳‧艾芭迪**曾呼籲穆斯林放棄丟擲石塊的刑罰，她的論點是以人權為基礎，同時也是因為古蘭經中沒有提到以丟擲石塊處罰婚外性行為。她認為根據古蘭經，婚外性行為這項罪行必須由當事人自行承認，或有四位品行良好的證人宣誓他們目睹罪行發生。要有四位品行良好的證人在同一時間地點作證，幾乎是不可能的事。然而，我們也必須注意一點，那就是一般人往往以懷孕的事實指控女人犯下婚外性行為罪行，不過伊斯蘭律法沒有提到以懷孕當作非法性行為證據[31]。

毫無疑問，直到十八世紀歐洲殖民時期以及受到西方觀念衝擊為止，法理學是伊斯蘭宗教學中最有聲望的分支學說。法理學比神學以及哲學更受重視。當然，由於許多最著名的中世紀學者如**伊本－西那**（九八〇至一〇三七年）、**嘎札里**（一〇五八至一一一一年）和伊本－泰米葉都熟悉不止一種宗教學分支，有時各學術分支之間也會互相重疊。不過，律法是學者努力的重點。如實保存自己所屬的法學派傳統並傳遞給繼任者，並且盡可能發揮創意、運用規則解決眼前的律

法問題，是十八世紀之前穆斯林法學家自我期許的職責 [32]。

歐洲殖民主義帶來的衝擊：
穆斯林律法現代化，十八至二十世紀

　　歐洲殖民勢力的法律系統與穆斯林占人口大多數國家的伊斯蘭法，兩者間的關係幾乎一成不變地由單一觀點，也就是殖民者觀點敘述。在這故事中，殖民者到來，占據穆斯林的國家。接著他們移除當地的法律，以歐洲法取而代之，例如拿破崙法典或英國普通法系。這個版本有部分正確性，但無疑它只是單方面簡化的說法 [33]。事實上，殖民總督、行政官員與法官發現伊斯蘭法與穆斯林宗教學者的存在是個大問題。他們或許試圖在殖民地強行推動歐洲法律，也或許成功了，但這種手段有其限制。事實上，在殖民地執法時，他們必須將伊斯蘭法的某些部分融入自己的法律程序。再者，這個時期的法律變革往往不一定與殖民統治有關。

十八至十九世紀

　　十八世紀最早從外界引入變革的國家是印度與鄂圖曼土耳其。這兩個國家依據歐洲模式建立起商業與刑事法規，此外也設立世俗法庭處理民事與刑事案件。首任印度總督華倫・哈斯汀（任職期間為一七七三至八四年），就是將殖民者改革方案強加於殖民地的一個例

圖 33：鄂圖曼勢力的顛峰時期。蘇萊曼清真寺建築群（伊斯坦堡，建於一五五〇至五七年）。這座高聳於伊斯坦堡天際線的皇家歷史建築，是為了榮耀在歐洲備受敬畏的遜尼派擁護者、蘇丹兼哈里發的蘇萊曼大帝。蘇萊曼清真寺是具有多功用的卓越建築群，其十四棟建築物具有禮拜、社會福利、教育與葬禮等功用。

子。英國殖民政府不喜歡穆斯林律法容許對殺人犯施行某種範圍的懲罰可能性；這一類懲罰可能包括准許犯罪者補償受害家屬，而不是將其處以死刑。哈斯汀特別把這條法規換掉，因此在殺人案件中國家會起訴並宣告判決，以免殺人犯提出伊斯蘭法相關法條[34]。受害者家人也不能再替親人復仇。

　　穆斯林宗教學者有時也願意與殖民者合作，改革自己的律法傳統。殖民與後殖民時代的律師可以利用完善的福利原則，將伊斯蘭法

的命令融合現代世俗國家的家庭法。相較於傳統宗教學者，穆斯林改革派思想家如印度的**薩義德‧阿赫瑪德‧汗**（一八一七至九八年）埃及的**穆罕默德‧阿布杜**（一八四九至一九〇五年）更偏好歐洲法律系統。阿布杜的觀點相當有影響力。從一八九九年開始，晚年的阿布杜擔任埃及大穆夫提，他運用宗教學者的理性思考判斷，以較不僵化的方式，解釋家庭與個人範疇法律，完成伊斯蘭法的重大改革。某位學者表示：「阿布杜是『備受敬重的伊斯蘭現代化改革的主要奠定者』。」[35]

二十世紀

從十九世紀末開始，多數穆斯林世界施行的伊斯蘭律法，只剩下家庭法相關領域。二十世紀初，伊斯蘭律法開始有進一步發展。一九一七年，鄂圖曼帝國在滅亡前不久通過一條以哈納菲法理學為基礎、同時也參照其他三種遜尼派法學的家庭權利法。這條法律的影響遍及其他穆斯林國家，如埃及、敘利亞、伊拉克、突尼西亞、摩洛哥和巴基斯坦等，這些國家的律法學者運用理性思考判斷原則改革國內之前由伊斯蘭法主導的結婚與離婚法律。新成立的土耳其共和國（於一九二三年立國）由國父**凱末爾**（一八八一至一九三八年）創立了全新的世俗國家與法律系統（以瑞士民典為基礎），成為二十世紀伊斯蘭世界中的異數。一九四九年，阿拉伯世界一位重要人物**桑胡里**，將一套新的埃及民法典引進埃及，它的基礎來自法國與埃及現存的法律，以及伊斯蘭法中的部分元素。之後桑胡里受邀替科威特與伊拉克

草擬新法典。到了一九三〇年代，整個阿拉伯世界都採用類似的法律系統。正如黎巴嫩裔中東研究學者亞伯特・胡拉尼所說：「刑事、民事與商業案件以歐洲法律與程序判決，而與個人相關的案件，則是交由伊斯蘭律法與執法法官的權威處理。」[36]

黎巴嫩學者**馬赫馬薩尼**（一九〇九至八六年）是另一位倡議改變的伊斯蘭學者，他認為伊斯蘭法應該要適應現代社會狀況：「『理性判斷思考』的大門，應該為所有符合法理學資格的人打開。所有錯誤，都在於盲目模仿與思想僵化。我們應該容許自由解釋伊斯蘭法理學，解放思想，帶來真正科學性的創意，這才是正確做法。」[37]獻身於信仰的同時，馬赫馬薩尼鼓勵穆斯林同胞，也接受「真正的科學」與「敏銳思考」的指引[38]。他更進一步採取和後啟蒙時代歐洲類似的態度，認為宗教是私人領域事務，而法律屬於世俗國家，穆斯林應該「宗教的歸宗教，世俗的歸世俗」[39]。唯有如此，他說，才能克服穆斯林社會的傲慢與停滯不前。印度穆斯林學者**阿薩夫・阿里・阿斯加・斐濟**（一八九九至一九八一年）也積極倡導將伊斯蘭律法從過去的桎梏中解放出來，他說道在他的時代，伊斯蘭精神「被狂熱份子扼殺」；他認為現代伊斯蘭教有必要將宗教事務與法律事務分開[40]。

今日穆斯林律法

今日穆斯林遍布全世界，在差異極大的穆斯林為多數和穆斯林為少數的國家中，伊斯蘭法該如何施行、施行到何種程度或到底該不

該施行，我們很難概括而論。的確，這些國家的大部分人民遵守與西方差異不大的法律。幾乎每個穆斯林占多數的國家裡，伊斯蘭法對婚姻法與繼承法的觀點，被法典賦予崇高地位。在穆斯林為少數的國家裡，則試圖找出各自獨特的因應方式，保留部分伊斯蘭法，並與西方法律整合。

食物的規定

在伊斯蘭教興起之初，穆斯林就可以根據既有的經典，吃猶太教、基督徒與其他有神聖經典的宗教社群的食物；如古蘭經所說：「曾受天經者的食物，對於你們是合法的；你們的食物，對於他們也是合法的。」（5:5）屠夫應該以穆斯林的方式或符合猶太戒律的方式宰殺，不過他們也必須遵守非穆斯林國家健康和衛生相關法令。大多數穆斯林不飲酒也不吃豬肉。

銀行往來

伊斯蘭教向來禁止教徒放高利貸。古蘭經對於收取借款利息有很清楚的說明：「真主准許買賣，而禁止利息。」（2:275）古蘭經強調要人給予慈善捐款，不以利息致富。古蘭經嚴格禁止放高利貸，但非常支持施捨財富的人：「不分晝夜，不拘隱顯地施捨財物的人們，將在他們的主那裡享受報酬，他們將來沒有恐懼，也不憂愁……吃利息的人，要像中了魔的人一樣，瘋瘋癲癲地站起來。」（2:274）伊

斯蘭教主張教徒在處理金錢時應誠實無欺。他們也可以和非穆斯林商業夥伴共事。

　　現代穆斯林學者對於穆斯林的銀行往來事務看法相當分歧。L・阿里・汗與賴買丹在二〇一一年兩人合著有關伊斯蘭律法實務的書中描述如下[41]：伊斯蘭律法禁止銀行貸款時收取利息。然而，這種做法與西方普遍以信用為主、收取利息的經濟背道而馳。L・阿里・汗與賴買丹提到，為了順應伊斯蘭法，在如卡達與巴林等波斯灣國家以及在馬來西亞，穆斯林資本市場的設計可以讓客戶像銀行借信貸機制、投資物和證券。這些借貸中心對穆斯林和非穆斯林都有吸引力（後者意識到一般銀行家的貪婪與惡行，幻滅之餘轉向穆斯林資本市場）。此外，正如另一位穆斯林法學家瑪立哈・瑪立克在二〇一二年的報告中指出，匯豐阿瑪那哈銀行，也就是匯豐集團所屬的全球穆斯林金融服務分部，採用穆斯林法學原則發展不收取利息的伊斯蘭借貸方案[42]。

　　另一方面，在美國工作、備受敬重的土耳其經濟學家提穆爾・庫蘭，強烈反對這種理想化的穆斯林銀行操作的方式，他主張在伊斯蘭教中長久以來就有支付與收取利息的歷史背景。他提到利息早已偽裝成各式各樣金融策略，而傳統穆斯林法學家偶爾會以「**擬制**」（hiyal）處理這個難題。意料中的是，他認為許多西方穆斯林會自行判斷採用務實的做法，他們已不再遵守這一類金融禁忌[43]。

美英兩國伊斯蘭法與國家法律衝突的爭議

　　伊斯蘭法是導致世界各地非穆斯林最大的焦慮與仇恨的核心問題。它在世界各地都至關重要──無論由獨特的**阿拉伯之春**（Arab Spring，見第十一章，頁379）創造出的新埃及與其他改頭換面的政治實體，或在歐洲與美國；美國的田納西、堪薩斯和阿拉斯加等州對於伊斯蘭法爭執不休。有些國家元首針對這個議題發表宣言；二〇〇六年十二月，當時的英國首相布萊爾舉「逼婚、引進伊斯蘭法以及禁止女性進入某些清真寺」為例，說這是「站錯邊」的行為[44]。這一類概括性的陳述會讓人誤解，因為令非穆斯林困擾的並不是全部的伊斯蘭法，而是其中兩部分──對待女性的方式以及嚴峻的刑罰，後者例如斬首與砍斷雙手。除此之外，他們的了解其實很有限。

　　二〇一一年，一項為了鼓勵在美國對伊斯蘭法進行「更多辯論和參與」的研究報告中，分析了一些已發表的伊斯蘭律法和美國法律牴觸案件[45]。在檢視來自二十三個不同國家的五十個案件之後，該報告的結論是，有為數眾多的伊斯蘭法律判決「與美國公共政策不一致」。在某些案件涉及所謂以伊斯蘭法為動機的榮譽殺人、攻擊「被指控褻瀆伊斯蘭教」的人以及「聖戰士對機構團體與個人的暴力行為」。所有案件中，被告都宣稱他們的動機出自「伊斯蘭法」[46]。接著這份報告說道，美國穆斯林毫無困難地奉行沒有與美國法律衝突的「個人虔誠的宗教儀式」[47]。然而，有人倡議「權威化、制度化伊斯蘭法」的現象，還是令人關切[48]。這份報告特別提到，其中作為範例的案件只是「冰山一角」。

二〇〇八年二月，當時最資深的英格蘭神職人員坎特伯里大主教羅恩・威廉斯博士公開表示，英國似乎不可避免須在法律系統中採用某些伊斯蘭法，為此他受到各界批評。他確切的說法是，英國法律應該容許與「伊斯蘭律法的某些層面做建設性的協調」，因為在宗教法律的其他部分已經是如此處理[49]。他的評論引發媒體廣泛而極度帶有敵意的討論。許多人批評大主教，他們往往將大主教的觀點從整體脈絡中抽離，或純粹對他有所誤解。然而，他提到英國有其他宗教法庭，這一點說得沒錯，因為英國猶太教徒長久以來都能求助於猶太宗教法庭，以解決從離婚到商業範疇等各類民事紛爭[50]。

　　顯然很少人知道一項事實，那就是基督徒、猶太教徒和穆斯林在英國都有宗教機構，可以執行部分宗教法，一般而言這類系統成效不錯。然而，九一一事件以及倫敦七七爆炸案之後大眾對穆斯林的仇恨氛圍，再加上如「伊斯蘭英國」與「僑民」等穆斯林激進團體發表「將英國伊斯蘭化」這一類聳動言談，更加深英國人民心中對伊斯蘭法產生的刻板與敵對印象[51]。

穆斯林眼中的伊斯蘭法

　　一九六〇年代，在美國教書多年的巴基斯坦學者法茲盧爾・拉賀曼主張，穆斯林社會的法律應該以古蘭經與穆罕默德聖行中的道德教誨為基礎，但也應該注意現代的背景：「因此，法律應該因應社會情況的變動而調整，但道德觀……將維持不變。」[52]馬來西亞伊斯蘭律法學者莫哈瑪德・卡瑪立也有相同觀點：「古蘭經和聖行中的律法內

容，只有少部分是以明確具體而不可更動的條文呈現。」他繼續解釋道，大部分古蘭經與聖行經文都能以不同方式解讀與闡述 [53]。

當某些國家的穆斯林激進團體掌控該國並宣布制定伊斯蘭法，如奈及利亞或阿富汗等，它們常大張旗鼓地執行伊斯蘭刑法，以便激起人民的敬畏和恐懼情緒。這麼做彷彿是為了賦予他們的政權作為正統穆斯林國家的有效性。在這情況下，他們將小偷的雙手砍斷，將被判通姦罪的人以石塊砸死，鞭打私通的人，並且嚴格規定女性服飾。如此一來，伊斯蘭法理學中許多世紀以來編纂的數目眾多、類型廣泛、經過字句斟酌的細膩律法條文都遭到漠視或忽略，卻轉而支持經過度簡化、粗暴而不名譽的意識形態，然而在二十一世紀這種意識形態已站不住腳，大多數穆斯林也拒絕接納。

如之前提到的，今日非穆斯林往往將伊斯蘭法與伊斯蘭刑法劃上等號。而如**塔利班**（Taliban）這一類團體的宣言與行動，更加深了這種閉塞的觀點 [54]。流亡美國的阿富汗作家卡勒德·胡賽尼，在小說中強烈抨擊他家鄉的穆斯林男人對女人犯下的野蠻罪行。一九八八年諾貝爾文學獎得主納吉布·馬哈福茲以鋒利的言詞提及他的家鄉埃及執行的伊斯蘭刑法，他批評當地社會的雙重標準，例如埃及有替觀光客設立的賭場，也賣酒給觀光客，然而在同一個社會裡，卻執行伊斯蘭刑法 [55]。穆斯林占多數的國家並沒有執行這些刑罰，政府的法律中也不包括這些法條。然而，在少數以伊斯蘭法作為國家法律的沙烏地阿拉伯、巴基斯坦與伊朗等國，這些刑罰卻是國家正式制定的法律。即便在近年來有某些場合確實依舊執行伊斯蘭刑法，然而伊斯蘭律法學者卡瑪立卻主張，這種刑法執行起來效率不快也缺乏熱忱 [56]。

上述瑪立克寫於二○一二年的報告中主張，對英國少數族裔如猶太教徒、基督徒和穆斯林而言，要求將宗教社群的某些基礎宗教律法融合進國家法律系統中，是合理的。少數族裔法令可以達到這個目的[57]。這篇報告中也強調，猶太教徒、基督徒和穆斯林的宗教社群中已經有處理民事紛爭的宗教議會，他們的代表與國家的法律組織之間持續進行建設性的對話，而且「宗教法庭與民法之間存在動態的關係」[58]。

今日的倫理議題盤據在穆斯林律法專家心裡，他們替和自己一樣的虔誠教徒們重新詮釋古蘭經和聖行。伊斯蘭教對狗的態度正是這樣的例子。根據伊斯蘭法，穆斯林向來將狗視為一種不潔的動物。然而，美國穆斯林學者**哈立德·M·阿布－法德爾**[59]已判定聖訓中對狗的敵意是不可信的；他其實已經找到在他看來更可信的聖訓，在這條聖訓中先知在狗兒的面前禱告。在英國，穆斯林對狗的態度近年來已經有所改變。經過穆斯林宗教領袖與殘障人權委員會的一番討論之後，曾經拒絕過導盲犬與盲人的餐廳業者與計程車司機現在也接納了他們。導盲犬甚至獲准進入某些清真寺[60]。

展望未來

伊斯蘭律法是一個有機體，是有生命的實體，而不是僵化、死板、不動如山的法律，它不是完全不能更動的一套系統。從歷史中可看出它的演化。現代武斷的意識形態只是曲解了這個真相，模糊了以

下重要的事實，也就是和世界上許多其他法律系統相同，它是一項未完的工程。

幾世紀以來，研讀伊斯蘭法意義的學者專家，用不同程度的實用主義（pragmatism）詮釋伊斯蘭法，使它適應世界各地不同的社會環境。穆斯林人口占多數與占少數國家的宗教專家，針對當代社會中穆斯林宗教律法與世俗法律體系間的關係，有各式各樣的見解。每個國家採取的解決方案，已經對西方與東方超過十五億的穆斯林人口造成關鍵影響，未來也將持續如此，特別是其中有半數女性。

現代穆斯林法學家是否能以「理性思考判斷」的方式，將源自特定歷史時期與地區那些早已過時的伊斯蘭律法（尤其是通姦與竊盜的刑罰），從法學書籍中除去？穆斯林學者該如何處理新問題，例如生物倫理學、器官移植、墮胎、避孕和網路議題？在中東，阿拉伯之春運動已經產生出各類型政府與法律制度，從世俗政府到混和形態的立法機構，乃至於以伊斯蘭法為憲政基礎的政府形態。約旦的憲法就是基於伊斯蘭法，但伊斯蘭刑法不在法條中。

不過，有一種情形似乎是不可能的；有些聖戰士團體目前還口口聲聲提到哈里發，然而出現積極復興哈里發制度運動的可能性並不大。雖然現代國家形態已經根深柢固，民族主義者的忠誠度有時更甚於普遍的穆斯林精神，全球伊斯蘭社群「**烏瑪**」的概念，依舊引起許多信徒的回響。可以肯定的是，在穆斯林日常的靈性生活中，奉行伊斯蘭法，依舊能引導他們崇敬真主和與其他人相處的方式。伊斯蘭教將社群生活緊密結合在一起。

選讀書目

Dien, Mawil Izzi, *Islamic Law: From Historical Foundation to Contemporary Practice*, Notre Dame, IN: University of Notre Dame Press, 2004

Cleave, R., *Scripturalist Islam: The History and Doctrines of the Akhbari Shi'i School*, Leiden and Boston, MA: Brill, 2007

Hallaq, Wael B., *A History of Islamic Legal Theories: An Introduction to Sunni Usul al-Fiqh,* Cambridge: Cambridge University Press, 1997

Kamali, Mohammad Hashim, "Law and Society. The Interplay of Revelation and Reason in the Shariah, " in John L. Esposito (ed.), *The Oxford History of Islam,* Oxford and New York: Oxford University Press, 1999, pp. 107-54

Khadduri, Majid, *Al-Imam Muhammad Ibn Idris al-Shafi'i's al-Risala fi usul al-fiqh. Treatise on the Foundations of Islamic Jurisprudence*, trans. Majid Khadduri, Cambridge: The Islamic Texts Society, 1997

第六章
多元性

真主意欲我們彼此不同，並且讓我們學習一起生活。

—— http://IslamTogetherfoundation.blogspot.com

（編注：網址已移除）

真主是公正的，祂賦予我們自由意志，讓我們以自己的方式
行義。

—— 穆罕默德・阿薩德，古蘭經（6:159）評注

穆斯林目前遍布全球，在中東、遠東、歐洲和美國都有穆斯林，
不令人意外，自從**穆罕默德**於六三二年去世之後，歷經數世紀，伊斯
蘭教已演變出各種不同的教義和儀式。我們早已習慣聽到媒體談論**伊
斯蘭教** —— 何謂伊斯蘭教，穆斯林有哪些行為，以及其他概括而論的
說法。某些伊斯蘭教主義者為了自己的政治與宗教理由，也想將全球
只有一個單一而龐大的完整穆斯林群體的概念，灌輸給世人。因此，
我們有必要仔細回顧伊斯蘭歷史，才能理解今日穆斯林世界中的複雜
性。這就是本章的目的。當代穆斯林對於過去十分熟悉，因為他們經
常以著名的歷史場景或行動，與現代議題或危機作比較，或以之作為

解決方案。

這一章也將探討**什葉派**的信仰與實踐。我們很難估算世界上有多少什葉派穆斯林，不過據推算大約是全球穆斯林人口的百分之十到十五，即便根據保守估計，至少也有一億五千萬名什葉派教徒[1]，有的居住在穆斯林人口占多數的國家如伊朗、伊拉克、巴林和敘利亞[2]，也有些什葉派教徒分布於歐洲、美洲、澳洲、南亞和非洲。對於非穆斯林而言，了解什葉派的信仰並且分辨他們與**遜尼派**之間的差異是十分重要的。

遜尼派與什葉派擁有相同的伊斯蘭核心信仰，也就是**古蘭經**、先知與**伊斯蘭五功**。然而，兩者也有不同之處。簡單來說，什葉派與遜尼派的主要教義差別，在於什葉派的**伊瑪目制**（imama）──這具有領袖魅力的職權，只能由穆罕默德一脈相傳的子嗣，也就是**伊瑪目**，賦予先知家族。對什葉派而言，在社群中只有伊瑪目有絕對權力；只有他是穆斯林教義與律法的權威來源。遜尼派將**哈里發**視為**伊斯蘭法**的守護者，然而什葉派的伊瑪目地位不僅止於此。正如本章中將會解釋的，什葉派也發展出只屬於他們的特殊儀式；這些儀式紀念什葉派重要的歷史，尤其是六八○年先知穆罕默德孫子**胡笙**的殉教事件。

歷史背景

約有百分之九十的穆斯林是遜尼教派。因此，我們應該能預期遜尼教派具有多元性樣貌，同時避免落入媒體的老生常談，輕易地將

多樣性轉化成遜尼－什葉派兩者的區隔。摩洛哥境內全是遜尼教派，而在穆斯林世界的另一端印尼，也是一樣；但在宗教態度與實踐上，這兩個國家截然不同。住在穆斯林人口占少數的國家中的遜尼教派，有時會發展出一種受困的心態，因而使得他們與穆斯林占人口多數的國家有所不同；而往往反映出當地習俗的伊斯蘭法，在各個國家的詮釋方式也可能大不相同（見第五章）。這些差異促使各國對於何謂遜尼派穆斯林，以及到底對於差異性或多元性能夠容忍到什麼程度等議題，進行內部辯論。本章開宗明義的引文清楚表示，無論在現代或在中世紀，遜尼派對於差異性保有很大的空間。例如，美國聲譽卓著的穆斯林法學家**哈立德・M・阿布－法德爾**，是一位道德嚴謹的伊斯蘭批評家；他的研究專長是人權，他對今日社會的伊斯蘭遜尼派做出清楚的詮釋，因而聲譽卓著。他的做法與阿爾及利亞學者**莫哈麥德・阿庫恩**完全相反，後者在二〇一〇年去世之前一直住在法國。阿庫恩在法國哲學、知識理論與文化思辨的脈絡下討論伊斯蘭教；他也倡議以現代主義者的方式處理伊斯蘭教。而知名的女性遜尼派穆斯林學者如**阿米娜・瓦杜德**與莫娜・西迪達，也分別在大西洋兩端討論性別議題，並解釋古蘭經。但以上種種差異，都能順利融入遜尼派的規範中。

正因如此，將「遜尼伊斯蘭」當作單一的整體，正如將基督教視為始終如一的單一全球現象，是大錯特錯。我們慣用的「遜尼派教徒」，就和「基督徒」這個詞一樣，包含名義上與真正虔誠的信仰與實踐的全面意義。由於本書大部分內容都牽涉到遜尼伊斯蘭的複雜性，僅僅試圖在本章整理出核心遜尼派或少數遜尼派的信仰與態度，

難免太過不自然。如果讀者想知道遜尼派對於特定議題的感受與想法，可以參照本書各章頁首文字和索引。

開始探討伊斯蘭教的多元性與差異性問題之前，我們必須記得穆斯林的共通點。無論是非穆斯林，還是穆斯林本身（在動盪的時刻，尤其是從所謂**阿拉伯之春**以來），常忘記這重要的相似處。不管語言、生活背景和社會環境差異多大，幾乎所有穆斯林都擁有共同的神聖信仰、觀念與儀式，這些都使他們產生強大的團結感。伊斯蘭的核心信仰是相信唯一的神（**獨一性**，見第四章）。此外，阿拉伯文古蘭經毫無疑問是團結全世界穆斯林的一股力量（見第三章）。古蘭經是教徒不可或缺的指引，它總是給予他們靈性的慰藉、安全感與忠告。它使他們思索此生與來生。古蘭經以擁有獨特力量的語言，提供穆斯林一套清晰的教義、道德與社交的指導原則。幾乎從伊斯蘭教創教初期，雖然古蘭經明白指出穆罕默德只是凡人，他還是成為穆斯林最崇敬的對象，至今如此。他不只是阿拉伯人的先知，也不只是中東人的先知；他是「全人類的報喜者與警告者」（33:45）。現在伊斯蘭教已成為全球性宗教，這些話對信徒而言更加重要。

此外，在履行伊斯蘭五功時，信徒宛如梳子的齒。無論是遜尼派還是什葉派，都必須實踐**唸功**（誦唸證言）、禮拜、齋戒、天課和到**麥加**朝聖這五功。例如教徒嚴格依照一定次數進行一連串動作的集體禮拜，強化了社群團結感。而朝聖是改變一生的經驗，聳立的**卡巴天房**象徵全體穆斯林的同胞情誼。因此，所有穆斯林之間的諸多共通點，遠遠超越了他們的差異。

圖 34：遜尼派與什葉派分布圖。 圖中標示的深色與淺色色塊，顯示二〇〇九年遜尼派與什葉派人口占全國百分之五十以上的國家。

圖 35：伊斯蘭教分支。 大多數穆斯林為遜尼派，從瓦哈比運動到現代主義穆斯林等都包括在內。什葉派依照教義脈絡分成許多支派。而哈理哲派與其較溫和的後裔伊巴德派，既不屬於遜尼派，也不屬於什葉派。

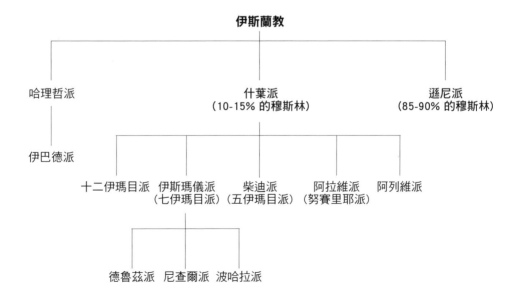

遜尼派興起

　　穆斯林有多種不同信仰與實踐方式，原因在於自從六三二年穆罕默德去世後，對於如何正確施行伊斯蘭教，後人有不同的解釋。此外，只要是宗教團體，無論是穆斯林或世界上任何信仰，總是有各自的政治目的與理念。因此，由不同個人、家庭、團體組成的穆斯林社群，幾乎從創立之初，對於該如何處理信仰與如何治理社群等議題就已經有不同的意見。於是信徒間逐漸產生歧見，一段時間之後，他們不只分裂成伊斯蘭社群兩大團體 —— 遜尼派與什葉派，也形成其他較小宗教團體。在伊斯蘭教傳入一些國家之前，當地已有其他宗教信仰，以至於穆斯林之間進一步產生信仰與儀式的差異。這項因素持續造成影響。例如，在印尼、波士尼亞、加勒比海、印度、奈及利亞、沙烏地阿拉伯與美國的穆斯林之間，有著巨大差異。接近基督徒、猶太教徒、佛教徒、印度教徒、無神論，以及舉行**泛靈論**儀式的穆斯林，還有許許多多信奉其他神明的人，都影響了世界各地區伊斯蘭教的信仰方式。

　　穆罕默德去世後，最早的一些穆斯林團體往往只存在很短的時間，他們的重要性也相當短暫；這些人圍繞著某個主要人物，他死後追隨者就不見蹤影、形成新團體或加入另一個團體。我們對於伊斯蘭教早期發展的認識模糊，且十之八九過於簡化，因為相關知識大都來自後來的遜尼派書籍，這些書也以流於簡化的方式回顧早期伊斯蘭教之內的團體，並視之為異端。例如，在穆罕默德去世後的三十年內，年輕的穆斯林社群眼見一個微不足道的分離團體哈理哲派出現（亦見

第九章，頁311）。他們相信這支派應該由宗教社群中最德高望重的人帶領，這個人不一定要來自先知家族，也不一定要由整個社群推選出來。在他們看來，任何不同意他們的人，根本不配稱做穆斯林，應該被殺掉。在之後兩世紀左右，這個絲毫不肯妥協的早期穆斯林分支團體，受到最初幾任哈里發的迫害。他們逃到遠方，例如阿曼與阿爾及利亞。今天他們的後裔依舊以**伊巴德派**（Ibadis）的名稱存在，不過這些人早已不再對其他穆斯林發動戰爭。

就某種意義來說，從來沒有一個運動從一開始就推廣遜尼派。遜尼派是逐漸演變為穆斯林社群的主流教派。這些早期伊斯蘭團體的歷史意義在於，允許占大多數的遜尼派回應個人、政治與教義的差異，回應被認為是非主流的觀點（非常不正統的觀點），以及回應中東其他信仰信徒〔如基督教、猶太教與**瑣羅亞斯德教**（Zoroastrians）〕的口頭與書面辯論，藉此過程形塑遜尼派的地位。遜尼派是透過面對宗派主義的挑戰，尤其是面對後來被稱為什葉派的團體所鼓吹的非常不同的伊斯蘭政府模式的挑戰，得以定義和深化自己。

遜尼派與什葉派最主要的差異，源自於哪種人能領導穆斯林社群這個問題——他應該擁有哪些特質，又該盡哪些責任。西元六二二年，穆罕默德在**麥地那**建立的第一個穆斯林社群，團結在他具有領袖魅力的領導之下；他是真主的先知，也是穆斯林的領導者。此後他在麥地那的社群被理想化，那是穆斯林領導者設法模仿的典範。然而，穆罕默德一死，悲痛不已的信徒之間就出現嚴重分化。根據遜尼派的信仰，他沒有留下對未來的指示；他也沒有活下來的兒子，同時也沒有法定繼承人。那麼信徒該如何是好？

遜尼派所描述的後續事件（也就是今天的主流觀點）如下。穆罕默德最親近的**聖伴**齊聚一堂，其中包括穆罕默德的岳父，也是他最忠誠的朋友**阿布－巴克爾**。從麥加到麥地那的**聖遷**，以及洞穴中避難時，他都和穆罕默德在一起。先知親信中另一位關鍵人物**歐瑪爾**（之後成為第二任哈里發）向阿布－巴克爾伸出手並碰觸他的手，因而演變成後來的**誓約**（bay'a）儀式。其他穆罕默德的聖伴仿效歐瑪爾的動作，眾人於是宣告阿布－巴克爾成為穆罕默德的「**繼承人**」（Khalifa，哈里發）。遜尼派教徒以回顧的方式將這個事件描述為經過整個穆斯林社群同意的一場任命儀式。阿布－巴克爾被指派為繼承人，於是誕生了遜尼派的哈里發制度（見第七章，頁 243）。在此必須強調一點，哈里發從來沒有被視為先知；穆罕默德是最後一位先知。遜尼派的哈里發是穆斯林社群領袖，他的責任是保護信仰，以古蘭經和**聖行**〔在**聖訓**中具體實現的穆罕默德行為典範，遜尼（Sunni）這個字就是來自於聖行／慣例（Sunna）〕[3] 維護伊斯蘭律法，並捍衛與擴張伊斯蘭世界的領土。

哈里發的歷史

一旦偉大的穆斯林世界帝國在一個世紀裡從西班牙延伸至北印度並抵達中國邊界之後，哈里發寶座就從阿拉伯移往他處，首先到伊拉克的庫法，然後到大馬士革，接著又在八世紀下半葉到達新城市巴格達。之後好幾世紀，哈里發一直都在巴格達。正如教宗與羅馬的關係，巴格達這個名字也與遜尼派穆斯林社群的最高領袖哈里發密不可

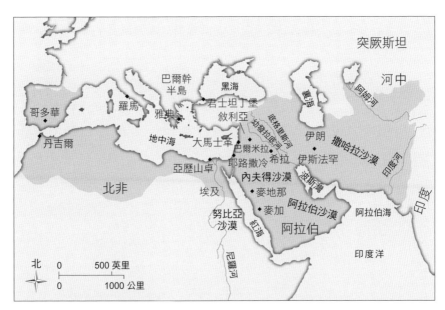

圖 36：一世紀的征服成果。 地圖中顯示在伍麥亞朝末期由穆斯林控制的領土範圍，約七五〇年。

分。到了第十世紀，巴格達的遜尼派哈里發已經喪失大部分政治權力，而他曾經享有的宗教權威，漸漸轉移到遜尼派宗教學者**烏拉瑪**手中。一二五八年蒙古入侵巴格達，在這之前哈里發依舊存在，但他只是名義上的宗教與律法領袖。有些地方試圖恢復哈里發制度，首先是開羅的**瑪姆魯克**土耳其蘇丹，接著是伊斯坦堡的**鄂圖曼**土耳其人。然而，哈里發地位卻再也不如七至九世紀的全盛時期。土耳其共和國國父**凱末爾**（一八八一至一九三八年），在一九二四年象徵性廢止了哈里發職位（亦見第七章，頁 245）。

什葉派興起 —— 阿里的角色

正如之前提到的，區別什葉派與其他穆斯林團體的核心教義，在於具有領袖魅力的伊瑪目職權，這權力只能交付給先知家庭，由穆罕默德一脈相傳的子嗣接任，這些人就是伊瑪目。在穆罕默德生前，什葉派已出現伊瑪目職權議題；根據他們的觀點，當時穆罕默德已指派他的堂弟也是女婿的**阿里‧伊本－阿布－塔利卜**；他是穆罕默德女兒**法蒂瑪**的先生，以及孫子**哈珊**與胡笙的父親。雖然不只什葉派教徒，所有穆斯林都十分敬重阿里傑出的特質，然而他在什葉派信仰與教義中占有非常獨特的地位。Shi'ite、Shi'i 和 Shi'a 這三個字，都源自於伊斯蘭歷史中最早期出現的一個詞：阿里的黨派（Shi'at 'Ali）[4]。

阿里必須等到穆罕默德去世後二十四年，才成為穆斯林社群的哈里發。在這之前有其他三人擔任哈里發職位，在六五六年阿里才終於被指派為哈里發。他擔任哈里發的短暫期間，政局非常不穩，發生了兩場知名穆斯林內戰 —— 駱駝之戰（六五六年）與錫芬戰役（六五七年），六六一年一月，阿里在庫法的清真寺內被哈理哲派的人暗殺，內戰才結束。不過，對於什葉派教徒而言，這故事並不代表真主對伊斯蘭教真正的規劃。在他們看來，阿里應該從一開始就是**烏瑪**的領袖。阿里的角色在什葉派宗教傳統中為何如此重要？什葉派教徒為何相信他是先知真正的合法繼承人與穆斯林社群領袖？

什葉派對事情始末敘述如下。先知在妻子**阿伊夏**家中去世。他的死對於羽翼未豐的穆斯林社群而言不僅是悲劇，也是一大重創。穆罕默德沒有兒子，誰要領導伊斯蘭社群？這是個迫在眉睫的問題[5]。阿

圖 37：什葉派偶像。阿里像（土耳其伊斯坦堡）。這幀巨幅海報挑戰伊斯蘭藝術避免創作宗教人像的舊俗。背景的火焰暗示那是光環，宛如拜占庭帝國金色的聖像。也請注意畫像人物熱切專注的眼神，以及特別強調的綠袍，那是伊斯蘭神聖的顏色。

里宣稱自己是穆罕默德繼承人最佳人選，令眾人印象深刻。穆罕默德很早就成了孤兒，當年一直是阿里的父親阿布－塔利卜在照顧他。阿里是伊斯蘭教第一批教徒之一。編輯先知傳記的**伊本－希夏姆**寫道，阿里是第一位接受伊斯蘭教的男性[6]。當穆罕默德從麥加遷徙到麥地那時，阿里冒著生命危險，睡在穆罕默德在麥加家中的床上。社群開始在麥地那建立之後，阿里娶了穆罕默德的女兒法蒂瑪。阿里展現傳奇性的軍事能力與勇氣；據說在巴德爾戰役中，他單手殺死三分之一以上敵軍。他在接下來的烏胡德戰役和胡乃恩戰役中保衛穆罕默德，

在海拜爾他以鐵門當盾牌（以上戰役見第二章，頁45-47）。他代表先知出使重要傳教任務，有時也當他的抄寫員。阿里撰寫與麥加人簽訂的胡代比亞休戰條約內容。在六三一年，穆罕默德請他對米納的朝聖信徒唸誦古蘭經第九章，並摧毀麥加的偶像。

然而，阿里除了是穆罕默德重要的家人以外，他的虔誠與勇氣受到遜尼派與什葉派教徒尊敬，而什葉派教徒的崇敬更上一層。他們提到發生在六三二年三月十六日的一次事件，當時先知穆罕默德剛結束他到麥加的「告別朝聖」。他停留在嘎迪爾胡姆綠洲，架起馬鞍當作講壇。他牽起阿里的手臂，讓他站在自己身邊，宣布阿里是他的繼承人，以及穆斯林社群的領導者，他說：「各位啊！明白亞倫之於**摩西**的重要性，就等於明白阿里之於我的重要性，此外在我之後已無先知，他（阿里）是我替各位選出的**守護者**（wali），在我之後照看信徒。因此，只要視我為**毛拉**（mawla）的人，也要將阿里視為毛拉。」

這項傳統奠基於什葉對阿里的崇敬，也是什葉派伊瑪目職位教義的關鍵。守護者這個字詞與阿里結合，在什葉派的解釋下，意思是阿里就是社群的守護者，是獨一無二的，他被明確指定為穆罕默德繼承人。大部分什葉教徒認為，在遜尼派詮釋的歷史中，前三位哈里發──阿布－巴克爾、歐瑪爾和烏特曼──都是篡位者。阿里才是繼承先知知識的人，並且將這些知識對穆斯林同胞解釋。十一世紀的謝里夫・拉迪在名為《能言善道之路》的鉅著中蒐集了阿里的布道、信件與格言。對什葉派教徒而言，阿里的地位僅次於穆罕默德；他純真、受到神性引導、在信仰方面絕對正確。在**審判日**那天追隨他道路的人，他會替他們說情。他能施行奇蹟。在穆斯林書法中，他化身為一

隻獅子。

　　什葉派公開表達他們對阿里的崇敬；和所有穆斯林都會履行的麥加**朝聖之旅**一樣，如果有可能，什葉派教徒一生應該有一次到納傑夫**朝聖**，該城位於巴格達南方一百六十多公里。對什葉派教徒而言，納傑夫是伊斯蘭教第三聖城，因為阿里的墳墓位於此地。雖然穆斯林最好應該追隨先知典範，葬在簡單的墳墓，現在阿里卻擁有一座宏偉的墳墓，上面坐落著鍍金圓頂。什葉派強烈建議信徒在阿里的誕辰與忌日、先知誕辰以及其他重要週年紀念日，造訪納傑夫。什葉派相信，真正的伊斯蘭知識來自於對阿里及其後裔什葉派伊瑪目的忠誠；穆罕默德的精神已經傳遞給他們。必須注意的是，當什葉派清真寺召喚信徒做禮拜時，在遜尼派的版本後面還要再加上一句：「阿里是真主的朋友。」如果穆斯林遊客來到他們不熟悉的城市，聽到清真寺宣禮塔上傳來這句話時，就立刻知道那是什葉派清真寺。

伊瑪目哈珊

　　穆斯林社群的早期歷史中，不時出現激烈的社會騷動，而幾乎從一開始，什葉伊斯蘭就和掙扎、反對與迫害有關。什葉派教徒相信他們是真正的信徒，其餘穆斯林都走在錯誤的路上，或偏離正路。他們不承認**伍麥亞**朝統治穆斯林的宣告。伍麥亞家族是來自麥加的異教徒與商人菁英份子，較晚才加入伊斯蘭教。以敘利亞為根據地的伍麥亞朝，從六六一至七五〇年統治整個穆斯林帝國。

圖 38：宗教熱情。阿里的聖陵（伊拉克納傑夫，主要建於十七世紀之後）。通常由統治者捐贈而建的金色圓頂，是典型的主要什葉派聖陵建築形式，在這裡舉行禮拜，比其他地方更有效果。有些聖陵裡還有博物館展示數世紀以來收藏的寶物。成群的鳥兒——尤其是象徵神聖的鴿子——聚集在那裡，由信徒餵養。

　　被什葉派教徒奉為第一任伊瑪目的阿里去世後，伊瑪目由他的長子哈珊繼承，當時哈珊年約三十六七歲。企圖掌權的敘利亞伍麥亞朝總督穆阿維亞以武力脅迫哈珊。六六一年，哈珊在庫法的清真寺公開宣布放棄哈里發地位。根據什葉派傳述，哈珊會這麼做是因為他厭惡政治，希望藉此避免流血，促進烏瑪的和平。六七○至七八年，他退隱麥地那，並在當地去世，有可能在穆阿維亞教唆之下被人毒死。什葉派認為他依舊是第二任伊瑪目，直到去世前也還是正統哈里發。教

圖39：什葉派圖像速記。什葉派圖像的硬紙板卷軸（伊拉克卡爾巴拉，約一七六五年）。這些圖畫可當成是紀念品，也可用來冥想，它們分別代表：阿里（獅子與劍）、法蒂瑪（手）、神獸布拉克（穆罕默德登天）、布道（講壇）、來生（柏樹）、朝聖之旅時放在駱駝上的轎子、崇敬伊瑪目（腳印與建築物）以及朝聖。

徒將奇蹟歸功於哈珊。

　　要釐清哈珊放棄哈里發地位的種種歷史敘述並不容易。許多敘述中提到，哈珊放棄地位時拿到一大筆錢，他們還指出他有許多段婚姻，因而獲得「離婚者」的綽號[7]。

伊瑪目胡笙

六八〇年在庫法，支持阿里家人的教徒說服穆罕默德的孫子、阿里與法蒂瑪的小兒子、同時也是什葉派神聖歷史中第二位重要人物胡笙，領導眾人對抗繼承哈里發地位但被什葉派認為是不合法理的伍麥亞朝國王雅濟德。胡笙不情願地加入他們，於是和家人與七十二個男人出發前往阿拉伯。在離庫法約四十公里的**卡爾巴拉**（Karbala'）平原上，被庫法支持者拋棄且隨行人數遠少於伍麥亞軍隊的胡笙，遇上伍麥亞庫法總督伍貝達拉・伊本－濟亞德派出的四千人大軍。胡笙與他所有男性親屬（共七十二人）被屠殺，除了當時十一二歲的兒子阿里・宰因・阿比丁。伍麥亞朝軍隊劫掠胡笙的營地，將他所有同伴斬首，女人與小孩被俘擄，之後被送回麥地那。這重大事件發生在伊斯蘭曆六十一年穆哈蘭姆月十日，也就是西元六八〇年十月十日。

任由謀殺慘案發生的庫法人民看見胡笙被砍下來的頭，那曾是先知親吻過的臉，他們於是失聲痛哭、搥胸頓足，對於沒有前去幫助胡笙而悔不當初。這些所謂「**懺悔者**」（tawwabun）懇求殉教的胡笙原諒他們。從這些事件衍生出什葉派哀悼與彌補的儀式。胡笙成為什葉派的「殉教之君」，他的熱情（苦難）與死亡，有時被比為**耶穌**生命中最後一週。一位十一世紀什葉派歷史學家**謝克・穆菲德**悲嘆：「他們在他口渴時不正當地殺了他，但他一直堅忍不拔……那一天他五十八歲。」[8] 偉大的歐洲啟蒙時期歷史學家吉朋也回應穆菲德的感傷，關於胡笙之死，他寫道：「即使最冷血的讀者也會同情他。」[9] 胡笙在伊拉克卡爾巴拉的陵墓，是什葉派穆斯林最常拜訪的聖地。許

多信徒渴望能葬在卡爾巴拉，不遠千里都要達到這目的[10]。

什葉派分支

並非所有什葉派都屬於同一教派。現今「什葉派」這個詞大量被用來指**十二伊瑪目派**，這是目前人數最多、最受矚目的什葉派團體（見頁 208-214）。在伊拉克與印度都有不少十二伊瑪目派穆斯林，然而伊朗共和國的人數最多，因為伊朗國教就是十二伊瑪目派（見頁 221-23）。而至少有三個最主要的什葉派團體，依照在歷史上出現的先後，依序為：**柴迪派**（Zaydis）、**伊斯瑪儀派**（Isma'ilis）與十二伊瑪目派。

什葉派伊瑪目的神聖系譜剛開始一脈單傳[11]，直到第四任伊瑪目胡笙之子宰因‧阿比丁於七一二年去世為止。之後什葉派不時分裂，形成不同分支，有些現已消失，有些還持續存在。

柴迪什葉派

早期什葉派第一次重要分裂，是在脫離什葉派的柴迪派[12]或稱**五伊瑪目派**（Fivers）形成之後，分裂原因是眾人對第四任伊瑪目之後的繼承問題爭執不休。柴迪派的名稱來自先知穆罕默德的玄孫**柴德‧伊本－阿里**（六九五至七四〇年），他在庫法對抗伍麥亞朝哈里發的起義失敗後，於七四〇年去世[13]。之後他的支持者將他視為正統伊瑪

目。根據柴迪派教義，在阿里的兒子哈珊與胡笙死後，沒有一個穆罕默德系譜有權宣稱自己是正統的伊瑪目，這一點與其他重要什葉派團體不同；柴迪派認為伊瑪目職權屬於整個阿里家族。柴迪派引用穆罕默德的格言，他宣布他將「真主之書與後裔」這兩份寶物留給社群，以確保教徒獲得正確指引。必須強調的重點是，柴迪派與十二伊瑪目不同，他們不相信有隱遁伊瑪目，也不認為他們的伊瑪目純潔無瑕、沒有任何缺點。柴迪派有自己的律法傳統著作。就神學觀點而言，他們認為自己最接近遜尼派。

在伊斯蘭早期，柴迪派非常好戰。他們相信，真正的伊瑪目應該用劍成功建立自己的聲望。伊瑪目職權應該由一位具有宗教知識的合格候選人，藉由武力叛變爭取而來。柴德死後，他的家族成員持續叛變，但都宣告失敗。於是柴迪派遷移至遠方的穆斯林世界，避免遭受迫害。第二任伊瑪目哈珊的後代建立了兩個柴迪派國家，一個在八六四年建於伊朗裏海地區，由於地處偏遠，這些人得以存活下來；另一個在八九七年建於葉門的薩俄達，直到一九六二年都由柴迪派伊瑪目統治。一九九六年，最後一任柴迪派伊瑪目穆罕默德・巴德爾於英國去世後，柴迪派已沒有伊瑪目。今日葉門還有約五百萬柴迪什葉派教徒。

伊斯瑪儀派

七六五年什葉派經歷第二次也是更重要的分裂，是另一個團體伊斯瑪儀派[14]脫離了什葉派。他們在中世紀早期成為政治活躍的伊斯蘭

圖 40：遺留在清真寺的王朝記憶。阿克馬爾清真寺（開羅，一一二五年）。阿克馬爾清真寺位於法蒂瑪朝王宮東邊，象徵該朝的宗教與政治地位，可能也作為法庭講堂、教學機構與先知孫子胡笙未來的陵墓。它的裝飾主題不斷令人想起四射的光芒；牆面銘刻文字讚揚阿里家族，並懇求真主讓他們「戰勝異教徒」。

團體，然而十三世紀之後，他們漸漸演變為沉靜而不引人注目的穆斯林社群。伊斯瑪儀派是在何種情況下出現，原因並不明朗，但與第六任伊瑪目賈俄法爾・薩迪各於七六五年去世後眾人對繼承問題的紛爭有關。他的其中一個兒子伊斯瑪儀宣布繼任為第七任伊瑪目。承認他地位的人被稱做**七伊瑪目派**（Seveners），或伊斯瑪儀派。

　　伊斯瑪儀派的地位開始變得非常重要是在八九九年，這時新王朝（以穆罕默德女兒法蒂瑪命名）的第一任什葉派統治者伍貝達拉・馬赫迪，在北非建立了伊斯瑪儀派的哈里發國，宣稱他是穆罕默德後

代，是伊斯瑪儀之子；他，伍貝達拉，就是真正的伊瑪目。之後，他的繼承人穆儀茲，也就是第四任法蒂瑪朝哈里發，將國家遷至埃及，於九六九年將新首都設在開羅，從此開始了法蒂瑪朝的全盛時期。伊斯瑪儀派統治者積極好戰，企圖掌控整個伊斯蘭世界，讓所有穆斯林接受他們對伊斯蘭教的解釋。他們在地中海地區掌權將近兩世紀，直到十字軍東征時的穆斯林英雄**薩拉丁**（見第九章，頁318）於一一七一年結束伊斯瑪儀派的統治，使得埃及與法蒂瑪朝統治的其他地區再度忠於巴格達的遜尼派哈里發。法蒂瑪朝的全球傳教野心終告失敗。

1. 伊斯瑪儀派分支

早在法蒂瑪朝創建初期，第六任法蒂瑪朝哈里發（也就是一〇〇九年摧毀耶路撒冷聖陵、因而在中世紀歐洲基督教世界惡名昭彰的哈基姆）統治時期，就已出現從伊斯瑪儀派分裂的次團體。透過一個叫做德拉齊教士的傳教，某些伊斯瑪儀派教徒將生前的哈基姆神格化；一〇二一年在這位哈里發神祕消失之後，他的追隨者創立了一個新的「**極端派**」（ghulat）團體，**稱為德魯茲派**（Druze）[15]，他們為了自身安全隱居在北敘利亞與黎巴嫩山區，直到今日。

一〇九四年之後，一個更有名的伊斯瑪儀派分支**尼查爾派**（Nizaris），從開羅的法蒂瑪朝主要教派分離出來，前往伊朗西北，他們的根據地在阿拉穆特。這一支極端什葉派最廣為人知的名稱，是帶有貶抑的**阿薩辛派**（Assassins），也就是「暗殺」這個字。阿薩辛派宣揚一種新的伊斯蘭教形式，對象既是受其**奧祕**（esoteric）教義

吸引的知識份子（教義特色是隱含的意義與特殊知識）也是平民，因為他們承諾建立更正義的社會。在一〇九五至一一二四的將近三十年間，尼查爾派在充滿領袖魅力的首領哈桑·薩巴帶領下，執行約五十件引人注目的暗殺行動，受害者都是政府首長或重要軍事或宗教人物，而暗殺也都是發生在眾目睽睽之下，地點通常是週五清真寺庭園中。哈桑死後，他的宗教社群影響力大不如前，從此與外界隔絕。不過，阿薩辛派直到十三世紀依然惡名遠播，蒙古人還組成一支特別遠征軍到阿拉穆特，徹底摧毀尼查爾派根據地。之後尼查爾派隱藏起來。他們一直到今天都還存在，卻再也不動武，寧可低調地依照自己對伊斯蘭教的詮釋過日子。

　　一〇九四年，在開羅從尼查爾派分離出的另一個伊斯瑪儀派團體是**波哈拉派**（Bohras）[16]。一一七一年之後，他們先遷往葉門，然後在印度次大陸定居，此後印度一直是該教派的根據地，不過巴基斯坦、東非和西方某些地區也有波哈拉教徒。他們的社群鮮為外人所知，然而他們卻成立許多如醫院與學校等慈善機構。

2. 伊斯瑪儀派信仰與實踐

　　伊斯瑪儀派一開始將他們的信仰保密。他們將古蘭經的外部解釋與內部奧祕做出區隔；所有教徒都能學習前者，然而後者只有伊瑪目才能知道。在中世紀全盛時期，伊斯瑪儀派受到同樣強調隱密知識的前伊斯蘭信仰體系例如**諾斯替主義**（Gnosticism）和**新柏拉圖主義**（Neoplatonism）的影響。從伊斯瑪儀派觀點看來，歷史是循環的；每一次以七千年為期的循環始於一位先知，也就是一位「中間人」，

一位永久的伊瑪目。七是重要的象徵性數字；伊斯瑪儀是第七位伊瑪目。真主超越所有人類的理解之上，整個世界與其中的萬物都直接由真主而來。

伊斯瑪儀派奉行**隱藏信仰**（taqiyya）原則，意思是虔誠地掩飾他們的信仰。這表示為了在有敵意的環境中保存信仰，避免遭到迫害，他們可以假裝。因此，偶爾他們會聲稱自己是十二伊瑪目派。來自第六任伊瑪目賈俄法爾·薩迪各的**直接任命**（nass，指派、授予）教義對伊斯瑪儀教徒非常重要；根據這項教義，伊瑪目繼承人只能由現任伊瑪目指定，因為只有他徹底了解來自真主的知識。

我們懷疑現今伊斯瑪儀派是否還在意他們中世紀前輩隱諱的哲學概念。即使在中世紀，儘管知識菁英份子提出令人費解的哲學教義，伊斯瑪儀派教徒的許多信仰與儀式，卻和其他什葉派分支相同。他們也參加紀念胡笙殉教的儀式，有時自行舉辦，有時加入其他什葉派團體。伊斯瑪儀派教徒在週五舉行禮拜，但不在清真寺內，而在一棟叫做**集會所**（jam'atkhana）的建築物中，這裡也是教徒的社交中心。他們的信仰很活躍，禮拜儀式充滿生氣。他們將教義的解釋權留給伊瑪目，他會對教徒定期發布教令。尼查里伊斯瑪儀派社群的現任領導者是第四十九代伊瑪目**阿迦汗四世**（生於一九三六年）。他是全世界約一千五百萬穆斯林的領導者。他給予教徒教義上的指引，他們認為他的看法絕對正確，而且對他也必須絕對服從。阿迦汗是一位開明而包容的穆斯林領袖，他呼籲世界上各宗教必須和平相處，互相理解。他支持許多教育、文化與慈善計畫，也贊成女性完全參與宗教社群活動。他的追隨者向他繳交什一稅。西方媒體通常敬重他溫和的發言。

圖 41：領袖魅力。信徒間的阿迦汗，背景是白雪皚皚的帕米爾高原。第四十九代伊瑪目阿迦汗，是先知穆罕默德的直系後代。關係緊密的伊斯瑪儀派社群，將目光集中在他身上。從一九五七年開始，他展現卓越的領導，同時也獻身於教育、文化與環保和慈善活動。

　　伊斯瑪儀派是備受尊敬的團體，他們散居世界各地，並且順利融入不同的社會中。在包括中東、非洲、亞洲、歐洲與北美超過二十五個國家中，伊斯瑪儀派都是占少數的宗教團體。每當有來自東方的傳統伊斯瑪儀派教徒到西方去，都會受到當地教徒的接待，正如同麥地那的穆斯林歡迎第一批來自麥加的穆斯林。例如二○○一年，阿富汗伊斯瑪儀派教徒第一次抵達加拿大定居時，就受到當地教徒協助；正如同先知穆罕默德的時代，他們被稱做「輔士」。

　　印度次大陸的伊斯瑪儀派社群，創造大量以伊瑪目為主題的詩與

歌，也就是所謂的**吉南**（ginans）。這些詩歌一開始以口頭傳誦，之後以信德語（Sindhi）、古吉拉特語（Gujurati）、印地語（Hindi）以及旁遮普語（Punjabi）等印度文字記錄下來，共約八百多首。這些吉南往往充滿神祕感，訴說著伊斯瑪儀派過去的故事，並給予信徒道德指引。配上音樂之後的詩歌，成為伊斯瑪儀派禮拜中重要的部分，它們不只流傳於印度、巴基斯坦與東非，也出現在目前許多伊斯瑪儀派社群居住的西方社會。吉南必須用原本的語言唱出[17]。當伊斯瑪儀派的教徒在週五做禮拜時，他們不但聆聽阿拉伯文唸誦的古蘭經，還有在世伊瑪目的教誨，以及用他們自己的語言朗讀的虔誠詩歌。

十二伊瑪目派

在今日，十二伊瑪目派顯然是規模最大的什葉派團體。與伊斯瑪儀派不同，許久以前十二伊瑪目派行事低調，但在今天它的好戰行為卻十分引人注目，尤其是在伊朗和伊拉克兩地。

1. 歷史與教義

在柴迪派與伊斯瑪儀派選擇不同的阿里系譜分離出去之後，剩餘什葉派教徒的伊瑪目系譜（之後成為十二伊瑪目派）繼續延續下去，直到八七四年為止。遜尼派當權者一直密切注意什葉派伊瑪目的這支系譜，當時統治穆斯林世界的哈里發將第十一任伊瑪目**哈珊·阿斯卡利**逮捕入獄，同年他死於獄中，表面上看來沒有子嗣，什葉派教徒因此面臨重大危機。然而，什葉派教徒普遍相信，阿斯卡利其實留下了

一個名叫穆罕默德的小兒子。根據十二伊瑪目派的傳述，有人不知何時把他從他父親的牢裡送了出去，並宣稱他是第十二任伊瑪目。他被藏在一個祕密的地方養大，只透過四位**使者**（safirs）與教徒接觸。在十二伊瑪目的教義中，這個階段被稱為**小隱遁**（ghayba）。在這時期，教徒認為第十二位伊瑪目只是隱藏起來，但還在世上某個地方。

四位使者中的最後一位在九四一年去世之前，宣布穆罕默德沒有死，只是他必須切斷所有對外界的聯繫，進入**大隱遁**（Greater Occultation）。最後的時刻他會帶著劍，以**馬赫迪**（Mahdi，**救世主**）──也就是在最後審判與復活日之前，預計將帶領全世界進入正義時代的人物──的面貌，在末日回到世上。末日前世界將有大災難。這就是十二伊瑪目信徒的信仰，直到今日他們還在等待第十二位伊瑪目到來。

第十二位伊瑪目的隱遁，使追隨者不知所措，因為這位伊瑪目已無法在俗事生活的各方面，教導他們如何做一個好穆斯林。和伊斯瑪儀派相同，十二伊瑪目派相信他們的伊瑪目在教義上不會出任何差錯。但十二伊瑪目派的教徒該如何知道隱遁伊瑪目的指導？他們漸漸開始相信學問淵博的學者，因為最有資格解釋隱遁伊瑪目忠告的這些人，應該在伊瑪目不在時引導他的宗教社群。在世的伊瑪目不應該自己或透過他人進行直接的政治活動。幾世紀已來，大隱遁的教義已經使十二伊瑪目派教徒去政治化，由宗教學者引導日常生活的十二伊瑪目派，成為最平和的什葉派支系。

因此，根據十二伊瑪目派，仁慈正義的真主並沒有讓他的教徒群龍無首，真主必須對伊瑪目職務做出決定。領袖伊瑪目被賦予知識，

用以解釋古蘭經與穆罕默德行為的真正意義。阿里與其十一位阿里系譜的伊瑪目，才擁有這樣的知識。承載「神聖之光」的伊瑪目們是社群的靈性與政治領袖。他們不會犯錯。十二伊瑪目派相信隱藏信仰原則（見頁206）；對於一個常遭迫害以至於數世紀來保持低調的團體，這是非常實際的教義。

在歷史上幾個關鍵時期，伊朗的十二伊瑪目派中產生劇烈的變化。一個新王朝**薩法維朝**（Safavids）於一五〇一年建立。它們將十二伊瑪目派訂為伊朗國教。這個重要的發展將伊朗與十六世紀其他篤信遜尼派的穆斯林強權——土耳其與近東的鄂圖曼帝國，以及印度的**蒙兀兒**帝國（Mughals）——完全區隔開來。十九世紀，一小群約十人的新宗教學者菁英份子，被教徒認為最有資格引導什葉派教徒的日常生活，他們賦予這些學者「**模仿對象**」（marja' al-taqlid）的稱謂。這樣發展有助於創造強大的集權宗教領導。什葉派十二伊瑪目派宗教學者真正統治一個政治實體國家的概念，一直要等到一九七九年才付諸實行（見頁221-23）。

2. 阿舒拉節

第十世紀被稱為「什葉派的世紀」有其道理。這時候什葉派的許多儀式，被帶入巴格達遜尼派哈里發國中心。從九六二年開始，教徒就開始公開盛大慶祝什葉派最重要的慶典**阿舒拉節**（'Ashura），直到今日依舊如此[18]。

胡笙之死長久已來一直是什葉派宗教體驗中最能引發教徒情緒的事件。每一年伊斯蘭曆第一個月穆哈蘭姆月的第十天（阿舒拉）是

圖 42：鞭刑。穆哈蘭姆月的第十天，虔誠的教徒用金屬倒鉤鞭打自己
（伊拉克卡爾巴拉的阿舒拉節）。在這一天，什葉派教徒追憶公元六八〇
年被庫法的叛徒拋棄、而後死於卡爾巴拉之役的胡笙；他們身穿悔罪者的
黑袍（有時也穿綠袍）走在街上，一邊吟唱一邊自殘。

為期十天哀悼胡笙殉教的最高潮。這項儀式源自於麥地那，胡笙唯一
的兒子宰因・阿比丁還在世時。包括敘述胡笙遭遇的悲劇以及唸誦紀
念他的哀歌等阿舒拉儀式，首次在麥地那的幾位伊瑪目家中舉行。之
後，在伊拉克的納傑夫與卡爾巴拉，以及伊朗的庫姆與馬什哈德等伊
瑪目的聖陵，成為虔誠教徒造訪與朝聖的重鎮，這裡有專業說書人慷
慨激昂地向大眾訴說胡笙殉教的故事[19]。十世紀的巴格達由什葉派王
朝布伊朝統治，該朝宣告阿舒拉節為公開的哀悼日，商店都掛著黑
布。之後在建於一五〇一年活躍的伊朗王朝薩法維朝統治下，十二伊

瑪目派成為國教，阿舒拉節慶典的地位正式確立。

在集體悼念胡笙殉教的節慶中有一齣**受難劇**（ta'ziya）。在這齣劇中，反派角色身穿紅衣，說著一般的話，而英雄身穿白衣和綠衣，口中唸的是詩歌。有些隊伍中，參加者乞討飲水，象徵胡笙與家人在他被殺的戰役中感到口渴的時刻。從十七世紀以來，前往伊朗的歐洲與鄂圖曼旅人著迷於這類儀式，因此寫下許多相關的報導。一六四○年有一位來自鄂圖曼帝國的旅人，描述他在伊斯法罕的人群中觀看這齣受難街頭劇時，受到多麼大的衝擊。眼見胡笙與他的孩子被殺那一幕再次上演，他寫道：「所有觀眾哀號痛哭。上百名支持胡笙的人用劍和刀打傷他們的頭、臉和身體。他們為了表示對伊瑪目胡笙的愛而讓自己流血。綠草地變得一片血紅，看起來像是一塊罌粟花田。」[20]

胡笙的故事依舊每年在伊拉克、伊朗與印度許多城市的街道上演出。觀眾非常清楚這齣戲的內容，但他們觀看和參與演出時，依舊投入全部情感。在穆哈蘭姆月前九天，成群將身體染成黑色與紅色的男人在大街小巷行走，拉扯頭髮，帶著劍（有時用劍割傷身體）或身後拖著鐵鍊，作為阿舒拉節的序幕。另一個胡笙之死的紀念儀式是**rouzehs**，參加的教徒唱出他的生平與死亡。這些儀式都是十二伊瑪目派的中心信仰，與遜尼派儀式有顯著的不同。儀式的鴻溝比教義上的差異更為重要。

教徒是真的鞭打自己，還是象徵性做做樣子？當然，有時候他們真的會打，不過通常旁邊會有救護車待命。年輕人將代表整個社群接受苦行、帶來神聖的祝福，視為一種特權。他們手拿鐵鍊、劍與短劍，身穿白色壽衣。即便是在最小的村莊裡，哀悼隊伍發出的鐵鍊鏗

鑼聲與男人一起鞭打胸部的聲音，從很遠都聽得見。女人不在隊伍中，但她們在一旁全神貫注地看著。二○○四年，我曾經在伊斯法罕看過一次胡笙受難街頭劇表演。教徒非常歡迎參加者，他們邀請我和我的同伴坐下來觀賞遊行。這齣戲以露天劇院的戲劇方式表演，並且用擴音器將聲音播放給觀眾；此外，他們還用了真正的馬，遊行隊伍穿上色彩鮮豔的服裝[21]。

因此，藉由戲劇演出與造訪聖陵，以及相關的儀式、神話和詩歌，受難者胡笙的記憶，永遠鮮活地保存在什葉派穆斯林的心中。什葉伊斯蘭主要的情緒聚焦在一個單一事件：發生在卡爾巴拉的胡笙之死。對於他遭受的苦難，什葉派教徒感同身受。他的死被視為代表整個社群的自願性犧牲，而紀念胡笙殉教的儀式，帶給在場所有教徒靈性的報償，生動地提醒什葉派教徒長久以來所遭受的痛苦。在近期的伊朗歷史中，阿舒拉節與其相關活動也具有鼓舞群眾對抗殘暴政府的功用。

3. 什葉派聖地

納傑夫、卡爾巴拉、卡濟邁因與薩瑪拉等伊拉克城市，是六位伊瑪目陵墓所在地。這些城市被稱為「**神聖的門檻**」（al-'atabat al-muqaddasa）。阿里的陵墓在納傑夫，胡笙則是葬在卡爾巴拉[22]（**何梅尼**，一九○二至八九年，伊朗共和國第一任領袖，於一九六五至七八年流亡納傑夫）。這兩個城市是什葉派教徒最常造訪的重要聖城。卡濟邁因與薩瑪拉則是另外四位第九世紀伊瑪目陵墓所在地。

這四個神聖的門檻在十二伊瑪目派教徒的虔誠生活中，以及對於

居住在塔吉克斯坦、阿富汗與巴基斯坦北部的伊斯瑪儀派教徒，都扮演了重要的角色[23]。什葉派教徒前往這些城市朝聖時，他們會繞行伊瑪目的陵墓，並且一邊朗讀特別為這種場合寫出的文字。他們撫摸陵墓的窗櫺，說出神聖的誓言。正如基督教朝聖者歷年來造訪耶路撒冷、露德、羅馬與繁星原野聖地牙哥時所做的，什葉派教徒也習慣在朝聖時從伊拉克某些城市將一些有紀念性或有療效的聖物帶回家。將**卡爾巴拉的泥土**（khak-I Karbala'）加水混和做成小泥磚，就叫做**阿比托巴**（ab-I turbat），信徒相信可以用它治病或幫助垂死的人。負擔得起的人會要求將自己葬在某個神聖的門檻，尤其是納傑夫，當地有一個占地廣大的公墓，叫做「和平之谷」，什葉派教徒非常渴望將往生者送去，即便是遠在印度的人都如此。

不令人意外，這些聖城長久已來都是什葉派的知識重鎮，學者聚集在此研擬教義與律法。雖然可以想像，但不幸的是，為了成為眾所矚目的焦點，神聖的門檻常是政治性爆炸行動的地點。一九九一年，在伊拉克總統**薩達姆‧海珊**（譯注：音譯為胡笙，但台灣媒體一般譯為海珊）執政時期，納傑夫聖陵的金色圓頂被損毀；到了二十一世紀，該城又成為幾個什葉派重要人物被殺的現場。二〇〇六年，薩瑪拉聖城在爆炸行動中被損毀。

次要什葉派團體

ghulat 這個阿拉伯字的意思是「極端主義者」，這個字是伊斯蘭早期歷史中用來指多數教徒視其信仰為異端的少數團體。他們往往受

到其他宗教傳統如諾斯替主義或基督教等的影響，還有些團體賦予穆斯林聖人（如阿里）神聖的特性。有些什葉派團體受到這些影響後，被主流伊斯蘭教徒譴責，無論遜尼派或什葉派都曾將他們視為異端教派，加以迫害。其中兩個什葉派次要團體是**阿拉維派**（'Alamis）與**阿列維派**（Alevis）（稍早討論過黎巴嫩的德魯茲派，見頁204）。

1. 阿拉維派

極端主義者中的阿拉維派，分布於敘利亞西部、黎巴嫩與土耳其東南，阿拉維派又稱做**努賽里耶派**（Nusayris），屬於九世紀從主流什葉派分離的團體。雖然有時聲稱自己是十二伊瑪目派[24]，他們複雜奧祕的信仰與入教儀式，顯然含有諾斯替教派、什葉派伊斯瑪儀派與基督教的成分。他們的異端信仰之一是將阿里神性化[25]。

前敘利亞總統哈菲茲・阿薩德在二〇〇〇年死去之前，都信奉阿拉維派。一九七〇年擔任空軍指揮官時，他發起一場政變，奪取最高權力。從那時開始，雖然阿拉維派占敘利亞人口少數（約百分之十二），追隨他的教徒卻獨占政治與軍事高位（他們長久以來就有從軍的傳統）。一直到現在他的兒子巴哈爾・阿薩德統治敘利亞時依舊如此。

2. 阿列維派

阿列維派是現今土耳其一支非常重要的少數教派，據估計至少有七百萬至八百萬阿列維派教徒住在土耳其[26]，其中約有百分之二十是庫德族人，剩下的是土耳其人。我們必須更加了解他們的信仰與目

標，不只是因為他們住在中東大國土耳其，也因為許多土耳其人目前在德國工作與定居，因而阿列維派在德國勢力強大。

到不久前為止，阿列維派一直以口頭傳述為基礎，也因為它是少數的祕密宗教，因此一直難以被外人理解。十一世紀以來，在游牧土耳其人從中亞到安那托利亞、進入巴爾幹半島的漫長旅途中，阿列維派逐漸接觸許多不同文化。阿列維派信仰中的許多層面顯然是以什葉派為基礎，但它們也反映了基督教與**薩滿教**的影響。它們的儀式與蘇非主義有許多雷同之處（見第八章）。阿列維派信仰經由阿列維聖人代代相傳，源頭可追溯至蘇非聖人哈吉・貝克塔什（見第八章，頁286）。教徒相信這位聖人的系譜最早源自於穆罕默德，傳至第六代伊瑪目**賈俄法爾**，以及阿里。阿列維派教徒認為，敬愛阿里的人是他們的朋友，不敬愛他的人則是他們的敵人。想當然耳，他們把阿里當成先知的合法繼承人，因而詛咒在遜尼派傳統中的前三位哈里發，還有殺害胡笙的伍麥亞朝。

阿列維派在穆哈蘭姆月齋戒十二天，以哀悼胡笙。教徒可以飲酒，不在清真寺做禮拜。他們最主要的**托缽僧旋轉舞儀式**（sema）是在**集會所**（cem evi）舉行，該儀式由主持禮拜儀式的教長**德德**（dede）帶領進行。在儀式開始前，參加禮拜的教徒追憶卡爾巴拉，並唸誦虔誠的經文。膜拜卡爾巴拉的胡笙——這段受到壓迫、不公不義、痛苦與悲傷的故事，已經成為少數宗教阿列維派集體意識的象徵。在托缽僧旋轉舞儀式中，男人與女人跳一段伴隨音樂的儀式之舞，儀式也包括吃東西與喝葡萄酒或茴香酒。顯然托缽僧旋轉舞儀式與蘇非儀式大有關係，也類似基督教的聖餐禮儀式。

阿列維派在土耳其漸漸廣為人知。現在他們在公開場合舉行宗教儀式或在電視上播放儀式，也希望在學校教導孩子阿列維派的信仰。在德國人數漸增的阿列維派不與外界往來，但他們欣然過著較為世俗化的生活 27。

什葉派律法

早期什葉派分裂成不同的次團體，而新的「派別」——十二伊瑪目派、伊斯瑪儀派與柴迪派——各自擁有略微不同的律法體系，不過這些體系也有共同的特點，例如一套從他們早期伊瑪目追溯至阿里或先知穆罕默德的聖訓。十二伊瑪目派、伊斯瑪儀派與柴迪派等什葉派的法學派，與遜尼派法學派在伊斯蘭律法內容上也沒有太大的根本差異。然而，重要的是我們必須花些時間討論什葉派律法的特色（遜尼派律法請見第五章）。

遜尼派與什葉派律法的主要差異

遜尼派與什葉派的共同概念雖然都以古蘭經作為建立某些主要律法原則的文字，但對於伊斯蘭律法第二大基礎來源的使用，也就是由聖訓解釋並釐清的先知**聖行**，卻意見紛歧。什葉派聖訓的差別在於它們特別重視**先知家族**（abl al-bayt）的格言。什葉派的聖訓選集，有許多遜尼派聖訓中所沒有的內容。

兩種律法的第二項差別是，什葉派否認遜尼派**類比**與**公議**的觀念。他們只認可伊瑪目決定事情是否合法的絕對權威性。對於十二伊瑪目派來說，一旦伊瑪目的隱遁成為他們正式的教義——換言之，已經沒有一位在世的伊瑪目引導教徒——在他「缺席」時，就有必要授權給解釋律法的階級。居於高位的律法學者領導這個階級。至於什葉派人數次多的伊斯瑪儀派，就有一支在世的伊瑪目系譜，他們被授與阿伽汗的榮譽頭銜；每一代阿伽汗都有解釋律法的絕對權威。

什葉派律法的歷史

現存規模最小的什葉派團體柴迪派，培育出根據創教者柴德·伊本－阿里（見頁 201-02）的格言研擬柴迪法理學的學者。柴迪法理學相當接近哈納菲遜尼法學派（見第五章，頁 161-62）[28]。柴迪派最早的法理學著作叫做《律法大全》。這本書收錄了柴德本人的格言與判例，被認為是由柴德最親近的夥伴之一阿布－哈利德於八世紀編纂而成 [29]。

在此必須提到一份伊斯瑪儀派的重要著作，也就是**嘎迪·努曼**（卒於九七四年）編纂的伊斯蘭律法鉅著《伊斯蘭五功》。這本書和所有遜尼律法書籍相同，分為兩部分，一部分是敘述穆斯林個人對真主的虔誠信仰宗教義務，另一部分是個人與社會的關係。這本書目前仍是伊斯瑪儀派法理學主要作品。

什葉派十二伊瑪目派的歷史有相當完整的文獻紀錄。十二伊瑪目派第六任伊瑪目賈俄法爾·薩迪各（卒於七六五年）的格言與判例，

形成大多數十二伊瑪目派律法基礎。也因此十二伊瑪目派法學派有時也稱做**賈俄法爾法學派**（Ja'fari）。然而，對十二伊瑪目派律法的正式解釋，到了十世紀才開始；當時在伊朗的庫姆城的兩位學者**庫萊尼**（八六四至九四一年）與**伊本－巴布亞**（約九三三至九一年）蒐集並編纂相當多條什葉派聖訓。庫萊尼的作品叫做《卡菲》（*Kafi*），包含一萬六千一百九十九條聖訓，是十二伊瑪目派最為聲譽卓著的聖訓集。十二伊瑪目派的法學著作也出現在巴格達；在統治者為什葉派的伊朗布伊朝（九四五至一〇五五年）治理下，十二伊瑪目派蓬勃發展。巴格達學者**謝克．穆菲德**（九四八至一〇二二年）撰寫的許多著作，到今天仍是什葉派**經學院**的主要法學課程。

十三與十四世紀，伊拉克中部的希拉成為十二伊瑪目派法學發展的重鎮。在此要特別提到兩位學者，兩人都名叫希里。第一位是**穆哈基格．希里**（一二〇五至七七年）他的著作一直以來極受敬重。第二位**阿拉瑪．希里**（一二五〇至一三二五年）是首位被授與「阿亞圖拉」（ayatollah，亦即「真主的象徵」）頭銜的十二伊瑪目派學者。從那時候開始到今天，十二伊瑪目派學者不是經由考試或得到證書才能取得阿亞圖拉稱謂，而是學術界中眾人逐漸取得共識，認為此人地位足以與阿亞圖拉稱謂匹配。第二位希里尤其重要，因為他確立了**理性思考判斷**的原則，並且將這個原則深植於十二伊瑪目派的律法中，替之後什葉派學者鋪路。他也明確規定運用理性思考判斷原則的學者**穆智塔西德**（mujtahid）所必須具備的特定能力。他強調穆智塔西德的判斷並非絕對正確，他可以改變意見，且他所頒布的教法只在他在世時有約束力。這種方式使得十二伊瑪目派法學思想保有彈性與活力。

想走上研究律法學之路的十二伊瑪目派教徒，必須和遜尼派法學家一樣，在如庫姆或納傑夫等什葉派經學院研讀十二伊瑪目派律法。他們在經學院中習得古蘭經、什葉派聖訓集與法理學原理等詳細知識。他們也可以到聚集於伊拉克的納傑夫與卡爾巴拉、伊朗的庫姆與馬什哈德以及其他十二伊瑪目派盛行地區的**神學院**（hawzas），學習律法與其他伊斯蘭教知識。一五〇一年，十二伊瑪目派在伊朗成為國教，而在之後幾世紀，宗教學者階級發展成為龐大的神職團體。

臨時婚姻

一個充滿爭議性的法學議題區隔十二伊瑪目派與遜尼派以及主要什葉派團體伊斯瑪儀派與柴迪派，那就是臨時婚姻習俗：**穆塔**（mut‘a，享受）。遜尼派與什葉派都同意，最初穆罕默德就已准許穆斯林在長途旅行或軍事戰役時 [30]，延續這項古老的前伊斯蘭阿拉伯習俗。實行穆塔婚姻的男女需要簽訂一份特定時間內的短期合約。在這段時間內，男人可以與簽訂合約的這名女子有性行為。合約到期後兩人分開，按規定這女人會收到一份嫁妝或一筆錢。她的族人不會失去之前擁有她時的任何權利，他們倆在臨時婚姻中生下的孩子也歸母親與她的家人所有。

之後，根據遜尼教派的觀點，穆塔婚姻並沒有繼續沿用，那是因為男人無法在婚姻中獲得合法的後代。然而，十二伊瑪目派蒐集許多從先知家族系譜的伊瑪目而來的相關格言，其中明確准許穆塔婚姻，並且還有如何執行的規定。必須附帶說明的是，其他兩個主要什葉派

團體以及遜尼派都拒絕接受這種婚姻，斥之為「公開包庇賣淫」的行為[31]。

伊朗伊斯蘭共和國——
作為現代國家意識形態的什葉派十二伊瑪目派

伊朗是今日世界上唯一以什葉伊斯蘭作為國家意識形態的地方。一九七九年發生在伊朗的伊斯蘭革命，改變的不僅是政權。它開始什葉派十二伊瑪目派全新、活躍的歷史階段。何梅尼在長久流亡納傑夫之後回到伊朗掌權，他取消伊朗的君主政體，以**神權政治**（theocracy）取而代之。他發起的革命讓十二伊瑪目派軍事政權崛起，由什葉派宗教學者與**巴札力**（bazaris，店主階級）聯合起來的團體在背後支持。

在何梅尼統治下的伊朗新政府，基礎是嚴格解釋的什葉派伊斯蘭法。何梅尼在他最有名的書中[32]，討論過這個被稱做**伊斯蘭法學家託管**（vilayat-I faqih）的教條，它宣稱穆斯林宗教學者不僅掌握宗教權，也擁有政治主權。人民必須隨時隨地遵守這個教條，才是服從真主的表現。現在它已經成為新政府的基石。它強調伊斯蘭律法的重要性，這一點很清楚。但並不清楚的是何梅尼的教條指的是唯一一個學者（他自己）或伊朗所有資深的十二伊瑪目派宗教學者。但毋庸置疑的是，嚴格遵守十二伊瑪目派伊斯蘭律法，已經成為革命後伊朗政府的中心思想。然而，耐人尋味的是，何梅尼的「伊斯蘭法學家」

圖43:神職人員執政。阿亞圖拉何梅尼在伊朗受到群眾歡迎。一九七九年二月十九日。他是世界上最強大的神權國家——新成立的伊斯蘭伊朗共和國的總統。他首創 vilayat-I faqih 制度,可粗略譯為「伊斯蘭法學家託管」,作為等待自九四一年以來隱遁的第十二位伊瑪目回到世上之前的攝政統治。

（vilayat-i fuqaha'）沒有使用複數。當然了,這個詞可以有許多解釋,但比較可能的是,他認為這個字的意思是伊斯蘭法學由一位**伊斯蘭法學家**(faquih,也就是他自己)管理,這個人能確保以伊斯蘭法統治並帶領伊斯蘭國家,在這個國家中十二伊瑪目派神職人員將擔負行政、立法與司法的責任。

何梅尼掌權後的伊朗實施非常嚴格的統治,在外人眼裡看來表面的象徵符號常與伊斯蘭律法有關,也就是所有年齡的女人都必須穿戴**希賈布**(hijab)。當然,在何梅尼以魯西迪一九八九年出版的《魔

鬼詩篇》（見第二章，頁 64-65）一書為由，在教令中下令追殺**薩爾曼·魯西迪**之後，「教令」這個字詞也傳遍全世界。從那時開始，一九七九年之後伊朗的什葉派神職人員早已不是鑽研法理學書籍的隱居學者，而是擅長利用網路傳播他們的律法觀點。許多阿亞圖拉都有自己的網站；聖城庫姆因而有了「伊朗 IT 首都」的稱號。

　　何梅尼對什葉伊斯蘭儀式沒有太大興趣。他個人並不主持阿舒拉慶典；事實上，他似乎不鼓勵人民展現虔誠態度或表達情緒，他相信真正重要的是伊斯蘭律法。他的繼任者阿里·胡塞因·哈梅內意（生於一九三九年）掌權後，這原則並沒有改變。然而，今日的伊朗，在計程車、汽車和卡車的擋風玻璃上都貼著阿里的像，此外還有阿里的海報與看板；眾人對阿里依舊非常崇敬。

今日什葉派

　　對各種不同穆斯林團體賦予教義稱謂時必須特別小心。十二伊瑪目派是什葉派人數最多的教派，現在我們如果聽到「什葉派」這個字詞，通常就是在說十二伊瑪目派。但今天的什葉派不僅止於十二伊瑪目派，還有柴迪派與伊斯瑪儀派；此外，如之前介紹過的，還有幾個較小的教派。從二〇一一年開始，原本鮮為人知的小教派之一阿拉維派由於敘利亞內戰，登上了報紙頭條。

　　遜尼派與什葉派之間的最主要的分歧點，來自對於誰應該領導穆斯林社群有不同的解釋。不過，什葉派往往在從大的教派分裂出的

過程中，逐漸形成他們自己不同的救贖歷史、在伊斯蘭曆上的重要日期、屬於自己的紀念儀式、自己的聖地、自己的穆罕默德格言典籍（聖訓）以及自己的一套伊斯蘭律法。

被問及什葉派與遜尼派的差異何在時，許多非穆斯林的答案往往極其模糊又不精確。這種知識的貧乏也蔓延至政府單位；二〇〇六年傑夫・史坦在《紐約時報》所寫的一篇文章，暴露出華盛頓高層人員對在這主題上自大又事不關己的程度有多麼驚人[33]。在此只要引用史坦提出的某個例子就能明白：某位共和黨員擔任眾議院情報小組委員會主席，負責監控中情局招募穆斯林間諜的績效與分析情資，記者詢問她是否知道遜尼派與什葉派之間的差異。當被問及她是否知道**蓋達組織**（al-Qa'ida's）的領導者是哪個教派分支時，她回答：「蓋達組織是最激進的那個，所以我認為他們是遜尼派……我也可能說錯，但我想應該是對的吧。」這一類「宗教文盲」是今天最主要的問題，尤其這種現象是出現在強權國家。

傳統上什葉派教徒在反抗暴君與那些剝削貧民的人時，總是將自己視為世界上成千上萬被壓迫、社會地位低下民眾的支持者。胡笙的故事正是如此，他象徵受苦受難、希望起而抗暴的人民。參加什葉派慶典的教徒意識到過去祖先們不時忍受的迫害，以及他們與遜尼派在世界上某些飽受戰爭摧殘的地方持續的緊張關係，這些都使得慶典中的情緒更加強烈。

今日的伊斯蘭教什葉派是一種全球現象，它的多樣性，現在是、將來也一直會是這個教派活力的來源。什葉派教徒不只居住在穆斯林人口占多數的中東國家，也住在世界各個不同地區，因此在各地保留

自己的特性與慣例。政治動盪與經濟問題造成大量人口遷移，什葉派社群也因而遍布各地，如洛杉磯、多倫多與倫敦等。然而，拜網路與媒體之賜，各地什葉派教徒可以輕易與彼此溝通。遷居外地的移民依舊與家鄉保持聯繫，尤其是他們會求助於**瑪拉吉**（maraji‘，中東什葉派伊斯蘭律法的最高權威人士），指導遠在他鄉的教徒如何在非穆斯林占絕大多數的異地生活[34]。

在早年教派衝突之後，許多世紀以來遜尼派與什葉派在中東共同過著相對和平共處的生活，然而二十一世紀初阿拉伯之春後的餘波盪漾，又挑起這兩個團體之間的敵意，以至於兩派和平與宗教和諧往往顯得遙遙無期。然而，長遠來看，並且將全世界穆斯林視為一個整體，顯然什葉派與遜尼派結合的因素遠大於分離。我們因此有了充分的理由冀望未來。

選讀書目

Daftary, Farhad, *A Short History of the Isma'ilis*, Edinburgh: Edinburgh University Press, 1998

Halm, Heinz, *Shi'ism*, Edinburgh: Edinburgh University Press, 2004

Madelung, Wilferd, *Arabic Texts Concerning the History of the Zaydi Imams: Tabaristan, Daylaman and Gilan*, Wiesbaden: Franz Steiner, 1987

Shaykh al-Mufid, *Kitab al-irshad* (*The Book of Guidance*), trans. I. K. A. Howard, Horsham: The Muhammadi Trust, 1981

Newman, Andrew, *Twelver Shiism: Unity and Diversity in the Life of Islam, 632 to 1722*, Edinburgh: Edinburgh University Press, 2013

第七章
思想

這是藉由列舉論點與駁斥疑慮證明宗教教義真相而建立的一門科學。

—— 波斯學者伊吉讚美伊斯蘭神學之美[1]

有一類人相信,由於他們有更高的智慧與更深刻的見解,因此高人一等。他們已經放棄所有伊斯蘭教要求信徒達到的職責。

—— 嘎札里筆下的伊斯蘭哲學家[2]

　　沒有一本從歷史角度談論**伊斯蘭**社會與文化的書籍,能忽略**穆斯林**在神學、哲學與政治思想上的貢獻。在伊斯蘭教種種宗教知識的分支中,伊斯蘭律法無疑占有傲人的地位(見第五章)。然而,伊斯蘭神學與哲學在許多方面也對於伊斯蘭信仰的演變功不可沒。中世紀穆斯林神學家在**哈里發**與**蘇丹**宮廷中辯論核心神學概念;他們撰寫的神學論文,有助於確立關鍵信條的最終形式。雖然伊斯蘭哲學大都由知識菁英份子保存,穆斯林思想家的努力,還是足以讓他們的部分作品進入西班牙托雷多翻譯宮的學術圈內,被譯為拉丁文,之後在中世紀

歐洲基督教世界廣為流傳。穆斯林哲學家如**伊本－西那**（九八○至一○三七年）與**伊本－魯胥德**（一一二六至九八年）都有歐洲名字，分別是阿維森納與阿威羅伊。即便如在歐洲被稱為「加札勒」的**嘎札里**（一○五八至一一一一年），以及將伊斯蘭哲學視為危險知識領域的**伊本－泰米葉**（一二六三至一三二八年）等哲學家，也都學會如何使用邏輯哲學論證工具，以便對其進行攻擊。至於一些最優秀的穆斯林知識份子都曾加以闡述的伊斯蘭政治思想，從以前到現在都一直是學者辯論的關鍵領域，它對於穆斯林社會的統治方式有著深遠的影響。本章將分別檢視伊斯蘭神學與哲學發展，不過在中世紀大部分時期，兩者著重的內容與專注的焦點已有所重疊。接著，我們再探討伊斯蘭政治思想。

伊斯蘭神學

穆斯林將**穆罕默德**視為領受真主啟示的先知。他並不是一位留下審慎論證神學架構的有系統的思想家。他傳達給信徒的基本訊息，是超自然的一神是全能的，人類必須服從祂。然而，穆罕默德去世時留下的小規模社群發展成龐大帝國，被伊斯蘭征服的國家有著不同的宗教與文化，穆斯林必須回答非穆斯林所提出的伊斯蘭教教義問題，而有些問題穆斯林自己也覺得有詢問的必要。

在伊斯蘭教中，一般以**卡拉姆**（kalam）這個字詞代表「神學」，它的字面意思是「演說」。這用法強調了一項事實，那就是在

伊斯蘭教早期，討論神學通常是以口說方式進行。「辯證法」這個詞——藉由理性辯論解決爭議的方式，源自於希臘哲學家**亞里斯多德**（Aristotle）——又在卡拉姆的意義之上增添了一層細微的差異。參與此種對話的學者，往往激烈辯論與信仰有關的核心議題。尤其在第七與第八世紀的敘利亞，穆斯林學者必須與其他宗教的教徒公開辯論，例如猶太教徒與基督教徒，以維護新的信仰。必須注意的是，盤據伊斯蘭神學家心頭的許多神學議題——例如真主的本質、邪惡以及人類自由意志與宿命等——也是猶太教與基督教思想家關注的問題。然而，在伊斯蘭教出現後的新問題是，穆斯林宣稱伊斯蘭教的啟示可以取代他們認為猶太教與基督教經典中不足之處。伊斯蘭是最後的一神論啟示，而穆罕默德是「**先知的封印**」，他之後再也沒有其他先知。對於另外兩種根基穩固的一神教信徒而言，這是十分大膽的說法。

伊斯蘭神學應該是在七世紀後半的敘利亞**伍麥亞朝**（六六一至七五〇年）逐漸形成，並且在七五〇年之後的伊拉克**阿拔斯朝**統治下發展得更完整。與當時已成為新穆斯林帝國成員的東部基督教徒，以及伊朗的**瑣羅亞斯德教**與**摩尼教**（Manichaeism）學者接觸後，穆斯林的討論與辯證技巧更為精進。猶太教、基督教、瑣羅亞斯德教與摩尼教思想家早已琢磨過神的本質、預選說與自由意志等神學問題，現在穆斯林學者也開始面對。這些學者覺得，一方面為了對抗外界帶有敵意的批評、替新信仰辯護，一方面也為了能清楚擬定屬於穆斯林的「正確」答案，他們必須針對這些議題，提出獨特的伊斯蘭觀點。穆斯林與基督徒面對面的神學辯論，在大馬士革與巴格達的哈里發王朝宮廷中舉行。曾經短暫在大馬士革伍麥亞朝的哈里發宮廷擔任稅務官

圖 44：充滿神性之處。大清真寺，敘利亞大馬士革，建於七一五年。它
先是阿拉姆人暴風雨神神殿以及邱彼特神殿，之後又是獻給聖約翰的神
殿。這座聖殿的三個中殿、山牆立面與中庭，都是長久以來的基督教教堂
建築元素，但現在卻意想不到地改頭換面，滿足新來的穆斯林座向為南北
向以及不同聖餐禮的需求。

的基督教神學家**大馬士革的約翰**（六七六至七四九年），寫下一本著
作，名為《基督教徒與薩拉森人的辯論》；設定出基督徒與穆斯林談
話時可能遇到的爭辯，並建議他們應該以什麼答案說服對方。根據記
載，基督教東方教會的主教提摩西，七八一年也曾經在巴格達參與一
場這類教義辯論。

　　然而，還有其他伊斯蘭內部的神學議題，例如誰有資格成為伊斯
蘭社群的一員。因此，伊斯蘭神學訓練不但是在伊斯蘭不同教派之間

的辯論，也在與其他宗教的辯論過程中，逐漸成形。

　　宗教學者確認哪些是重要的教義，並將他們眼中哪些是伊斯蘭正統教義、哪些又是異端的判斷，傳給後世。鑽研穆斯林律法與聖典的學者明白，先知在某一條**聖訓**中說過，猶太教徒分為七十一或七十二個教派，基督教徒也是。穆罕默德強調自身信仰的無條件與團結一致的本質，並且說：「我的社群將會分為七十三個教派。」[3] 其他聖訓則是宣稱，先知說在這七十三個教派中，除了其中一個以外，另外七十二個教派都會被打入地獄。

早期穆斯林神學團體

　　嘎迪里道團（Qadariyya）是出現在八世紀的一群伊斯蘭思想家。他們主張人類有自由意志。在他們看來，如果人類沒有為自己做決定的能力，真主不會強迫人類行善。第二個叫做**賈布里**（Jabriyya）的團體則持完全相反的意見，也就是人類對自己所作所為沒有選擇權。這兩個團體都很快就消失了，但它們的存在引發一些有關真主以及祂和人類是何種關係的有趣神學議題。

　　另一個曾經受到嘎迪里道團影響的神學團體地位重要得多，那就是**理性主義學派**（Mu'tazila）。他們自稱為「正義與**認主**（即相信神的獨一性）之人」。他們的目的是替穆斯林形而上學教義創造合適的體系。特別是他們認為，正義的真主必定讓人類擁有自由意志，否則真主所懲罰的人類行為，就變成是祂自己預先制定出的行為。

　　理性主義學派之所以出名，是由於它的「**古蘭經**乃創造而來」教

義，而與他們同時代的大多數學派都認為古蘭經與真主永存，因此是不能被創造的。八二七年，學識豐富的阿拔斯朝哈里發**瑪蒙**（七八六至八三三年）邁出史無前例的一步，他頒布一條法令，宣布理性主義學派的古蘭經是創造而來的教義，今後將成為**遜尼派**阿拔斯朝的官方教義，它必須對所有穆斯林都有約束力。他下令每一位穆斯林法官（**卡迪**）都要接受這條教義，並且告訴他們他會檢驗他們的觀點。只要拒絕接受檢驗，或反對這條教義，就有可能被處死。這次事件被稱為「**文字獄**」（qadis，這個字詞的本義是「檢驗」或「審訊」）。

　　古蘭經乃創造而來的教義，遭到地位崇高的**伊本－漢巴勒**（七八〇至八五五年）反對，他是一位痛恨神學的保守宗教學者，他相信伊斯蘭的真理並不存在於理性思考，而在於追隨由伊斯蘭早期虔誠祖先傳遞下來的傳統（**漢巴里**律法詳見第五章，頁 161-62）。遭到哈里發官員質問時，伊本－漢巴勒拒絕妥協，因此數度入獄。瑪蒙在帝國強行頒布這個極為不得人心的教義，他的嘗試也很快告終，而且看在穆斯林大眾眼裡，此事對神學家聲譽沒有幫助。不久之後，哈里發穆塔瓦基勒就在八五〇年廢止了這項命令，宣布官方教義應是古蘭經並非由人創造而來。對一般信徒來說，理性主義學派迂迴的辯證看來就像是神學上的吹毛求疵，毫無意義。伊本－漢巴勒以「**沒有〔詢問〕如何？**」（bila kayfa）的學說，帶頭回到安全的道路上。換句話說，信徒不該質疑那些人類理解範圍以外的事。理性主義學派是第一個出現的伊斯蘭正式神學學派，但它持續的時間不長，且與一般傳統穆斯林學者以及信徒的關係疏離。

圖45：以文字為圖像。「乳母的古蘭經」，對開羊皮紙（突尼西亞，一○二○年）；每一大頁（45×29公分）有五行，有時候每行只有一個字。抹刀般厚重的形體，與剃刀般清瘦的斜角成對比，創造出動態的字體，散發出一股難以抗拒的巨大力量，橫越頁面。熟悉的文字以特殊方式呈現，因此必須緩慢解讀，有助於閱讀時的沉思。

阿胥阿里與其繼承人

　　真正使伊斯蘭神學成為與古蘭經、聖訓與律法平起平坐的宗教學完整支系的創始人是**阿布－哈珊·阿胥阿里**（八七三至九三五年）。他一開始是理性主義學派的門徒，但似乎很快就加入傳統遜尼派陣營，不過他將理性主義學派習得的方法學帶入傳統神學。他的教義立場具有所謂調和神學的特徵。例如，針對自由意志與宿命這兩種截然不同的觀點，他提出折衷的解決之道：真主預先制定人類的行為，但在行事之前，人類要「學習」替這些行為負起責任。阿胥阿里與他的同伴

也主張，面對古蘭經擬人化的用法，提到真主的臉與手，或其他類似例子時，教徒應該單純接受，「而不要具體指出是怎麼一回事」[4]。

阿胥阿里的神學信條流傳到現在。它的目的是提出真正的遜尼派穆斯林信仰，它也很完善地總結了和他同時代與許久之後的遜尼派教條基礎。正如賦予基督教核心信仰的早期基督教經典《使徒信經》，阿胥阿里列出的冗長信條也彌補遜尼伊斯蘭信仰的不足。它的開頭是：

> 以下總結傳述與慣例追隨者的觀點。
>
> 他們公開宣稱信奉真主與祂的天使，祂的典籍與祂的使者，這些都是來自真主，是值得篤信的（權威），由真主的使徒——願真主祝福他，賜與他和平——原原本本傳遞給世人。他們承認全能的真主是唯一的主，獨一無二且永恆，萬物非主唯有真主，祂沒有同伴也沒有孩子，穆罕默德是祂的僕人與使者；天堂與地獄之火是真實的，最後審判必將來臨，真主會讓墳墓中的死者復活。

阿胥阿里一開始就強調相信真主、祂的天使、祂的典籍、祂的使者。古蘭經中有許多處都提到天使，例如 35:1：「一切讚頌，全歸真主——天地的創造者！他使每個天神具有兩翼，或三翼，或四翼。」因此，我們看到真主創造了天使。有時候天使是有名字的：有些是猶太人和基督徒也熟悉的名字，例如**加百列**（吉卜利里）或麥可（米迦勒），還有其他較不為人知的天使，例如在巴比倫教導人類魔術的墮

圖 **46**：**號角響起**。卡茲維尼，
《造物主的奇蹟》（伊拉克巴格
達，十四世紀晚期）。穆斯林特
別尊崇加百列，說他是「天使中
的孔雀」；他帶來第一次古蘭經
啟示（第 96 章）。天使翅膀末
端的龍頭借自黃道十二宮的第九
個星座，射手座。他的號角突出
於頁面外，因此表示在我們的世
界也聽得到。

天使哈魯特和馬魯特[5]，在古蘭經中某一段（2:102）譴責所羅門王時
代的猶太異教徒追隨魔鬼教誨時，曾經提到這兩個天使一次。最重要
的是，古蘭經宣稱真主的天使與使者都站在祂那邊：「凡仇視真主、
眾天神、眾使者，以及吉卜利里和米卡里的，須知真主是仇視不信道
的人們的。」（2:98）這冗長的信條相當強調唯一的真主以及終究到
來的真主最後審判。信條中接著清楚聲明「古蘭經是真主的話語，無
法被人類創造」[6]。

　　繼承阿胥阿里學說的學者，特別是十一世紀的朱維尼與比他更出
名的門徒嘎札里（亦見第八章，頁 268-69），將亞里斯多德闡述的邏

輯推論工具帶入伊斯蘭神學中，提供嚴謹與理性的知識支持神學。正如同十三世紀聖多瑪斯・阿達那對基督教神學的貢獻，事實上在中世紀嘎札里有時被稱為「穆斯林的阿達那」。不過，與其說朱維尼和嘎札里是神學家，不如說他們是律法學家。這時候的神學已經過了顛峰期。在嘎札里看來，宗教研究在不同領域中的多元性是很自然的事，其他中世紀穆斯林學者也這麼認為。他在最後一本叫做《限制平民研究神學》的書中，傳遞一個很有力的訊息[7]。書中主張沉浸在這危險的學問中，對大多數人而言有害無益。

神學研究就這樣持續下去進入中世紀晚期，然而如十四世紀學者塔夫塔薩尼與其他人的作品，大多數都局限在替前人做注解，而不是在這個主題中另闢蹊徑。

伊斯蘭神學主要學說

穆斯林神學家的核心學說顯然就是絕不妥協的一神論 —— 神的唯一性（認主）。真主的超然性，不但排除祂屬於三位一體其中一位（基督教三位一體）的概念，也排除祂是屬於兩個基本原則之一的概念，例如古代伊朗宗教瑣羅亞斯德教與摩尼教的基礎概念 —— 上帝與撒但、善與惡的二元性。

雖然伊斯蘭教時常強調真主的獨一性，在古蘭經中尤其明確（第112章），然而真主卻以不同的詞彙出現。伊斯蘭神學學說之一是「真主的美麗名字」。古蘭經中有四章提到真主「最美麗的名字」[8]。例如 20:8 宣稱：「除真主外，絕無應受崇拜者，他有許多最美的名

號。」穆斯林的念珠有九十九顆珠子，私下用念珠禱告時，他們會複誦真主的九十九個名字，雖然除此之外祂還有其他名字；有更多名字是人類所不知的[9]。嘎札里針對這些名字寫過一篇論文，其中他試圖解釋名字的意義，無論它們是否出現在古蘭經，或只是在其中暗指真主。這些名字包括「有同情心的」、「強大的」、「高貴的」與「最神聖的」。

另一個學說是穆罕默德被賦予「先知的封印」的稱號，這表示他是真主派到世上宣傳啟示的接連幾位先知中最後一位。古蘭經第33章中提到穆罕默德之前的幾位重要先知：「我與眾先知訂約，與你〔穆罕默德〕和努哈〔諾亞〕、**易蔔拉欣〔亞伯拉罕〕**、**穆薩〔摩西〕**、**麥爾彥〔馬利亞〕**之子**爾撒〔耶穌〕**訂約，我與他們訂莊嚴的盟約。」（33:7）然而，穆罕默德不只是這高貴的先知行列中的其中一位先知，他是最後一位先知。如33:40所宣告：「〔他〕是真主的使者，和眾先知的封印。」

伊札立（I'jaz，「古蘭經的奇蹟」）是伊斯蘭信仰的核心，意思是人類永遠無法模仿古蘭經無可比擬的語言。中世紀早期阿胥阿里派神學家巴基立阿尼有一本經典著作，主題就是古蘭經的不可模仿性。在古蘭經中（2:23；10:38；11:13）真主挑戰那些認為啟示是由穆罕默德示下、可以藉由模仿創造出可比擬古蘭經經文章句的那些人，因此2:23宣稱：「如果你們懷疑我所降示給我的僕人的經典，那末，你們試擬作一章，並捨真主而祈禱你們的見證，如果你們是誠實的。」11:13節說得更直接：「難道他們說他捏造經典嗎？你說：『你們試擬作十章吧。你們應當捨真主而祈禱你們所能祈禱的，倘若你們

是誠實的人。』」

　　穆罕默德自稱先知，這是真主的奇蹟，也是讓他的對手無話可說
的理由[10]。早期穆斯林用「**不識字的先知**」這個詞來形容穆罕默德，
這表示他不會讀寫，因此加強了啟示的奇蹟性[11]。

　　真主與先知的本質以及古蘭經是否是人為創造物等議題，對現代
人來說可能是不明就裡或甚至不可思議，然而在伊斯蘭歷史中的特
定時刻，卻是帶有政治意涵的迫切問題。在基督教發展早期，各種團
體也曾經爭論過耶穌的本質，與統治者持不同看法的人，隨時準備赴
死。伊斯蘭教的情形也相同。

伊斯蘭哲學

　　阿拉伯文裡用 falsafa 這個字來指哲學。它是借自希臘字
philosophia，因為阿拉伯文裡沒有合適的字。這個字總結了穆斯林律
法學家在接受哲學成為宗教學的一個正統且恰當的研究領域時，所經
歷到的困難。

　　在阿拔斯朝哈里發瑪蒙統治時期（八一三至三三年），他在巴格
達建立**智慧宮**（Dar al-hikma）。這是一個翻譯中心，它帶動了大批
翻譯活動，並讓巴格達聲名大噪。蓋倫、戴奧科里斯、歐幾里德、阿
基米德與托勒密，以及其他許多人寫作的重要的希臘經典，還有西方
哲學奠定者**柏拉圖**（Plato）與亞里斯多德，都從希臘文被譯為阿拉伯
文，而且往往是透過古敘利亞語為媒介。中古波斯語、古敘利亞語和

圖47：**全球醫學**。人被感染狂犬病的狗咬。戴奧科里斯，《藥物論》，阿拉伯文譯本（伊拉克或敘利亞，一二二四年）。這本書是上古晚期標準的藥學手冊，在伊斯蘭世界有大量抄本，並且增加許多來自阿拉伯與波斯傳統，以及其他資料如以梵文描述的印度醫學等內容。

圖48：**從希臘文到阿拉伯文**。專題討論，穆巴席爾，《最好的格言》（敘利亞，十三世紀早期）。一位包頭巾的亞里斯多德，時代錯誤地展示一個星盤，顯然讓他的學生感到錯亂。約八三〇年由阿拔斯朝哈里發瑪蒙在巴格達創立的「智慧宮」，成員為聲譽卓著的知識份子，藉由阿拉伯文翻譯替後代保留希臘學說，也替歐洲文藝復興奠定基礎。

梵文也都被翻譯成阿拉伯文。藉由翻譯，穆斯林宗教學者開始接觸古典希臘哲學發展出的概念。這些阿拉伯文譯本之後也在西班牙被譯為拉丁文，並逐漸流傳到歐洲其他地方。歐洲偉大文藝復興思想家，就這樣在西方歷史上最有影響力的時刻之一，認識了大多數穆斯林不太有興趣的重要古典希臘時期的作者。

從七五〇年以降，伊斯蘭哲學就已出現，成為宗教學的一個分支。九世紀被喻為「阿拉伯的哲學家」的肯迪，以及十世紀在歐洲被稱做阿爾法拉比烏斯或阿芳納薩爾的**法拉比**（al-Farabi）等學者，都將自己看作是亞里斯多德的學生，但在穆斯林世界中，他們的影響力通常局限於與他們志趣相投的一小群人。

然而，對哲學有興趣的學者，並不僅限於少數專家。例如一位巴格達宮廷的官員伊本－密斯凱維，寫了一本名為《阿拔斯哈里發朝的日月蝕》的通史，他的倫理學著作《倫理學修正》也很有名，主要是以柏拉圖與亞里斯多德的哲學概念為基礎。

新柏拉圖主義的影響

對伊斯蘭哲學發展更重要的就是**新柏拉圖學派**（Neoplatonic）思潮的影響。這個運動的主要人物是三世紀埃及哲學家普羅提諾。有一份文件對穆斯林哲學家來說非常關鍵，那就是據說由亞里斯多德寫的《亞里斯多德神學》，它其實是由普羅提諾最重要的作品《九章集》其中一部分的釋義所組成。新柏拉圖主義摒棄神在某一特定時刻創造了宇宙的概念。它主張的是神──「太一」──持續「流溢」的概

念，神在祂下方依照階級分層傾注出萬物。「流溢」的展開不受「太一」任何影響。太一下方是「神聖心智」，接著是「世界靈魂」。再來創造出人類靈魂，最後是物質自身。

最偉大的穆斯林新柏拉圖哲學的闡述者是伊本－西那，他在中世紀歐洲被稱做阿維森納。他精通各個學問，尤其是醫學；歐洲一直到十七世紀為止，都還採用他最著名的醫學著作《治療論》與《醫典》作為教科書。然而，事後看來將新柏拉圖哲學的觀念移植到一個認為神在某個時刻創造世界的啟示宗教——伊斯蘭教——之上，是相當困難的舉動。理所當然，這些新柏拉圖主義哲學家，遭到傳統穆斯林學者強烈抨擊。

雖然許多將伊斯蘭哲學融入宗教學中的嘗試都告失敗，伊斯蘭哲學確實對中世紀穆斯林學者造成影響。例如其中最有名的學者嘎札里為了駁斥哲學本身的主張，就採用亞里斯多德邏輯的方法。他甚至還寫了一本書，名為《哲學家的矛盾》。而遠在西班牙，歐洲人稱他為阿威羅伊的伊本－魯胥德，則寫下《矛盾的矛盾》，尖刻而機智地回應嘎札里的著作。

諷刺的是，穆斯林神學家的觀念在學術圈之外沒什麼影響力，然而穆斯林哲學家雖然被正統遜尼教派學者擯斥或輕忽，卻在中世紀歐洲的基督教世界受到重視。在穆斯林世界中，伊斯蘭哲學家在中世紀晚期的什葉派圈子裡受到較好的待遇。在「**蘇非學理**」，也就是可以解釋為「哲學的**蘇非主義**」[12] 一詞之下，哲學在伊朗被納入神祕主義的傳統。這在伊斯法罕的**穆拉・薩德拉**（一五七二至一六四〇年）的宇宙論思想中尤其重要。受到蘇非作家**蘇赫拉瓦爾迪**（一一五五至

九一年，見第八章，頁 273-74）的**照明論**（Illuminationist）影響，穆拉‧薩德拉的作品融合了什葉派信仰、哲學與蘇非主義。這種情形與同一時期信奉遜尼派伊斯蘭的國家中哲學停滯不前的狀況，形成強烈對比。

政治思想

　　穆斯林學者也對其他哲學分支感興趣。伊斯蘭律法書籍中會處理許多實用倫理學（見第五章）。在政治哲學的領域中，有「第二名老師」（第一名老師是亞里斯多德）之稱的法拉比（八七二至九五〇年）寫了一本很有趣的書，內容是關於理想城市：《美德城市市民觀點書信集》。這本書要歸功於柏拉圖的同一主題作品《理想國》。這個理想的城市中有不同的社會階級。正如人體中四肢與其他部位各司其職，而頭部負責指揮，控制全身；理想城市也是像一個緊密交織的整體在運作，每一個組成份子都在社會中正確的位置。如此一來，所有市民才能獲得快樂。法拉比在另一本談論治國才能的作品中主張，正如真主治理世界，身為最完美的人類，哲學家也應該治理國家。基本上這就是柏拉圖的「哲學王」。至於形而上學的議題，法拉比依賴新柏拉圖主義概念，從古蘭經用語發展出阿拉伯哲學術語。法拉比的哲學術語被譯為拉丁文，由聖多瑪斯‧阿達那改編後使用。

　　另一個政治思想文類是**君王寶鑑**（Mirrors for Princes），從一開始就在中世紀哈里發以及國君的宮廷內流行，正如中世紀歐洲普遍流

傳的馬基維利著名的政治論文集《君王論》等這類書籍。從穆斯林所著《君王寶鑑》這一類著作中可看出穆斯林普遍關注公正的政府與君主的本質問題。這些書籍的作者是哲學家、國家大臣與法學家，還有為了對兒子與其他繼承人提出忠告的統治者。

遜尼派哈里發

在常被討論且關鍵的遜尼派哈里發制度問題上，政治哲學與律法間的界線模糊不清。這個宗教統治者制度憑藉的是繼承人（**哈里發**）概念，這一系列繼承人系譜可以追溯至六三二年，這一年穆罕默德去世，但沒有指定繼承人（見第六章，頁 190-91）。在這事件中，他的朋友兼岳父**阿布－巴克爾**被選為第一任哈里發，這場由**伊本－希夏姆**（卒於八三三年）在《先知傳》中記錄的就職演說，是穆斯林驕傲的記憶：「只要我服從真主與祂的先知，你們就要服從我。如果我不服從真主與祂的先知，你們就不必服從我。」[13]

哈里發這個字詞指的是統領所有信徒組成的社群整體。哈里發的職責是實施**伊斯蘭法**，保護信仰，防禦穆斯林領土邊界。遜尼派哈里發是伊斯蘭法的代表，肩負實施與捍衛它的責任。然而，哈里發並非凌駕於伊斯蘭法之上，他自己也必須和其他人一樣遵守伊斯蘭法。

從九世紀後半葉開始，首都位於巴格達的遜尼派哈里發在落入自己的土耳其護衛之手後，喪失政權。之後他們被波斯軍事組織控制，接著又遭到中亞來的游牧土耳其人入侵。然而，一直到一二五八年蒙

圖 49：象徵的語言。伍麥亞朝金幣第納爾，可能於大馬士革鑄造，約六九四年。這枚硬幣上是一個站姿人像，或許是哈里發阿布杜－瑪立克。人像以正面呈現，他的劍橫在身體前方，顯示此人的權力。硬幣邊緣刻著穆斯林清真言。

古人征服巴格達，殺害哈里發，結束了遜尼派阿拔斯朝之前，雖然哈里發必須聽命於世俗統治者與一群獨立的宗教學者，他卻還是宗教－律法的最終權威，也依舊是一位重要的精神領袖，象徵遜尼派穆斯林社群團結一致。軍事統治者篡奪的權力必須由哈里發予以合法化。此外，他也會主持重要的儀式，例如接待外國大使。

在八世紀時，也就是阿拔斯朝初期，穆斯林開始熱烈討論哈里發國的本質與特性。哈里發是否如什葉派教徒所認為的，是地位最高、最具領袖魅力、在社群中制定律法，以及在教義與律法上有絕對正確性的人物？或者他必須聽從律法學家共同的意見，因此他也必須和其他人一樣，遵守古蘭經與先知聖行（見第六章，頁 192）？實際情況是，政治現實使得王朝的政策由控制哈里發者決定；有些阿拔斯朝哈里發甚至被自己的軍隊謀殺，後者迅速推舉其他家庭成員登上王位。一二五八年巴格達陷落後，**瑪姆魯克**蘇丹貝巴爾斯（於一二六〇至七七年統治埃及）顯然不願意將尊貴的哈里發職位拱手讓人，因此他在開羅為遜尼派哈里發職位成立新的基地，完全由瑪姆魯克朝控制。

一五一七年，**鄂圖曼**帝國征服埃及和敘利亞之後，土耳其人接下責任，哈里發國再次更換地點，這次遷到伊斯坦堡。鄂圖曼帝國一直保留這個或多或少還有合法基礎的職位，直到一九二四年新土耳其共和國總統**凱末爾**（一八八一至一九三八年）徹底廢止哈里發一職，結束了這個自六三二年以來，大多時候在穆斯林心目中占重要地位的制度。

就在凱末爾廢止哈里發的前一年，也就是一九二三年，敘利亞穆斯林改革者**穆罕默德・拉胥德・里達**（一八六五至一九三五年）寫了一篇論述哈里發的文章，名為〈哈里發職或至高無上的伊瑪目職？〉。他譴責穆斯林宗教學者扭曲哈里發職位的腐敗行徑，在他看來廢止這一崇高的制度會造成巨大傷害，因為穆斯林世界從此將失去核心代表人物。他持續支持哈里發職位的概念；他相信現代的哈里發能夠為所有穆斯林解釋伊斯蘭教，並指導穆斯林政府統治現代穆斯林社會。

強行廢止哈里發職是一回事，然而從穆斯林心中抹去哈里發記憶又是另外一回事。二十世紀有許多穆斯林思想家曾經考慮替哈里發職換上現代新裝。穆斯林兄弟會（見頁 248）及其一個名為「解放黨」的分支團體，希望能建立新的哈里發職位。這同樣也是**賓－拉登**（一九五七至二〇一一年）的代理人艾曼・查瓦希里的目標，他在九一一事件之後寫道，除非能在「伊斯蘭世界中心地區」建立哈里發職位[14]，否則**蓋達組織**的攻擊「不過是一場擾亂行動」。蓋達組織將成立於二〇〇五年九月的常設網路廣播節目稱為《哈里發之聲》。許多立場溫和的穆斯林，也對哈里發無限緬懷，視為穆斯林社群團結一致的珍貴象徵；它讓穆斯林回想起穆罕默德與他的繼承人（四位正統

哈里發時代）那段最初的神聖時期。有些現代伊斯蘭思想家強調復興哈里發職位的必要性，以便在面臨新的逆境如伊斯蘭恐懼症與全球西方霸權時能團結一致，抵抗外侮。

伊斯蘭思想的現代趨勢

今日全世界穆斯林思想家都有清晰可辨的共同信仰和觀點，不過顯然他們之中也有很大差異。正如基督教與猶太教社群的情形，我們不能說穆斯林社群的某個運動或潮流比其他的更「虔誠」。以下我們將檢視這些現代穆斯林思想，並追溯其歷史背景。

基本教義派思想家

所謂「基本教義派」是伊斯蘭教中反覆出現的現象。數世紀以來的穆斯林社會運動，都具有某些核心特色。一看見社會中的墮落，傳播基本教義派的人就會藉此表達他們的關切；他們呼籲回到「源頭」，回到先知與他最親近的追隨者，包括最早的哈里發（統治時期從六三二到六六一年的四位正統哈里發）信奉伊斯蘭教的最初方式。穆斯林基本教義派主張，一些落實信仰的創新方式，例如由內部蘇非主義引發的不被接受的改變，以及像是外部的基督教（在中東）、印度教、佛教與**泛靈論**崇拜（比方在印尼與非洲），都汙染了真正的伊斯蘭教。穆斯林基本教義派譴責滲入穆斯林儀式的外界行為 —— 例如

圖50：流行的虔誠。在夏哈札達聖陵的女人（伊朗加茲溫）。造訪聖陵回應穆斯林社會普遍感受到的需求，尤其是時常以外顯情緒表達個人虔誠態度的什葉派教徒。因此，信徒對阿里與胡笙熱切地祈禱，以及更廣泛而言，向伊瑪目與其後代祈求個人需要。

造訪聖人陵墓的習俗，或向埋葬在這些陵墓中的聖人祈禱，甚至他們根本不贊同興建這些陵墓。先知被葬在樸實簡單、沒有標記的墳墓裡，因此他們覺得這才是所有穆斯林應該遵循的方式。

　　伊斯蘭基本教義派歷史上的一個重要時期，是敘利亞學者伊本－泰米葉在世時。他沒有反對自己也參與其中的蘇非主義，而是強烈不贊同宗教上的過度禁欲、過多的奇蹟與音樂。他對什葉派相當敵視。「**改革**」（islah）是基本教義派歷史上的關鍵字，它代表重建或復興

基本教義派心目中真正的伊斯蘭教。如果有必要，教徒必須以**小吉哈德**也就是以武力奮戰的方式達到目標（見第九章，頁299）。倡導唯一純粹伊斯蘭教的人稱做**薩拉菲主義者**（Salafis）。今天，他們以奮戰（**吉哈德**）向全世界極力宣揚這樣的觀點，同時也是抗議他們眼中的西方世俗主義、物質主義、政治壓迫與金錢腐敗。二十世紀末在阿富汗出現的**塔利班**，正是改革運動中一個相當極端的例子。

瓦哈比運動是在**穆罕默德・伊本－阿布杜－瓦哈卜**（一七〇三至九二年）領導之下興起於阿拉伯的運動，目的是為了淨化穆斯林社會。伊本－阿布杜－瓦哈卜極力反對蘇非主義與什葉派，希望回到以古蘭經與先知言行為唯一權威的狀態。他寫下一篇重要的宣言《獨一之書》，以激烈的口吻陳述一個人為何無法成為伊斯蘭社群成員的基本議題[15]。同時，在印度次大陸的神學家瓦利・阿沙拉也和伊本－阿布杜－瓦哈卜站在同一立場，只是他的措詞較不強硬。

穆斯林兄弟會由哈珊・班納於一九二八年創立於埃及；它傳遞的訊息是為了創造真正的伊斯蘭社會，必須回歸古蘭經與聖訓原則。目前穆斯林兄弟會在全世界都有分部。一九四八年，兄弟會中的某個武裝組織暗殺了埃及總理努格拉西，接著在一九四九年又暗殺了哈珊・班納。該團體立刻被迫轉入地下活動。從那時候開始，穆斯林兄弟會的角色在埃及與世界其他地方一直有相當影響力；從開始於二〇一〇年在許多阿拉伯國家發生的一波波政治抗議活動「阿拉伯之春」及其他類似事件中都可見其端倪。

圖51：塔利班民兵與坦克車
（阿富汗喀布爾，一九九五年）。值得注意的是，這張照片中沒有任何宗教標語，民兵也沒有穿制服。塔利班鼓勵民兵留鬍子，那是忠於信仰的外在標誌。「塔利班」的字面意義（是「學生」，在此專指「神學院學生」）因而顯得不恰當；然而，塔利班政府對阿富汗人民強制實行嚴格的伊斯蘭教義，從強迫婦女戴面紗到禁止聆聽音樂等等。

　　埃及思想家**薩義德·庫特布**（一九〇六至六六年）也倡議回到原始的伊斯蘭教，他主張建立一個伊斯蘭國，作為穆斯林社會典範。由於反對埃及總統賈麥勒·阿布杜－納瑟，庫特布於一九六六年被埃及政府處死。他曾經是穆斯林兄弟會的主要發言人。他在著名的古蘭經評論《古蘭經庇蔭下》一書中，詳述對西方物質主義的態度。他在書中極力主張伊斯蘭教是一種完美的生活體系，教徒應該在世上建立真主的律法，並且應該以它來作為管理真主人民的基礎。庫特布在美國住了兩年，對於他在那裡看到的生活方式十分不以為然。例如，他

將美國人享樂的情形描述為一種「神經質的興奮，動物性的歡樂」的形式[16]。庫特布大量對照埃及法老與摩西的差異。對他而言摩西是穆斯林統治者典範，而法老則是象徵想毀滅伊斯蘭教的暴君。

生於印度的**毛杜迪**（一九〇三至七九年）很年輕就開始當記者。一九三三年，他成為在印度海德拉巴發行的《古蘭經翻譯者》月刊編輯。一九四一年，他創立伊斯蘭黨。一九四七年，他移居剛建國的獨立國家巴基斯坦，希望能在當地建立新的伊斯蘭國。他在巴基斯坦參與伊斯蘭黨政治活動，並由於直言不諱而入獄。他最重要的著作是以簡明易懂的語言寫給一般人閱讀的烏爾都語古蘭經評注（亦見第九章，頁 323-24）。

近期一位很有影響力的瓦哈比運動人士，也就是沙烏地阿拉伯學者**阿布杜－阿齊茲·伊本－巴茲**（一九一〇至九九年），他擔任沙烏地阿拉伯官方的**穆夫提**，負責宣布伊斯蘭律法相關事務，布達**教令**（法定判斷）。伊本－阿布杜－瓦哈卜有另一篇名為〈使伊斯蘭教無效的事項〉的文章，網路上可找到它的阿拉伯文版與英文版，不過標題是〈使伊斯蘭教無效的十件事〉；這篇文章也被認為是出自伊本－巴茲之手[17]。文中他更新伊本－阿布杜－瓦哈卜的觀點，以迎合當今社會挑戰，對於什麼樣的人有資格被稱為穆斯林，或者只能算是異教徒的議題上，採取堅決的態度。該文章攻擊猶太人與基督徒，以及支持以色列的美國人與歐洲人。

現代化思想家

　　相對於伊斯蘭基本教義派的態度，有些穆斯林試圖勇敢面對並歡迎改變，並且在現代世界的背景下重新詮釋信仰的各個面向。這種態度在十九世紀逐漸形成，其中代表人物為**薩義德・阿赫瑪德・汗**（一八一七至九八年）、**賈邁勒丁・阿富汗尼**（一八三八至九七年）與**穆罕默德・阿布杜**（一八四九至一九〇五年）。以上人物的影響力相當廣泛，在此稍微詳細但還是儘可能精簡地介紹他們的生平事蹟。

1. 薩義德・阿赫瑪德・汗

　　他參與的議題是印度如何面對英國的統治，以及穆斯林在被殖民的家鄉該如何自處。他支持一八五七至五八年的印度民族起義；認為被英國統治比起被占多數的印度教徒統治，對印度伊斯蘭教更有利。他在阿里格爾創辦的神學院接受遜尼派與什葉派學生，也接受印度教徒；學院課程強調科學的重要性。他希望神學院畢業生有一天能成為印度境內獨立的穆斯林國領導者。薩義德・阿赫瑪德・汗認為有必要解放伊斯蘭律法，以回應現代社會需求。

2. 賈邁勒丁・阿富汗尼

　　被譽為伊斯蘭現代主義之父，是一位很有遠見的知識份子，他闡述**泛伊斯蘭主義**（Pan-Islamism）概念，作為統一與復興伊斯蘭世界的方式，對抗歐洲勢力愈來愈嚴重的入侵。他出生在阿富汗的阿薩達巴德，精通數種中東語言。他追求穆斯林社會的現代化，但同時又不

忽略伊斯蘭核心原則。在印度時，他學習薩義德‧阿赫瑪德‧汗的思想。伊朗國王與鄂圖曼蘇丹都找他當顧問。賈邁勒丁‧阿富汗尼是一位爭議性人物，不管到何處，都是直言不諱的公眾知識份子，他想要建立一個結合傳統伊斯蘭文化和現代西方科學與思想的穆斯林社會。在政治方面，他擁護泛伊斯蘭主義，試圖團結穆斯林以對抗西方帝國主義。他對埃及思想家如拉胥德‧里達（見頁245）與穆罕默德‧阿布杜影響甚鉅，然而他的著作相當少。一八八三年，他寫了一封信回應法國思想家歐內斯特‧勒南在巴黎的演講，信中指控伊斯蘭教是科學與哲學的阻礙。因此，顯然阿富汗尼同意勒南的說法，也就是所有宗教都表現出不寬容的態度，妨礙人追求科學與哲學。但是，他繼續說道：「我明白基督教早於伊斯蘭教數世紀，然而我禁不住盼望穆罕默德追隨者的社會，某一天能打破藩籬，繼西方社會的腳步，堅定地邁向文明之路。」[18]

3. 穆罕默德‧阿布杜

　　許多人認為他是十九世紀埃及在現代主義道路上最有影響力的學者。一八九七年，他當上埃及大穆夫提，並努力試圖發展理性原則，以便建立現代的穆斯林社會。他的著作《光塔經注》目的在讓每個穆斯林都看懂古蘭經；書名參照由門徒拉胥德‧里達編輯的期刊《光塔》。他希望《光塔經注》能成為摒除過去隱晦而炫學的一本古蘭經評注[19]。

4. 莫哈麥德·阿庫恩

最近，在法國受教育的柏柏爾阿爾及利亞現代主義者**莫哈麥德·阿庫恩**（一九二八至二〇一〇年）主張，穆斯林應該接受科學與歷史方法論，並將其整合到信仰中，重新加以詮釋。這種方法可能造成對宗教真相象徵性而非如實的字面解釋。他的觀點無關政治，而且他對於有太多穆斯林論述將焦點放在他稱之為意識形態宰制的狀況，深感遺憾。與其強調意識形態，個別穆斯林應該著重於古蘭經的精神力量，藉以轉化他們的生活[20]。

在過去一百五十年，從遙遠的西邊到印度，穆斯林思想家醞釀出種種知識活動、辯論與爭議。然而，所有人都有同樣迫切地渴望，盼望能在政治環境充滿挑戰的時代，找出一條新的信仰之路。拜容易取得的電子傳播方式之賜，這些辯論不僅會持續下去，在速度與數量上也將大為增加。

選讀書目

Adamson, Peter and Taylor, Richard C., *The Cambridge companion to Arabic Philosophy,* Cambridge: Cambridge University Press, 2005

Crone, Patricia, *Medieval Islamic Political Thought*, Edinburgh: Edinburgh University Press, 2004

Euben, Roxanne L., and Zaman, Muhammad Qasim (eds), *Princeton Readings in Islamist Thought. Texts and Contexts from al-Banna to Bin Laden*, Princeton, NJ: Princeton University Press, 2009

Griffel, Frank, *Al-Ghazali's Philosophical Theology,* New York: Oxford University Press, 2009

Leaman, Oliver and Rizvi, Sajjad, "The Developed Kalam tradition, "in Tim Winter (ed.), *The Cambridge Companion to Classical Islamic Theology,* Cambridge: Cambridge University Press, 2008, pp. 77-96

第八章
蘇非主義

在大地上對於篤信的人們，有許多跡象；在你們自身中也有
許多跡象，難道你們看不見嗎？

— 古蘭經 51:20, 21

伊斯蘭教給予這世界的神祕，並不亞於印度教或基督教。

— 甘地[1]

蘇非主義是**伊斯蘭教**內在而神祕的一面。要找出對神祕主義的圓滿定義相當困難，只要想這麼做，就會遭遇個人、直接而難以言喻的神祕經驗所帶來的無法克服的問題。唯有以極度象徵性詞語才有可能傳達神祕主義 —— 正如阿拉伯格言所說：「隱喻是一座通往終極真相的橋梁。」一般認為的神祕主義通常有兩種：就外在而言，它是人類靈魂在接近神時的道路或階梯；內在而言，它是人類內心深處尋找神的追尋之旅。當然，這兩種象徵性的說法是彼此相連的，它們只能表達不完整且無法以人類語言形容的最深邃靈性現實。

全世界所有主要信仰都有一些知名人物，他們曾經有直接親近無論是上帝、唯一的神、超自然或以其他名稱代表終極真相的經驗[2]。

關於神祕主義的敘述,在不同宗教中有某些相似處。然而,其中也有明顯的差異,由於神祕經驗深植於個別宗教傳統中,各有相關的儀式、觀念與倫理體系,在伊斯蘭教中被稱為蘇非主義(tasawwuf)的神祕傳統也不例外。

Tasawwuf 一般英譯為 "Sufism",它的字面意思是「成為一位蘇非行者」(Sufi)。這個字應該來自阿拉伯文的 suf(羊毛),原本指的是早期**穆斯林禁欲主義者**(ascetics)所穿的粗布羊毛服裝(棄絕世俗享樂的僧侶)³,不過 tasawwuf 後來演變為指稱伊斯蘭神祕主義的用詞。蘇非行者本身以「**通往神的道路**」(tariqa)作為象徵。在伊斯蘭思想中,「道路」的形象已經根深柢固,因為**伊斯蘭法**這個字被解釋為律法康莊大道,提供穆斯林日常生活各方面的規則。相對而言,tariqa 被視為一條狹路,信徒為了體驗神的終極真相,也可以踏上這條路。

伊斯蘭教早期就已存在神祕主義,有時它會遭遇困難、敵意與迫害。雖然許多偉大的穆斯林思想家其實也是蘇非行者,但在某些時刻,它被排除在伊斯蘭主要教義演變之外。最成功的伊斯蘭傳教士都是蘇非行者;他們的冒險足跡遍布阿拉伯、波斯以及說土耳其語的地方,從撒哈拉以南的非洲到印尼,在各處傳播伊斯蘭訊息。在中東中世紀晚期的各穆斯林王朝,例如**鄂圖曼帝國**,都相當喜愛蘇非主義,他們在宮廷中贊助蘇非領導者,並且在征戰中與蘇非行者旅行各處。最重要的是,對於那些無法理解宗教辯論中錯綜複雜的律法與神學的普通人而言,蘇非行者提供他們宗教上的主要慰藉。時至今日,有些穆斯林國家禁止蘇非主義,但它持續在其他國家活躍發展,也在近代

非穆斯林的西方國家中，獲得許多追隨者。

　　本章將探討蘇非主義如何興起，它在不同國家有哪些形式，它的重要觀念與實踐，以及蘇非神祕主義者與思想家的著作。

伊斯蘭教禁欲主義與神祕主義的開端

禁欲主義

　　伊斯蘭教中最初的冥想者大都為禁欲者，他們發現伊斯蘭社群集體儀式不能滿足他們的宗教需求。他們恐懼即將到來的**最後審判日**，因而迴避人世間的享樂，尋求個人確實的拯救。他們強烈感受到自己的罪惡，極其畏懼地獄之火。因此，他們在與世隔絕的地方禁食、禱告與冥想。這些人之中最有名的是宗教學者（**烏拉瑪**），他們認為在嚴格的個人虔誠與禁欲行為，以及在**清真寺**或甚至在**哈里發**宮廷內公開宣判伊斯蘭律法架構的演變，這兩者之間並無牴觸。

　　在八至十世紀間曾出現數十篇禁欲主義文章，它們著重於將先知**穆罕默德**以及**耶穌**視為典範，其中也提到穆罕默德**聖伴**值得仿效的生活，以及虔誠的八世紀**伍麥亞朝**哈里發歐瑪爾二世。這些禁欲主義者可以承受物質上嚴苛的考驗以及身體上的極端禁欲，但除非真主認為他們應該「見到祂」，否則他們在真主的面前還是「被蒙上面紗」。

　　在這些以早期穆斯林禁欲主義典範聞名、兼具傳奇性的歷史人物中，尤以**哈珊·巴斯里**（六四二至七二八年）最有影響力。身為禁欲主義者、法官與傳道者，他擁有崇高地位。中世紀穆斯林宗教文獻中

有許多關於他的虔誠軼事。出生於**麥地那**的巴斯里，曾經見過認識先知本人的一些人物，而在漫長的人生中，他曾經進行冥想、禁食與自制。他每天檢視自己的意識，並且勇於警告包括哈里發在內的穆斯林同伴關於世俗態度以及依戀世間財物帶來的危險性。如他所說：「對於這個世界應戒慎恐懼，因為它就像蛇，摸起來平滑，但有致死的毒液。」[4] 哈珊敏銳地察覺到，既然今世短暫，我們必須替來世（後世）做準備。他自己或許不是神祕主義者，但之後的蘇非行者卻將他視為他們的一份子，他們大量引用他雄辯的演說、布道與格言。在最受讚譽的布道中，他喚起一幅審判日的可怕畫面：「噢狼吞虎嚥的亞當之子……你們將獨自死去！你們將獨自進入墳墓！你們將獨自復活！你們將獨自接受審判！」[5]

發表此種布道內容的哈珊必須冒險觸怒哈里發，因為在這時代，許多人感到伍麥亞朝的統治已遠離最早期哈里發的虔誠信仰。

蘇非主義起源

許多人曾熱烈討論伊斯蘭神祕傳統的起源，已知的蘇非主義最開端，大都來自十世紀與之後保存在文字中的零碎證據。不過，很有可能，穆斯林在伊斯蘭教一開始就存在神祕經驗。在早期伊斯蘭教的某一時刻，禁欲活動在漫長的靈魂淨化過程中，逐漸形成初步階段，因此靈魂也可能知道並喜愛真主，即使在此生也能親近祂。

早幾代的某些西方學者，往往將蘇非主義視為受基督教影響之結果，尤其是敘利亞苦修主義[6]。但這看法已經被另外一個更正確的看

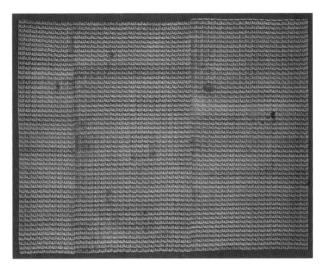

圖 52：編織的祈禱文。西非紡織品（十九世紀）。這塊布可能是穿在身上當作護身符，它反映出蘇非行者往往藉由不停重複一個單字（如這塊布上的「阿拉」）以表示虔誠；在這個例子中，一個字重複了兩千三百九十七次。基督徒與佛教徒也有很類似的行為，目的同樣是靜思。

法取代，也就是主張伊斯蘭一開始就存在神祕主義這個部分[7]；從先知在希拉洞穴中的靈性經驗以降，神祕主義就是穆斯林宗教經驗中完整的一部分。因此，蘇非主義並不是從外移植到伊斯蘭教之中。在六三二年之後，穆斯林接管阿拉伯邊界往西北邊一些之前信奉基督教的國家，而且他們或許已經在模仿敘利亞沙漠基督教僧侶的外在行為，例如穿上羊毛外衣，以及模仿他們進行禁欲。

正如東方基督教徒唸誦「耶穌禱文」，也就是一次又一次複誦耶穌之名，早期蘇非行者也以類似逐漸加強的重複宗教崇拜，說出真主之名。這樣的儀式叫做 dhikr Allah（意即**緬懷真主**，與其相關的儀式

叫做唸誦 dhikr，見頁 281-83）。**古蘭經**雖然強調祈禱的價值，它卻宣稱緬懷真主更重要[8]。在神與人之間有一道階梯，人類靈魂從階梯往上攀爬，這似乎是許多信仰共通的概念，例如猶太教中的雅各天梯[9]。這概念顯然也深植在伊斯蘭教中，由先知上升到天堂（**登霄**）的事蹟即可看出；登霄強烈象徵人類靈魂朝真主而去時的狂喜。

古蘭經的重要性

希望能更親近真主的穆斯林，主要動機深植於古蘭經。先知去世後不久，想從這邪惡世界中抽身的虔誠教徒，開始在古蘭經中尋找鼓勵他們進行虔誠祈禱的經文。他們的生活如此貼近古蘭經，因而能按照經文看待所有事物，並且以經文追隨先知的範例。對蘇非行者而言，穆罕默德是第一位蘇非行者，所有蘇非行者都應當以他的行為作為模範。正如早期蘇非行者**朱內德**（八三〇至九一〇年）所說：「所有神祕主義道路都封鎖，只開放給追隨『使者』腳步的人。」[10]

詮釋古蘭經經文，也就是所謂的解經，構成蘇非文獻根本的一部分；早期古蘭經注釋者**穆卡提**（卒於七六七年）從神祕美麗的〈光明〉章（24:35）闡述先知觀點。這段經文描述真主無所不在，無所不知：

真主是天地的光明，他的光明像一座燈檯，那座燈檯上有一盞明燈，那盞明燈在一個玻璃罩裡，那個玻璃罩彷彿一顆燦爛的明星，用吉祥的橄欖油燃著那盞明燈；它不是東方的，

也不是西方的，它的油，即使沒有點火也幾乎發光 —— 光上
加光 —— 真主引導他所意欲者走向他的光明。真主為眾人設
了許多比喻，真主是全知萬事的。

根據這一節經文，真主用象徵性的光之語言發言。他燦爛的光炎
熱而多層次，正如同神祕知識的本質。這一節經文讓穆卡提想起在希
拉洞穴中的先知；就在得到真主第一次啟示時，他看見地平線上一道
令人睜不開眼的光芒。從最初一直到今日，蘇非行者不斷地思索這節
經文的多重意涵。

於是早在八世紀，蘇非行者就以古蘭經語彙為基礎，有系統地設
計一種語言，試圖將他們的神祕經驗，或者其他無法表達在自己身上
發生了什麼事的那些人的經驗，轉換成話語。古蘭經邀請信徒拋下邪
惡的世界，轉向真主。它也叫信徒思索真主之名，並不斷複誦。信徒
被告知要信任真主並喜愛真主。古蘭經中有大量經文提到將禁食當成
自制的形式，以及夜晚的禱告和貧困的優點。在**聖訓**中也有許多證據
顯示穆罕默德進行禁欲，尤其當他還在麥加時，他退隱至城外，禁食
並且在夜晚祈禱。

拉比雅

早期蘇非行者中最受人喜愛的一位，是來自巴斯拉的女性**拉比
雅・阿達維亞**（約七一五至八〇一年）。根據可靠的傳說，她父親
生下她之前已有三個女兒，因此稱她是「第四個」（Rabi'a，拉比

雅）。據說她曾經是一名奴隸，而她的主人發現她聖徒的特質，因而釋放了她。她成為離群索居的獨身神祕主義者，先是住在沙漠中，之後在巴斯拉，身邊圍繞著一群門徒。拉比雅的傳記作者訴說她是如何日夜禁食並服侍真主。女性身分並不妨礙她的名望與聖人的聲譽。在某些傳說甚至認為她勝過虔誠男性，連哈珊·巴斯里也前去拜訪她。當哈珊問她對於婚姻的看法，她回答婚姻對她毫無意義，因為她只透過真主而存在[11]。

許多之後有名的蘇非行者與學者都曾引用拉比雅的格言。由先知妻子**阿伊夏**與女兒**法蒂瑪**所受到的尊敬看來，一名女性位居最重要的早期蘇非行者之列，並不令人訝異。拉比雅曾被拿來與**耶穌**的母親聖母**馬利亞**相比。

拉比雅無疑並不是第一位發現藉由愛可以找到通往真主之路的蘇非行者，但後代蘇非行者特別受到她的啟發。拉比雅剋除所有可能轉移她對真主獨一無二之愛的世俗雜念。對真主純粹而無私的愛可以由幾個階段達成：包括排除對另一位人類的愛（據說她拒絕過許多人的求婚）以及對物體的愛，甚至對**卡巴天房**的愛，以及對先知的愛。她也拒絕出於審判日念頭而對真主的崇敬；她說：「噢真主，如果我崇敬你是因為恐懼地獄，那麼請在地獄中燒死我；如果我崇敬你是因為希望上天堂，那麼請將我排除在天堂門外；但如果我崇敬你只是因為你，請讓我得到你的永恆之美。」[12] 拉比雅的愛於是只專注於真主。據說她在一篇動人的祈禱文中說道：「噢真主，我在這世上的一切思慮、一切渴望、一切俗事，都是為了記得你；而在來世，來世的一切事物，都是為了遇見你。」[13]

中世紀蘇非主義的發展

到了約九百年，廣大的穆斯林帝國各地，已發展出許多禁欲與神祕主義的儀式、信仰與觀念。這些未必親身經歷神祕狀態的蘇非理論家，卻試圖形容難以言喻的奧祕。這一節將詳述幾位蘇非主義發展中的重要人物（關於他們使用象徵性語言與建構蘇非主義術語的嘗試，請見頁 270-75）。

這時候的蘇非行者開始被分為兩大類，也就是所謂「清醒」的蘇非行者與「沉醉」的蘇非行者。一般而言，前者依然被宗教與法學菁英接受，他們仔細地措詞闡述蘇非道路與蘇非真主之愛的概念，使其適合伊斯蘭律法的規範。然而，最早在靈性上「沉醉」的蘇非行者發出狂喜的言論，正如我們之後看到的，卻令宗教體制厭惡。這兩種團體的神祕經驗或許類似，但「清醒」的蘇非行者無論在行為上或在著作上都更為謹慎。「清醒」派蘇非行者的典型代表是朱內德。他敏銳地意識到說和寫與真主合一經驗的危險性；他寫道：蘇非主義是為了純淨心靈，藉由真主的知識提升自己，根據伊斯蘭法追隨先知。因此，他主張蘇非行者與伊斯蘭法和諧共存的必要性；如果某些蘇非行者膽敢完全拋棄伊斯蘭律法，他會很小心地反對這種極端情形[14]。

漸漸地，一些概念的詮釋例如神祕地與真主結合，以及對真主神祕的愛，都會導致蘇非主義中的某些人彷彿或真正往正統伊斯蘭主流的一神信仰之外移動。為了維護伊斯蘭核心的一神信仰，避免犯下可怕的**重罪**（shirk，讓任何人或事冒犯絕對與超自然的神的獨一性）。穆斯林否定真主可以住在任何人類的身體中，因此無法接受基

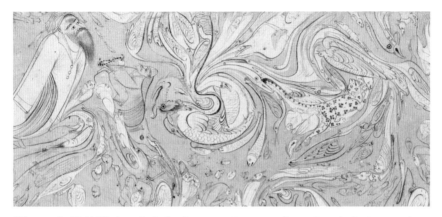

圖 53：狂喜的滋味？染色畫（伊朗，十七世紀）。這幅畫中使用的技巧令人聯想起大理石紋紙，漩渦節奏形成的幻象召喚出一場神祕之旅。它頌揚由伊本－阿拉比詳盡闡述的「萬有一體」。畫中的人與動物形體融入彼此，擴張至畫面外的構圖暗示著無限。

督教中耶穌道成肉身的概念。穆斯林也禁止真主可以與人成為一體的想法。因此，在形容自身神祕經驗時，蘇非行者小心地試圖使用例如接近真主狀態「**來臨**」（wasl）或是「**達到完全理解真主獨一性**（tawhid）」狀態這類術語。

比斯塔米

在蘇非主義形成早期兩位有名人物「沉醉於」經歷真主知識的狂喜之中。第一位是**布耶濟德・阿布－雅濟德・比斯塔米**（八〇四至八七四或七七／七八年）。比斯塔米大部分的名譽或惡名，都來自於他以狂喜的言語表達在神性中「失去自己」的經驗。他的老師叫做阿

布－阿里・辛地，這名字表明他或他的家人來自印度。這是否足以暗示比斯塔米受到來自印度教或佛教的影響是另一回事，雖然他的格言與印度教經典有一些相似處。有人說比斯塔米教導辛地伊斯蘭教，而辛地教比斯塔米「宗教的真相」。

比斯塔米自己似乎沒有寫下任何文字，在經歷狂喜之後也不記得自己說過的話。但一旁聆聽的人以口述方式流傳他的故事，或者之後由蘇非作家蒐集他的格言，因而流傳後世。比斯塔米斷言，擁有神祕真主知識的人，優於穆斯林法學家，因為後者受制於一連串將他們與先前學者束縛在一起的知識；而且學者們是藉由書籍傳遞所學。據說比斯塔米直接指明學者：「你們的知識來自死人，而我們的知識來自永生的真主（Living One）。」[15] 在狂喜的時刻，比斯塔米斷言他彷彿是以真主身分說話；「真主充滿了他」，他已不存在，只有真主存在：「我蛻下自我，彷彿蛇蛻下皮。於是我注意看，我看見我就是祂。」[16]

比斯塔米將這個世界當成幻象。他最有名的兩句格言是「榮耀歸於我！我多麼莊嚴偉大！」以及「我就是祂」 —— 在這些話語中，真主彷彿藉由他的口說話，此舉震驚了許多人，指控他褻瀆真主。然而，他沒有向穆斯林大眾傳教。他終其一生都住在伊朗東部的畢斯塔姆自宅中 [17]，或在清真寺孤立的小房間裡，只有想體驗他迷人風範的訪客才會去見他。如此，他得以避開針對他個人的或是法學上的攻擊。

哈拉吉

　　回溯蘇非教派最著名的殉教者**哈拉吉**（約八六〇至九二二年）的一生，他的經歷可被視為蘇非主義歷史的轉捩點。他出生於伊朗南部，之後前往巴格達，認識了溫和的蘇非行者朱內德與他的門徒。他與他們意見不合，因此回到伊朗。哈拉吉是一位滔滔雄辯的傳道者，他開始在穆斯林世界四處旅行，得到許多群眾支持，傳聞他開始施行奇蹟。據說他曾數次做出褻瀆神明的宣告，因此在巴格達與許多有權勢的團體產生衝突。根據記載，他的狂喜言語包括他說朝聖可以在心中進行，不用去麥加。他說過最有名的狂喜言語——「我是真理」，這句話將自己等同於真主的稱謂之一——被拿來與耶穌的話做比較：「我是道路、真理、生命。」[18]

　　的確有些人將哈拉吉視為耶穌般的人物[19]，當然他們有某些相似處。正如命運將耶穌帶到耶路撒冷，哈拉吉也刻意選擇將自己暴露在巴格達的對手面前。哈拉吉與耶穌也都慘死於十字架釘刑。他的死不僅僅因為傳聞中他在狂喜狀態所說的話，激怒了各式各樣的人。遜尼派哈里發以及宗教法學家都害怕他滔滔雄辯對一般百姓造成的影響；他們也怕他試圖讓蘇非主義普及化，在他們看來穆斯林社群的穩定將因此受到威脅。他的一些蘇非主義追隨者也反對他——有人希望蘇非主義是專屬於菁英份子的祕傳之道，也有人指控他罔顧伊斯蘭律法。他因此入獄、遭到刑求，於九二二年被釘上十字架。他死後追隨者流散至遠方，以免和他一樣遭到迫害。「沉醉」的蘇非主義並沒有和哈拉吉一起死去，但採用蘇非行者修道方式的人，因而看出過於拋頭露

面，或者行事沒有（或表面上看起來沒有）在伊斯蘭律法規範之內的
危險性。

穆哈希比與瑪基

此時有兩位值得一提的作者，他們對於之後蘇非主義的理論發展
特別有影響力：**哈利史‧穆哈希比**（七八一至八五七年）與**阿布－塔
利卜‧瑪基**（卒於九九六年）。他們埋首於傳統宗教學的同時，對於
蘇非主義逐漸融入中世紀主流穆斯林文化的過程，也扮演重要角色。
他們留下大量著作，供後代閱讀吸收並加以實踐。也對後來更有名的
學者嘎札里（約一〇五八至一一一一年，見以下）產生相當大的影響。

巴格達蘇非行者穆哈希比最重要的思想就在他的名字中，意思是
「檢視良知的人」；從作品中可看出他的思想大都以哈珊‧巴斯里
為模範。穆哈希比的概念都仰賴古蘭經與聖訓，他強調信徒必須時常
謹慎地覺察信仰，仔細檢視行為的內在動機，不只觀察外在儀式的表
象。他們必須隨時逃離這個世界，「一個苦惱的住所，一個憂慮與悲
傷的地方」[20]，並牢記審判日的恐怖與應允真正信徒的天堂。只有藉
由如此熱忱的內在靈性訓練，並且思索真主，才能使得信徒的心接受
真主的恩慈。

一世紀之後的瑪基教導信徒，穆斯林信仰有兩個面向，也就是外
在的與內在的面向。兩種都有其必要，互相依賴、互補需求。在他的
偉大著作《心之糧食》中，他檢視**伊斯蘭五柱**（pillars of Islam），
試圖將每一功賦予內在意義。這部作品就像是一本傳統的穆斯林法

理學，但它遠遠不僅止於此。他的中心思想就是「心」，正如標題所示。心給予人真主的知識，而真主的知識能揭露真主的真相。這就是基於宗教確定性的信仰，而不是以學術上的學習、知識上的推論與傳統為基礎的信仰。

嘎札里

嘎札里的出現，是蘇非主義歷史上重大的里程碑，他稱得上是傳統伊斯蘭教中最有名的穆斯林學者。直到今日，他不只在阿拉伯世界與家鄉伊朗備受尊敬，在印度次大陸、馬來西亞與印尼也一樣地位崇高。他研究蘇非主義的方式具有重大意義，不是他的觀念特別新──其實並沒有──而是因為他能以系統化、有架構與善辯的方式陳述蘇非主義。對嘎札里而言，朝向真正知識道路的蘇非主義，不應意味著必須與現有的伊斯蘭法這條康莊大道分道揚鑣。事實上，謹慎遵守外在的宗教儀式，是內在虔信必要的一部分。他在長篇大作《宗教科學的復興》中曾強調這一點，他解釋蘇非主義不是用來代替正式的伊斯蘭教，而是為了使它更完整。這本書並不只針對大部分穆斯林，它也是寫給蘇非行者，因為有些蘇非行者認為可以忽略伊斯蘭律法。

簡而言之，所有穆斯林都應該遵守信仰的外在徵兆。然而，嘎札里清楚意識到，如果沒有在神性照耀的心中──蘇非主義的內在之火──那直接、狂喜以及對真主的思索，外在的一切都不足夠。嘎札里相信信仰有外在與內在部分，兩者都有其必要，相互依賴，才能達到平衡；他將內在部分稱為「心的活動」[21]。基於內在的確定性，藉由

「揭開」而獲得的信仰，勝過基於傳統與理性的信仰。因此，和他之前的瑪基相同，嘎札里檢視伊斯蘭五功，試圖注入內在意義。

嘎札里寫了一本名為《迷途指津》[22]的自傳，這在中世紀伊斯蘭是很少見的文類。雖然是一本篇幅短小著作，也是倡導蘇非主義的力作。他以自己發生在一〇九五年的精神危機作為文學工具；當時他正處於事業高峰 —— 他主持**塞爾柱朝**最重要的**經學院**，也就是位於巴格達的「尼查姆經學院」，此外他還是蘇丹與哈里發的朋友 —— 然而，卻出現今天我們所稱的「精神崩潰」症狀。正在講課時，他發現自己無法說話，「真主鎖住我的舌頭了」[23]。不久後他離開巴格達，在穆斯林世界流浪了十年，穿著蘇非行者的服裝，造訪大馬士革、耶路撒冷與麥加，之後才回到伊朗東部的家鄉。他的自傳約寫於他在一一一一年去世前五年。這是一篇非常動人的靈性自述，在自傳中他表示，自己發覺所有書中的知識都無法幫助他獲得他最渴望的，也就是對真主的某些知識。在這次危機之後，他可以很有自信對讀者說，他「確切知道蘇非行者是只追隨真主道路的人」[24]。這番來自當時最知名知識份子的話語，對蘇非主義是強有力的支持。雖然有人說嘎札里自己從來不是一位蘇非行者[25]，然而他熱心積極提倡蘇非行者的修道方式，集前輩穆哈希比與瑪基學說之大成，有助於將溫和的蘇非主義形式融入正統伊斯蘭教中。

蘇非主義的重要概念與象徵

　　蘇非行者嘗試以話語解釋他們如何努力透過象徵與真主結合，這些象徵目的是賦予他們靈性經驗合適的架構。回顧他們的嘗試，現在看來或許既模糊又簡化，有時還顯得荒謬，但重要的是他們是以虔誠的精神寫下這些文字。

蘇非道路

　　蘇非理論家試著詳細描繪靈魂朝向真主前行的神祕旅程。雖然有不一致之處，他們在論文中都同意，旅行者朝蘇非道路上前進時，有某一種獨特的順序。他們都提到按層次排列的「一站」（maqam，**馬卡姆**），就像是靈性階梯的一階；以及「神祕狀態」（ahwal，**阿哈瓦勒**）。例如十一世紀的古夏里在他簡明的蘇非教義描述中，列舉四十三個站與三個狀態；而阿布－那瑟爾・撒拉吉在寫於前一世紀類似著作中只提到七個站，但有十個狀態。蘇非理論家替這些站命名，只不過有細節上的差異：「悔悟」、「奮鬥」、「恐懼」、「感激」與「耐心」，這些名稱都來自古蘭經。我們不清楚追尋這些站與狀態的蘇非行者是否有一套一致的嚴格執行順序。一般相信「站」可以由一個人自身的努力達成並維持，而神祕狀態只能由真主當作仁慈的禮物給予人們。在此生中，至少它會在人心中瞬間停留。正如古夏里的形容：「狀態是禮物，站是收穫。」[26]

　　不同的蘇非神祕主義者與作者強調朝向真主之路的不同面向。根

據拉比雅所說，神祕的愛這一項蘇非核心教義，也就是僅有對真主的愛，是可以達成的（見頁 262）。對嘎札里而言，心就能讓人具備對真主的知識（見頁 268-69）。這裡的心指的不是位於胸腔的器官，而是人類或許能藉此凝視神性存在之美的器官；這是他快樂的顛峰[27]。談到人類的心或靈魂，蘇非作者常常用中世紀一般以金屬製成的鏡子作為象徵。心通常是骯髒生鏽的，染上罪惡與人類激情的塵垢。人必須除去鏡子上的鏽（也就是物質世界的鏽），將鏡子磨光打亮，成為盛放真主知識的容器。

　　當蘇非行者抵達這條道路的最後階段，他們將完全存在於真主之中，徹底失去自我；這種狀態稱為「**無我**」（fana，在真主中讓自我滅絕）。這種神祕狀態只有在死亡時是永久的，但當蘇非行者活在世上時，卻可能暫時達成。當「清醒」的蘇非行者朱內德提到這個狀態，他的語氣總是小心翼翼，有所節制。他費盡心力暗示，曾經有幸達到「無我」狀態的人，將會「回到」自己世俗的身分，重新在遠處思索真主。如此可避開犯下褻瀆真主以及對不容有疑慮的唯一真主概念產生妥協的危險。正如朱內德以下的解釋：

　　於是，在他（蘇非行者）沒去過之後，他就在去過的地方。他是他自己，就在他不完全是他自己之後。他以自己與真主的面貌出現，就在他以真主面貌出現而失去自我之後。這是因為他脫離真主無所不在的支配，來到清明的狀態，他可以再次恢復沉思，因此能將一切放在對的位置，給予正確評價。[28]

朱內德與其他「清醒」的蘇非行者謹慎地定義「無我」，保持區分真主與人的必要性，維護真主絕對的獨一性。另一位著名的「清醒」蘇非行者是十一世紀的**阿布－胡笙・阿里・胡吉維里**，他可以調和作為遜尼派穆斯林與追尋蘇非道路這兩者間的衝突。他筆下的「無我」是「受烈焰燒灼，將一切轉化為自身特質，但其精髓不變」[29]。

察覺到神祕主義威脅穆斯林社會穩定性的危險，尤其是萬一它的祕密可能擾亂伊斯蘭法的「康莊大道」，蘇非作家試著努力定義神祕主義者與真主合而為一的情況，強調真正宗教的內在面向，而不著重於外在儀式的有效性。但他們也主張，一位蘇非行者在真主中完全消滅自我的經驗，並不表示他停止遵循伊斯蘭法要求的外在儀式。

尋找內在真實性：蘇非行者神智學

字典上的「**神智學**」（theosophy）定義是一種宣稱「藉由靈性的狂喜、直接體驗的直覺或特殊個人關係所獲得的上帝知識」的哲學，這定義非常符合蘇非主義。蘇非主義正是要追尋內在真實性。古蘭經中的真主是既可見又隱藏的：「他……是極顯著及隱微的。」（57:3）踏上蘇非主義道路的信徒從外在的「殼」走到內在的「核心」，也就是從表象到本質。古蘭經邀請信徒仔細看：「在大地上對於篤信的人們，有許多跡象；在你們自身中也有許多跡象，難道你們看不見嗎？」（51:20:21）對蘇非行者而言，真主以自己的形象創造這個世界，在表象的世界之外，在教義與律法之外，有一個內在的真實，正是這真實的基礎賦予它真正的意義。

在嘎札里之前，蘇非主義缺乏理論性的哲學系統。《光之壁龕》這部或許並非完全出自嘎札里之手的作品，詳細闡述光的本質，建構出完整成熟的蘇非神智學（'irfan，**蘇非學理**）。這是非常複雜而又不固定的概念，結合神祕主義與哲學元素[30]。以下將討論的焦點放在兩位蘇非神智學運動的主要人物：**蘇赫拉瓦爾迪**與**伊本－阿拉比**。

1. 蘇赫拉瓦爾迪

為了區別蘇赫拉瓦爾迪（一一五五至九一年）與其他兩位同名宗教學者，一般給予他「被殺的那位」這樣的稱號。他最重要的著作大概就是《明光的智慧》，他建構出一套稱做「**照明論**」（ishraqiyya）的理論，連他那位支持蘇非主義的贊助者阿勒坡統治者瑪立克·札希爾也大為震怒，他讓蘇赫拉瓦爾迪遭到異教信仰的指控，之後在獄中被殺。蘇赫拉瓦爾迪融合了希臘、古伊朗和伊斯蘭教元素，主張真主是第一道絕對光線的精髓，持續照耀著萬物。世上的一切都源自於祂的光，祂的創造在觸及這光線的過程中得到拯救。萬事萬物與真主的親近程度，取決於光的明暗度。蘇赫拉瓦爾迪的**天使學**（angelology）理論尤其錯綜複雜，引人入勝。他教導人，真主的光透過不同等級的無數位天使照射到人世間，每個靈魂都有自己的守護天使。他依照希臘哲人柏拉圖的理論模型，相信靈魂早已存在於天使的範圍內；當人類生下來，有一半靈魂還在天堂，而另一半下降到宛如黑暗牢獄的人體中，渴望與天堂的另一半靈魂團聚（關於**新柏拉圖主義**的影響可見第七章，頁 240-42）。

對蘇赫拉瓦爾迪來說，存在就是光。絕對的光藉由無數垂直與水

平排列的天使，到達這個被創造的世界上。人類的責任就是辨認與靠近這存在的光。他愈是將自己從自我的黑暗中釋放出來，並且讓自己充滿光，就愈靠近神性。在蘇赫拉瓦迪爾的某個隱喻故事中，人類靈魂發現自己身在西方某個洞穴中，因而忘卻它在東方的家，也就是太陽升起的地方，純粹之光的住處。當它再次想起時它踏上返家的路，終於抵達智慧之地葉門，大天使就在那裡。在他的「西方流放」概念中，黑暗、物質的西方與光明燦爛的東方，都是象徵性的對比。

2. 穆希丁・伊本－阿拉比

伊本－阿拉比（一一六五至一二四〇年）也被稱做「最偉大的謝克」，他的經歷正是許多穿越廣大伊斯蘭世界、為了尋找知識與啟蒙的中世紀蘇非行者的縮影。他生於西班牙東南方的莫夕亞，先是跟隨兩位女性蘇非行者研讀，之後遷往埃及、敘利亞、伊拉克與安那托利亞，最後在大馬士革定居。他四處遊歷，在各地產生廣泛的影響。他寫下許多著作，包括《戒指鑲嵌基座的智慧》，是關於先知們與在他們面前揭示的智慧。和嘎札里相同，伊本－阿拉比擅長以有系統的方式寫作。他花了數年時間在麥加冥想與接收幻象。四十歲時 —— 這在伊斯蘭傳統中是很重要的年紀，他在夢裡看見卡巴天房以各式各樣金磚銀磚建造，但有個地方少了一塊金磚和一塊銀磚。他繼續說道：「於是我看見自己被插入那個少了兩塊磚頭的地方。我自己就是那兩塊磚；有了它們牆面才算完成，卡巴天房也才完美無瑕。」[31]

因此，伊本－阿拉比聲稱正如穆罕默德是先知的封印，他，伊本－阿拉比已經抵達人類能夠抵達的最高階層，也就是「聖人的封印

穆罕默德」，他將自己放在穆斯林靈性階級中僅次於穆罕默德之下的最高層。接著他又完成《麥加啟示錄》；他說這部共五百章的大部頭作品是真主藉由天使傳遞給他，試圖呈現對真主與世界的完整觀點。他最關鍵的學說是**完人**（al-insan al-kamil），也就是人性與宇宙的原型──穆罕默德。完人已經徹底實現其存在，真主藉由他彰顯並且讓世人認識[32]。

雖然伊本－阿拉比的穆斯林宗教學知識非常淵博，但可想而知，在許多穆斯林看來這些概念過於浮誇，並且與伊斯蘭教誨有所牴觸。當代極具說服力的學者賽伊德‧侯賽因‧納賽爾曾警告我們不要對伊本－阿拉比妄下判斷，因為伊本－阿拉比的對象是那些將伊斯蘭法視為理所當然的人，他邀請這些人深入伊斯蘭律法內在的真相。

伊本－阿拉比的著作對後代蘇非行者有深遠的影響。對許多現代蘇非行者，他是他們尊敬的重要人物。他們甚至會說，蘇非主義這個詞只能適用於由他所闡述的世界觀。

蘇非主義詩與散文中的意象

不令人意外的是，最早的蘇非主義作者選擇以阿拉伯文寫作。不只因為阿拉伯文是伊斯蘭教啟示的語言，使用阿拉伯文也能確保他們的作品在廣大阿拉伯世界中擁有最多讀者。然而，由於蘇非主義在說波斯語的地區 ── 伊朗、今日土耳其部分區域、阿富汗、中亞與印度北部 ── 十分盛行，蘇非主義著作沒多久就以波斯文出現。這些作者寫出著名蘇非行者的傳記，他們也試圖以實用而普及的信仰手冊，解

釋蘇非主義的儀式與概念。

詩這個文體的語言與韻律非常適合描寫神祕主題，而詩的意象能以優美的方式表達超驗真實。例如著名的阿拉伯詩人**伊本－法利德**（一一八一至一二三五年），在以下段落使用了繁複的神祕象徵主義：「在對葡萄酒的至愛回憶中，我們飲用了一杯葡萄酒。在葡萄藤還未種出之前，我們就已喝醉。滿月就是酒杯。」[33] 在此葡萄酒代表對真主的愛，葡萄藤是實體的宇宙，而月亮是穆罕默德普照大地的精神。另一個反覆出現的象徵是形容人類靈魂消滅在真主之中，那就是真主被描述為火焰照耀著人類，而喜愛真主的人類就像是撲火的飛蛾，情不自禁受到吸引，終究將在火中燒盡。

在以阿拉伯文與波斯文寫成的作品中，嘎札里廣泛運用一整套蘇非主義的意象。他強調這個世界是暫時的，稍縱即逝，只有真主永在。正如古蘭經所說：「凡在大地上的，都要毀滅；惟有你的主的本體，具有尊嚴與大德，將永恆存在。」（55:26-27）嘎札里說我們要避開這個世界，因為它會欺騙並且背叛我們。人類的美是虛幻而有缺陷的：這個世界或許表面上炫惑美麗，正如一位戴面紗的年輕女子，但當面紗掀起時，露出的是一個醜陋乾癟的老嫗。

魯米

十三世紀蒙古征服並統治中亞與伊朗，這雖然是一場毀滅性的災難，這些地方卻出現如盛開花朵般美麗的波斯詩句。這時期主要的蘇非文學作家**賈拉盧丁·魯米**（一二○七至七三年）在蒙古入侵時期從家鄉阿富汗的巴爾赫逃了出來，最後定居於現今土耳其孔亞。魯米以

圖54：**當代美國最暢銷的
詩人**。魯米之墓（土耳其
孔亞，十三世紀至今）。
圓錐形屋頂與鼓狀建築物
上的溝槽貌似中亞蒙古包
或游牧民族帳棚；魯米曾
經從阿富汗一路流浪到安
那托利亞。他是波斯最受
喜愛的抒情詩人。他的長
篇鉅著《瑪斯納維》——
一部充滿機智、智慧、奇
聞軼事與深刻神祕思想的
寶藏——宛如渴求真主的
深邃海洋。

波斯文寫作，他最著名的詩作《瑪斯納維》由兩萬六千六百六十個押
韻的對句組成，之後許多蘇非作者稱這部作品為「以波斯文寫成的古
蘭經」[34]。它充滿令人懷念的神祕意象，然而也飽含深刻的伊斯蘭教
知識。魯米在這本詩作中渴望以極度象徵性語言和至愛的真主結合，
不過他從未忽略律法的重要性。魯米的詩中的關鍵意象是竹笛；它勾
起讀者最初與真主合一的懷舊之情，而它儉樸的聲音則象徵靈魂渴望
回到最原始的家，與真主在一起；正如古蘭經中的描述（2:156）：
「我們確是真主所有的，我們必定只歸依他。」《瑪斯納維》有許多

層次的解讀方式，然而魯米接近真主的意象，比無數理論更深植人心：「於是你結束在世間的一生：你的家將在天堂。超越天使的狀態；進入海洋中，於是你這水滴將與海洋合而為一。」[35]

十四世紀的土耳其作家阿夫拉基說了許多魯米的神奇故事，他希望教導信徒如何走上蘇非行者的道路。在之後的幾世紀裡，以許多不同語文寫成的蘇非詩作，成為伊斯蘭教核心概念傳遍中東以外穆斯林世界的關鍵因素。遠方的詩人開始以土耳其語、烏爾都語、信德語、馬來語和其他東南亞語言書寫神祕的詩句。

蘇非兄弟會（道團）

道團（tariqa）這個字詞的意思是「道路」（path，見頁 256），但它後來也演變為走上蘇非主義特殊內在道路的團體、教團或兄弟會的意思。從十至十一世紀，蘇非主義順應環境，變得更制度化。在政治最為不安的時期，尤其是穆斯林世界東部遭到蒙古入侵的重創，穆斯林社群受益於愈來愈重要的蘇非領導者[36]，特別是沒有受教育的平民會尋求他們的幫助。這些領導者為他們的信徒發展出規律的蘇非主義行為與實踐形式。十一世紀的胡吉維里提到當時有十二個不同的蘇非團體，其中十個是「正統」蘇非道團，而兩個是「異端」。但這兩種分類或許正反映出他自己的觀點。很明顯的是，特定的蘇非主義學派建立在宗教重鎮如麥加、巴格達與巴斯拉。也有些蘇非主義團體圍繞在穆斯林世界中個別的聖人周圍。從十二世紀開始，這一類團體演

變為數量龐大的蘇非兄弟會（道團），有各自的學說與儀式。十三世紀與十四世紀的埃及、敘利亞與安那托利亞還有一些蘇非姊妹會。

　　蘇非兄弟會有些是由國家積極贊助，有些是被國家禁止。有些根植於遜尼派之中，有些兄弟會與**什葉派**相關，而其他的則是將他們的信仰與實踐方式結合民間伊斯蘭信仰、印度教、佛教、基督教或混合以上所有宗教。兄弟會延伸至社會各階層，包括統治者、軍隊與工匠。許多大型兄弟會設立在穆斯林世界的幾個不同地區，而較小的兄弟會影響力則局限於當地。

　　蘇非兄弟會成員是偉大的伊斯蘭教傳教士。這些人絕對不是強迫對方服從在他們的劍下，而是和商人沿著絲路——幾條橫跨亞洲南邊的貿易路線，或者坐船從東方到西方，以和平方式將伊斯蘭教傳播到非洲撒哈拉沙漠以北和以南、印度以及中亞和東南亞。他們以傳教士身分協助宗教社群中需要的人，與當地人一起生活，讓他們皈依伊斯蘭教。

兄弟會的組織與入會

　　每一個兄弟會都由創辦者的繼承人主持。沒多久他們就建造起供蘇非行者禮拜與居住的特殊建築物，或稱集會所；每一個國家都有不同的蘇非兄弟會名稱 [37]。某些方面來說，這些建築物很像基督教修院，但蘇非兄弟會一般並不奉行獨身生活。有些宗教學者不贊同蘇非行者的建築物。例如十二世紀的伊本－賈瓦濟嚴屬批評**里巴特**和閒散地住在裡面的蘇非行者，因為他們沒有與穆斯林同伴一起在清真寺

圖 55：動態的崇敬儀式。薩瑪尼亞蘇非兄弟會週五的「**讚誦**」儀式（蘇丹烏姆杜爾曼）。謝克·哈珊·嘎里巴拉坐在椅子上，在蘇非教友同時一起往上跳並吟唱古蘭經經文段落或真主之名時，以拍手帶領團體。每個兄弟會都有不同的讚誦儀式。

裡。但其實只有一些蘇非行者住在集會所裡。其他人住在外面，週間做著一般的工作，有時候才到分會參加儀式。蘇非行者在分會中研讀靈修書籍，進行祈禱，讀古蘭經，唸誦神祕主義的詩。門徒研讀古蘭經，以及重要蘇非主義評注與教學詩句。他們也學習可追溯至先知的教團精確系譜次序（所謂的「傳述鏈」）。女性也能成為蘇非行者。她們通常由女性教導，擁有屬於女性自己的儀式。

獲准加入兄弟會，是成為傳述鏈一員的象徵。入會儀式可能包括拍手或將**謝克**（shaykh）的**玫瑰念珠**（rosary）交到新成員手中，他

接下念珠另一端，同時獲准加入道團。象徵性地與傳述鍊相連的重要性，在於讓新入會的人朝靈性道路繼續向前。皮帶在入會儀式中也很重要。打幾個特定數目的結（三、四、七或八個）也是一種儀式，象徵將新成員與道團綁在一起。在蘇非儀式中，衣著給予入會信徒很大的視覺衝擊。開始時他們先穿上羊毛，象徵禁欲主義的生活方式。稍後他們穿上希爾恰（khirqa），象徵他們屬於蘇非主義。不同形狀與顏色的帽子和頭巾，代表個別道團會員的特色。入會儀式一旦結束，道團新成員就會被授與一張證書。

禮拜儀式與實踐

　　道團成員共同的禮拜以「讚誦」形式呈現。自己也進行蘇非禮拜的賽伊德・侯賽因・納賽爾指出，讚誦儀式是「蘇非主義最主要的靈性技巧，人可以藉此回到真主那裡」；它是「祈禱者與生命節奏合而為一」[38]。如同之前提到的（頁259），讚誦儀式內容包括緬懷真主，持續複誦真主之名，伴隨有節奏、控制得宜的呼吸。讚誦儀式可靜默可大聲，可以獨自或與團體一起舉行。儀式開始時先唸誦古蘭經經文與祈禱文；上圖中該道團的靈性導師謝克掌控儀式進行。如果一位蘇非行者獨自舉行讚誦儀式，他可以使用玫瑰念珠；但無論如何，他都要數著複誦真主之名的次數，有時可能達數千次。

　　在十二世紀蘇非兄弟會成立之後，讚誦儀式就已定型，蘇非行者以不同的方式協助儀式進行，例如向聖人禱告、熏香、咖啡，有時候還有其他刺激物。喝咖啡的習慣從葉門的蘇非教團傳到穆斯林世界其

圖56：通往真主之路。
波斯細密畫家比札德，
「蘇非行者的聚會」（赫
拉特，約一四○○年）。
蘇非行者以跳舞——以及
冥想、讚誦、音樂與酒精
和麻醉品等刺激物——將
身體從日常現實中解放出
來，才能進入更深的自
我，獲得神祕的極樂。這
些蘇非行者冥想、啜泣或
昏迷；舉起的手臂、丟在
地上的圍巾、姿勢凌亂的
四肢、不整齊的衣服，以
及沒有包頭巾的頭部，都
暗示他們放任的狀態。

他地方。他們認為喝咖啡有助於讓教友在夜晚祈禱和其他靈性活動時
保持清醒。在葉門的蘇非行者認為咖啡能促進神祕經驗，他們在唸誦
祈禱文「噢　強大的真主」（ya qawi）時會喝咖啡。「強大的真主」
（qawi）除了是真主九十九個美麗的名字之外（見頁237），它聽起
來也很類似 qahwa，也就是咖啡的阿拉伯文。夏迪赫利亞蘇非兄弟會
尤其以喝咖啡著名。十六世紀時，據說這個道團中的某位聖人在晚年
只以咖啡過活；正如他們的格言：「死時身體裡有咖啡的人不會入地
獄之火。」

週五清真寺的禮拜包括祈禱、一段布道與閱讀古蘭經，這樣的禮拜內容與蘇非行者聚在一起舉行讚誦儀式形成極大的對比。對他們來說，聆聽樂器演奏（sama'，**薩瑪**）或人的歌聲，有助於他們走上狂喜經驗之路。靈性的「聽」必須仔細掌控，以免造成虛偽的結果，謝克應該替參加禮拜的信徒做好道德上與精神上的準備。由音樂引發的狂喜狀態必須是自然而然發自內心，不能強迫。他們的音樂是以笛子、鼓和其他樂器演奏；他們尤其喜愛笛子的獨奏，因為它能引發人對原始狀態的回應，以及靈魂中與真主結合或再次結合的渴望（見頁 270-72）。某些伊斯蘭哲學家在世間音樂中聽見天體音樂（天體間理應和諧的關係）的回響；蘇非行者也一樣，他們認為音樂是有靈性的。正如早期蘇非行者杜勒努‧密斯里所說：「聆聽（音樂）具有神聖的影響力，能撥動心弦，因而看見真主。」[39]

在某些蘇非團體中，歌唱會伴隨舞蹈，其中最有名的就是**毛拉維道團**的旋轉舞（見頁 285）。曾有人嘗試以神祕主義的術語解釋舞蹈的重要性，並且將舞蹈、旋轉與跳躍，與蘇非行者狂喜經驗的不同階段相連 [40]。

五個道團

穆斯林世界各地有許多不同的道團，有些至今仍存在，還有些早已銷聲匿跡。以下簡短討論其中五個道團，呈現他們在信仰與實踐上的多樣性。

1. 嘎迪里道團

第一個偉大的蘇非道團由**阿布杜－嘎迪爾‧吉蘭尼**（一○七七至一一六六年）成立於十二世紀，他是一位巴格達**漢巴里**法學派的法學家與傳道者，在清真寺和蘇非道團中進行神祕主義的布道。他的宗教資歷無懈可擊：他會背整部古蘭經，一直到五十歲都過著禁欲主義的生活。做好靈性的準備之後，他就以清楚而簡易的語言向一般人傳教。以他的名字命名的兄弟會，對之後其他兄弟會影響很大。嘎迪里亞道團在遜尼派中扎根，並傳遍穆斯林世界。

2. 納各胥班迪道團

納各胥班迪道團由**納各胥班‧布哈里**（一三一八至八九年）成立。他出生於中亞說波斯語的城市布哈拉，他的墓地在這裡，因此成為這個城市的主保聖人，布哈拉也成為信徒造訪的重要城市。納各胥班迪道團除了是中亞的重要蘇非道團，它也傳遍穆斯林世界。它以默唸的方式進行讚誦儀式，因此是以心而非以舌讚誦。這個道團冷靜自持，忠於伊斯蘭律法。它盛行於鄂圖曼帝國，是印度與巴基斯坦的主要蘇非道團，在印尼也很有影響力。

3. 梅夫拉維道團

毛拉維道團〔比較廣為人知的名稱是**梅夫拉維道團**（Mevlevis）、舞蹈道團或**迴旋托缽行者道團**（Whirling Dervishes）〕是一二七三年魯米去世後創立的蘇非道團，其中一位創立者是魯米的兒子瓦拉德。梅夫拉維這個土耳其名就是阿拉伯人稱呼魯米的阿拉伯文頭銜

圖 57：宇宙之舞。迴旋托缽行者（土耳其伊斯坦堡）。名稱源自於魯米的阿拉伯文稱謂「我們的導師」的梅夫拉維道團蘇非行者，正表演道團最著名的緩慢節奏旋轉舞。他們似乎是朝天體間聽不見的音樂移動，動作就像是衛星繞著看不見的太陽旋轉，然而卻是一直持續朝真主接近：這舞蹈就是生動的隱喻。

（Mawlana，意思是我們的導師）。梅夫拉維道團中心位於土耳其的孔亞，他們將系譜追溯至**阿里**。道團中的謝克職位採世襲制；他們的音樂是吹奏用蘆葦或甘蔗做成的笛子。

　　梅夫拉維道團以蘇非旋轉聞名於世，這種轉圈舞蹈象徵行星圍繞著太陽運行。蘇非旋轉儀式會在圓形房間中舉行，並遵循嚴格規定的程序。舞蹈者有年輕男孩也有年長男性，他們一一上前親吻謝克的手。他們穿著長裙，以左腳為支點，用右腳推著地面旋轉；舞蹈者必

須閉上眼睛。旋轉時他們一再重複「阿拉」，喜悅的舞蹈伴隨著旋律優美的笛音，他們相信笛子的樂聲能表現真主創造物的和諧之美[41]。

4. 貝克塔什道團

貝克塔什道團（Bektashiyya）的創立者哈吉‧貝克塔什來自伊朗東部，但他在一二四〇年代移居現今土耳其境內，他的訊息立刻在當地游牧的土耳其人之間廣為流傳。十六世紀時，早期幾位鄂圖曼蘇丹以及**蘇丹禁衛軍團**（Janissary）與**貝克塔什道團**關係密切。雖然擁有同樣的信仰、儀式中都有吟唱、同樣相信阿里的神性、相信輪迴轉世，以及字母的象徵性價值，但在城市中有學識的貝克塔什成員和鄉村中的文盲教徒漸行漸遠。城市中的成員開始與共濟會會員為伍，而當道團在一八二六年正式結束時，成員被迫成為祕密社團，必須在夜間舉行儀式，包括點燃十二支蠟燭，代表什葉派**十二伊瑪目**的**伊瑪目**。戴上面紗的女人也可以參加儀式。貝克塔什道團在土耳其與巴爾幹半島包括阿爾巴尼亞在內，有相當大的影響力。底特律的阿爾巴尼亞社群在城外有一個貝克塔什道團的集會所。

5. 里法伊道團

現在只有在埃及與敘利亞活動的**里法伊道團**（Rifa‘iyya，又稱「怒吼的苦行僧」），以一一一八年生於伊朗南部沼澤區的創立者阿赫瑪德‧里法伊命名。他是受過訓練的**夏菲儀**（Shafi‘ite）法學家，據說曾寫下布道、祈禱文與詩句。里法伊亞道團雖然以他的名字命名，但從道團發展出的非正統儀式卻不是由他而來。儀式開始時由一

位長者發出幾聲長而有規律的呼喊聲，其他人跟著回應他。接著大家坐下來，前後搖晃頭部。儀式最後在哀嚎聲中結束。這個兄弟會的成員據說在狂喜狀態中會進行非比尋常的特異功能，例如將加熱的鐵放在嘴上，用金屬籤穿過臉頰，或吃玻璃。

打壓與復興

　　許多穆斯林完全無法接受上述蘇非道團的某些信仰與實踐方式，有些道團遭到穆斯林世界的譴責。某些國家，尤其是沙烏地阿拉伯不准許蘇非道團活動，學術圈內也不討論蘇非主義。土耳其國父**凱末爾**（一八八一至一九三八年）廢止蘇非道團，許多抗拒他將土耳其世俗化的蘇非主義領導者，都被他放逐。現在土耳其已經准許梅夫拉維道團暫時恢復活動；他們可以用民俗舞蹈團的名義公開演出，也能在魯米忌日時在孔亞表演旋轉舞。在現代土耳其，對魯米記憶猶新，因為這裡是他與家人離開阿富汗之後的家。他在孔亞的墓地目前由土耳其政府補助，建立博物館，表面有溝槽的磁磚圓柱形建築上方以圓錐形屋頂覆蓋，是蘆葦長在河床上的視覺象徵[42]。其中一張土耳其五千里拉鈔票上，有一面圖案是正經八百的凱末爾，然而另一面是面帶仁慈笑容的魯米，旁邊是他那綠色圓頂的墓和三位旋轉中的梅夫拉維道團舞者[43]。

　　蘇非道團長久以來成為另一種較通俗宗教活動舉行的地點，幫助道團以外的廣大社群。雖然有來自「烏拉瑪」的批評，許多人還是從蘇非道團在世的謝克尋求祝福，並且到蘇非行者的墓地進行祈禱。

中東以外的蘇非主義

目前為止的討論都集中在阿拉伯和波斯地區的蘇非主義。然而，我們必須將蘇非主義在世界上其他地方造成的龐大影響也納入考慮。正如以上提到的，蘇非行者在東方與西方各處旅行，將伊斯蘭教傳播給許多不同的人，包括統治者與他們的臣民。

南亞

伊斯蘭教在八世紀初傳入南亞。當地第一個蘇非教團叫做**基斯蒂**（Chishtiyya）[44]。來自中亞與阿富汗的征服者引進這個兄弟會，之後在德里蘇丹王國（於一二〇六至一五二六年間統治印度的五個穆斯林王朝）時期，它的地位愈來愈重要。蘇非行者傳達愛與慈悲的訊息，對於在種姓制度中地位低下的人相當有吸引力。十二世紀中期，蘇非行者穆因丁‧基斯蒂將這個以他的名字命名的兄弟會帶入印度拉賈斯坦邦的拉合爾與阿傑梅爾這兩個城市。另一方面，基斯蒂在儀式中演出**卡瓦力**（qawwali），這是融合虔誠詩句與印度音樂的表演，但同時他們也堅持謹守伊斯蘭律法。卡瓦力音樂之父是蘇非主義音樂家與詩人阿米爾‧庫斯洛，他於一三二五年去世。十六世紀**蒙兀兒**帝國皇帝阿卡巴爾，就十分景仰基斯蒂道團[45]。

這份崇敬之心，在時間可推定為一六二〇年代早期的蒙兀兒帝國著名細密畫中表露無遺。在這幅平行宇宙概念的畫中，有四個長翅膀的小天使陪伴年長的皇帝賈汗吉爾，被身後的巨大光暈籠罩的皇帝顯

圖 58：聖人的影響力。
蒙兀兒皇帝賈汗吉爾重
視蘇非謝克胡笙更勝於
君王（印度阿格拉，約
一六二〇年）。皇帝的
光圈與日月相合，反映
出他的尊稱：「宗教之
光」。在此他被描繪為
「時間之王」；小天使
在他的王座上寫著「吾
王萬歲」。謙遜的畫家
比基特將他的名字簽在
皇家腳凳上。

得金光燦爛；他坐在沙漏王座上，底下的沙子快要漏光了。有四個人
隨侍在側，為首的是謝克・胡笙・基斯蒂，因禁欲而瘦削的臉被白色
大鬍子包圍，顯然成為神聖的象徵。皇帝遞給他一本書，或許是皇室
生活編年史。謝克下方的鄂圖曼蘇丹順從地等著；接著是英格蘭詹姆
士一世（同時也是蘇格蘭王詹姆士六世），他的畫像模仿自詹姆士一
世時期的細密畫，因此有著如照相般詭異的精確度。畫家把自己塞在
畫面左下角。畫上刻著如下文字：「雖然世俗國王站在他面前，他的

圖 59：多宗教的聖陵。尼查姆・丁・奧利亞的聖陵（印度德里，十三世紀至今）。這位聖人的聖陵和許多印度穆斯林聖陵一樣，吸引來自不同宗教的熱心教徒；遠方其他國家也有同樣情形，例如巴勒斯坦的穆薩聖陵（譯注：即摩西之墓）對穆斯林、猶太教徒與基督教徒都同樣歡迎。

目光卻凝視著托缽僧。」

　　在印度次大陸與其他地方，還是會演奏蘇非音樂卡瓦力，信徒也會造訪蘇非聖者的陵墓。在德里、阿傑梅爾和法特普西克利，蘇非主義的儀式十分盛行，教徒也熱中於造訪聖人陵墓。例如一三二五年去世的基斯蒂道團聖人尼查姆・丁・奧利亞位於德里的陵墓就一直有熱心的道團教徒造訪，而且他們常在陵墓的庭院中唸誦古蘭經、冥想、默唸讚誦以及舉行薩瑪儀式。在這位聖人的忌日，會舉辦特別盛大的

慶祝活動。雖然這是著名蘇非行者的聖地，其他信仰的人群也會來到這裡；如此歷史遺跡的確能團結不同宗教，作為凝聚眾人的力量。伊斯蘭教與印度教的平民之間有著許多互動，而他們進行的活動無疑不見容於穆斯林純粹主義者。

東南亞

伊斯蘭教藉由貿易路線傳到東南亞，尤其是東非、阿曼與印度的海路。爪哇的第一批傳福音者是蘇非行者，他們跟隨陸路與海路的商人來到東南亞。學者一般認為二十世紀之前印尼的伊斯蘭教由蘇非行者主導[46]。十六世紀時，蘇門答臘的哈姆札·凡蘇里在亞齊的蘇丹宮廷中，以馬來語寫成神祕的詩[47]。東南亞的伊斯蘭學者定期到麥加朝聖；有些人在當地停留許多年，習得深奧的伊斯蘭宗教學。其中一位學者是阿布杜－薩瑪德·帕立姆巴尼，一七〇四年他生於蘇門答臘南部的城市巨港。他的蘇非主義著作汲取嘎札里與阿拉比的學說，他也將伊斯蘭教的學問從麥加傳回東南亞。今天無論在印尼鄉村或城市的知識份子之間，蘇非主義的相關活動都十分活躍[48]。

非洲

伊斯蘭教很早就傳入非洲；早在先知時代就傳入衣索比亞，在他去世後不久傳到埃及與北非。在之後幾世紀中，伊斯蘭教傳入西撒哈拉，從摩洛哥翻山越嶺，從埃及跟著穿越撒哈拉沙漠的篷車隊的商人

圖60：密傳知識守護者。蘇非行者姆布爾（塞內加爾）。塞內加爾有百分之九十二穆斯林屬於蘇非兄弟會，規模最大的是提加尼兄弟會（其教誨完全根據古蘭經與聖訓，因而享有盛名）。這位眼神專注的瑪哈布（marbout）（阿拉伯文是 murabit，亦即蘇非信仰戰士）身穿星形圖案的袍子，手拿玫瑰念珠（為了唸誦真主的九十九個名字），在他面前放著打開的古蘭經和驅邪圖表。他是一位充滿靈性的人物。

一路前往西非，在現今馬利共和國尋找黃金。蘇非行者很有可能是跟著商人過去，甚至他們自己就是商人。馬利共和國傳奇性的廷巴克圖於大約一一〇〇年就已建城，並且從那時起就成為伊斯蘭學術中心與蘇非主義盛行的城市，許多紀念蘇非聖人的聖陵就建在這座城裡。二〇一二年，走強硬路線的馬利伊斯蘭主義者摧毀了幾座廷巴克圖蘇非行者陵墓。

　　事實證明蘇非主義的信仰與實踐在非洲大陸極有吸引力，尤其是在西非與東非，今日有許多不同的蘇非團體散布在這個區域各處。提加尼亞道團目前是西非規模最大的蘇非兄弟會，它的名稱來自一位於

一八一五年去世的阿爾及利亞蘇非行者阿赫瑪德・提加尼亞。這個道團的目的是為了幫助窮人。現在埃及有一個政府部門專門處理提加尼亞道團相關事務，此外還有另外超過六十個道團以這種方式獲得正式法律地位。在索馬利亞，嘎迪里亞道團相當有影響力。蘇非主義在北非依舊是一股強大的力量，夏德赫利亞是最盛行的兄弟會，在撒哈拉以南也是如此。

非洲大陸面積廣大，其穆斯林人口幾乎占全世界穆斯林人口三分之一。當地蘇非主義的實踐方式難免相當多樣化。正如在印尼、巴爾幹半島與印度等地，非洲蘇非主義實踐方式一直受到當地宗教影響，彼此互相融合，包括早在伊斯蘭教傳入之前就已存在的**泛靈論**。擁護嚴格伊斯蘭教教義形式的人，當然對這種現象表示不滿。

西方

蘇非社團在歐洲與美國十分興盛，許多蘇非社團依舊扎根於伊斯蘭傳統。他們使用從蘇非主義古典時期就已廣泛使用的象徵，並且深受魯米的詩和伊本－阿拉比思想的影響。在出版於二〇〇三年的雜誌《蘇非主義》某一期中的一首詩，正是很好的例子：「這條道路終將帶領我們來到某個平靜的地方，來到讚誦的地方，在這裡我們一齊唸著阿拉的名字，不須存在，只要踏上回去的旅途。我們來自阿拉，也將回到阿拉。」[49] 位於英格蘭牛津的穆希丁・伊本－阿拉比協會，以及南非、英國與西班牙的阿拉維亞道團，都十分興盛。

如今「蘇非」這個字詞在使用上非常鬆散與不精確。在過去，蘇

非行者自認為是實踐派的穆斯林，但如今在美國有愈來愈多不信奉伊斯蘭教的人獲准進入道團。我們是否可以這樣問，如此也能稱做蘇非主義嗎？正如那瑟爾所指出，伊斯蘭教就像一顆胡桃，它的殼是伊斯蘭法，核心是道，而看不見卻無所不在的胡桃油，就是真理（*haqiqa*）[50]。伊斯蘭法與道互為表裡，因此蘇非主義沒有捷徑，不能繞過正統伊斯蘭教。書店擺放蘇非主義書籍的書架和伊斯蘭教的書架不在一起，彷彿兩者毫無關聯。但真正的蘇非主義不是某種新世紀宗教或密教。蘇非主義不會獨立存在於伊斯蘭教之外。

從一九三〇年代開始，蘇非主義影響了幾位知識份子，現今也有一些名人受到它的吸引。然而，伊本－阿拉比支持者熱烈擁護的蘇非主義知識份子的觀念，和中東、印尼與非洲各處在敬拜儀式中加入吟誦、音樂和跳舞以及在給真主的祈禱文中求助於聖人仲裁的穆斯林，以上兩者之間存在著鴻溝。不過，這兩種蘇非主義的面向持續蓬勃發展，它們是伊斯蘭教的兩大經緯，並且一再顯現各自以新形式再生的能力。

選讀書目

Ernst, Carl, W., *Sufism. An Introduction to the Mystical Tradition of Islam,* Boston, MA: Shambhala Publications, 2011

Karamustafa, Ahmet T., *Sufism, The Formative Period,* Edinburgh: Edinburgh University Press, 2007

Lings, Martin, *What is Sufism?*, Berkeley and Los Angeles, CA: University of California Press, 1975

Renard, John, *Seven Doors to Islam: Spirituality and the Religious Life of Muslims*, Berkeley, CA and London: University of California Press, 1996

Watt, W. Montgomery, *The Faith and Practice of al-Ghazali*, Oxford: Oneworld Publication, 2000

第九章
吉哈德

信道的人們啊！我將指示你們一種生意，它能拯救你們脫離
痛苦的刑罰，好嗎？
你們信仰真主和使者，你們以自己的財產和生命，為真主而
奮鬥。

—— 古蘭經 61:10-11

　　吉哈德（「奮鬥」，編注：今日常譯為聖戰）對所有**穆斯林**來說
都很重要。傳統上吉哈德的概念有兩種面向：精神層面的**大吉哈德**，
以及一般被解釋為戰鬥的**小吉哈德**。從名稱看來，大吉哈德比小吉哈
德重要。大吉哈德是穆斯林為了征服自我 —— 移除心中較根本的天性
及世俗的喜好 —— 進行個人內在的奮鬥，如此他們才有可能過著公正
的人生。相對而言，小吉哈德指的是捍衛信仰的奮鬥，也就是武力的
奮鬥。穆斯林相信，理想上來說，如果以先知**穆罕默德**、他的虔誠**聖
伴**以及其他**伊斯蘭**歷史中足以作為楷模的宗教人物為範例，大吉哈德
與小吉哈德這兩種面向，應該在同一個人身上並存[1]。

大吉哈德與小吉哈德

　　無論是在穆斯林世界，或者是在九一一之後的西方世界中，就吉哈德這個概念的重要性而言，西方普遍誤解它的意義，令人相當遺憾。大多數非穆斯林都不知道有大吉哈德，也就是精神層面的吉哈德。

大吉哈德

　　可想而知，比起其他種類穆斯林宗教與政治著作，對大吉哈德的討論往往更常出現在經典**蘇非主義**論文中。事實上，這個概念由蘇非行者對**古蘭經**與**聖訓**的虔誠冥想演變而來。早期蘇非行者**哈里斯‧穆哈希比**（七八一至八五七年）認為，在通往真主的道路上，有十分之九的奮鬥是發生在一個人心中[2]。**阿布－胡笙‧阿里‧胡吉維里**（約九九〇至一〇七七年）在他早期的波斯文蘇非主義論文中的某一段特別提到「庸俗靈魂的禁欲」；其中他引用某些知名聖訓段落，例如「**奮戰者**（mujahid）是用盡全力為了真主而對抗自己」，以及「我們從較小的戰爭歸來，邁向更大的戰爭」。當信徒問穆罕默德：「什麼是更大的戰爭？」他回答：「就是與自己奮戰。」接著胡吉維里總結道，先知「判定，庸俗靈魂的禁欲，更勝於對抗異教徒的聖戰」[3]。因此，大吉哈德是一個人發展內在靈性的豐富而複雜的方法。

　　雖然呼籲人過著有道德的人生被稱為大吉哈德——這名稱有其道理，因為這是一場對抗貶抑人性、阻撓通往真主之路的邪惡與缺點的永恆戰役，今日大部分針對吉哈德的討論，談的都是小吉哈德，無論

穆斯林思想家與非穆斯林西方學者都是如此。至於大眾媒體則是完全不提大吉哈德。目前定居卡達的傑出埃及學者**優素夫·卡拉達威**（生於一九二六年）對於人將吉哈德局限於戰鬥，因而局限了它的概念，表示遺憾。

學者**嘎札里**（一〇五八至一一一一年）所寫的《宗教科學的復興》，不過是許多中世紀與後中世紀書籍中最傑出的一本；這些書籍引導教徒實踐日常信仰，以及隨之而來的道德挑戰。嘎札里的鉅著鉅細靡遺地說明穆斯林應該如何崇敬真主，以及如何愛人；這本書的架構像是一本法理學書籍，卻也涵蓋了靈性層面。因此，反思大吉哈德時，當然要以**伊斯蘭五功**為背景。教徒認定伊斯蘭五功是穆斯林生活的重要明燈，而大吉哈德可以被視為教徒持續解決深刻而多面向的實際生活與靈性層面意涵的方式。

小吉哈德

甚至就在今日之前，非穆斯林——尤其是基督徒——有一種認知，那就是伊斯蘭教是一種「用劍的宗教」[4]。例如某位西方軍事史學家就表示，伊斯蘭是「世界上最好戰的宗教」，因為「聖戰（吉哈德）是它的教義」[5]。這種評論在伊斯蘭教的歷史與其基本教義中根本沒有立論基礎。例如，在一項二〇〇八年舉辦的全球蓋洛普民調中，全球穆斯林中只有百分之七是好戰的極端份子[6]。

正如阿斯瑪·阿夫薩魯丁在她最新的著作中指出，卡拉達威承認「戰鬥」目前已成為「吉哈德最主要的意義」[7]。因此，我們必須詳

細解釋這個概念在伊斯蘭正典中如何被定義，它在理論與實踐上又是如何演變。這是本章主要的目的。

正典中的吉哈德

古蘭經

古蘭經只有在二十四段經文中提到吉哈德，大多數都是強調其精神層面。2:218 是個很好的例子：「信道的人，離別故鄉並且為主道而奮鬥的人，這等人他們的確希望真主的慈恩。」真實的、也就是導致殺戮的作戰，阿拉伯文叫做「qital」；而「吉哈德 jihad」卻是完全不同的另一個字。

1. 先知穆罕默德生命中的吉哈德

在嘗試理解並解釋古蘭經中的意義與模糊的語意時，傳統上古蘭經評注者會將某些經文連結到先知穆罕默德生活中的某些特定事件。畢竟，除了傳遞永久的訊息給所有地方的所有人，古蘭經也是穆罕默德生活演進的一面鏡子。真主的啟示在危機時刻來到他面前。當先知穆罕默德以**麥加**為根據地時，吉哈德的重點就在於藉由穆罕默德的傳道與個人範例，傳播伊斯蘭教的訊息。這就涉及艱難的精神奮鬥（吉哈德），因為最早的穆斯林面臨來自麥加異教徒的敵意、社會放逐、部落杯葛、騷擾和迫害等等（見第二章，頁 42-43）。穆罕默德的人生確已陷入險境。六二二年他遷徙（**聖遷**）至**麥地那**，肢體戰鬥對於

當地羽翼未豐的穆斯林社群而言成為核心議題。穆罕默德根據伊斯蘭教原則建立一個新的**神權**社會秩序，他必須同時應付城市內外的敵人。麥加人要他死，他們派出軍隊攻擊他；新信仰與新宗教只能以武力捍衛。這經過真主認可。

非穆斯林，尤其是熟悉「和平之君」**耶穌**模型的基督教徒，很難接受一位戰士先知。然而，形成基督徒聖典一部分的舊約聖經，其中包括最有名的先知**亞伯拉罕**的例子，特別是猶太先知**摩西**，上帝派他來向異教徒宣揚一神訊息，他為了保護上帝的子民而戰。穆罕默德非常清楚這段古代的戰鬥宗教傳統。但是，在他自己的部落以及在所有阿拉伯部落，部落劫掠與戰鬥在極其艱困的環境中一直是生活的一部分，也是求生存的一部分。然而，穆斯林相信，阿拉伯傳統部落戰爭與穆罕默德自己的武力奮鬥之間的差異是，後者的奮鬥具有宗教的重要性[8]。這是通往真主之路的吉哈德。

2. 皈依異教徒

在面對衝突時，古蘭經強調溝通協商的重要性，不論衝突發生在穆斯林社群內部，或是在穆斯林對抗外在敵人時；重要的不只是維護團結，平息叛亂，也要牢記穆斯林的兄弟情誼（49:10）：「信士們皆為教胞，故你們應當排除教胞中的紛爭。」

古蘭經的麥加經文，也就是穆罕默德在麥加領受的啟示，其中指示信徒忍受迫害，不要報復他人；麥地那經文，也就是穆罕默德在麥地那建立新社群的時期，卻倡議反擊。麥地那經文中也有自相矛盾的地方；有些經文只有在穆斯林遭到攻擊時才容許戰鬥，另一些經文

下令穆斯林主動出擊。顯然政治與歷史現實在某種程度上決定了當時的政策。伊斯蘭教並不會閃避「此生」。穆罕默德不像基督教傳統中的耶穌，宣揚脫離世俗政治。可說從伊斯蘭教創教開始，信徒就必須維繫社群存亡，以及這個新宗教的信仰與實踐。因此不意外的是，在阿拉伯七世紀的**多神教**環境中，穆斯林很快就面臨到有時必須以武力捍衛這弱小新社群的狀況。如果不這麼做，很難說伊斯蘭教是否能存活到現在。然而，古蘭經自始至終並沒有同意殺戮。它強調讓受到伊斯蘭訊息吸引的人自願皈依，這是一個由真主規範，讓人類信奉的宗教，而不是以武力脅迫皈依的宗教[9]。

聖訓

　　伊斯蘭教第二個聖典來源是聖訓（先知穆罕默德的言行錄；見第二章，頁 50-51），其中有許多吉哈德相關的內容。除了四部正統**遜尼派**聖訓集，還有許多幾世紀以來的遜尼派、**什葉派**、蘇非主義等個別學者與團體編纂的聖訓，因此現在存有各種不同關於吉哈德的觀點。有許多聖訓極力讚揚吉哈德的優點：某個典型的例子強調，在真主的道路上奮鬥一天，比禁食一千天更值得讚許。在某一部知名的聖訓中，先知宣稱：「真主最清楚誰在他的道路上受了傷，但是當死者從墳墓中復活時，血將從他們的傷口中淌出。它的顏色是血色，但氣味卻是麝香味。」[10]殉教者的血是散發麝香氣味，特別得到真主喜愛。這種看法連結了此生與來世：古蘭經（83:25）中承諾，走上吉哈德之路的殉教者，將會在天堂飲用有麝香香氣的花蜜作為報酬。

無論成功與否，吉哈德都值得嘉許。吉哈德必須在某些規定的情況下進行。在聖訓中有許細節規範吉哈德，包括實際的準備，交戰時必須遵守的規定，禁止屠殺老人、小孩與婦女，合理分配戰利品以及處置囚犯和使者。戰爭必須出於真誠的動機。殉教的甜美果實是允諾給步上真主道路的人。聖訓集中常提到，在真主道路上倒下、成為殉教者的人，信徒不需要替他們清洗或祈禱，而是應該將他們埋葬。他們不應該按照習俗被穿上壽衣，而是應該穿著他們被殺時的衣物。聖訓集並未有系統地條列出規則，但其基本規範卻能引導之後的法學家制定合適的吉哈德原則。

伊斯蘭律法中的聖訓

傳統吉哈德法學理論由開始於九世紀的遜尼派吉哈德法典演變而來，這時的穆斯林帝國在**阿拔斯朝**統治下擴張到最大的版圖[11]。在這之前，穆斯林學者與法官不只試圖根據實用主義與常識做出判決，更重要的是他們懷抱虔敬的精神與真誠的渴望，遵循古蘭經原則以及先知穆罕默德的行為模範。戰鬥不是征服敵人的唯一方式。當然，在穆斯林史料紀錄中，許多城市和領土只憑簽訂協議書，就被交給征服者。不過，如果必須以戰鬥征服某個地區時，**哈里發**與他們的指揮官就會留意是否有擬定清楚的規則。無論是打一場合乎體統的戰爭或是草擬和平條約，都需要規定。這就是穆斯林宗教學者在律法書籍中提出傳統吉哈德理論的背景起源。這些學者活在伊斯蘭教興起的約兩世

紀之後，這時穆斯林帝國的界線大致定型，並且一直維持到十一世紀游牧土耳其人到來後 [12]。

傳統吉哈德理論

宗教學者闡述吉哈德概念的起點，一如往常，就是古蘭經。但有時候古蘭經的陳述過於簡短與自相矛盾，學者往往需要參照各種聖訓中提到的吉哈德，擴大解釋經文與補充內容。當古蘭經與聖訓集這兩部聖典都無法直接解決新問題時，學者就會採用另外兩種來源 —— **類比和公議**。如果這樣還是不能解決問題，這時候他們就有理由求助於個人判斷（**理性思考判斷**原則；亦見第五章，頁 160）。古典**伊斯蘭法學**書籍中的吉哈德章節往往遵循既定的模式與內容，它們大都根據相關的古蘭經段落與聖訓引文，因此無論作者屬於哪個法學派，內容大致上類似。沒多久伊斯蘭世界就出現討論吉哈德的專書；現存最早的是《吉哈德之書》，作者是去世於七九七年的阿布杜拉・伊本－穆巴拉克 [13]。

根據中世紀穆斯林宗教學者的說法，整個世界分成兩部分：**伊斯蘭之地**（Dar al-Islam）與**戰爭之地**（Dar al-harb）。針對這些概念有許多種解釋，不過其中一種解釋是，伊斯蘭之地指所有在穆斯林控制之下的地方，在這裡穆斯林占大多數，伊斯蘭律法普及各地。它也包含某些非穆斯林範圍，穆斯林擔任最高統治者，與非穆斯林訂定盟約。這些非穆斯林團體主要是猶太教徒與基督教徒，也就是所謂的「有經者」。只要繳交人頭稅，他們就能獲准在伊斯蘭之地從事各自

的信仰活動，並且得到保護。穆斯林不會對他們發動吉哈德，但他們的社會地位不如穆斯林，也必須受到某些社會與宗教限制。對有經者的規範，之後也適用於沒有在古蘭經中提到的其他信仰的教徒，例如**瑣羅亞斯德教徒**（Zoroastrians）和佛教徒。

至於戰爭之地，指的則是在非穆斯林政府統治下的領土，穆斯林是境內的少數族裔，當地實施的不是伊斯蘭律法。只有穆斯林社群的領袖哈里發能號召並領軍發動吉哈德對抗戰爭之地，吉哈德是整個社群的義務。設計繁複的規定是為了能妥善執行吉哈德。穆斯林必須先邀請敵人皈依伊斯蘭教。如果他們願意，就必須在當時當地終止戰爭。如果他們拒絕皈依伊斯蘭教，也可以順從穆斯林的規定，支付人頭稅；否則穆斯林必須攻擊他們。在發動吉哈德與其他種類的打鬥與暴力行為之間應有清楚的區隔——阿拉伯文的戰爭是 *harb*，打鬥是 *qital*。被視為進行非法暴力行為的人[14]，就是伊斯蘭社群眼中的敵人。

修正傳統理論

八世紀之後，隨著哈里發帝國逐漸分崩離析，穆斯林學者如阿布－哈尼法，開始放寬吉哈德的範圍，好讓它涵蓋促進和平而非引發戰爭的策略。有些學者開始承認第三種領土狀態——**締約之地**（Dar al-'ahd）或**和平之地**（Dar al-sulh）。這兩個名詞指的是一個中間類別，這些地區與穆斯林社群締結條約，向哈里發支付貢品，並獲准保留當地的政府形式。這個策略在法律上尊重中世紀穆斯林與非穆斯林國家之間的商業往來。且較為務實，它准許締結暫時的和平條約，最

長只能維持十年。穆斯林可以單方面拒絕和平條約，但他們必須事先通知敵方。

　　幾世紀以來，吉哈德理論經過多方調整，例如准許在穆斯林社群中的打鬥。舉例來說，十一世紀法學家瑪沃迪為統治穆斯林的遜尼派哈里發寫了一篇以好政府為題的著名論文，而包括叛變、叛教者（背離信仰者）以及什葉派教徒，都是吉哈德的合法目標。一位更有名望的伊斯蘭思想家**伊本－哈勒敦**（卒於一四〇六年）提出戰爭的四種類型。前兩種類型，「競爭對手或鄰近部落之間的小規模紛爭」與「源自於野蠻人掠奪欲望所引發的戰爭」，是不合法的。後兩種是為了鎮壓內部叛變的吉哈德與戰爭，是合法的[15]。但是，吉哈德的傳統理論既不夠全面性，也沒有涵蓋所有細節。因此，對於在穆斯林為少數族裔的非穆斯林國家應該採取哪種合適的態度，這一點懸而未決。在伊斯蘭教遍及全球的今日，這個議題與穆斯林律法學家息息相關。

什葉派十二伊瑪目派的吉哈德觀點

　　什葉派**十二伊瑪目派**以吉哈德為信仰中心（關於什葉派十二伊瑪目派，詳見第六章）。一位早期十二伊瑪目派學者伊本－巴巴威寫道：「吉哈德是真主加諸於人類的宗教責任。」另一位學者謝克・穆菲德聲稱：「吉哈德是維繫伊斯蘭教的基礎力量。」[16] 遜尼派的觀點與一些十二伊瑪目派的觀點雷同，例如將吉哈德定義為集體義務；當有重大危險威脅穆斯林社群時，它也成為一項個人義務。十二伊瑪目

派與遜尼派都列出了可以免除為吉哈德奮戰的幾種人。他們在提到吉哈德這個字詞時，指的不只是戰鬥，也包括其他方面的奮鬥，例如追尋宗教知識。由第六任**伊瑪目**賈俄法爾‧薩迪各編寫的聖訓中宣稱，在**審判日**，「學者的墨水在秤上將會比殉教者的血更重」[17]。

然而，什葉派十二伊瑪目派與遜尼派對吉哈德的教義解釋還是有一處關鍵的差異。十二伊瑪目派相信，吉哈德的領導權只屬於唯一合法的權威，也就是由真主指派的隱遁伊瑪目（見第六章，頁209）。然而，在**阿里**與**胡笙**被謀殺之後，他們在掌權的遜尼派政府面前採取被動的態度，等待第十二位伊瑪目回來[18]。然而，當十二伊瑪目派社群必須確保自身能否存活時，他們逐漸修正了這種觀點。一〇六七年，圖西對傳統十二伊瑪目派的吉哈德理論做了第一次重要的修改；他強調即使當伊瑪目不在時，穆斯林也可以發動防禦性的吉哈德，而這項責任應該移轉給宗教學者。

這種觀點在之後依然是十二伊瑪目派吉哈德理論的基礎，雖然有時會遭到後來的統治者藐視。因此，當信奉十二伊瑪目派的**薩法維朝**於一五〇一年在伊朗掌權時，第一任統治者伊斯瑪儀一世繼承伊瑪目職位，並認為他有權發起吉哈德，對抗信奉遜尼派的**鄂圖曼帝國**。鄂圖曼人展開報復，譴責薩法維朝是異教徒，也對他們發動吉哈德。在之後的**卡扎爾朝**（Qajar，一七八五至一九二五年），宗教學者肩負解釋伊斯蘭律法的責任，這些人在十二伊瑪目派發起的吉哈德中扮演重要的角色，尤其是一八〇三至一三年與一八二六至二八年對俄國發動的兩場戰爭。當時由宗教學者頒發的**教令**，收錄在一份叫做《吉哈德論文》的著作中，從中可看出對該主題的新思維。最重要的是，

他們培育一批代表隱遁伊瑪目的宗教菁英份子，以便進行有效率的統治，並且強調在十二伊瑪目派法理學中吉哈德責任的重要性 [19]。

何梅尼

　　建立伊斯蘭伊朗共和國的**何梅尼**（一九〇二至八九年；見第六章，頁 221-23）在對抗他稱之為「大撒但」的伊朗國王與美國時，獲得廣大群眾的支持。他也力挺穆斯林的反猶太復國主義吉哈德，以解放耶路撒冷。在一九八〇年代的兩伊戰爭中，伊朗政府發給士兵一張地圖，上面是經由伊拉克到耶路撒冷的路線。何梅尼將**賴買丹月**的最後一個星期五訂為耶路撒冷日；一張一九八〇年的郵票是為了紀念全球耶路撒冷日，郵票上以阿拉伯文、波斯文和英文寫著：「讓我們解放耶路撒冷。」現在整個穆斯林世界都以一張描繪著代表耶路撒冷聖城的圓頂清真寺圖像的郵票，慶祝耶路撒冷日。有些郵票上甚至有**薩拉丁**（卒於一一九三年）騎在馬背上再次征服耶路撒冷的圖像（見頁 317-18）。

　　何梅尼對吉哈德的解釋相當廣泛：「伊斯蘭聖戰是對抗偶像崇拜、性逾越、掠奪、壓迫與殘暴。」[20] 兩伊戰爭的嚴重衝突讓兩個穆斯林國家反目成仇，然而何梅尼卻稱它為吉哈德。德黑蘭城外何梅尼陵墓不遠處的墓園裡，就是成千上萬死於這場戰爭的年輕男子與男孩的墓。他們常光著腳走過地雷區，相信自己正走向天堂。每一個墓上都有一塊墓石，以血紅的漆寫上一段古蘭經中的吉哈德引文，附上一張死去戰士的照片。

圖 61：薩拉丁繼承人？伊朗鈔票。何梅尼以政治宣傳手法將打敗伊拉克的渴望與打敗以色列劃上等號。他發起「耶路撒冷日」，每年以海報、郵票和硬幣慶祝這一天，藉此復興古代反十字軍聖戰，收復圓頂清真寺。每一個伊朗人都收到這個訊息，因為這是當時人最常用的鈔票。

圖 62：失去的一代。在德黑蘭殉教將士墓園中向陣亡的吉哈德戰士致敬的女人，這座墓園是獻給死於兩伊戰爭（一九八〇至八八年）的伊朗人。紅色旗幟、玫瑰、鬱金香和噴出鮮血的圖像，在在強調殉道主題——由於胡笙的死，殉道長久以來一直令伊朗什葉派教徒產生強大的共鳴。

前現代的吉哈德

　　以下簡短地檢視一些挑選出的吉哈德的實例，說明這個概念的多樣性、變動性與長久性。當然，其他如政治與社會經濟因素也在這些案例中扮演重要角色，但重要的是，無論當時或幾世代之後寫作的穆斯林歷史學家，都將它們視為吉哈德。

征服阿拉伯，七至八世紀

　　自從先知死後，某些軍事戰役被中世紀穆斯林作者封為吉哈德。第一次出現這樣的現象是阿拉伯穆斯林帝國於六三二至七一一年創立時期。有些現代學者主張，氣候與社會經濟因素在這一段征服時期是最重要的。另一個常見的觀點是，許多基督徒寧可生活在穆斯林統治下，也不願意受到來自君士坦丁堡的宗教迫害。穆斯林承諾的宗教寬容，吸引當地基督徒與猶太人，在今日的紛紛擾擾中，這是值得我們記住的一點。還有些人相信吉哈德是一種手段，為的是在穆罕默德剛去世之際，就能促使部落中的貝都因人在新征服的土地上建立伊斯蘭教[21]。因此，在這獨特的現象中，吉哈德是否扮演了任何角色呢？

　　從這些征服行動的時間點就能看出答案。在穆罕默德死後，攻擊行動立刻蜂擁而起。雖然貝都因軍隊中的普通士兵不大可能充滿吉哈德的精神，但或許先知虔誠的親信已經受到啟發。那麼我們很難否認，吉哈德的動力必定在早期軍事成功扮演關鍵角色；它給予阿拉伯人一種對抗敵人時的意識形態優勢。在熟悉穆罕默德的這些人的實踐之下，

伊斯蘭教提供阿拉伯國家萌芽的基礎；正是這一小批菁英份子的吉哈德發動了早期征服的戰役，鼓舞了他們的軍隊。正如十四世紀的伊本－哈勒敦所主張，被一股強大的宗教動力推動時，游牧民族的侵略性和團結性能發揮最大效用，而這股動力就是在真主的道路上奮鬥。

伊拉克哈理哲派，七至九世紀

　　以不同方式解釋吉哈德概念的各種團體的出現，迅速威脅脆弱的年輕穆斯林社群。僅僅在穆罕默德去世後三十年，出現一個叫**哈理哲**的邊緣團體（見第六章，頁 190）[22]。他們相信一句神學口號：「規則只屬於真主。」根據他們嚴格的宗教觀點，唯有最有道德的人才能領導社群，這個人不一定是要來自先知家庭或由整個社群選出。他們相信，與他們信仰不同的人就不是穆斯林，應該被殺。哈理哲專門謀殺領導者，其中最有名的就是阿里，因此有些學者稱他們是第一批穆斯林恐怖主義者。他們的武力攻擊持續了一二個世紀之後，才逃到穆斯林世界的偏遠地區，遠離遜尼派哈里發迫害。

　　哈理哲派主要來自阿拉伯部落，他們有悠久的口傳詩歌傳統。然而，哈理哲詩人不再讚揚部落美德，而是宣揚吉哈德訊息。他們讚揚在真主道路上英勇戰鬥死亡的戰士虔誠而勇敢的美德。落在後方的人則是深深懊悔他們沒有達到殉教目標。哈理哲戰士希望能殘酷地死於矛尖下。詩中寫道，白天他們像獅子般戰鬥，晚上他們像葬禮中啜泣的女人般祈禱。對哈理哲戰士而言，死亡帶來的並不是徹底絕望：它不過是天堂的入口，他們將會在天堂遇見早一步來到這裡的兄弟。

中亞薩曼朝，八一九至一○○五年

　　穆斯林領土邊境──靠近拜占庭，在西班牙、努比亞以及中亞
──吸引吉哈德戰士積極防禦並且擴張伊斯蘭之地。十世紀時，統治
最東邊穆斯林國家的是波斯人的**薩曼朝**（Samanids，八一九至一○○
五年）[23]。由於地理位置，這些堅定的遜尼派統治者繼承了捍衛東方
邊境的重要角色，抵禦中亞與內亞（譯注：指現今中國西部、蒙古與
俄國東部地帶）的土耳其游牧民族。兩位十世紀穆斯林地理學家伊
本－浩嘎勒和**穆嘎達西**，都曾詳細描述穆斯林在這些邊境地帶的生
活。他們提到許多被稱做「**里巴特**」的建築物。這些部分作為保衛邊
境的軍營、部分作為蘇非行者修道院的建築物是為了安置戰士，這些
人是所謂的「奮戰者」或「加齊」。他們越過伊斯蘭世界，聚集在這
個地區，為了發動吉哈德，對抗異教徒；就如同最近幾年有許多年輕
男性穆斯林聚集在阿富汗與巴基斯坦，學習與**塔利班**以及**賓－拉登**
（一九五七至二○一一年，見頁 324-26）的追隨者並肩作戰。當然，
我們很難評估這些對東伊斯蘭邊境的描述有多少是將吉哈德神祕的過
去浪漫化，不過俄國考古學家確實在中亞發現許多這一時期的里巴特
遺跡[24]。

阿富汗與北印度的嘎茲納朝（Ghaznavids），
九七七至一一八六年

　　由嘎茲納朝發動的戰役，在某些中世紀穆斯林史料提供了一個對

圖63：作為聖戰士典範的君主。嘎茲納朝的馬哈茂德（卒於一〇三〇年）在前往印度的路上經過一座橋。出自拉須德丁，《世界史》（伊朗大不里士，一三一四年）。興都庫什山的嘎茲納朝明星人物馬哈茂德，對北印度進行十七次吉哈德突擊行動。他因此得到大筆財富，並且在之後的傳說與歌功頌德的詩句中留名百世。

比的例子。嘎茲納朝是由一個突厥奴隸出身的賽布克提金將軍創立的遜尼派穆斯林國家，首都是現今阿富汗的加茲尼，統治阿富汗、東伊朗與北印度的一部分。嘎茲納朝的歷屆蘇丹將北印度的印度教徒視為多神教徒。因此，在九九九年與一〇二七年間，該王朝最有名的統治者──加茲尼的馬哈茂德認為他師出有名，因此對北印度發動十七次攻擊。後來他的宮廷歷史學家將他發動的突擊定義為吉哈德戰役，但他們真正的動機似乎是大肆掠奪印度教君王。馬哈茂德劫掠並摧毀他認為是偶像崇拜的藝術作品，並從印度教君王處獲得巨大財富，包括珠寶與其他價值連城的物品，還有數百頭可供軍隊使用的大象。儘管馬哈茂德宮廷中說波斯語的歷史學家對他歌功頌德，大力吹捧他的行

為，但馬哈茂德與他的繼任者是否曾依照伊斯蘭律法的規定邀請北印度的非穆斯林統治者皈依伊斯蘭教，令人懷疑。無論如何，馬哈茂德在今日的巴基斯坦依舊被當成吉哈德戰士的典範。

北非與西班牙的阿爾摩拉維德朝，一〇六二至一一四七年

遠離中亞的**阿爾摩拉維德朝**（Almoravids）是柏柏爾人部落聯盟，他們征服了大部分北非地區與部分穆斯林占據的西班牙地區[25]。他們的吉哈德意識形態從部落的阿拉伯名稱穆拉比特中就可看出，意思是「住在里巴特裡的人」。阿爾摩拉維德朝的創立者是一位神祕人物，他取了「伊本－亞辛」（Ibn Yasin）這個名字；亞（ya）和辛（sin）是所謂神祕字母，來自古蘭經某幾章的開頭（見第三章，頁104）。伊本－亞辛擁護嚴格的遜尼派**瑪立基**法學派（見第五章，頁161），他對摩洛哥高阿特拉斯山脈中戴著面罩的桑哈加柏柏爾部族戰士宣揚激進、擴張主義的吉哈德訊息。伊本－亞辛接著在撒哈拉沙漠各地流竄，直到一〇五八年死去，成為**殉教者**（shahid）。他的繼任者**優素夫·伊本－塔休芬**（一〇六一至一一〇七年）攻占北非大部分地區，在摩洛哥建立了新首都馬拉喀什，並攻擊穆斯林所在的西班牙。這些戰役——無論是攻擊非洲的異教徒，或更令人訝異的是攻擊北非與西班牙的穆斯林，阿爾摩拉維德朝都將之稱為吉哈德；他們認為這些人的信仰不夠熱誠，需要「再伊斯蘭化」。

正如許多之前與之後的穆斯林改革者，優素夫·伊本－塔休芬在中世紀阿拉伯編年史中被描寫為樸素虔誠的象徵；據說他從不喝酒，

從不聽歌女唱歌，也從不享受打獵或其他類似娛樂。他的帝國極盛時期曾經從西班牙北邊的札拉哥薩延續到非洲加納。毫無疑問，已經十分好戰的阿爾摩拉維德軍事行動中的吉哈德精神，在基督徒逐漸收復西班牙的同時更被激起，包括他們於一〇八五年占領重要的穆斯林城市托雷多。

薩義夫・道拉，敘利亞哈姆丹尼朝的統治者，九四四至六七年

十世紀時，有為數眾多的奮戰者從中亞長途跋涉來到敘利亞，加入**哈姆丹尼朝**（Hamdanids）著名的什葉派統治者**薩義夫・道拉**的軍隊，他每年發動吉哈德戰役對抗**拜占庭**帝國。和在中亞相同，拜占庭邊境的奮戰者住在里巴特裡，這些建築由虔誠的教徒捐贈。薩義夫・道拉（意思是「國家之劍」）帶領軍隊從他位於阿勒坡的小國家前進，攻打拜占庭，進行超過四十次戰役。他從九六二年開始久病不起，然而還是被人放在乾草堆上帶上戰場。死時他像個真正的殉教者般下葬；教徒以某一場戰役帶來的塵土做成磚，放在陵墓中他的臉頰下。詩人與傳教士大肆讚揚他的奮戰。最有名的古典阿拉伯詩人**穆塔納比**（卒於九六五年）寫了一首頌歌，讚美薩義夫・道拉攻占拜占庭的一個小堡壘哈達斯：

你不是擊敗同等地位者的國王，
而是一神教擊敗多神教……
藉由你，祂（真主）將異教徒碎屍萬段。[26]

圖64：**血色旗幟**。穆哈
德朝戰爭旗幟（西班牙，
一二一二年之前）。這個
旗幟是吉哈德的象徵，它
宣告：「我在真主中得以
躲避魔鬼。」旗幟上的主
要題詞中（古蘭經61:10-
12），承諾死於聖戰的人能
上天堂。它的圖像學特色
在於有一顆位於中央用以
避邪的星星，以及其他天
體主題，與現代古蘭經的
卷頭插畫十分類似。

　　同一時間地點，激勵人心的布道隱藏在偉大吉哈德的象徵主義
中，由傳教士伊本－努巴塔於九六二年的講壇上，傳達給薩義夫・道
拉：「你是否能想像當你堅定不移地走在真主道路上時，祂會遺棄
你？因此為了進行吉哈德，穿上忠誠的鎖子甲，把信任真主的人的盔
甲穿在身上。」[27] 薩義夫・道拉的典範激勵了之後的敘利亞與巴勒斯
坦穆斯林，使他們起而對抗**十字軍**（Crusaders）。

圖 65：為信仰而戰的士兵遊行。 哈利里，《瑪卡梅集》抄本插圖（一二三七年）。圖畫中以各色橫幅，加上幾面旗幟以及一面巨大的軍旗（都是阿拔斯朝代表色黑色），拼出清真言。聲音宏亮的喇叭與鼓更強調音樂的重要性——或許是一組樂隊正演奏高官出現時必備的納巴樂曲或響亮的喇叭聲。

十字軍東征時期的吉哈德，一〇九八至一二九一年

　　歷史上最著名的中世紀吉哈德，就是穆斯林對十字軍東征威脅所做的回應。十字軍東征的威脅目標不是穆斯林世界邊境，而是它的心臟地帶，聖城耶路撒冷，這是伊斯蘭教僅次於麥加與麥地那的第三大聖城。第一次十字軍東征的第一批戰士於一〇九八年抵達敘利亞和巴

勒斯坦，這正是穆斯林最虛弱與分崩離析的時刻，他們並沒有準備發動吉哈德對抗十字軍。從名字就看得出他來自耶路撒冷（al-Quds，「聖城」的阿拉伯文）的阿拉伯地理學家穆嘎達西（九四〇至九一年）提到敘利亞的人民，他說：「敘利亞居民沒有吉哈德的熱誠，也沒有奮勇對抗敵人的精力。」[28] 也因此在一〇九九年，第一次十字軍狂熱的軍隊在屠殺該城人民之後，輕易攻下耶路撒冷。

然而，來自歐洲這些十字軍的行為，打著陌生的西方基督教狂熱招牌，終究讓穆斯林再次想起吉哈德，並且團結在它的旗幟下，將不受歡迎的外來者趕出他們的地盤，更重要的是趕出耶路撒冷。兩個世代之後，由敘利亞遜尼宗教階級與土耳其軍閥**努爾丁**（卒於一一七四年），在對抗十字軍戰士時大有進展。一一八七年，繼努爾丁之後領導吉哈德的庫德族將軍薩拉丁，收復了耶路撒冷。在中世紀穆斯林編年史中，將努爾丁與薩拉丁形容為個人精神上的吉哈德與對抗異教徒的公開吉哈德緊密結合的兩位人物。薩拉丁在先知穆罕默德從耶路撒冷升天的週年紀念日凱旋進入耶路撒冷，被描述為他的吉哈德最光榮的一刻 [29]。從一二五〇年以降，**瑪姆魯克朝**土耳其蘇丹 —— 堅定不移的遜尼派統治者 —— 還有最重要的是他們最成功的統治者貝巴爾斯持續進行吉哈德，因而到了一二九一年，瑪姆魯克朝得以將十字軍趕出穆斯林的領土。在十字軍東征時期，敘利亞與巴勒斯坦的穆斯林統治者無所不用其極地設法將吉哈德的信仰熱情維持在最高點。努爾丁贊助發行吉哈德書籍、聖訓選集、吉哈德布道與讚美聖城的著作 —— 耶路撒冷功績風俗畫。但或許最能激勵人心的文學工具就是讚美努爾丁與薩拉丁的一首詩；它強調他們的吉哈德精神層面，以及它的軍事

功績。薩拉丁傳記作家伊馬德・丁・伊斯法哈尼引述努爾丁的話語如下：「除了吉哈德，我別無所求……沒有為吉哈德奮鬥的生命，只是虛度光陰。」[30] 西班牙穆斯林伊本－祖拜爾於一一八三年經過聖地耶路撒冷，他在激昂的詩句中描述薩拉丁時，使用了其他反基督徒的吉哈德詩句中常見的破壞十字架意象[31]：

> 你已經在他們〔十字軍〕之中徘徊了多久，
> 宛如獅子徘徊在灌木叢中？
> 你以武力破壞了他們的十字架
> 你真是個了不起的破壞者！

其他的詩則是鼓吹必須保護穆斯林女性，以免遭到十字軍的暴行對待。詩人們筆下充滿著吉哈德的意象，以及對收復耶路撒冷聖地的渴望，他們以華麗的辭藻描述在天堂等待奮戰者的獎賞。

傑出的吉哈德人物 —— 伊本－泰米葉，一二六三至一三二八年

自從一二九一年將十字軍驅逐出去之後，穆斯林便將焦點放在吉哈德的其他面向上。伊斯蘭不只受到將近兩百年來自西歐的攻擊，更嚴重的是十三世紀來自蒙古游牧民族異教徒的可怕突擊。蒙古人於一二五八年摧毀遜尼派哈里發國所在地巴格達。一二九一年之後，吉哈德成為更內省與更精神性的活動；伊斯蘭之地開始關上大門，不與世界往來。宗教學者**伊本－泰米葉**親身經歷蒙古入侵的毀滅性衝擊。

吉哈德在他筆下被解釋為防衛穆斯林世界、抵禦外界進一步軍事干預的奮鬥。然而，伊本－泰米葉也提出更根本的改變，提倡以更偉大的吉哈德淨化穆斯林世界中來自與外人或其他信仰接觸後導致的靈性汙染，其中以基督徒與蒙古人的影響最為嚴重 [32]。他也非常敵視什葉派，指控他們與蒙古人合作。他譴責什葉派許多行為與觀念，包括造訪陵墓與崇拜聖人，以及與其他宗教有相同的宗教節慶，還有神學、哲學、炫麗的服裝、雙陸棋、西洋棋與音樂等。

　　伊本－泰米葉不是一位隱居的宗教人物。他積極參與社會與政府活動，統治者瑪姆魯克蘇丹與身邊的隨員常向他請教。有時將軍們喜歡他的建議，但不喜歡時，他會因此入獄。然而，無懼與正直的態度使得他備受敬重。伊本－泰米葉在他發布的許多教令其中一條定義吉哈德的目標，他說在真主之路上奮鬥的人「是為了讓宗教整體屬於真主」。在這條教令中他提到先知穆罕默德如何面對他的敵人，接著他談到他的時代所面臨的危機。他相信瑪姆魯克朝遭到許多敵人攻擊，最嚴重的就是與異教徒亞美尼亞基督徒等人聯手的蒙古人 [33]。許多宗教學者不願意對蒙古人發動吉哈德，因為他們在一二九五年已經皈依伊斯蘭教。在這條教令中，伊本－泰米葉斷定，依照古蘭經與**聖行**，蒙古人不是穆斯林。他們依舊使用自己的法典，沒有獨尊**伊斯蘭法**；因此在他看來，對蒙古人與其聯盟發動吉哈德是一項宗教義務 [34]。

　　在他的許多著作中，伊本－泰米葉主張吉哈德是一項社群義務，然而當敵人入侵時，吉哈德就成為每個穆斯林義不容辭的責任 [35]。吉哈德雖然重要，它還是應該如古蘭經中所說，在發動吉哈德之前先呼籲異教徒皈依伊斯蘭教，以避免軍事衝突。對伊本－泰米葉而

言，薩拉丁時代對收復耶路撒冷的全心投入，已經被新的吉哈德取代，那就是以真正的宗教淨化所有異教信仰與外界汙染。難怪伊本－泰米葉成為許多伊斯蘭教現代改革運動的模範，例如**瓦哈比運動**（Wahhabism，第七章，頁248）。

鄂圖曼人，一三〇一至一九二二年

自從鄂圖曼土耳其人從十四世紀勢如破竹橫掃安那托利亞（現代的土耳其）之後，他們認為君士坦丁堡不應該再由一位基督教徒統治，更不用說是拜占庭皇帝。一四五三年五月二十九日，君士坦丁堡落入鄂圖曼人之手，在許多方面來說這都代表中世紀土耳其軍事成就的高峰，當時許多穆斯林著作中都曾欣喜讚揚此一重大事件。用吉哈德作為意識形態來描述征服君士坦丁堡的典型例子之一，可見於十六世紀宮廷編年史家薩德丁的著作《歷史之冠》。鄂圖曼蘇丹穆罕默德二世以「天助之軍」作戰，樹立了以吉哈德征服該城的標準：「他規勸那些馳騁於森林中怒吼著、嘴角淌著血的獅子……告訴他們眾所周知的『奮鬥』命令 ……和在提及聖戰的經文中，神聖承諾的意義。」[36]

在攻下君士坦丁堡之後，鄂圖曼人統治傳統上屬於穆斯林的大片領土以及巴爾幹半島，勢力推進到奧地利維也納城牆前，直到一六八三年才班師回朝。而到了一九一四年，鄂圖曼蘇丹還將土耳其加入德國陣營、參加第一次世界大戰的舉動貼上吉哈德標籤。

以上舉出的史實以及其他許多例子都能證明，小吉哈德是如何成為創造新政治實體與發起軍事征服時的動力；在穆斯林的概念中，他們將這些吉哈德解釋為防禦現有的穆斯林領土或將伊斯蘭教擴張至新地區的行動。從這些例子顯然可以看出，伊斯蘭過去的記憶可以提供現代理論家與倡議吉哈德人士利用的概念與範例。

十九世紀之後的吉哈德

一七九八年至一九一四年，歐洲帝國主義試圖殖民穆斯林世界，面對新的外在威脅，吉哈德復甦，並且被賦予新的詮釋。吉哈德不但能被正在興起的阿拉伯民族主義力量操弄，還能被那些追隨伊本－泰米葉腳步、希望能淨化穆斯林世界中所有外來汙染，並且以古蘭經與聖訓為唯一準則而回到伊斯蘭教原始狀態的人充分利用（關於現代初期重要穆斯林思想家穆罕默德·伊本－阿布杜－瓦哈卜、沙赫·瓦利·阿拉與薩義德·庫特布等人對歐洲殖民主義所做的回應，見第七章，頁 246-50）。

這個時期的穆斯林世界，從西非到印尼，每隔一段時間就有人召喚吉哈德：包括在利比亞反抗義大利殖民的薩努西派；反對土耳其與埃及控制蘇丹國，並且在之後抵抗英國占領的馬赫迪；以及阿拉伯的瓦哈比運動。在撒哈拉以南的非洲地區，宗教－政治戰役常被視為吉哈德。例如住在豪薩城邦戈比爾（即現今北奈及利亞）的**歐斯曼·丹·弗迪奧**（一七五四至一八一七年），圍繞在他身邊的信徒形成一

個虔誠的社群，一八〇四年他們推舉他為伊瑪目，建立索科多哈里發國。言行皆以先知穆罕默德為典範的歐斯曼，在一八〇四至〇八年間成功發起對抗戈比爾蘇丹的吉哈德，然而他自己並沒有參與戰役。歐斯曼餘生幾乎都在寫作與教學中度過，他將新建立的國家交給他的兒子以及另一位親近的門徒管理。

正如抵抗歐洲帝國主義，傳統主義者的穆斯林運動也反對二次世界大戰後的美國勢力擴張。他們還積極反對穆斯林境內的腐敗統治者，試圖在世上建立一個統一的穆斯林國，在這之前他們先在穆斯林社會中發動全面的激進伊斯蘭化。例如穆斯林兄弟會主要的理論家、一九六六年以叛國罪名被處決的薩義德‧庫特布，他就相信必須以歷史悠久的吉哈德對抗他稱之為「多神教徒」的基督教徒、印度教徒與共產主義者。他的願景是全球性的吉哈德。

並非所有吉哈德詞令都有專屬的宗教基礎。伊拉克世俗獨裁者**薩達姆‧海珊**（一九三七至二〇〇六年）捏造出一連串虛構的故事，以便支撐薄弱的意識形態，同時還談到以一場大戰對抗他所謂美國－以色列陰謀論的必要性。雖然海珊明顯缺乏宗教憑據，他還是偶爾能號召發起對抗西方的吉哈德。

阿布－阿拉‧毛杜迪

另一個反對西方入侵穆斯林世界的主要人士，就是多產的南亞作家**阿布－阿拉‧毛杜迪**（一九〇三至七九年）。在巴基斯坦**經學院**受訓的穆斯林激進份子，尤其是阿富汗的塔利班（見第七章，頁

248），受到他極大的影響。他成立的「伊斯蘭大會黨」希望能建立以憲政為基礎、促進伊斯蘭價值的伊斯蘭政府。吉哈德概念在毛杜迪的思想中扮演至高無上的角色。他的著作《伊斯蘭教中的吉哈德》第五版，封面的「吉哈德」一字以像一把血紅的劍般的書法字體寫成。毛杜迪強調，伊斯蘭是為了全世界而存在的宗教。

穆拉‧歐瑪

另一個宣稱執行宗教權威但受到強烈質疑的例子是**穆拉‧歐瑪**（生於約一九五九年），他為了剷除阿富汗當地軍閥，於一九九四年成立塔利班，為了在十五年戰爭之後帶來人民亟需的安全，他也聲稱要恢復真正的伊斯蘭法。加入他的大都是巴基斯坦經學院學生。塔利班組織的觀點既狹隘又排外，他們唯一承認的伊斯蘭教只有他們自己。一九九六年穆拉‧歐瑪封自己為「信士的領袖」，這個頭銜在過去只屬於哈里發，信徒誓言對他效忠。吉哈德的概念大為擴張，他們要攻打所有拒絕接受塔利班政權的穆斯林。穆拉‧歐瑪同年占領喀布爾，施行嚴格的伊斯蘭法，當時情形在卡勒德‧胡賽尼的小說《追風箏的孩子》中有生動的描寫[37]。穆拉‧歐瑪還摧毀了古代巨大的石雕藝術巴米揚大佛。

奧薩瑪‧賓－拉登

一九九七年，奧薩瑪‧賓－拉登加入穆拉‧歐瑪的陣營。他在阿

富汗發動的吉哈德中表現引人注目，包括成功瓦解蘇聯統治、打倒當地馬克思主義政府與美國帶頭的西方聯盟。雖然形容自己是在發布教令[38]，然而奧薩瑪・賓－拉登根本沒有傳統上號召吉哈德所需的宗教資格。他並不符合伊斯蘭律法所要求的身分，顯然既不是哈里發，也不是穆斯林國家元首。雖然在演講中不時引用古蘭經，並提及穆罕默德的戰役，奧薩瑪卻完全罔顧傳統吉哈德中的律法規定。他不過是劫持吉哈德概念，將它扭曲成符合自身政治目標的樣子。奧薩瑪的目標顯然有以下兩種：他所謂的吉哈德有兩個目的，第一是推翻沙烏地阿拉伯政權（這一點常被人忽略），第二是摧毀美國在世界上的影響力。

即便是在九一一之前，奧薩瑪・賓－拉登就已提到發動吉哈德對抗「十字軍」，因此他訴諸中世紀的反基督徒言論，並且與帝國主義與殖民主義等反西方主題扯上關係。一九九八年二月，他發布一項宣言，發起他一開始稱之為「國際伊斯蘭聖戰前線」運動，對抗猶太教徒與十字軍戰士。事實上，歐洲猶太人在中世紀十字軍東征中沒有扮演重要角色，而且還在前往耶路撒冷的路上遭到十字軍大規模屠殺，然而奧薩瑪・賓－拉登並不理會這一點。他將獲准在伊斯蘭教誕生地沙烏地阿拉伯設立軍事基地的美國人，形容為「如蝗蟲般遍布各處的十字軍，吃掉豐富的糧食，將地上的作物一掃而空」。吉哈德的目的在占領耶路撒冷，解放當地的阿克薩清真寺，這是他在演講中不斷出現的主題[39]。

在號召吉哈德時，奧薩瑪刻意挑選能正當化自己意識形態的資料。除了引用古蘭經與聖訓，他朗誦哈理哲派的詩作，並疾呼早期著

圖66：現代極端主義者的吉哈德代表人物：奧薩瑪‧賓－拉登，一名有
錢但持不同政治立場的沙烏地阿拉伯商人，以恐怖份子聯絡網創立蓋達組
織，策畫二〇〇一年九月十一日的五角大廈與紐約世貿大樓的恐怖攻擊行
動。在大規模人力追捕之下，隱藏在巴基斯坦十年的奧薩瑪‧賓－拉登終
於被捕，死於美軍之手。

名的穆斯林軍事勝利，例如戰勝強大的波斯人。如果最早的穆斯林能
擊敗波斯人，那麼他主張，現在也能戰勝美國強權。對奧薩瑪而言，
吉哈德的對象是全球——不只是美國和歐洲，同時也包括巴基斯坦、
阿富汗、巴勒斯坦、伊拉克、車臣、菲律賓、喀什米爾、蘇丹，以及
其他國家。

蓋達組織

　　蓋達是一個難以定義的組織。「Al-Qa'ida」這個字詞的意思是

圖 67：國家欲望。聖殿山鳥瞰（耶路撒冷，大部分建於七世紀之後）。聖殿山是伍麥亞朝將耶路撒冷伊斯蘭化的重要策略之一，之後繼任的哈里發建造宮殿、大門，以及──為了勝過當地基督教歷史建築物──阿克薩清真寺（在照片前方）以及圓頂清真寺（照片後方的金色圓頂），復興並伊斯蘭化這個傳說中的救恩歷史點。

「規定、原則、模範」。它不是指某個單一組織，它的高層司令部因為爭執到底該以伊斯蘭政府或美國作為主要攻擊目標，因而產生意見紛歧[40]。在巴基斯坦道德嚴謹的經學院，以及在塔利班控制的阿富汗地區，蓋達組織的影響尤其深遠。蓋達組織從這些地方發想並孕育其計畫，他們常更換基地，並且模仿世界上其他地方的地下組織[41]。雖然有些團體繼承了反殖民主義的意識形態，不過這些團體的角色並不

符合「自由戰士」形象。受到蓋達組織啟發的團體擁有共同的意識形態，也就是對美國發動吉哈德、阿富汗與伊拉克的戰事，以及他們眼中的全球化、世俗化與西方物質主義。他們的武器是恐怖、暴力與營造恐懼氣氛。他們的恐怖攻擊地點都在公共場所，並且透過媒體公開行動，在網路上散布。有些人認為，在二〇一一年奧薩瑪死後，蓋達組織勢力減弱。然而，他不只是全球恐怖份子的領袖，他也是鼓動人心的榜樣。即使沒有了他，行蹤隱密的蓋達組織依舊危險，對全世界造成威脅，是一股汙衊伊斯蘭作為全球性宗教的力量。

現代吉哈德

　　吉哈德對現代穆斯林有何意義？在虔誠的伊斯蘭宗教圈中，不同國家與政權、遜尼派與什葉派、現代主義者與基本教義派之間的解釋都不盡相同。至於穆斯林平民，伊斯蘭律法錯綜複雜的程度沒有太多人能理解；對他們而言，吉哈德不過是一個修辭學上的詞彙，是危機中呼籲所有人團結的口號，和西方非穆斯林使用「十字軍」的意思差不多。在以穆斯林為主的國家，媒體使用吉哈德這個字詞時並沒有深思它會引起何種複雜的回響，這一點和西方相同。

　　有些穆斯林說，吉哈德是一個不會改變的概念；的確，大吉哈德指的是在真主道路上奮鬥，提升自己的靈性，這是自從先知時代穆斯林就開始的虔誠奮鬥。其他穆斯林主張，小吉哈德會在不同時期的不同地點視情況出現。古蘭經中與防禦進攻等戰鬥有關的經文內容，能容許在伊斯蘭歷史上對吉哈德產生各種解釋，這些解釋或許還會同時

並存。不可否認的是，有些現代的吉哈德解釋與中世紀流行的說法截然不同 [42]。

　　某些當代極端主義團體以過於單純的方式看待吉哈德，在他們的解釋下，吉哈德的重要性甚至掩蓋了作為穆斯林日常生活基礎的伊斯蘭五功。然而，這真的是吉哈德嗎？某個一九八〇年代在阿富汗對抗俄國人的吉哈德戰士的兒子，譴責二〇〇一年之後種種恐怖攻擊事件：「我們了解吉哈德。它對於穆斯林而言是非常寶貴、充滿榮譽感的一件事，但那並不是蓋達組織的方式。我的父親一定會堅決反對攻擊住在自己國家的平民……這不是吉哈德。」[43]

　　當然，在伊斯蘭法學典籍中陳述的吉哈德概念，並沒有提到二十一世紀在機場、飛機、車站和購物中心裡有計畫地大規模謀殺的行動。事實上，數世紀以來由穆斯林法學家列舉詳述的吉哈德規定，必須經由某些清楚解釋的協定加以管控。他們特別規定要保護老弱婦孺 [44]。

現代穆斯林思想家對吉哈德的看法

　　埃及神職人員**優素夫・卡拉達威**（生於一九二六年）可算是當今最具聲望與權威的遜尼派學者與傳教士。在長達一千四百頁的阿拉伯文鉅著《吉哈德律法》，他試圖捍衛並且更有野心地重新思考伊斯蘭在當代的定位 [45]。他曾經因譴責恐怖份子在美國進行的九一一恐攻與英國倫敦七七爆炸案，因而被好戰的伊斯蘭主義者抨擊。然而另一方面，他對巴勒斯坦自殺炸彈客的支持，也導致美國禁止他入境。

敘利亞學者**瓦赫巴・祖黑里**（生於一九三二年），除了確認以上概述的法學規則之外，也堅持不應該在過程中造成財物損失，除非直接進行軍事戰鬥。他還主張不應該發動戰爭迫使非穆斯林皈依伊斯蘭教，也不應該因為他人信仰而發動戰爭。他反對以下概念：人的宗教與文化認同是現代社會衝突的主要來源——即所謂「文明衝突」理論。他斷言古蘭經讚許人類的多元化[46]。

另一種反對所謂「伊斯蘭的」極端主義者的聲音來自出生於科威特的**哈立德・M・阿布－法德爾**（生於一九六三年）。他主張，更恰當的是引用伊本－哈勒敦與在他之前的中世紀學者的用語，稱這些極端主義團體為 hirabis 或 muharibun，也就是發動非法、有罪的戰爭（harb）——這樣的戰爭與吉哈德截然不同。

在《如何理解並實踐伊斯蘭的吉哈德》一書中，深具影響力的敘利亞遜尼派教士**穆罕默德・薩義德・布提**（一九二九至二〇一三年）強調，吉哈德的精髓與戰爭完全無關，它是一種個人對抗低層次自我的奮鬥過程。他用一棵樹的意象澄清大吉哈德與小吉哈德之間的差別：「我們或許可以把吉哈德的源頭比做在所有環境與季節都不會改變的一根樹幹，而需要進行戰鬥的那種吉哈德就像是（樹的）嫩芽，依據季節與氣候不時冒出芽來。」[47]

他繼續說道，穆斯林必須時常反思真主之書，才能滋養大吉哈德。布提抨擊，當提到吉哈德時，許多人只想到武力奮戰，卻忽略了傳說中能供給他們養分的那棵最初的樹幹。他似乎暗示這些戰士靈性

層面的匱乏。他要人們注意「由真主制定的永恆吉哈德，以及今日普遍風行、吸引多數年輕世代的革命」[48] 兩者間的巨大差異。

自殺與「殉教」

什麼是現代背景之下的殉教？在以暴力追求國家解放以及恐怖主義這兩者之間，界線並非總是十分清晰。在某些例子中，暴力運動的領導者現在已是合法政府的成員，例如南非與北愛爾蘭。斯里蘭卡的坦米爾伊拉姆猛虎解放組織或西班牙的巴斯克自治區，都是使用暴力手段試圖創造自治區[49]。坦米爾伊拉姆猛虎解放組織在世紀之交的二十年間完成上百件自殺攻擊，數量超過世界上其他所有激進組織的總和[50]。許多國家與信仰的人在追求理想時都訴諸暴力。

世界上有許多自稱為穆斯林的團體都有好戰的觀念，他們的信仰中心是具體的吉哈德與暴力活動。這些團體的成員不只隨時準備濫殺無辜，也願意犧牲自己，在他們相信是「在真主道路上的吉哈德」行動中，成為「自殺殉教者」。現代最早的 istishhad（尋求殉教，或殉教的行動）例子，是黎巴嫩、以色列與伊拉克的什葉派教徒。然而，殉教行動目前已經散播到阿富汗與巴基斯坦，以及歐洲、美國與世界上其他地方的遜尼派極端主義團體中。兩伊戰爭時一個十三歲伊朗男孩穆罕默德・法赫米達的死，造成深遠的影響。一九八〇年十一月，他把手榴彈綁在胸前，在一輛伊拉克坦克面前自殺。何梅尼讚揚他是一位國家英雄，激勵其他年輕人做出同樣行為。他在德黑蘭城外的墓成為信徒造訪的地點[51]。

近年來以吉哈德之名發動的攻擊似乎沒有打著民族主義的名號；這些攻擊行動都是為了抗議美國與英國涉入伊拉克與阿富汗的戰爭、巴勒斯坦的困境與西方價值等，這些事件引發「深沉的挫敗、沮喪與疏離感」，並且釀成「原宗教至上主義」的走向[52]。

自殺炸彈攻擊是否屬於伊斯蘭教？

雖然有一些穆斯林認為自殺炸彈攻擊是英雄主義與反抗行動，許多遜尼派與什葉派學者卻譴責這種行為。針對這個議題有各種不同的意見。

在古蘭經與聖訓中，吉哈德與殉教的關聯性十分明確。然而，現今自殺炸彈客「在真主的道路上」自殺的同時又攻擊其他人，他們聲稱自己懷抱希望能獲得殉教者的皇冠，在天堂占有一席之地，這如何可能？他們如何扭曲解釋，主張這是屬於伊斯蘭教的行為？類似信仰是否能在伊斯蘭正典中找到真正的理論基礎？答案似乎是否定的。因此，某些吉哈德主義者往往在自殺炸彈攻擊的背景下採用「殉教」一詞，而不說是「自殺攻擊」；有些人的確試圖在伊斯蘭律法掩護下將這種行為正當化。

然而，對許多穆斯林而言，所謂「殉教行動」，如九一一事件，反映的是伊斯蘭教義中對殉教解釋的扭曲。正如基督教不允許蓄意殺害無辜的人，九一一行動也不符合伊斯蘭教中的殉教模式。伊斯蘭教中有許多殉教者，最有名的就是先知的孫子胡笙，人們稱他是「殉教者之王」；他是被其他人殺害（見第六章，頁 200）。然而，自殺

炸彈客無論男女，卻正好相反，他們是因自己的行為而死。在古蘭經中，殉教必須在真主道路上完成，在吉哈德的戰場上。死在這樣的戰鬥中，被敵人殺害，才能進天堂。

因此，發動九一一行動的團體，與近年來其他聲稱以伊斯蘭教之名發動吉哈德的恐怖主義者，似乎不是在通往天堂捷徑上的英雄式殉教行為，而是自殺行徑。最重要的事實是，伊斯蘭嚴格禁止自殺。雖然古蘭經沒有明文禁止，先知穆罕默德在許多正典的格言中都曾譴責自殺。

其他類型的吉哈德

今日吉哈德已經是個被濫用的詞，然而在對抗侵略與干預的勢力時，它也可以是強大的團結號召。對某些人而言，吉哈德的號召是有特定的政治目標，例如巴勒斯坦。其他穆斯林利益團體則是以強烈的道德立場反對美國的全球化經濟以及政治支配力，因此最近發起的「反對可口可樂的吉哈德」，就試圖摧毀這個象徵美國的產品，並且用其他飲料代替，供數百萬穆斯林飲用。在這一連串吉哈德中，我們還可以加上網路吉哈德，也就是駭進個人電腦以及政府部門與機構。最近有一本名為《i- 穆斯林》（i-Muslims）的書，揭露蓋達組織如何很有技巧地利用網路影響輿論並達成其目的 [53]。

因此，正如伊斯蘭歷史顯示，吉哈德是一個複雜而多面向的主題，它在穆斯林之間也激起廣泛討論。他們談論眾人筆下的吉哈德與心中的吉哈德，同時也包括平民的吉哈德、非暴力吉哈德、人道主義

吉哈德與環境吉哈德——以上這些都是有效而重要的討論，有助於了解吉哈德作為奮戰手段的確切定義。它不需要比「十字軍運動」這個字詞更好戰與暴力，因為「十字軍」也可以是「反對吸菸的十字軍」。

處理吉哈德問題時忽略歷史事實，只專注於現在，而且將它視為政治用語，是一種過於簡化因而有瑕疵的觀點。在現代西方媒體中有太多這一類討論。然而，大多數主要穆斯林觀點都以一種吉哈德學說為基礎，那是經由許多世代的學者，不管是遜尼派或什葉派現代主義者或傳統主義者，以虔誠的精神孜孜不倦地將該理論去蕪存菁而得來的學說。這種吉哈德學說包含千年以上的智慧結晶，無法輕易被一時竄起的軍閥、恐怖份子或煽動的政客漠視。

選讀書目

Asfaruddin, Asma, *Striving in the Path of God. Jihad and Martyrdom in Islamic Thought*, Oxford: Oxford University Press, 2013

Cook, David, *Understanding Jihad*, Berkeley, CA and London: University of California Press, 2005

Devji, Faisal, *Landscapes of Jihad: Militancy, Morality, Modernity*, Ithaca, NY: Cornell University Press, 2005

Peters, Rudolph, *Jihad in Classical and Modern Islam: A Reader*, Princeton, NJ: Markus Wiener Publishers, 2005

Zaman, Muhammad Qasim, *Modern Islamic Thought in a Radical Age: Religious Authority and Internal Criticism*, Cambridge: Cambridge University Press, 2012

第十章
女性

承認吧！尼卡布是個荒唐可笑的東西，它背後的意識形態也
很詭異。

—— 瓊・史密斯，英國記者[1]

在〔開羅的解放廣場〕我第一次感覺到女人與男人是平等
的。

—— 娜瓦勒・薩達維，埃及女性主義作家[2]

　　近年來有許多人從多重角度談論並研究**伊斯蘭**女性地位。這一章
以及本書各章的目的，不僅是提供歷史性的觀點，也包括當代與文化
的觀點。對大部分西方人來說，今日關於**穆斯林**女性最重要的議題無
疑是頭巾與面紗的使用；從伊斯蘭文化本身看來，這實在不是一件值
得在西方那樣大驚小怪的事。當然，這個議題需要討論，然而比起只
討論她們在公開場合的外表，穆斯林女性這個主題應該是更廣泛而全
面的。

穆斯林女性與西方世界

伊斯蘭女性長久以來就是一個敏感的話題。有些人挖掘西方對伊斯蘭教負面的刻板印象，將它與逼婚與名譽殺人等虐待行為劃上等號；這些畫面在非穆斯林腦海中縈繞不去，而西方媒體報導伊斯蘭的方式，使得情形更加惡化[3]。此外，局外人更常以性別與性方面的實際情形批判現今伊斯蘭教，而不是根據它的宗教信仰[4]。

西方對穆斯林女性的刻板印象根深柢固。一般來說他們假定女性在伊斯蘭社會階級中要不是奴隸，也是地位低下；無論以前或現在，她們一開始是父親的財產，之後則是屬於丈夫。然而，實際情況往往更為複雜與細膩。西方人不應該忘記，沒有多久之前西方女性還不能投票，也被禁止接受高等教育，不能從事許多行業，也不能和男人以同樣條件擁有自己的財產。

西方論述裡與穆斯林社會相關的性別議題，常與人權和性自主等價值產生衝突。西方人似乎將論述帶往同一個方向；「解放穆斯林女性」確實是十九世紀歐洲殖民政府的目標，目前在中東它依舊是西方世界干預的議題之一。另一方面，西方這種「傳教士」立場激起伊斯蘭團體強烈的反應。他們的態度強化穆斯林以立法與街頭暴力維護國內悠久傳統的決心；這樣的傳統規範穆斯林女性的生活，命令她們該做與不該做什麼，還有她們該穿什麼衣服[5]。近年來有第三種力量將穆斯林社群拉往另一個方向，也就是受到許多穆斯林男性支持的穆斯林女性主義團體。她們想要替全世界穆斯林女性打造徹底平等的權利（見頁 366-68）。

無論能言善道的描述或全球通用的標準，都無法詮釋多樣性的穆斯林社會。然而，某些議題特別吸引西方人注意——遮蔽身體的方式、一夫多妻與對婚外性行為的懲罰。西方人過度簡化問題，西方媒體尤其在這些高度敏感的領域中，誇大或曲解證據。談到伊斯蘭女性，很重要的一點是我們必須詳細指出討論的對象是哪一個穆斯林國家，而不是用某些貧窮地區盛行的習俗，譴責世界上所有穆斯林。如同在信奉基督教為主的國家，沒有人會以某些偏遠的宗教分支代表基督教——例如賓州的艾美許人，他們不用機器，衣服上也沒有鈕釦，因為這些東西是有罪的；非穆斯林也應該留心，不要以阿富汗**塔利班**那種怪異扭曲的習俗，或是奈及利亞或巴基斯坦鄉村中對待被強暴的無辜受害者的野蠻方式，評斷伊斯蘭教如何對待女性。

古蘭經中的女性

依照慣例，我們必須從所有穆斯林教義的基本來源**古蘭經**開始討論。在古蘭經中有兩種主要關於女性的思維。第一是靈性範疇，換句話說，就是個人與真主之間在此生與來世的關係。第二，古蘭經也包含許多日常生活行為的慣例。

靈性範疇

靈性上，古蘭經明白地對男人和女人一視同仁。就靈性潛力看

圖 68：衣著威。在黎巴嫩貝魯特濱海步道上漫步的女性。正如許多國家──包括西方世界，衣著顯然不會造成女性之間輕鬆社交的障礙。因此，我們可以看見嚴密包覆頭巾的女性與穿著迷你裙的朋友手牽手走在路上。女性可以自行決定怎麼做比較自在。

來，男人和女人都能知道與服侍真主，並抵達天堂；33:35 宣稱：

> 順服的男女、
>
> 信道的男女、
>
> 服從的男女、
>
> 誠實的男女、
>
> 堅忍的男女、
>
> 恭敬的男女、
>
> 好施的男女、

齋戒的男女、

保守貞操的男女、

常念真主的男女，

真主已為他們預備了赦宥和重大的報酬。

　　以上刻意重複「男女」兩字的莊嚴經句，讓信徒牢記男人與女人在真主面前有著靈性上的平等，對此誰都絕無可能誤解。古蘭經中只要提到天堂，都會以最後一句「重大的報酬」來形容。很重要的一點是，請注意古蘭經中也允諾女人能上天堂；這一段向**穆罕默德**揭示的經文，是為了回應穆斯林女性的要求，她們想知道伊斯蘭教是否對女性有特別的期待。

　　根據古蘭經，並非只有男性能上天堂。2:25 的經文中承諾讓所有信真主並行善的人上天堂：「他們將享有許多下臨諸河的樂園。」其他經文段落還提到以最高級的絲綢飾以金線刺繡做成的綠袍，信徒倚在王座上。36:55-56 提到那些得以上天堂的人：「樂園的居民在那日確是從事於愉樂的。他們和自己的配偶，在樹蔭下，靠在床上。」由此可見，在天堂中丈夫與妻子是在一起的。43:70 確認了這一點：「你們和你們的妻子，愉快地進樂園去吧！」

　　然而在此同時，古蘭經也承諾那些信仰虔誠的穆斯林男人將在天堂中得到如此報償：「還有白皙的、美目的伴侶，好像藏在蚌殼裡的珍珠一樣。」（56:22-23）他們可以娶「眼珠大而黑的少女」為妻（44:54，編注：此處配合原書由英文直譯，馬堅譯本為「白皙的、美目的女子」）。

社會層面

　　和聖經與其他世界性宗教的經典相同，古蘭經可以接受許多不同的看法與解讀方式，而且不同年代的解釋也不盡相同，因此閱讀時必須將古蘭經放在歷史背景中。當時古蘭經出現在一個女性的對待方式、地位與角色早有確立規範的社會；這些都是原有的社會習俗，而穆罕默德與伊斯蘭教的訊息後來才進入社會中。例如，古蘭經 81:8-9 明白指出，前伊斯蘭時期女性的殺嬰行為將會在**審判日**被判刑。

1. 結婚與離婚

　　舊約聖經中描述的社會，一直以來都實施多妻制；例如所羅門王有七百個合法的妻子。伊斯蘭教出現之前的七世紀阿拉伯社會有各種不同的婚姻習俗，因此在考慮古蘭經中提到多妻制議題時，必須將這一點牢記在心。古蘭經第 4 章標題為〈婦女〉，因此其中涵蓋女性主題的重要內容。在穆斯林婚姻中男人是「維護婦女的」。他們還應當勸誡她們（4:34）。從事性行為時，必須以妻子為對象（2:223）。古蘭經指出理想婚姻中值得嚮往的特質，例如和睦、和諧與互相照顧。古蘭經允許男人最多可擁有四個妻子，但在 4:3 中進一步強調唯有能公平對待其妻子的人才得允許：「你們可以擇娶你們愛悅的女人，各娶兩妻、三妻、四妻；如果你們恐怕不能公平地待遇她們，那末，你們只可以各娶一妻。」

　　同樣重要的是，我們要牢記古蘭經 4:3 中向穆斯林揭示時的特殊時代背景；一般認為這是發生在六二五年的烏胡德戰役中穆斯林被**麥**

加人打敗之後，有七十幾個男人被殺。這段古蘭經經文向穆罕默德揭示男人可娶四妻，以指示他如何藉此賜予在烏胡德戰役中成為寡婦的女性有名份的婚姻，並給予寡婦與她們的孩子社會的保護。換句話說，4:3 的經文是在這種特殊的歷史背景中鼓勵男性娶至多四名妻子，作為他們的社會義務。我們或許可將這樣的建議，當作羽翼未豐的穆斯林社群在這歷史上關鍵時刻遭遇嚴重社會危機時很有價值的解決方式，同時這項規定顯然也能改善混雜各種方式且定義不明確的前穆斯林時期的阿拉伯婚姻習俗。

然而，在 4:3 後半段，經文語氣轉變為引導所有年齡的男性，它宣布如果男人無法平等對待好幾名妻子，他應該只擁有一名妻子。這顯然暗示一夫一妻制比較合適。在 4:129，經文以實際的態度宣告，在多妻制的婚姻中很難達到公平狀態，因此更加強烈暗示一夫一妻制的優點：「即使你們貪愛公平，你們也絕不能公平地待遇眾妻。」

古蘭經准許離婚，但卻是例外情形。夫妻應盡可能努力縮短彼此差異。古蘭經提到離婚應該遵循的程序，以及男人對於離婚的妻子與孩子的義務。在等待一段時間之後，丈夫必須「善意地挽留她們，或善意地離別她們。你們當以你們的兩個公正人為見證。」（65:2）

2. 衣著

對於穆斯林應該如何穿著，古蘭經的主要建議見於第 24 章與第 33 章。24:30-33 中先說到男性穆斯林，然後再說到女性穆斯林，經文要求兩性都必須「他們應當垂目下視（對婦女不應當凝目平視），並且要儀錶端重（保持貞淨）」（編注：此處採仝道章譯本）。至於

圖 69：頭巾：經過展示流行頭巾看板的女人（馬來西亞吉隆坡）。遮住頭髮的頭巾也可以採用鮮豔的顏色與大膽的花紋。世界各地穆斯林穿戴頭巾的習俗都不同，女人以不同方式戴頭巾與面紗的動機也形形色色。

女性，也被要求「 （在公開場合）莫露出首飾，除非自然露出的，叫她們用面紗遮住胸膛」。中世紀古蘭經評注者早已針對「除非自然露出的」這句關鍵但又不明確的經文提出非常嚴格的解釋[6]。然而，著名的古蘭經譯者穆罕默德·阿薩德振振有詞地主張，這句語意不明的經文可以隨著時間而改變，因此歷史上不同時期可以出現不同的解釋。在這一節接下來的段落中列出一長串女人的男性近親，女人與他們在一起時可以不用嚴格遵守這些衣著與社會行為規則 —— 他們的丈

夫、父親、丈夫的父親以及其他血親或姻親男性。古蘭經 33:59 說到穆罕默德的妻子們，並直接對他說：「先知啊！你應當對你的妻子、你的女兒和（其他）信士們的婦女說：（在公共場合中）她們應當用外衣蒙著自己的身體。這樣做最容易使人認識她們（視他們為高尚的女性），而不受侵犯。」

從古蘭經的指示中可明白看出，無論男女，衣著都應端莊樸素。不過，對於何謂端莊樸素，針對女性有更明確的指示 —— 女性應該遮住頭與胸部。其中並沒有提到臉部。

伊斯蘭律法中的女性

正如第五章所說，古蘭經與**聖訓**雖然是伊斯蘭信仰的基礎，穆斯林社會用以規範成員的律法，卻是來自之後對這些聖典的解釋與評論。穆斯林律法學家擬定穆斯林社會中對待女性方式與女性行為規範。可想而知，最重要的就是有關家庭的律法。端莊的衣著也是重點議題之一（關於婚外性行為懲罰引發的爭議，見第五章，頁171-72）。

直到不久之前，伊斯蘭宗教學者一般而言都是男性。因此，一開始他們就是從男性經驗、態度與心理狀態，解釋古蘭經訊息。當然，並不只穆斯林社會如此，這個現象在前現代社會中很常見，包括基督教徒和猶太教徒在內，男人解釋以聖典為依據的律法，而無論他們自己是否完全意識到這一點，這些男性都依照自己的利益解釋律法。穆斯林學者並不質疑古蘭經的靈性訊息適用於全人類，無論男女，然而

他們卻解釋並詳細闡述古蘭經對於女性社會地位的看法，並根據他們的闡釋制定伊斯蘭律法，損害女性利益，偏袒男性。

除了律法學家的個人意見，地方習俗也很重要。在穆斯林征服的新領土上實行的習慣法，難免影響在當地定居並與當地人融合的穆斯林的日常生活。例如在中東，早在伊斯蘭教傳入的許久之前，上層階級都市女性就已頭戴面紗，與社會上其他人隔離。戴面紗是身分地位的象徵，表示這些女人不需要離開家在外工作。一份敘利亞西元前十三世紀的法律文字曾提到受敬重的女人配戴面紗，而據說在希臘與羅馬也有同樣習俗。在聖經中聖保羅曾說，女人說預言或禱告時應該戴面紗[7]。當阿拉伯穆斯林征服伊朗的**薩珊朝**與部分拜占庭帝國時，他們在那裡看見了戴面紗的女人，因而戴面紗成為穆斯林習俗的一部分[8]。

結婚與離婚

到了十二世紀，伊斯蘭法理學致力於研究特定主題；例如**嘎札里**（一〇五八至一一一一年）曾寫了一本名為《婚姻之書》的著作，在書中他最重要的主張是，一位模範妻子應該信仰虔誠且個性好。穆斯林男性與不信教的女性不准結婚[9]，但是他卻可以娶基督教徒或猶太教徒為妻。穆斯林律法學者一般而言禁止穆斯林女性嫁給非穆斯林男性。

在離婚議題上，伊斯蘭律法建議夫妻應該盡其所能調和婚姻中的差異。雙方都可以訴請離婚，但離婚與子女監護權的規定都有利於男

性。男人只要三次做出單方面聲明，在證人面前說「我與你離婚」，就可以與妻子離婚，他不需要特定的藉口。另一方面，女人只能因為規定的幾個理由訴請離婚，且需要在法庭中由法官同意。古蘭經沒有明確指出離婚的理由，因此古蘭經評注者與穆斯林法學家扮演重要的角色。既然古蘭經沒有要求丈夫在與妻子離婚時提出正當理由，在伊斯蘭律法中他可以在任何時候離婚。女人沒有這種特權。女人必須等到確定沒有懷孕，離婚後才能再嫁；男人可以立刻再婚。女人有權擁有七歲以下男孩與九歲以下女孩的監護權。之後就由父親照顧小孩。

財產繼承

比起前伊斯蘭時期，在女性家庭成員的遺產繼承問題上，參照古蘭經 4:11 所擬定的伊斯蘭律法給予女性更大程度的平等地位，女性獲准得到男性一半財產。女性在法庭上證詞的價值也是男性的一半[10]。伊斯蘭律法也確保女性有權擁有並管理她自己的財產，這是當時歐洲的基督教女性所沒有的權利。她們有權買賣、給予禮物和施捨。新郎會給新娘嫁妝，她可以作為私人之用。

到目前為止的討論中，穆斯林律法中的女性地位，理論上是以古蘭經與聖訓為基礎。正如之後的說明，前現代穆斯林女性很快就學會一些從父權社會中解放限制的策略。再者，我們很容易會把伊斯蘭教因時因地發展出來的社會工程（social engineering，編注：指在政治操弄或媒體社群影響下的特殊態度或行為）誤當為真精神。伊斯蘭教

中男人與女人在靈性上是平等的。不錯，古蘭經因為對女性加以諸多限制，讓她們的地位低於男性一等，但這種不平等可視為是伊斯蘭對所進入的社會的反映。有心拿這一點造文章的基督教徒，不妨讀讀新約聖經中的聖保羅書信。

聖母馬利亞與法蒂瑪 ── 兩位特別受人尊敬的女性

許多非穆斯林對於**聖母馬利亞**在數世紀以來受穆斯林景仰的程度，感到十分驚訝。古蘭經非常推崇馬利亞；在古蘭經中提到她的次數，比在整本新約聖經中的次數還多（見第三章，頁 96-99）。對**蘇非行者**而言，馬利亞不只是**耶穌**的母親，她本身也是一位激勵人心的人物。她非常受一般人歡迎，在埃及尤其如此；埃及科普特正教會的基督徒以及當地穆斯林偶爾會有共同的慶典與聖陵，大家都喜愛聖母馬利亞。一九六八年間，許多基督徒與穆斯林爭相前往埃及賽東區，想一睹賽東聖母馬利亞教堂上方顯靈的馬利亞。這次事件還上了埃及最大報《金字塔報》頭條。（譯注：一九六八年四月二日，一名穆斯林公車技工經過該教堂，發現教堂上方有位白衣女子，他以為有人要自殺，因此叫來警察。警察認為當時的人影只是街燈反光，但人群逐漸聚集，眾人都認為是聖母馬利亞顯靈。從一九六八年至一九七一年間，聖母的影像頻繁出現。根據賽東當地傳說，這座教堂的位址曾經是約瑟夫、馬利亞與耶穌一家人逃入埃及時的停留地點。）

先知的女兒法蒂瑪也在穆斯林虔誠信仰中占有特殊的一席之地。

圖 70:雅致的宮廷氛圍。〈於一五四五年么兒阿克巴爾割禮慶典上的胡馬雍皇帝〉（細部）。出自阿布－法索，《阿克巴爾大帝實錄》（蒙兀兒帝國，約一六〇四年）。前現代穆斯林宮廷中，尤其是印度蒙兀兒帝國宮廷，都有女舞者與樂師在各種慶典中表演（包括慶祝生日、結婚、勝利、使節來訪與接待賓客等）。

穆罕默德曾經這麼說：「法蒂瑪是我的一部分。讓法蒂瑪開心的事也能讓我開心，讓法蒂瑪生氣的事也會讓我生氣。」[11] 有「耀眼的法蒂瑪」名號的她，在伊斯蘭傳述中是一個令人喜愛的女兒、妻子與母親。在烏胡德戰役之後，她悉心照顧父親穆罕默德與丈夫**阿里**，造訪在戰役中被殺穆斯林的墳墓，替他們祈禱。她在父親的葬禮上

唱輓歌。她死於六三二年，就在穆罕默德死後二個月，年僅二十九歲。她被葬在**麥地那**。身為**哈珊**與**胡笙**的母親，信徒稱她為「**伊瑪目之母**」，她在**什葉派**的地位十分特殊[12]。強大的法蒂瑪朝（九〇九至一一七一年）正是為了榮耀法蒂瑪而以她命名的王朝。

因此，我們可以看出，聖母馬利亞與法蒂瑪以她們的生平與行動，向世世代代穆斯林女性證明，女性可以對伊斯蘭教有獨特的貢獻；神聖的靈性不是男人的特權。

前現代穆斯林女性

正如中世紀歐洲與中國，在前現代的穆斯林社會中，皇族與上層階級女性與來自城市、鄉村或游牧區等地較貧窮階級女性的生活狀況，不可避免有著巨大的鴻溝。

皇家上層階級女性

伊斯蘭教創立之初，就有些偉大的穆斯林女性成為後代人競相模仿與緬懷的模範。早在穆罕默德在世時，一個顯著例子就是他的妻子**哈蒂嘉**，她是一位心智與財富都很獨立的女性。也是她要求穆罕默德和她結婚。還有穆罕默德後來的妻子**阿依夏**，也是一位活躍而堅強的女性，領導反抗阿里的運動。在著名的「駱駝之役」中她親自騎著駱駝上戰場，這場戰役因而得名。

相對於男性穆斯林律法與宗教學者對於女性行為的規定，中世紀穆斯林女性實際的行為如何呢？她們從事家庭生活以外的活動，種類相當廣泛。女性菁英份子擔任攝政者，聽取群眾意見，接受人民請願，簽署官方命令，帶領軍隊。她們鑄造上面印著自己稱號的錢幣。有些女性擁有皇家血統；有些原本是奴隸，之後從**後宮體系**（harem）中崛起。皇族女性偶爾被描述為虔誠而時常做慈善活動。有些女性籌款建造**清真寺**、神學院、**篷車客棧**（caravansarys）、噴泉、墓地與聖陵，她們的名字被刻在這些紀念性建築物上供人緬懷。有時她們有自己的護衛與財務預算，也主持法律訴訟。但這些女人很少以自己的名義獨自統治穆斯林領土[13]，雖然她們常擔任幼子的攝政者。沒有女人曾獲准擔任**哈里發**。**大臣**與其他管理者往往十分厭惡皇族女性——通常是皇后——參與國政，在他們眼中這就是在干預國事。

某些皇族與上層階級女性有讀寫能力，這一點從史料中可得到證據。有些女人從事宗教與文化事務。她們是古蘭經與聖訓教師，獲得教導伊斯蘭律法的許可證。她們也擔任抄寫員、書法家與圖書館員。正如十世紀哥多華知識份子伊本－哈茲姆寫道：「女性教導我古蘭經，她們以極富詩意的方式唸誦；她們訓練我寫書法。」還有些女性是天生的科學家，例如十世紀天文學家瑪麗安・依吉莉雅，她的綽號是「製作星盤的女人」。人物辭典中也出現重要女性條目。十三世紀巴格達歷史學家伊本－薩伊曾撰寫卓越女性傳記，例如哈里發與蘇丹們的妻妾。他提出的證據相當有說服力，顯示阿拔斯朝廷中的女性是如何機智、有修養，並具有詩與音樂方面的才華。

貧窮女性

在民間故事、遊記、詩詞、繪畫與其他引人入勝的證據中，都生動描繪了城市與鄉村裡中下層階級女性的生活，這些人包括歌女、舞者、奴隸、音樂家與辛苦工作的鄉村與游牧女性。有廣為人知的中世紀英雄傳說裡的女戰士，如帶領穆斯林對抗**拜占庭**戰事中所向無敵的女將軍希瑪公主[14]。也有在社會階層的另一端，發生在一一〇〇年左右的故事，敘述一個笨手笨腳但機智的女奴，她把一盤滾燙的菜肴打翻在主人的頭上，她先懇請他息怒，求他原諒，接著又引用古蘭經經文（編注：古蘭經 3:134：「那些在富裕與困窘的情況下，均能樂善好施，誠能抑制惱怒，又能寬恕他人者。安拉是喜愛為善者的。」）。他立刻放了她。故事來自《一千零一夜》，這是一部收錄許多描述中世紀巴格達與開羅社會的故事，書中的女性令人印象深刻，與伊斯蘭宗教法學家建構的女性形象截然不同。這些令人又愛又恨的聰明女性矇騙並智取她們的丈夫。這些女人膽大包天、足智多謀；總而言之，她們深諳生存之道。她們享有相當程度的自由，也能在公開場合會見男性。這一類故事足以讓我們洞悉中世紀穆斯林女性日常生活動態。她們的生活透過十三世紀阿拉伯繪畫生動呈現，畫中女性不只從事傳統的女性職業，例如紡織與趕駱駝；她們也與傳教士爭論、在小客棧裡工作、帶她們的丈夫上法庭、炫耀她們身上色彩繽紛的流行服飾，以及在市場中叫賣。

當然，女性也受到限制。一旦穆斯林社群成為龐大的帝國，正如早於它的拜占庭帝國與波斯帝國，受到逐漸都市化的影響，他們開始

圖 71：東方給予西方市場的承諾。新興東方主義：德拉克洛瓦，〈阿爾及爾的女人〉（一八三四年）。「閨房」這個字詞使觀者腦海中浮現出輕鬆自在的氣氛與無憂無慮的情色意象，使得觀者忽略了仔細安排的配色，以及借自十六世紀義大利藝術家提香與波斯繪畫的形式。法國浪漫主義畫家德拉克洛瓦曾經與法國大使拜訪摩洛哥和阿爾及利亞，因而相當喜愛當地的異國情調。

將女性隔離。都市的房子分隔出專屬女性的私人隔間（閨房），而公用的房間用作商業交易或接待賓客之用。另一方面，游牧女性比起城市女性享有更大程度的獨立自主性，雖然她們和鄉村女性一樣，必須辛勤工作。但依照游牧傳統，她們不戴面紗。

　　我們很難知道中世紀穆斯林女性有多大限度能被准許離開自己的城鎮或村莊旅行。女性不易出門旅行，除非由男性親屬陪同。文獻中

偶爾提及土耳其公主獨自出發進行麥朝聖之旅,這種情形在中世紀編年史中遭到堅決反對。只要有可能,這種「任性」的女性就會被親人派出的男性親屬帶回家[15]。

近代穆斯林女性

十八世紀歐洲人前往中東旅行的風潮,引發對**鄂圖曼帝國**的興趣。音樂、文學與視覺藝術上的「土耳其熱潮」在西歐風靡了一陣子,被禁閉在**後宮**或閨房中、由閹人守衛的穆斯林女性的真實畫像或腦海中的畫面,滿足了他們的欲望。隨著歐洲殖民主義來到中東與中東以外的地方,這類幻想在十九世紀更加蓬勃。然而,歐洲人對閨房的概念只是他們捏造的想像[16]。在某個層面上,後宮中充滿異國情調的女人被關在多妻制牢獄、多種族遊樂園的畫面,令西方男人心癢難耐。在此同時,閨房也象徵一無是處的專制穆斯林世界[17],令人想起的是一個牢獄,監禁其中的那些順服的穆斯林女性必須被主宰的歐洲殖民強權國家拯救[18]。

事實上,閨房從來不是一個單一實體;它代表的是數世紀以來不同穆斯林社會中形形色色的「居家空間配置」[19]。一般而言,這個字詞指的是房屋中禁止非近親男性進入的空間。與「皮膚白皙、健康美麗」的女人被託付給「不完美、黑皮膚及有殘缺的」黑人閹人照顧這種性感場面相去甚遠,正如東方主義畫家如尚-李奧・傑侯姆等人筆下所描繪的[20],閨房是個熱鬧的地方,好幾代女人們住在那裡,從事

居家活動與日常家務。

在邁入現代之際，情形有了重大的改變。十九世紀在敘利亞、埃及與黎巴嫩的穆斯林女性主持文學沙龍，兩性知識份子彼此交流[21]。例如住在敘利亞阿勒坡的**瑪利亞娜·馬拉許**（一八四八至一九一九年）是第一位在報紙上發表文章的女性。主持沙龍時，她總是穿著歐洲最新流行服飾，她的客人則是抽著水煙壺。另一位重要人物是生於黎巴嫩的知識份子與阿拉伯女性主義先驅札娜布·法瓦茲，她遷居埃及，發表許多論文以及一本知名女性傳記辭典。

同一時期，桑吉巴群島與阿曼的統治者薩義德·薩義德的女兒—— 住在德國的阿拉伯公主**薩樂美·賓特－薩義德**（一八四四至一九二四年）—— 寫了一本回憶錄[22]。薩樂美自傳的焦點在早年桑吉巴群島的生活，尤其是居住在閨房內的情形（她的父親有三名正室與大約七十名妾）[23]。二十一歲時，她與年輕的德國人亨利希·魯伊特相戀，他是德國駐桑吉巴領事館裡的低階官員。她懷孕時，她的家人，尤其是她當時已成為蘇丹的兄長，對她非常仁慈 —— 通常發生婚外性行為的女性，必須處以死刑。她逃到亞丁，於一八六六年生產。一八六七年薩樂美與魯伊特結婚，改信基督教。他們搬到德國，但三年後魯伊特就去世了。薩樂美終其一生都住在德國。雖然她在德國度過寂寞而漫長的流亡生活，也改變宗教信仰，她卻反對歐洲人對阿拉伯妻子地位「錯誤與荒謬」的觀點。在形容造訪中東的典型歐洲人時，她寫道：「他們把繩索丟到他想像的脖子上，在虛構的國境中奔馳。」[24]

十九世紀與二十世紀初

　　西方女性生活的這段期間產生驚人的改變，因為出於戰爭需求，女性受僱的可能性大為增加。她們的穿著也開始更輕便。在某些中東國家如埃及、敘利亞與約旦，也產生類似趨勢；女性拿掉面紗，開始穿上樸素的西方洋裝。土耳其國父**凱末爾**（一八八一至一九三八年；見第七章，頁245）與伊朗的**巴勒維國王**（一八七八至一九四四年）通過禁止女性戴頭巾的法令，以示現代化的決心。對這些國家的領導者而言，改變國民服飾的意義不僅止於服飾本身，更重要的是心態改變，以及改變他們想與其一較長短的進步歐洲國家眼中的本國形象。巴勒維最著名的事蹟就是掃蕩大不里士的商店街，用劍移除女人臉上的面紗，並且在一九三六年立法禁止女性戴**希賈布**（頭巾，見頁360-64）。許多伊朗女性反抗這項法令，她們選擇自願終生將自己監禁在家中，也不願意沒有戴頭巾出現在公共場合中。

今日知名的穆斯林女性

　　全世界有許多知名的穆斯林女性；她們在不同領域工作，而且往往跨越各種領域。

政治家

有幾位穆斯林女性已經當上國家元首——巴基斯坦的班娜姬·布托，印尼的梅嘉娃蒂，土耳其的坦蘇·奇萊爾，以及孟加拉的卡莉達·齊亞和謝赫·哈西娜。以上都是穆斯林占多數的國家。在北美與歐洲也有很成功的女性穆斯林政治家。例如喬治城大學的達麗亞·莫格海德是總統顧問小組中第一位戴著頭巾的穆斯林女性，她任職於歐巴馬總統的信仰與鄰里夥伴關係中心顧問委員會。英國有許多活躍的公眾穆斯林女性，其中值得一提的是沃希女爵，她是第一位擔任英國政府單位國務大臣的穆斯林女性；此外還有性別研究學者——什葉派穆斯林阿芙莎女爵，她在上議院倡議平等議題。二〇〇九年一月，生於摩洛哥的法國司法部長拉希姐·達狄比預產期早六天生產，她離開診所回到工作崗位時引起一陣騷動。在德國，愛肯·德麗果茲是七位土耳其裔女性政治家之一，她在二〇一三年贏得國會席次。

名人

穆斯林世界中不乏許多女性名人，其中最有名望的就是埃及歌手**烏姆·庫勒蘇姆**（一八九五至一九七五年），她有「東方之星」的美稱。雖然去世已久，她依舊是埃及的國寶級人物，也深受祖國以外男男女女的喜愛。她被公認為有史以來最偉大的阿拉伯歌手。當她去世時，參加在開羅街上送葬行列的人，比出席總統納賽爾葬禮的人還多。還有距今不久前的伊朗攝影師與製片人**希琳·艾芭迪**（生於

圖72：埃及國母。傳奇性的埃及女低音烏姆·庫勒蘇姆在聲勢浩大的音樂會上，光憑一首視她心情而定可演唱長達一個半小時的情歌，就能令廣大觀眾感動落淚；一九六七年，當埃及在第三次中東戰爭被以色列擊敗之後，她的歌曲曲目從此帶有政治、靈性追尋甚至是悲劇性色彩。法國總統戴高樂僅稱她為「女士」。沒有一位政治人物能像她這樣，在中東各地將男女老幼所有阿拉伯人團結在一起。她是本世紀的文化偶像。

一九五七年），她離開家鄉伊朗流亡在外多年。她的作品《阿拉的女人》以一系列相當特別的黑白照片描繪一九七九年伊朗伊斯蘭革命中的女性戰士，對觀者傳遞多重訊息。她拍攝了一些將女性革命詩句寫在女人們的臉上、眼睛上、手和腳上的照片，挑戰過度簡化的解釋。此外，有愈來愈多穆斯林女性參與奧運，通常她們穿著競賽所需的標準裝備；阿爾及利亞與摩洛哥女性曾贏得獎牌。在二〇一二年的倫敦奧運，有史以來第一次，來自沙烏地阿拉伯、卡達、汶萊、阿富汗與阿曼的穆斯林女性運動員獲准參加奧運。

圖73：性別平等的宣告。二○○五年，非裔美人阿米娜・瓦杜德在紐約清真寺帶領男女信眾進行週五禱告。這次事件反映出伊斯蘭教適應變遷卻又不失其靈性完整性的能力。依傳統為女性保留的上方樓座空無一人。請注意信徒衣著形式不一。

女性進步份子與女性主義聲浪

阿米娜・瓦杜德（生於一九五二年）這位備受爭議的非裔美國人及穆斯林學者，影響力遍及世界，她對伊斯蘭教提出「性別包容」的解釋[25]。雖然身為女性，她卻在二○○五年三月十八日帶領星期五禱告，並且在紐約對來自各地的男女信徒布道；當天的宣禮員也是一位女性，蘇海拉・愛塔。瓦杜德相當清楚這次事件將多麼受到矚目——禮拜全程在媒體注目下進行，而且地點在曼哈頓——但事後她說，在

禮拜期間她依然能專注於個人的宗教崇拜儀式[26]。這次禮拜有著驚人的象徵意義，它在世界各地挑戰穆斯林女性怯懦順從的刻板印象，並指出她們擔任伊斯蘭教宗教領導者角色的可能性。瓦杜德說，古蘭經中根本沒有禁止女性帶領禱告。她主張在閱讀古蘭經時，穆斯林得去自行選擇該強調或不該強調哪些經文。這是可以在**伊斯蘭法**架構中進行的個人判斷。

另一個穆斯林女性的里程碑也發生在美國。二〇〇七年，拉萊・巴克赫提爾成為第一位將古蘭經翻譯為英文的美國穆斯林女性；而遠在馬來西亞的謝里發・哈希夫是一位有名的古蘭經唸誦者。她是二〇〇九年國際古蘭經唸誦者大會最年輕的優勝者之一，並且受邀到世界各地唸誦古蘭經。

當班娜姬・布托當選巴基斯坦女性總統時，巴基斯坦某些團體宣稱「穆斯林國家從來沒有被女人統治過」[27]。為了回應這個說法，摩洛哥人**法蒂瑪・梅爾妮希**（生於一九四〇年）寫下《被遺忘的伊斯蘭皇后》一書。梅爾妮希忿忿不平譴責她所謂的「穆斯林厭惡女人」情結，她主張這是個明顯的錯誤，並且以書中十五位曾統治印度、埃及、伊朗、馬爾地夫、印尼與葉門等各個穆斯林國家的「皇后」傳記，作為證明。法蒂瑪・梅爾妮希也挑戰由男性決定哪條聖訓應該被認定為現代社會權威指導原則的特權。

埃及作家與女性主義運動者**娜瓦勒・薩達維**（生於一九三一年）是一位果決、勇敢而精力充沛的女性。她曾從事許多領域的工作，而且往往同時身兼數職 —— 包括醫生、不屈不撓的社運人士以及作家

（她共有四十二本著作）。一九八○年代，她因「叛國罪」被關了三個月，在獄中她以眼影筆和廁所裡的衛生紙，寫了一本女囚犯獄中生活的書。即便現在已經八十多歲，她還是繼續從事社運；當埃及總統穆巴拉克垮台時，她人在解放廣場。她終其一生都在對抗可怕的女性割禮儀式，她自己在七歲時就曾經歷過這項儀式。

在此必須特別強調，女性割禮（FGM）不是伊斯蘭教儀式，這一點與一般大眾錯誤的印象不同。女性割禮是一種不幸被認為與伊斯蘭教有關的習俗，而且確實在世界各地伊斯蘭社群中實行。它最早可追溯至西元前二世紀，世界衛生組織報告中強烈譴責這是一項殘忍的儀式，但目前在穆斯林人口眾多的撒哈拉沙漠以南地區仍很常見，例如蘇丹、厄利垂亞與埃及。現在它也出現在歐洲穆斯林社群中，例如英國與荷蘭。二○○二年初召開的世界女性穆斯林大會，譴責割禮違反伊斯蘭教[28]。在二○○七年一名小女孩死於割禮之後，埃及政府於二○○八年通過法令禁止割禮。二○一一年一月十二日，茅利塔尼亞宣布一項反對割禮的**教令**，由醫生與宗教學者背書。雖然被明文禁止，薩達維相信在埃及約有百分之九十女性依舊被割除外陰部。二○一四年三月，英國首次宣布控告女性割禮。在英國，過去對這種醫療程序的反應，被拿來與已有一百多件控訴成功案件的法國相比[29]。根據一項新報告，雖然美國早已有反對該項儀式的法律，曾經被認為是開發中國家主要問題的割禮，對美國的女孩與女人是一項逐漸升高的威脅[30]。

現代社會中的穆斯林女性

　　這個龐大複雜的議題，牽涉到社會持續的變化與宗教多樣性。以下討論將著重於現代特別關注或特別引發爭議的某些主題。

家庭生活

　　穆斯林沒有忘記先知最著名的聖訓，那就是敬愛父母，尤其是母親[31]。家庭依舊是穆斯林社會最主要的制度。在許多非穆斯林看來，現代穆斯林家庭結構可能顯得落伍。然而，穆斯林卻認為西方社會過於低估婚姻與家庭價值。在某些穆斯林占多數的國家，傳統穆斯林習俗是大家庭成員都住在一起，如此能將家庭事務大權轉移給年長女性，尤其是母親與岳母或婆婆，她們常一語雙關地被稱為「內政部長」。所有人住在一起可以讓家庭成員關係更緊密，但同時年輕夫婦可能也較缺乏隱私。因此，在許多穆斯林占多數的國家，夫妻住在自己的房子或公寓裡。

　　現今社會多妻制較不常見，不過它在波斯灣國家確實有復甦跡象。如今大多數穆斯林的婚姻常態是一夫一妻制，但只有在突尼西亞和土耳其才有法律明文規定。顯然在這穆斯林生活的重要領域上，西方的例子和帶來恥辱感的過時社會習俗，已對傳統穆斯林慣例有所影響。另一方面，在穆斯林世界許多地方，相親還是普遍；許多穆斯林覺得父母最清楚怎樣做對孩子最好，而且他們相信這就是穆斯林婚姻之所以穩定的緣故。與西方社會相同，如果一段婚姻以離婚告終，雙

方常會再婚。然而，在許多地方，離婚還是在女人身上留下汙點，她通常被人視為有錯的那一方，再婚因此較為不易，而離了婚的女人別無選擇，往往只好回到父親家中。

衣著

　　首先，關於專有名詞有一點必須注意，那就是現今有許多字詞用來指世界各地穆斯林女性的頭巾。這些字詞在每個地方的用法都各不相同，而同一個用來代表頭巾的詞，其頭巾的樣式也不同。希賈布是包住頭的頭巾，可鬆可緊，可以選擇各種顏色[32]。**波卡**（burqa）則是遮住全身的罩袍，連臉也遮住，只有眼睛前留有遮罩。**尼卡布**（niqab）是只遮住口鼻的面紗。至於**吉巴卜**（jilbab）、**阿巴雅**（abaya）和**恰多爾**（chador）都是從頭到腳的罩袍。有些女人戴著以不同方式垂墜的頭巾，有些女人頭部沒有戴頭巾。

　　非穆斯林認為穆斯林女性沒有穿著上的自由，然而許多穆斯林女性反駁這種看法。她們主張，這根本不是她們的感受，她們自己可以選擇要不要穿戴希賈布。有些人穿，有些人不穿。有些人棄之不用，有些人自願穿上。可想而知，戴面紗的理由也各不相同。有些女人戴面紗是因為她們身處於保守的社會，不得不如此；有些女人為了避免在公共場合被男人瞪視和騷擾；還有人是出於經濟考量，避免追隨流行服飾；也有人是為了想公開證明她們主動選擇伊斯蘭教作為人生信仰。當然，一個女人戴面紗的理由可以是以上一種或多種。

　　再說，頭巾看起來絕不會單調或令人不悅；事實上許多女人把頭

巾當成流行配件，她們擁有許多不同顏色與款式的面紗，適合在不同公開場合穿戴。有些服裝設計師專門替穆斯林女性設計兼具美麗與意涵的服裝。本世紀初有位土耳其裔德國穆斯林設計師梅利赫・科曼決定嘗試以流行服飾表達他的信仰；他曾經設計一件有帽子的夾克，上面寫著：「希賈布，我的權利，我的選擇，我的人生。」在他和他太太架設的網站上有以下訊息：「頭巾是女人從社會約束解放的象徵。」他們的事業蒸蒸日上，遍及全球。附帶一提，有一種俗稱「布基尼」（burqini）的衣服，可以讓穆斯林女性可以下水游泳，不須暴露身體。

1. 不同國家的穿著

各個國家的社會習俗有著極大的差異，有時同一個國家內的不同地區狀況也不相同。除了宗教意義之外，面紗還傳達了許多訊息。觀者可以藉此判斷戴面紗的人屬於哪個宗教，以及她屬於哪個社會階層。僅僅在一個國家之內，就有許多不同的頭巾或罩袍習俗；例如在阿曼，有些女人遮住頭髮，只露出臉。有些女人遮住半張或整張臉，還有些女人從頭到腳都用罩袍包住。在阿曼，不同教派比鄰而居 ——**遜尼派**的俾路支派和**伊巴德派**阿曼人 —— 從女性穿著方式可以看出她們屬於哪個宗教團體。正如牛津大學人類學教授道恩・查蒂所說：「遮蔽臉部與頭部，只是更廣大的社會現實生活的一部分。」[33]

在突尼西亞，年輕女性手牽著手走在街上暢談；其中一個穿著迷你裙，另一個戴著頭巾。在貝魯特與大馬士革，戴頭巾與沒有戴頭巾的年輕穆斯林女性抽著水煙，和親朋好友一起坐在露天咖啡座。另

圖 **74**：穆斯林時裝表演。在馬來西亞吉隆坡舉行的伊斯蘭時裝節上，一名模特兒穿著馬來西亞設計師杜恩‧哈斯納設計的衣服。這一類服裝嘗試調合時尚宣言與保守的穆斯林習俗之間的衝突。請注意，在室內，與其他女人、小孩與男性近親在一起時，習慣上不需要穿戴頭巾與罩袍。

圖 **75**：阿富汗女性頭巾與罩袍穿著方式。四名女性穿著覆蓋頭與全身的波卡（阿富汗賈拉拉巴德，二〇一三年）。衣服顏色與遮住臉部的網狀面紗都是典型的阿富汗風格。在伊斯蘭世界的其他地方，全身罩袍通常是黑色。

外，在波斯灣國家、巴基斯坦和阿富汗，女人從頭頂到腳趾都用（通常是黑色的）頭巾和罩袍遮住，只露出眼睛 [34]。在一九七九年伊朗伊斯蘭革命後一段最狂熱的時期，伊斯蘭革命衛隊（pasdaran，穆斯林規範的支持者）會在德黑蘭街道巡邏，逮捕頭巾底下露出任何一搓髮絲的年輕女性。然而，在今天的伊朗，女性往往嘗試以例如戴著透明面紗、彩色或可以讓髮絲露出來的頭巾，來挑戰嚴格的官方執法人員。因為女人時常測試規範的底線，是否露出頭髮的議題一直再改變。

在印尼，女人衣著成為充滿爭議的議題。新的法律限制女人衣著，因為法律制定者相信女性如果穿上吉巴卜，社會道德就能更穩固。在印尼某些地區，如二〇〇一年實施伊斯蘭法的亞齊特區 [35]，警察、軍隊與其他男性團體強迫女性嚴格遵守衣著規範，有時他們會以武力脅迫。印尼其他地區也如法炮製。從二〇〇一年開始，印尼伊斯蘭大學規定所有女性員工與學生，無論宗教信仰為何，都要穿伊斯蘭服裝。伊朗對女性觀光客也有類似規定。

2. 歐洲

由於移民人口激增，現在歐洲各地都看得到穿著穆斯林服裝的穆斯林女性。穆斯林移民帶來他們對於古蘭經經文中以及自己文化習俗中對頭巾與面紗的解釋。歐洲政府對於這可見的「另類」陳述反應不一，從法國禁止在公開場合穿戴頭巾與面紗，到其他地方較為寬鬆的法令都有。在歐洲其他國家如義大利、西班牙和英國也試著應付這個問題，而且往往是在恐懼伊斯蘭與擔心公共安全問題形成的緊張氣

氛中。尤其是在九一一之後，這場悲劇事件衍生出重大安全性議題，許多政府堅持穆斯林女性的臉部在機場與其他出入境場所例如國界檢查哨，應該要能被辨認與檢查。因此，無論是否配戴頭巾與面紗，所有女性看來都有必須願意遵守居住地區的法律，只要該地區有公共安全性問題（然而，值得一提的是，西方國家一直到現代之前都穿戴面紗，尤其在正式場合）。

教育

　　世界各地穆斯林女性的教育程度，確切來說是識字率，差異性非常大[36]。在巴基斯坦與葉門，女性識字率低至令人訝異的百分之二十八，而在印度有百分之五十九穆斯林女性從未上學。沙烏地阿拉伯和伊朗女性識字率是百分之七十，約旦和印尼女性識字率達百分之八十五。在女性識字率低的國家，相較之下男性識字率較高，但也沒有高出太多。

　　在中東，年輕女性可以接受很好的大學教育，而許多女性確實也上了大學。居住地決定她們的學生經驗。在開羅、大馬士革和貝魯特的女大學生穿著希賈布或設計款牛仔褲，她們可自由與男學生相處。在沙烏地阿拉伯，女性與男性在學校徹底隔離，但她們往往擁有很高學歷；該國在女性教育上做了許多投資，無論是國立大學或私立大學都是如此，老師來自西方知名大學如哈佛與牛津，擁有博士學位，也有些老師來自開羅、貝魯特或阿曼。二〇〇九年沙烏地阿拉伯成立了一所開創男女合校制度的新大學——阿卜杜拉國王科技大學。女性可

以和男性一起上課，不一定要蒙面紗。

在阿拉伯大學裡教授的學科和西方類似，因此女性之後也能獲得較好的工作機會。在英國，向上流動、受良好教育的英國穆斯林女性大都出身南亞，她們喜歡從事律師、醫生、牙醫與藥劑師等職業。許多美國與加拿大穆斯林的情形也一樣。與這種女性穆斯林教育體系完全相反的是印度某些地方的女性教育。例如在印度人口最多的北方邦，年輕穆斯林女性在隔離的**經學院**受教育。如果有男人來到附近，他必須大聲宣布自己到來，因此女性可以有時間穿戴頭巾罩袍。她們學習的是如何扮演好妻子與好母親角色等有限科目；這些科目包括古蘭經、優美的演說以及個人清潔，還有如何履行家庭責任[37]。

女性主義

現在有許多女性主義團體。她們的成員直接從古蘭經重新尋找與女性相關的經文，替今日穆斯林女性尋求解釋。正如伊芳・哈達德振振有詞的說法，穆斯林女性主義者「不質疑古蘭經文引導全人類的永恆正當性，但對於傳統社會對古蘭經的父權解釋特性有所保留」[38]。穆斯林女性主義者將她們為伊斯蘭生活方式所做的奮鬥，稱為「性別**吉哈德**」。其他人稱之為「口紅吉哈德」。女性主義自行解釋古蘭經與先知典範，拒絕父權在古蘭經中對女性的解讀方式。除了這項努力，它們也積極掌握宗教基本原則，而不是被動接受數世紀以來滲入穆斯林社會的嚴苛規定。有許多透過社群媒體與網路促成的穆斯林女性主義網絡，例如馬來西亞的「伊斯蘭姊妹會」與奈及利亞的「猴麵

包樹女性人權」（它們的口號是「你不能改變過去，但可以試著改變未來」）等國內組織。國際組織「穆斯林律法之下的女性生活」致力於改革各個穆斯林國家律法，以便更能配合古蘭經精神。

　　穆斯林世界的女權運動，大都是基於改革家庭法的概念，尤其是結婚、離婚與遺產繼承議題。現在伊斯蘭已是一種全球信仰，伊斯蘭家庭法該如何實施很難一概而論，因為每個國家狀況不同，例如在德國、甘比亞、巴基斯坦或印尼等。離婚與繼承已經在這一章稍早提過。但另一個關鍵的現代問題是全球性的家庭暴力，這一直是穆斯林國家的禁忌話題，正如在非穆斯林國家，非穆斯林受害者也出於恐懼或羞恥，對家庭暴力問題三緘其口。這方面的關鍵內容出自古蘭經4:34 一段備受爭議的經文，女性主義者試圖加以解釋。經文後半段談到如何處置不聽丈夫話的妻子；關於經文是否授權丈夫毆打太太、輕輕地打或完全不打，眾人有所爭議。

　　女人出現在清真寺，是傳統中的特例。在先知去世後，有人開始不同意女性在清真寺做禮拜的權利。先知一向准許女性在清真寺做禮拜，而第二位哈里發歐瑪爾加以禁止，但他的繼任者阿特曼又恢復這項女性權利。某些地區准許女性在清真寺裡的特定區域做禮拜；然而，在其他地區，男人又要求女人待在家裡。這件事在美國成為現代熱門議題，穆斯林女性主義者已經發動抗議。西維吉尼亞大學的阿斯拉‧諾瑪妮主張，先知沒有將女人隔離在清真寺的特定區域，因此今天也不應該這麼做[39]。在加拿大與美國的某些清真寺禁止女性進入。某些美國清真寺已經帶頭讓女性進入清真寺內主要的禮拜廳，還授予她們清真寺委員會成員的職位。

圖76：男女隔離的禮拜儀式。蘇非行者在清真寺講道。米爾・卡邁爾・丁・胡笙・賈蘇爾加希所著《戀人集會》（伊朗設拉子，一五五二年）。這本書收錄了主要的蘇非行者傳記。男人圍繞著講壇；女人和小孩被隔離在屏風後看不見的地方。有時也會拉起繩子隔離女人，或讓她們坐在二樓的廊道上。

在美國二〇〇七年所做的一項研究中顯示，穆斯林女性正在追求與男性相同的權利，她們希望在沒有家庭壓力下投票，能擔任她們有資格從事的任何一種工作，甚至獲得政府高階職務。同樣一項研究也指出，穆斯林女性一般而言相當忠於自己的宗教，她們相信伊斯蘭教

能保證她們擁有明確定義的權利與安全性。因此，她們希望在信仰的架構之下能達到這些目標[40]。

雖然穆斯林女權與社會地位近年來已有實質進步，在穆斯林世界的某些地區，女權還有很長的路要走。聯合國一份名為《二〇〇五年阿拉伯人權發展報告：阿拉伯世界女性崛起》的文件中（必須強調這份報告是由阿拉伯研究者所做），批評中東政府忽視占他們人口半數──也就是女性──成員具有才華與潛力的貢獻，而這份報告也倡議賦予女性更大權力[41]。藉由現在唾手可得的全球社群媒體連結，美國與世界各地的女性穆斯林思想家持續鼓舞並給予中東、印尼與非洲女權運動人士支持。現在看來，情勢已不能回頭。

皈依伊斯蘭教的女性

西方各地都有人改信伊斯蘭教。例如，在英國改信伊斯蘭教的女性人數持續穩定成長。改信伊斯蘭教的前英國首相布萊爾妻妹蘿倫·布斯，就遭媒體嘲笑與輕視。她做出強烈的回應，批評自己之前對穆斯林女性的高輕視態度，她以為她們不過是「穿著黑袍的小點」。她又說，實際在中東生活，讓她看到「包著各式各樣頭巾的各個年齡層女人，她們也位高權重」[42]。

根據一份二〇一三年英國人皈依伊斯蘭教的報告指出，在這人數逐年增加的大團體中，女性比男性多。為何今日女性會皈依伊斯蘭教？有些人說她們想追求一種新的靈性生活，其他人則是因為戴上希賈布而感到更有自信與力量。這和一般人對戴頭巾的觀感正好相反[43]。

圖 77：遊行的女性。反對總統穆巴拉克的示威遊行（二〇一一年二月五日，開羅，解放廣場）。女性因政治目標團結一致，因此不同的衣著規範顯得無足輕重。無論中年或青年，來自社會各領域的女性走上街頭，在推翻穆巴拉克政權的運動中扮演關鍵角色。

阿拉伯之春的穆斯林女性

在開創新紀元的**阿拉伯之春**事件，也就是在二〇一一年以來中東各地發生的民主示威抗議活動之中，女人已經扮演了很重要的角色，她們還在繼續努力，替該地區人民的生活帶來重大改變。伊斯蘭女性示威與抗議影像透過電視與網路傳送到全世界，因此其他地區的人已清楚看見她們參與其中。無論是在突尼西亞、埃及、阿爾及利亞，或

阿拉伯其他地區，這些影像中都看得見女人；她們往往站在前排，手中揮舞著旗子，喊著口號。她們參加抗議活動、書寫部落格、進行絕食、公開演說。例如在突尼西亞，自焚引發突尼西亞起義活動的穆罕默德・布瓦齊齊的姊妹，目前依然透過媒體替所有人爭取政治權利。這些好戰女性有時因此必須付出代價——被強暴、被騷擾、被逮捕，或死於包括警察在內的男人手上。毫無疑問，穆斯林女性將會在她們國家未來的發展道路上嶄露頭角。她們將努力成為社會中的正式成員。她們已經打開了那扇門，光明的未來終於向她們招手。

選讀書目

Ahmed, Leila, *Women and Gender in Islam: Historical Roots of a Modern Debate*, New Haven, CT: Yale University Press, 1999

Haddad, Yvonne, Jane I. Smith and Kathleen Moore, *Muslim Women in America: Gender, Islam and Society*, New York: Oxford University Press, 2006

Booth, Marilyn (ed.), *Harem Histories: Envisioning Places and Living Spaces*, Durham, NC: Duke University Press, 2010

Keddie, Nikki R. and Beth Baron, *Women in Middle Eastern History: Shifting Boundaries in Sex and Gender*, New Haven, CT: Yale University Press, 1992

Wadud, Amina, *Qur'an and Woman: Rereading the Sacred Text from a Woman's Perspective*, New York and Oxford: Oxford University Press, 1999

第十一章
展望明日

全世界人口有一半以上由穆斯林與基督徒組成。如果這兩種
宗教社群間無法保持和平與正義，這世界將無法獲得真正的
和平。世界的未來取決於穆斯林與基督徒間的和平。

—— 伊斯蘭教理皇家聖裔機構，約旦，二〇〇七年[1]

　　由後見之明看來，未來預言往往顯得愚蠢又瘋狂。因此，這一章
將試圖避免預言以及辯證。反之，最後一章會將焦點放在**穆斯林**當前
面臨的問題。面對這些問題的方式，顯然將影響我們未來的世界，因
此它們偶爾也能預測未來。這些問題包括：女性必須在社會中扮演更
重要的角色，眾望所歸的穆斯林發言人在媒體中的能見度不足，假借
伊斯蘭之名行恐怖主義之實，穆斯林人口占大多數的國家中多變的政
治與宗教融合、社會變動所帶來的衝擊 —— 如社群媒體與年輕人的野
心與想法等，人需要透過自由選舉表現出廣泛民意支持的好政府，以
及在可見的未來，伊斯蘭信仰很有可能經歷的改變。

　　以下這一章將探索穆斯林信仰中最關鍵的起源與實踐，以及自從
先知**穆罕默德**死後，穆斯林如何在過去十四世紀中順應歷史變革與發
展對信仰所作的調適。我嘗試將重點放在根本的信仰、教義與伊斯蘭

儀式，包括：真主在**古蘭經**中對祂的先知宣告的啟示、為穆斯林世界團結在一起提供穩固基礎的**伊斯蘭五功**，和特別是象徵穆斯林團結性的每年重複的活動——朝聖，以及向信徒保證他們屬於一個全球信仰的信徒社群。**清真寺**是很容易辨識的伊斯蘭宗教崇拜的象徵。伊斯蘭教也擁有對其他信仰展現宗教寬容的卓越傳統。

儘管穆斯林信仰中有許多事情不能改變，但在二十一世紀全球化的社會裡，信仰中某些層面的解釋應該與七世紀的阿拉伯當時不同，也不足為奇。我們能以合理的肯定態度追溯信仰變化的方式，但想清楚看見伊斯蘭教的未來以及它在穆斯林與非穆斯林生活中的角色，則困難得多。

在考慮穆斯林社會如何立足當前、與現代種種議題搏鬥時，這一章也試圖指出對伊斯蘭教的某些誤解與偏見——無論伊斯蘭指的是一種宗教、一種文化、一個社會，或以上三者的綜合物，這個族群在今日的非穆斯林當中十分盛行，在西方尤其如此。這一點十分重要，理由如下：這個世界的未來，將視我們如何看待彼此而定。此外，藉由改變對伊斯蘭教常見的錯誤理解與觀念，我們可以徹底研究這一複雜主題的本質。對伊斯蘭教的誤解做出判斷，是件令人不安的舉動。這些誤解陷入熟悉的模式，本書許多讀者即使不是遭遇所有也會是部分模式。一個明顯的例子，是從穆斯林聯想到恐怖主義的直覺反應。第二是穆斯林是個單一、一體的社群這種缺乏判斷力的假設。此外還有一個論點，那就是與其他社會或宗教相比伊斯蘭教更加壓抑與壓迫女性。還有人發自內心厭惡**伊斯蘭法**，他們相信以穆斯林為主要人口的社會，代代相傳一些應受指責的懲罰方式，例如將小偷的手砍斷，或對通

姦者丟石頭。而且伊斯蘭教往往與阿拉伯世界被劃上等號，特別是少數產油國，然而事實上阿拉伯人只占全世界穆斯林人口的五分之一。

多面向的伊斯蘭教

世界上並沒有單一的穆斯林社群。不可否認的是，整體而言穆斯林有許多共同的信仰與實踐方式，包括古蘭經的核心地位、信奉唯一真主、尊崇先知穆罕默德以及實踐伊斯蘭五功。然而，一個從摩洛哥延伸至印尼，北至歐洲，南至撒哈拉沙漠南部的宗教，必定有非常多樣性的面貌。本地文化與習俗的衝擊，在許多方面影響了伊斯蘭教的實踐方式。非常關鍵的一點是，我們必須避免將既定的地方習俗與伊斯蘭教義混為一談——許多聲稱替伊斯蘭教辯護的人，事實上只是替他們的社群或伊斯蘭教的某個教派辯護。其實，他們曲解了自以為要為其發言的信仰。例如，強調並延續女性穿戴面紗和頭巾的做法是一種習俗，而不是根據古蘭經和先知言行典範而來的教義，更不用說榮譽處決、女性割禮或丟擲石頭。我們總是聽媒體談論伊斯蘭教，例如什麼是伊斯蘭教、穆斯林都做些什麼等等，但我們不必過於放大媒體所造成的負面影響。像是，伊斯蘭教內部的強硬派出於政治原因，也希望將穆斯林是一個單一整體的印象傳達給全世界，因此他們當然也會試圖助長這種想法。然而，現今在全球每一個角落——在中東和遠東、南亞和東南亞、非洲、歐洲和美洲，共有十五億穆斯林，穆斯林會有許多面向並不奇怪，而且一向如此。其中有保守派與激進派，

有拘泥於字義解釋的人也有知識份子，有人對於全球信仰懷抱遠見，有人的見解只限於自己熟悉的社群。

　　歐洲各國主要穆斯林社群的語言與民族種類十分多樣化。英國穆斯林主要是南亞血統，法國穆斯林絕大部分來自北非，德國穆斯林大都為土耳其裔，荷蘭穆斯林為印尼裔，而瑞典則是有許多索馬利亞裔穆斯林。在過去幾個世代中，移民美國的穆斯林人口組成也相當不同。歐洲政府的重心將穩定地逐漸朝向將穆斯林移民公民化的理想；至於希臘、義大利與西班牙則是努力試圖控制一波又一波來自穆斯林地區非法移民。二〇一一年初，德國總理梅克爾在演講中表示多元文化主義已經宣告失敗。她這句話與廣為流傳的觀點一致，那就是穆斯林的出現挑戰自由與世俗化的德國；事實上歐洲領導者已經暗示，歐洲必須捍衛自身基督教傳統，以對抗穆斯林移民的影響。法國前總統季斯卡曾說他從不上教堂，然而他卻相信歐洲是一個基督教大陸。在此同時，世俗與反宗教思想家主張，宗教信仰與論述應該被排除在公共生活、政治以及由國家贊助的活動之外。因此，在歐洲針對穆斯林移民相關的議題有許多各種不同的意見，這一切都發生在二〇〇四年馬德里恐怖攻擊與次年倫敦爆炸案後，安全意識提高的時期。

　　因此，想概括種族如此多樣化的社群是既無益也有誤導之虞的舉動。在這多樣化之中有另一層意涵：在各種混亂的傳統、種族與態度互異的團體中，誰能替穆斯林發言？非穆斯林想了解穆斯林對我們這個時代燃眉之急的議題採取何種態度，卻不知該求助於哪一個權威論述。穆斯林世界缺乏力量強大、能替不只一個教區發聲的宗教領袖。一位伊朗**阿亞圖拉**的權威看法不能延伸至**什葉派十二伊瑪目派**社群之

外，正如**阿迦汗**也只能代表**伊斯瑪儀派**發言。耶路撒冷的大穆夫提頭銜雖然響亮，他的權威卻只限於巴勒斯坦。即便是開羅的謝克・艾茲哈爾是穆斯林世界最古老大學艾茲哈爾大學的重要人物，被公認為神學議題的優秀專家，也沒有人認為他是全世界所有**遜尼派**穆斯林的發言人。之後幾十年的精神領袖可能會出現在幾個新地點，或許是歐洲與美國的穆斯林社群。遜尼派傳統遵循先知著名的格言：「我的社群不能作惡。」但是，這裡的「社群」卻難以界定。在穆罕默德時代，事情比較簡單──他將阿拉伯平等主義的原則帶入伊斯蘭教。在這個超級強權與民族國家的世界中，無法適用這項原則。

非穆斯林觀察家或許會問，而且他們問得確實有理，那就是：穆斯林領導者為何不更強烈地以伊斯蘭教之名譴責恐怖主義行為？這種被認為是拒絕挺身反對恐怖主義的態度，很容易被解釋為默許恐怖主義，尤其媒體最容易如此解讀。因此，當代主要問題，正是缺乏一位能被清楚認定、地位可比天主教教宗的人物，代表全球穆斯林做出宣告。這曾經是**哈里發**的職責，無論他身在**麥地那**、大馬士革、巴格達、開羅或伊斯坦堡。但哈里發不存在已經很久了。因此，今天誰能替伊斯蘭教發言？而且當穆斯林權威人士發言時，誰又會聽他的話？話雖如此，我們很容易批評穆斯林的多元化與缺乏中心權威人士。沒人預期散居全球各地的基督教社群會以一種聲音發言，不管那是天主教教宗、東正教教長或英國國教的大主教。無論是美國南部浸信會或長老派教徒，羅馬天主教或希臘東正教教徒，以及中東上百萬阿拉伯基督徒，他們全都在基督教的庇護之下成長茁壯。

伊斯蘭教的多樣性，有另一個值得注意的重要層面：世界上約有

一半穆斯林住在南亞與東南亞。眾人逐漸認識印度次大陸與東南亞
——尤其是印尼——在全球漸增的重要地位。印尼聲稱能代表二點
五億名穆斯林，因此就人口數而言它是世界上最大的穆斯林國家。作
為世界上人口最多的國家之一，印尼野心勃勃，想加入如巴西與俄國
等其他未來的全球強國。他國因而更加意識到印尼在穆斯林世界的地
位，也更加理解印尼的文化、社會與政治在伊斯蘭所扮演的角色。

　　如此看來，我們無法將伊斯蘭教等同於阿拉伯世界，如西方世界
中經常抱持的看法。在西方人眼中，這個問題常與某些產油國巨大的
財富結合在一起，有些地區的油甚至比乾淨的水還便宜，因而在這個
愈來愈重視氣候變遷、汙染與資源漸減的世界裡，招來眾人的嫉妒與
譴責。這些反應往往影響大眾對其他穆斯林國家以及一些相當不同的
穆斯林國家的態度。在這些經濟繁榮的沙漠地區，繁榮的光景是不自
然的，它們觸怒了某些當代概念，如永續成長以及必須替未來的蕭條
未雨綢繆。是否應該在沙漠中建造高爾夫球場？毋庸置疑的是，在某
些穆斯林地區可以看到極其奢華的生活方式，然而從以前到現在，西
方世界對於炫富一事向來不陌生。更何況正是某些石油產量豐富的國
家將大量資源投入發展海水淡化廠與太陽能、風力與波浪能的長期開
發計畫，以及培育終究能讓整個地球受益的科技。

宗教與政治

　　今日穆斯林社會裡宗教與政治的可能相互影響，在接下來的幾個

世代會呈現出何種可能性？傳統上被視為穆斯林世界的中東地區，正經歷一段政治與社會上快速激烈變遷的時期，並且一定會對宗教領域有所影響。人口統計學是一項主要的改變：人口暴增現象在整個中東蔓延，在某些以穆斯林為主要人口的國家，有一半人口年齡在二十五歲以下。二〇〇六年埃及所做的人口普查顯示，該國有一半人口年齡在十五歲以下。隨之而來的年輕人失業率問題極其可怕。忿忿不平的失業青年有大把時間，再加上他們即時的溝通方式——從最近發生在埃及與其他地方的事件可看出——成為抗議的爆發點，甚至演變為反叛和起義活動。有一部分人選擇激烈的宗教道路。貧窮與人口暴增現象，成為危險的組合。

對於該如何稱呼從二〇一〇年發生在阿拉伯世界並且持續至今的革命運動，各地沒有一致的意見。歐洲與美國人稱這現象為**阿拉伯之春**。阿拉伯人自己則稱這些運動為阿拉伯革命。無論用什麼名稱，顯然一些不平凡的事正在發生，我們正在見證相關國家的歷史里程碑。情勢至此已不可能回頭；雖然在寫作本書時敘利亞的情況未明，但在阿拉伯各地對專制政權的抗拒態度也正逐漸蔓延該地區。它是否能成為逐漸遍布整個中東的浪潮呢？無論未來如何發展，很清楚的是，阿拉伯之春在一個國家與另一個國家所採取的方式各不相同，例如過去在埃及與突尼西亞變革中軍事角色的對比程度。

各國宗教在阿拉伯之春中所扮演的角色並不明確。在中東，政治與社會議題長久以來都是藉由宗教詞彙表達。無論在埃及、突尼西亞、利比亞、敘利亞、葉門、伊拉克等各國是否將出現新的政治實體，或目前仍處於動盪之中的其他國家即將選擇所謂的伊斯蘭政府，

都仍有待觀察。在今日早已政教分離的其他世俗社會中，這不會被視為積極正面的結果。如果在暴政統治下的阿拉伯人民能獲得正義與自由，又如果他們能在獲得言論自由與落實本土形式民主（無論如何解釋民主這個字詞），類似法國實施的體系就能蓬勃發展。而在這樣的體系中，世俗政府統治社會，各種宗教成為國家中個別公民的選擇。在這種情況下，作為被保護的少數族裔，埃及科普特正教會就能獲得自從伊斯蘭教傳入之後在穆斯林統治下有史以來最好的公民權益。「自由美國穆斯林」學者已經對此議題表達強烈的看法。例如美國的阿卜杜拉・安納伊姆堅持伊斯蘭教基本上是民主的宗教。在他看來，問題是伊斯蘭教在社會上是保守的。他在著作中試圖打破這個模式。他強調他們應該頌揚異教：「為了保有宗教上的誠實，很重要的一點是，有人得冒著被舉發為異教徒的風險。」[3] 他主張，他對伊斯蘭教的自由解讀，比起**神權政治國家**這種解釋更接近該教的根源。

恐怖主義與暴力

　　二〇〇一年九月十一日的恐怖事件，也就是全球所知的九一一事件，是美國史上最大的一樁罪行，世世代代的人都難以遺忘。做出如此罪大惡極行為的自殺炸彈客，對全世界伊斯蘭聲譽造成極大傷害。雖然**賓－拉登**（一九五七至二〇一一年）已死，墳墓裡的他，陰影仍籠罩世人。**蓋達組織**的活動與其他模仿該組織的衍生團體，持續對摩洛哥、阿爾及利亞、馬利與菲律賓等國造成嚴重威脅。九一一引發西

方對穆斯林世界巨大的反感。這股怒氣結合了自大與不理解，它的影響無法估量。在工作場所與休閒場所、從辦公室到博物館與機場，許多地方強制實施的安全檢查與預防措施，已經侵入並耗盡一般百姓的生活，其嚴重的情形是上個世代所無法想像的。世界各地穆斯林都承受苦果。西方輿論往往將所有穆斯林看成一丘之貉，不把恐怖主義當成少數極端激進份子，反而與整個伊斯蘭社群劃上等號。唯一能擺脫此種普遍與不公平的刻板印象，就是增進對伊斯蘭教的知識，雖然這樣的知識 —— 對此本書也希望能貢獻棉薄之力 —— 滲入大眾意識的速度十分緩慢。例如在英國，優秀的穆斯林學者提姆·溫特 —— 他的另一個名字是阿布杜－哈基姆·穆拉德 —— 曾經公開發言，拉開伊斯蘭教與恐怖主義行動的距離。他詢問九一一炸彈客怎麼可能被當成穆斯林。他強調無論是賓－拉登或他的同夥艾曼·查瓦希里，當沒有合法的穆斯林宗教憑證，他們不夠資格發布**教令**，號召**吉哈德**。在他看來，「西方務必以公平的方式解決巴勒斯坦問題的悲劇，才能宣洩憤怒泥淖之水，但伊斯蘭世界有責任擊敗恐怖份子偏離正道的神學理論」[4]。

　　根據二〇〇七年美國華盛頓特區喬治城大學所做的民意調查顯示，世界上有百分之九十三的穆斯林譴責被宗教鼓動的暴力。幾項蓋洛普與皮尤民調中可以找到更多相關細節。這些穆斯林被視為沉默的大多數，或許只因為他們未有代言人。但情形往往是他們的聲音不被西方媒體選中，因為這些意見不是以英語表達；就算有人聽得懂，也覺得沒有報導的價值。負面新聞比正面新聞更「有趣」。因此，其餘那激進的、基本教義派的百分之七的穆斯林，才是認為九一一恐攻

事件有其正當性、占據媒體頭條以及不斷聲稱替伊斯蘭發言的那些人[5]。如果民調引用的統計數字無誤，百分之七大約有一億多人。然而，當美國穆斯林被問到最不欣賞穆斯林社會中的哪一部分時，出現在名單最前面的就是極端主義與恐怖主義。我們應該注意，媒體經常鼓勵我們相信大多數穆斯林恐怖主義的犧牲者是西方人，然而事實上應該是恐怖份子的穆斯林同胞。

那麼是什麼讓這一億多名激進的穆斯林相信他們所相信的、做他們所做的事呢？到底什麼是激進或基本教義派伊斯蘭教？當然，這是一個相當困難的主題，尤其是我們正置身其中。再過五十年，或許事情會比現在更清楚。沒有人代替大多數穆斯林告訴我們這些人在想什麼，但合理的假設是，他們大都也譴責暴力。因此，戴上宗教面具的少數恐怖份子勝過數億虔誠、含蓄的信徒。如果西方輿論能有所改變，就能矯正這種情形。溫和、寬容的聲音必須被人聽見，特別是考慮到過去幾十年來，在幾個穆斯林國家裡，迫害宗教少數群體的情況急劇增加，這是穆斯林世界長久以來高貴的宗教寬容傳統中的汙點。確保大多數人能清楚、大聲與快速表達意見，是全世界穆斯林社群的責任。社群本身必須自救。如果穆斯林人口眾多的國家如印尼、印度、巴基斯坦、孟加拉與奈及利亞站出來說話，那就是好的開始。這將有助於導正這些穆斯林世界被低估國家的低調態度。

社會變革

　　過去數十年發生的事件，強調了新的溝通方式在政權改變時所扮演的關鍵角色。這一點在資訊流受政府控制的國家中尤其重要。因此，在一九七九年的伊朗，**何梅尼**（一九○二至八九年）演講的錄音卡帶在街頭祕密流傳，成為推翻伊朗國王的主要動力。同樣地，一九八九至九○年，蘇聯共產主義在做垂死掙扎，對外溝通幾乎完全封閉，傳真機成為不可或缺的分享訊息方式，因此促成共產主義垮台，葉爾欽掌權。在目前為止經歷了阿拉伯之春的國家，手機、臉書、YouTube 和推特等社交媒體，在動員輿論與決定性行動方面，同樣至關重要。將有更多國家追隨這種方式，用來加速政權改變。無論在突尼西亞、開羅的解放廣場或葉門，熟悉網路與媒體的新一代穆斯林逐漸長大，他們參與的革命往往有很強的伊斯蘭教主義者成分。他們所使用成效巨大的社交媒體並不尊崇意識形態。他們同樣輕鬆地散布基本教義派的伊斯蘭教、民族主義與激進左派。網路上的確有許多**薩拉菲主義者**與什葉派十二伊瑪目派的爭論；因此，網路可以培育出社群的精神，但它也能惡化爭執。

　　如果在阿拉伯之春這幾年的事件有指明任何事，那就是許多生活在中東的穆斯林並不期待以好戰的伊斯蘭道路實現他們的志向。他們想要工作，想要有更好的生活方式，他們想得到更公平的資源分配，他們想要結束貪腐，他們渴望穩定，以及最重要的一點：社會正義。當人口爆炸匯集更多動力，他們的渴望就更強烈。很明顯的是改變勢在必行，但需要時間。當它真正來臨時，它會從草根往上長，不會從

上往下施壓。而且它會來自穆斯林世界的內部，而非來自外界。

　　本書相關章節已經討論過如何對待女性與穆斯林社會律法運作。在這些社會生活領域中，改變的軌跡十分清楚。改變的速度當然每個國家都不相同。印尼、巴基斯坦、孟加拉與土耳其都曾經有女性元首（反觀美國，連一個女性副總統都沒有選出），而沙烏地阿拉伯女性不過才剛取得投票權。現今許多穆斯林國家，女性政治家得以擔任部長；大學不再是男性領域（事實上，沙烏地阿拉伯有許多女性專屬的高水準大學，也成立了第一所男女混和大學）；女性在職場與商場中擔任高階主管的人數也持續增加。在鄉村，改變的步調緩慢得多，但即使如此，教育還是逐漸發揮影響力。雖然存在上述情形，我們卻不能否認，不僅在鄉村，還有其他許多地區，女性的境況依然可悲。將這些女性完全阻隔於穆斯林世界其他地方正在發生的事情之外，將變得愈來愈困難。同樣地，女性也必定逐漸會在信仰的事務上憑實力凸顯自己，甚至能做到領導星期五的禮拜儀式，正如同二十世紀後期婦女在猶太教和基督教中取得領導角色，例如女祭司的任命。

　　至於法律的實施，也有許多穆斯林社會的累積證據清楚地表明，雖然法律體系由世俗法律和伊斯蘭法兩種成分混合而成，但以世俗法律規章占主導地位，這樣的趨勢會持續下去。此外，世俗法規大都以西方法律為範本，並不是從頭制定。在少數伊斯蘭教法律權力大得多的國家，立法者面臨愈來愈多問題 —— 幹細胞研究、基因改造農作物、著作權條款、體外受精 —— 這些都無法以反覆演練的伊斯蘭律法技巧，例如類比，來獲得解決。無論如何，長久以來在決定喝咖啡、抽菸或使用娛樂性藥物的合法性時 —— 這些對律法體系的挑戰在前現

代就已出現 —— 伊斯蘭法證明有其局限。傳統上伊斯蘭法的基礎是古蘭經，以及先知穆罕默德的言行，這些都不太容易改編來處理從停車規定到公司稅務等現代生活細節問題。這並不是要否認伊斯蘭對世界其他地區面臨的問題時做出獨特回應的可能性，但這種回應很零散，並且在穆斯林世界的每個地區回應都不同。因此，在二十一世紀 —— 而不是從古至今、自始至終 —— 的任何一項問題中，該如何定義古蘭經的角色，依舊引發爭議。

此外，雖然穆斯林世界有某些地區還是存在著鞭打甚至是截肢的嚴厲刑罰，但這些大都屬於例外情形，因此在中世紀律法體系中對陳腐穆斯林社會的普遍想像，離真實情形相去甚遠。近來在埃及與伊拉克迫害基督徒的例子，抹殺了在伊斯蘭律法中比基督教更值得驕傲、神聖而強大的宗教寬容傳統，但在例如葉門、伊朗和中亞地區，宗教迫害確實也是數世紀以來標準的穆斯林做法。

穆斯林與非穆斯林

穆斯林與非穆斯林未來會是哪種關係？這是一個永遠令人煩惱的問題。前殖民強權國，尤其是英國與法國，在北非各地與大部分中東地區以及南亞與東南亞，留下曖昧不明的遺產。世人也都還記得義大利人在非洲的冒險以及荷蘭人在印尼的活動。西方國家最近在伊拉克和阿富汗發動戰爭，雖然他們也干預阻止了巴爾幹地區的穆斯林滅種行動，卻為時已晚。西方國家以武力援助**薩達姆‧海珊**（一九三七

至二〇〇六年），協助**塔利班**與蓋達組織對抗蘇聯，阻止其接管阿富汗；然而，這兩個國家最終都遭西方部隊入侵。美國和伊朗的關係三十多年來一直處於一觸即發的緊張狀態，伊朗發展核能預示進一步危機。不過，顯然最嚴重的是美國持續涉入以巴衝突，這是六十多年之後依然沒有解決的問題。無論阿拉伯國家之間的外交與權力遊戲興衰如何演變，他們的人民都堅決支持巴勒斯坦；阿拉伯人民迅速高漲的普遍支持心態，伴隨著對美國憤怒的憎恨，都是美國外交政策制定者必須考慮在內的現象。巴勒斯坦問題不會消失。因此，這些問題仍然困擾著許多穆斯林，甚至連溫和的穆斯林都不例外，並且可能激起穆斯林極端主義份子的暴力反應。

最後，在此必須強調伊斯蘭信仰的活躍本質。伊斯蘭教目前是全世界成長最快的宗教。例如在撒哈拉沙漠以南的非洲地區，它幾乎向每一個地方的基督教挑戰。不只在非洲，出人意料的是，許多皈依伊斯蘭教的人都是教育程度很高、善於表達的西方人，他們對伊斯蘭教的堅定信仰令親友困惑。充滿活力而又自信的伊斯蘭教增加新教徒的進展十分快速，這些世俗、後現代歐洲公民深受這個活力充沛又有自信的宗教吸引。正如某倫敦報紙的一篇報導形容：「他們看起來和我們一樣，但其實他們不一樣。他們是穆斯林。他們每天祈禱五次，在賴買丹月禁食，希望死前能去麥加。他們接手機來電時會說『祝你平安』。」[6]這些歐洲穆斯林已經準備致力於替伊斯蘭教下定義，使這個宗教能與民主和性別平等概念共存。

賦予英語的新重要性是一項徵兆，象徵伊斯蘭教持續改變的面貌。目前我們住在一個愈來愈沒有邊界的世界，大家選擇以英語作為

國際語言。現在用英語下達的教令，與阿拉伯語教令一樣多。網路扮演關鍵的角色，它有助於人使用英語閱讀伊斯蘭教的重要文本，如古蘭經譯本、**聖訓集**和伊斯蘭法箴言，這些書籍在之前都只有阿拉伯語版本，並且存放在主要圖書館裡。接觸信仰基礎文本的機會大增，產生大量知情討論（informed discussion），而 Google 與維基百科也可以針對與穆斯林行為、教義與信仰有關的常見問題，提供立即解答。對伊斯蘭教所採取的態度因此將不會一成不變。或許伊斯蘭教受到的影響，將會與一八六〇年以降由德國神學家進行的聖經文本研究類似；這些才華出眾的學者挑戰長久以來建立的「真理」，大幅改變人理解基督教的方式。本書出版於伊斯蘭曆的十五世紀初；必須記住，基督教本身在十五世紀的面貌也與今日大不相同。那是在十六與十七世紀使歐洲受辱、汙損基督教名聲的宗教戰爭之前。即使在不久之前——只不過是離現存記憶不遠的幾個世代之前——奴隸問題撼動美國，引發內戰。雖然美國內戰並不明顯等同於任何現今穆斯林世界的狀況，它也產生極大的宗教爭論。因此，目前穆斯林世界的苦難與信奉基督教的西方有著明顯的相似處。誰知道結果將會如何？總之，從長遠的歷史觀看來，西方不能對這些穆斯林危機妄加評斷。

因此，伊斯蘭教未來應該規劃何種方針？他們有各種不同令人困惑的選擇。有些穆斯林相信宗教應該是個人靈性問題。另外一些人以同樣的熱誠相信伊斯蘭教應該掌管生活中的所有面向，無論是公共領域、私人領域和工作場所。近幾十年來，就宗教而言，我們顯然生活在一個愈來愈多元化的世界。無論有沒有信教，我們對其他信仰都

需要採取開放的態度，並且終結排外主義。伊斯蘭教是否會縮減為一種個人信仰體系，喪失大部分政治、社會與法律制度，並且屈從於世俗、多元主義者的社會？或者穆斯林大眾終將被喚起，再次投身軍事衝突？又或者有人能找出某種溫和但卻是屬於伊斯蘭教的解決方式，因此作為一種政治與社會力量的伊斯蘭教，能夠適應現代世界嗎？只有時間能說明一切。

感謝辭

　　我很榮幸能在此感謝寫作本書期間所有協助我的人。衷心感謝泰姆斯與哈德森出版社（Thames & Hudson）的伊恩‧傑卡伯（Ian Jacobs）、露西‧史密斯（Lucy Smith）與潔絲敏‧博維爾（Jasmine Burville）。最先是伊恩說服我寫這本書，他對本書整體構思所抱持的遠見與信念，在寫作時一直啟發著我；他是許多作者夢寐以求的出版人。露西定期給予我最親切而持續的指導。技巧熟練的潔絲敏為這本書辛苦了好幾個月，在漫長的編輯作業中，對細節的注重毫不懈怠。我也想感謝提供許多改進方案的不具名文字編輯，以及替本書找出許多絕佳圖片的圖片研究員莎麗‧妮蔻斯（Sally Nicholls）。

　　我最要感謝的是那些對本書草稿提出評論的不具名讀者。他們讓我免於犯下許多錯誤，幫我修正一些弄錯的重點。但我實在不可能如他們所願，在細節上一一採納他們的許多意見，因為這樣一來本書將會過於冗長繁雜，不適合當作學生的參考書。

　　在漫長的寫作過程中，愛丁堡大學、聖路易大學和達特茅斯學院圖書館使我受益良多。我也要感謝老友亞西爾‧蘇萊曼（Yasir Suleiman）、湯瑪斯‧馬登（Thomas Madden）、希拉‧布萊爾（Sheila

Blair）、強納森・布魯姆（Jonathan Bloom）和凱文・蘭哈特（Kevin Reinhart），他們在關鍵時刻支持我，我很高興能有他們的協助。

我的先生羅伯特協助我處理插圖，並且持續對書中內容提出有益的批評。不論何時，我都珍視我們在這段時間以來的討論。

注釋

第一章　引言

1　甘地，《所有宗教都是正確的》（*All Religions Are True*，Anand A. T. Hingorani 編輯，孟買：Bharatiya Vidya Bhavan 出版社，1962），頁 2。

第二章　穆罕默德

1　舊約聖經（《約書亞記》6:3）中也有同樣的記載，上帝命令以色列子民每天繞行耶利哥城七次，連續七天。（譯注：根據上下經文，應該是「一日圍繞一次，六日都要這樣行」，「到第七日你們要繞城七次」。）

2　衣索匹亞的舊名。

3　這個事件確切的日期並不清楚，我們只知道它發生在伊斯蘭曆的何時。伊斯蘭曆是陰曆，只有三百五十四天，因此往往橫跨兩個西曆年。傳統上學者將西元六二四與六二五這兩年都當成這次事件可能發生的時間。

4　阿茲拉齊（Al-Azraqi），《麥加聖訓》（*Akhbar Makkah*，貝魯特：出版日期不詳），頁 165。

5　貝爾（Richard Bell），《將篇章次序予以批評性重組的古蘭經譯本》（*The Qur'an Translated with a Critical Re-Arrangement of the Surahs*，愛丁堡：T. & T. Clark 出版社，1937）第 2 冊。

6　參見霍伊蘭德（Robert Hoyland），《像其他人那樣看伊斯蘭教：基督教、猶太教和瑣羅亞斯德教作品關於伊斯蘭教的論述之調查與評價》（*Seeing Islam as Others Saw It: A Survey and Evaluation of Christian, Jewish and Zoroastrian Writings on Islam*，新澤西州普林斯頓：達爾文出版社，1997），頁 124-31。

7 　同上，頁 129。

8 　同上，頁 413。

9 　參見薩斯（Daniel J. Sahas），《大馬士革的約翰論伊斯蘭教：「以實瑪利人的異端」》（*John of Damascus on Islam: the "Heresy of the Ishmaelites"*，萊頓：Brill 出版社，1972），頁 142-49；也可參見霍伊蘭德，《像其他人那樣看伊斯蘭教》，頁 485-86。

10 　庫克（Michael Cook），《穆罕默德》（*Muhammad*，牛津和紐約：牛津大學出版社，1983），頁 74。

11 　這個墓屬於一個名叫阿布杜－拉曼・海爾（'Abd al-Rahman b. Khayr）的人（開羅伊斯蘭藝術博物館，物件編號：1508/20）。

12 　被引用於瑞普（Andrew Rippin），《穆斯林：他們的宗教信仰和實踐》（*Muslims: Their Religious Beliefs and Practices*，倫敦：Routledge 出版社，1990）第 1 冊《形成時期》（*The Formative Period*），頁 43。

13 　例如參見布萊恩斯（Paul Brians）的持平評論，〈關於薩爾曼・魯西迪《魔鬼詩篇》（一九八八）的摘記〉（Notes on Salman Rushdie, *The Satanic Verses*，1988），《保羅・布萊恩斯首頁》（*Home Page of Paul Brians*），http://public.wsu.edu/~brians/anglophone/satanic_verses/，日期不詳。

14 　內頓（Ian Richard Netton），《文本和創傷：東西方入門》（*Text and Trauma: An East-West Primer*，倫敦：Routledge 出版社，1996），頁 22。

15 　夏哈卜・阿哈麥德，〈魔鬼詩篇〉，載於珍妮・丹門・麥考利夫（Jane Dammen McAuliffe）編輯《古蘭經百科全書》（*Encyclopedia of the Qur'an*，萊頓：Brill 出版社，2002）第 4 冊，頁 531。

16 　約翰・艾普西托和達麗亞・莫格海德，《誰為伊斯蘭教發言？億萬穆斯林真正的想法是什麼》（*Who Speaks For Islam? What A Billion Muslims Really Think*，紐約：Gallup 出版社，2008），頁 97。

17 　《泰晤士報》二〇〇六年二月。

18 　參見薩斯，《大馬士革的約翰論伊斯蘭教》，頁 73。

19 　但丁，《神曲・地獄篇》，頌詩第 28 首，詩句第 30-31 行。

第三章　古蘭經

1　除非特別指明，所有引文都來自古蘭經。（譯注：本書採用馬堅中文譯本。）

2　薩哈爾・娜蒂，《沙堡和雪人：個人尋求靈性》（*Sandcastles and Snowmen: A Personal Search for Spirituality*，加州聖克萊門特：FB 出版社，2013），頁 54。

3　教宗庇護十二世，〈受聖靈啟發〉（Divino Afflante Spiritu，一九四三年九月三十日發出的教宗通諭），梵蒂岡官網（*The Holy See*，日期不詳），http://www.vatican.va/holy_father/pius_xii/encyclicals/documents/hf_p-xii_enc_30091943_divino-afflante-spiritu_en.html

4　皮尤研究中心報告為十六億：德利弗（Drew DeSliver），〈世界上的穆斯林人口比你想像的更廣布〉（World's Muslim population more widespread than you might think），皮尤研究中心官網（二〇一三年六月七日）：http://www.pewresearch.org/fact-tank/2013/06/07/worlds-muslim-population-more-widespread than-you-might-think/

5　恩斯特（Carl W. Ernst），《如何閱讀古蘭經：選譯本新指南》（*How to Read the Qur'an: A New Guide, with Select Translations*，愛丁堡：愛丁堡大學出版社，2011），頁 38。恩斯特還解釋說，聖保羅的基督教書信和猶太人的密西拿經也以同樣的方式安排。

6　這一行的詞句翻譯是根據皮克索爾（Marmaduke Pickthall），《榮耀古蘭經的義理：注譯本》（*The Meaning of the Glorious Koran: An Explanatory Translation*，倫敦：Allen & Unwin 出版社，1957），頁 659。

7　皮克索爾，《榮耀古蘭經的義理》，頁 119。

8　亞瑟・亞伯瑞，《古蘭經解讀》（*The Koran Interpreted*，倫敦：牛津大學出版社，1964），頁 x。

9　也可參見古蘭經 81:1-14。

10　這一句在這一章裡重複了三十一次。

11　約翰・艾普西托，《每個人都需要了解伊斯蘭教》（*What Everyone Needs to Know about Islam*，牛津與紐約：牛津大學出版社，2011），頁 35。

12 古蘭經在使用 nabi（先知）和 rasul（信使或使徒）這兩個字詞時，沒有加以解釋其中的差異。雖然這兩個字詞可以互通，甚至可以用來指同一個人，傳統穆斯林古蘭經評注者主張，「rasul」指的是替人們帶來聖經的先知（例如亞伯拉罕、摩西和耶穌），而「nabi」則是泛指一般先知。

13 一些西方伊斯蘭研究學者認為前伊斯蘭教的哈尼夫是一種回顧性預測的概念；其他人則認為它更可信：參見拉賓（Urin Rabin），〈哈尼夫〉（hanif），載於珍妮‧丹門‧麥考利夫編輯《古蘭經百科全書》第 4 冊，頁 402-03。

14 古蘭經 12:28。

15 惠勒（Brannon Wheeler），《摩西在古蘭經和伊斯蘭教的訓誡中》（*Moses in the Qur'an and Islamic Exegesis*，倫敦：Bloomsbury Academic 出版社，2002）。

16 亦見《約翰福音》6:31（譯者：原書誤植為 2:31）中耶穌說的話：「我們的祖宗在曠野吃過嗎哪，如經上寫著說：『他從天上賜下糧來給他們吃。』」

17 為了簡單起見，將馬利亞放在這一節討論，雖然她並非先知。

18 在古蘭經中，耶穌只是馬利亞的兒子；他在人世間沒有父親。然而，阿拉伯父系社會的習俗強調小孩父親的名字（例如阿赫瑪德‧賓－阿里的意思是「阿里的兒子阿赫瑪德」）。

19 在古蘭經第 3 章裡，到馬利亞面前的是一群天使（3:42-45）。

20 站著生產是中東很常見的生產姿勢。

21 用來指耶穌的 al-Masih（the "Anointed One"，「受膏者」）出現了十一次。根據瑞普推斷，這個與耶穌相連的字，被理解為一個適當的名字或榮譽的稱謂：瑞普，〈恩膏〉（Anointing），載於珍妮‧丹門‧麥考利夫編輯《古蘭經百科全書》第 1 冊，頁 102-3。

22 偽經《多馬福音》中也有類似故事。

23 赫林姆（M. A. S. Abdel Haleem），《古蘭經赫林姆新譯本》（*The Qu'ran, A New Translation by M. A. S. Abdel Haleem*，牛津：牛津大學出版社，2004），頁 37。注釋 b，引用中世紀穆斯林學者拉齊（al-Razi）。

24 見《約翰福音》（1:1）與《啟示錄》（19:13）：「他的名稱為上帝之道。」

25 早期基督教派別「幻影說」的追隨者也有相同觀點。

26 參見哈利迪（Tarif Khalidi），〈古蘭經描繪的耶穌〉（A Sketch of the Qur'anic Jesus），《穆斯林耶穌》（*The Muslim Jesus*，麻薩諸塞州劍橋：哈佛大學出版社，2001），頁 9-17。

27 納瓦威（Imam al-Nawawi），〈《義人的草地》第 9 卷（美德之書），聖訓 16〕〔*Riyad as-Salihin* (The Book of Virtues) Book 9, Hadith 16〕，*Sunnah.com*（日期不詳），http://sunnah. com/riyadussaliheen/9

28 穆赫塔爾（M. H. A. Mukhtar），〈在監獄裡教古蘭經〉（Teaching the Qur'an in Prison），《沙烏地政府對古蘭經和古蘭經科學的關注》（*Saudi Government Concern for the Qur'an and Qur'anic Sciences*，利雅德，2000），頁 34-39。

29 杜拜伊拉克衛星電視台，〈空中的視野〉（Horizons on the Air）二〇〇三年十月十九日，《古蘭經研究》（*Journal of Qur'anic Studies*）雜誌二〇〇三年五月二日，頁 159-60。

30 湯瑪斯・卡萊爾，《英雄和英雄崇拜》（*Heroes and Hero Worship*）第 2 部，FullBooks.com（日期未詳），http://www.fullbooks.com/Heroes-and-Hero-Worship2.html

31 布哈里（Al-Bukhari），二〇〇三年十月十九日，《古蘭經的美德》（*Fada'il al-Qur'an*）第 3 章。

32 AH 伊斯蘭曆（anno Hegirae，即「哈吉來曆」）是穆斯林的陰曆；AH 相當於西元六二二年，也就是穆罕默德從麥加聖遷至麥地那的那一年。

33 傑哈德・布佛辛，〈年表和古蘭經〉（Chronology and the Qur'an），載於珍妮・丹門・麥考利夫編輯《古蘭經百科全書》第 1 冊，頁 331。

34 約翰・旺斯伯勒，《古蘭經研究：聖經解釋的來源和方法》（*Qur'anic Studies: Sources and Methods of Scriptural Interpretation*，牛津和紐約：牛津大學出版社，1977）；約翰・旺斯伯勒，《宗派環境：古蘭經救贖歷史的內容和構成》（*The Sectarian Milieu: Content and Composition of Islamic*

Salvation History，牛津和紐約：牛津大學出版社，1978）。

35 關於納瑟·哈密德·阿布－柴德的進一步討論，見麥可·庫克，《古蘭經：非常簡短的介紹》（*The Koran: A Very Short Introduction*，牛津：牛津大學出版社，2000），頁 45-47。

36 亞瑟·亞伯瑞，《古蘭經解讀》，頁 ix。

37 馬默杜克·皮克索爾，《光榮的古蘭經的意義》（*The Meaning of the Glorious Koran*），頁 vii。

38 同上，頁 vii。

39 關於古蘭經翻譯的學術討論，參見博布欽（Hartmut Bobzin），〈古蘭經的翻譯〉（Translations of the Qur'an），載於珍妮·丹門·麥考利夫編輯《古蘭經百科全書》第 5 冊，頁 340-58。

40 亞瑟·亞伯瑞，《古蘭經解讀》，頁 vii。

41 喬治·薩爾，《古蘭經俗稱穆罕默德的古蘭經》（*The Koran Commonly Called the Alkoran of Mohammed*，倫敦和紐約：Frederick Warne and Co. 出版，1892），頁 v。薩爾的譯本於一七三四年首次出版，不過第一本古蘭經英譯本日期早於薩爾的版本，作者是亞歷山大·羅斯（Alexander Ross）他的古蘭經譯本於一六四九年出版。羅斯不懂阿拉伯文，他翻譯的是一六四七年杜里爾（Sieur du Ryer）的古蘭經法文譯本。

42 福里傑夫·舒恩，《了解伊斯蘭教》（*Understanding Islam*，倫敦：Allen & Unwin 出版社，1963），頁 61。

43 馬默杜克·皮克索爾，《光榮的古蘭經的意義》，頁 vii。

第四章 信仰

1 惠特爾（Giles Whittell），〈真主來敲我的心〉（Allah came knocking at my heart），《泰晤士報》二〇〇〇年一月七日。

2 在伊斯蘭歷史的某些特定時刻，有些穆斯林學者將吉哈德（見第九章）納入伊斯蘭信仰柱石中，稱它為「第六功」。然而，這個重要信條並沒有在穆斯林意識中固定下來，成為信仰柱石之一。

3 嘎札里〔霍蘭德（Muhtar Holland）譯〕，《伊斯蘭崇拜的內在層面》

（*Inner Dimensions of Islamic Worship*，英格蘭萊斯特：伊斯蘭基金會出版，1983），頁 82。這本書翻譯了嘎札里的《宗教科學復興》（*Revival of the Sciences of Religion*）的一部分。

4　耶穌以同樣簡明的方式回顧《申命記》6:5 與《利未記》19:18，在以下話語中表達信仰的要領：「你要盡心、盡性、盡力愛耶和華你的上帝。」這是誡命中的第一、且是最大的。其次也相仿，就是要愛人如己。」（《馬太福音》22:37-39）

5　引自瓦特（W.Montgomery Watt），《伊斯蘭教信條》（*Islamic Creeds*，愛丁堡：愛丁堡大學出版社，1994），頁 73。

6　瓦特，《伊斯蘭教信條》，頁 77。

7　同上，頁 95。

8　同上，頁 90。

9　其他不潔的身體功能包括沒有性交時的射精、放血和接觸屍體。

10　參見《利未記》15:19-33。

11　最後一項要求令人想起產後婦女在教堂的感恩儀式，同樣也是在生產後四十天舉行。無論是東方或西方基督教徒，對這項儀式都記憶猶新（而且它在某些地方仍舊繼續舉行）；儀式中感謝上帝讓母親在產後恢復健康。這項儀式可能承襲自《利未記》12:2-8 提到的猶太教習俗，也就是女人產後四十天應該淨身的規定。

12　古蘭經 4:43 和 5:6。

13　瓦特，《嘎札里的信仰與實踐》（*The Faith and Practice of al-Ghazali*，倫敦：Allen & Unwin 出版社，1953），頁 97。也可參見嘎札里，《伊斯蘭教信條》。

14　這是伊斯蘭律法中的灰色地帶，不同法學派的意見互異。例如根據夏菲儀法學派，較年長的女性可以獲准參加週五中午的禮拜，但年輕女性不行。假如女性和男性一起做禮拜時，成年男性會被排在成年期前男性前面，接著才是女性。

15　週五清真寺禮拜的最低男性人數，個別法學派有不同規定，從四十人至三人不等。

16 例如參見布哈里（al Bukhari），《聖訓》（*Al-Sahih*）第 24 篇，第 486 則：「安拉的使者說：『安拉賜其錢財，而不納天課者，那麼在復活的日子，他的財產將會以一條光頭有毒雄蛇顯示給他，這條蛇眼睛上有兩個黑點，牠纏住那個人，然後張開血口說：「我就是你的財產，我就是你聚集的財寶。」』」

17 哈爾姆（Heinz Halm）〔華特森（Janet Watson）和希爾（Marion Hill）譯〕，《什葉派》（*Shi'ism*，愛丁堡：愛丁堡大學出版社，2004），頁 100-101、115。

18 夏里夫（Al-Azhar Al-Sharif）〔薩德（N. Saad）譯〕，〈在北極地區禁食的教令〉（Fatwa on Fasting in North Pole Regions），《阿諾爾教團》（*Mission Al Noor*）二〇一〇年十一月二十一日，http://mission-alnoor.org/Admin/asp/Mailed_details.asp?M_ID=821

19 在《創世記》21:19 中對滲滲泉的描述有另一種版本：「上帝使夏甲的眼睛明亮，他就看見一口水井，便去將皮袋盛滿了水，給童子喝。」

20 嘎札里，《伊斯蘭崇拜的內在層面》，頁 109。

21 吉比（H. A. R. Gibb），《伊本－巴杜達的遊記，1325-1354》（*The Travels of Ibn Battuta A.D. 1325-1354*，新德里：Munshiram Manoharlal 出版社，Pvt Ltd.，1999）第 1 冊，頁 8。

22 娜希德·希爾曼迪（Nahid Hiermandi）引自阿赫特爾（S. Akhter），〈街上的一句話：「你的朝覲／小朝的體驗怎麼樣？」〉（Word on the Street: "How was your experience with Hajj/Umrah like?"），《穆斯林之聲》（*Muslim Voice*，日期不詳），http://www.azmuslimvoice.info/index.php?option=com_content&view=article&id=691:word-on-the-streethow-was-your-experience-with-hajjumrah-like&catid=27;community&Itemid=29

第五章　律法

1 格里伯斯基（Michael Gryboski），〈堪薩斯州禁止伊斯蘭教法的法案等待州長簽名〉（Kansas Anti-Sharia Bill Awaits Governor's Signature），《基督郵報》（*Christian Post*）二〇一二年五月十七日，

http://www.christianpost.com/newskansas-anti-sharia-bill-awaits-governors-signature-75136/

2　賽伊德・侯賽因・納賽爾，《伊斯蘭教的理想與現實》（*Ideals and Realities of Islam*，麻薩諸塞州波士頓：George Allen & Unwin 出版社，1975 年修訂版），頁 93。

3　例如《使徒行傳》9:2。

4　《馬太福音》22:21。

5　參見哈拉格（Wael B. Hallaq），〈法律和古蘭經〉（Law and Qur'an），載於珍妮・丹門・麥考利夫編輯《古蘭經百科全書》第 3 冊，頁 149-50。

6　引自威廉斯（J. A. Williams），《伊斯蘭文明主題》（*Themes of Islamic Civilization*，加州柏克萊和洛杉磯：加州大學出版社，1971），頁 31。

7　另外四本聖訓集也很重要：《艾布・達烏德聖訓集》（*Abu Da'ud*，817-889）、《提爾密濟聖訓集》（*al-Tirmidhi*，824-892）、《奈薩儀聖訓集》（*al-Nasa'I*，c.829-915）與《伊本－馬哲聖訓集》（*Ibn Majah*，824-887）。

8　瑞普，《穆斯林：他們的宗教信仰和實踐》，頁 75。

9　尼札姆・穆勒克〔達克（Hubert Darke）譯〕，《治國策》（*The Book of Government or Rules for Kings*，麻薩諸塞州波士頓和倫敦：Kegan Paul and Routledge 出版社，1960），頁 13。

10　連恩（Edward William Lane），《阿拉伯語——英語詞典》（*An Arabic-English Lexicon*，貝魯特：Librairie du Liban 出版社，1980）第 1 部，頁 2429。

11　雷恩哈特（A. Kevin Reinhart），〈伊斯蘭教律法作為伊斯蘭教倫理道德〉（Islamic Law as Islam Ethics），《宗教倫理學雜誌》（*The Journal of Religious Ethics*）第 II 卷第 2 期，一九八三年秋季號，頁 186-87。

12　參見霍奇森（Marshall G. S. Hodgson），《伊斯蘭教的冒險：世界文明中的良知和歷史，第一卷：伊斯蘭教的經典時代》（*The Venture of Islam: Conscience and History in a World Civilization, Vol. I: The Classical Age of Islam*，伊利諾州芝加哥：芝加哥大學出版社，1974），頁 252。

13 伊本－哈勒敦〔羅森塔爾（Franz Rosenthal）譯〕，《穆罕默德》（*The Muhammad*，新澤西州普林斯頓：普林斯頓大學出版社，1980）第 2 卷，頁 436-38。

14 哈杜里（Majid Khadduri）自著並翻譯，《伊瑪目穆罕默德‧伊本－伊德里斯‧夏菲儀論法理學原理／論伊斯蘭法理學基礎》（*Al-Imam Muhammad Ibn Idris al-Shafi'i's al-Risala fi usul al-fiqh. Treatise on the Foundations of Islamic Jurisprudence*，劍橋：伊斯蘭文本學派出版社，1997），頁 35-37。

15 學者對公議的定義各有不同觀點。有些人認為它指的是整個穆斯林社群的一致意見，而其他人則認為公議是宗教學者的一致意見。例如夏菲儀在著作中闡述的學說；一開始是由幾位學者在某個地區做出的決議，之後成為整個社群的概念：見沙赫特（J. Schacht），《穆罕默德法理學的起源》（*Origins of Muhammadan Jurisprudence*，牛津：牛津大學出版社，1950）頁 88；哈杜里，《論伊斯蘭法理學基礎》，頁 37。

16 例如參見古蘭經 5:90。

17 關於這些行為類型的細節分析，參見雷恩哈特，〈伊斯蘭教律法作為伊斯蘭教倫理道德〉，頁 195。

18 哈拉格（Wael B. Hallaq），〈理性思考判斷之門是封閉的嗎？〉（Was the Gate of Ijtihad Closed?），《國際中東研究期刊》（*International Journal of Middle East Studies*）第 16 卷第 1 期（1984 年 3 月），頁 3-41；哈拉格，《伊斯蘭法的起源與演變》（*The Origins and Evolution of Islamic Law*，劍橋：劍橋大學出版社，2005），頁 146-47。

19 哈拉格，《伊斯蘭法的起源與演變》，頁 202-03。

20 哈拉格，《伊斯蘭法：理論，實踐，轉型》（*Shari'a.Theory, Practice, Transformations*，劍橋：劍橋大學出版社，2009），頁 273。

21 科林‧音伯爾，《艾布－塞伊德：伊斯蘭法律傳統》（*Ebu's-Su'ud. The Islamic Legal Tradition*，史丹佛：史丹佛大學出版社，1997），頁 38。

22 卡蘿‧希倫布蘭德（Carole Hillenbrand），〈穆斯坦席爾〉（al-Mustansir），載於貝爾曼（P. Bearman）等人編輯《布里爾伊斯蘭教

線上百科全書》（*Encyclopaedia of Islam , Brill Online*，2012），http://referenceworks.brillonline.com/entries/encyclopaedia-of-islam-2/al-mustansir-SIM_5627?s.num=682&s.rows=100&s.start=600

23 拉夫（Thomas Raff），《伊本－泰米葉的反蒙古教令》（*An Anti-Mongol Fatwa of Ibn Taimiya*，萊頓：Brill 出版社，1973）。

24 哈托克斯（Ralph S. Hattox），《咖啡和咖啡館：中世紀近東社會飲料的起源》（*Coffee and Coffeehouses: The Origins of a Social Beverage in the Medieval Near East*，華盛頓州西雅圖：華盛頓大學出版社，2000）。

25 哈瓦（J. B. Hava），《法拉伊德阿拉伯語── 英語詞典》（*Al-fara'id Arabic-English Dictionary*，貝魯特：Dar al-mashriq 出版社，1987），頁113。

26 例如《利未記》20:10-14, 27。

27 彼得斯（R. Peters），〈非法性行為〉（zina or zina'），載於貝爾曼（P. Bearman）等人編輯《布里爾伊斯蘭教線上百科全書》（*Encyclopaedia of Islam, Brill Online*，2012），http://referenceworks.brillonline.com/entries/encyclopaedia-of-islam-2/zina-or-zina-SIM_8163? s.num=8&s.f.s2_parent=s.f.cluster. Encyclopaedia+of+Islam&s.q=stoning+

28 例如布哈里，第 56 卷，聖訓 829；第 60 卷，聖訓 79；第 78 卷，聖訓629；第 82 卷，聖訓 809；瑪立克，（穆瓦塔：刑罰）（Muwatta', Kitab al-hudud），頁 349：www. searchtruth.com/searchHadith.php/

29 沙赫特（Joseph Schacht），〈非法性行為〉（zina'），載於霍茨瑪（M.Th. Houstma）等人編輯《伊斯蘭教百科全書》（*Encyclopaedia of Islam*，1913-36，第 1 版），以及《布里爾伊斯蘭教線上百科全書》（2012），http://referenceworks.brillonline.com/entries/encyclopaedia-of-islam-1/zina -SIM_6097?s.num=2

30 作者不詳，〈當前議題：丟擲石塊〉（Current Issues: Stoning），《婦女在精神與平等中的伊斯蘭倡議：穆斯林婦女》（*WISE Muslim Women*）（日期不詳），http://www.wisemuslimwomen.org/currentissues/stoning/

31 根據伊朗家庭法專家芝芭‧米爾－侯賽尼（Ziba Mir-Hosseini）所言：

「在政治動盪中，丟擲石塊的情形增加並非偶然。」引自〈當前議題：丟擲石塊〉，《婦女在精神與平等中的伊斯蘭倡議：穆斯林婦女》（日期不詳），http://www.wisemuslimwomen.org/currentissues/stoning/

32 科林・音伯爾，《艾布－塞伊德：伊斯蘭法律傳統》（1997），頁272。

33 穆薩（Ebrahim Moosa），〈殖民主義和伊斯蘭法〉（Colonialism and Islamic Law），載於瑪薩德（Muhammad Khalid Masud）、薩爾瓦托雷（Armando Salvatore），和布魯尼森（Martin Bruinessen）編輯《伊斯蘭教與現代性的關鍵問題與爭論》（*Islam and Modernity Key Issues and Debates*，愛丁堡：愛丁堡大學出版社，2009），頁158。

34 穆薩，〈殖民主義和伊斯蘭法〉，頁166；費雪（Jörg Fisch），《廉價生活和親愛的肢體：英國孟加拉刑法的改革，1769-1817》（*Cheap Lives and Dear Limbs: the British Transformation of the Bengal Criminal Law, 1769-1817*，威斯巴登：Franz Steiner出版社，1983），頁53。

35 克爾（Malcolm H. Kerr），〈穆罕默德・阿布杜〉（Muhammad 'Abduh），載於《不列顛百科全書在線》（*Encyclopaedia Britannica Online*，2014），http://www.britannica.com/EBchecked/topic/892/Muhammad-Abduh

36 亞伯特・胡拉尼，《阿拉伯人民的歷史》（*A History of the Arab Peoples*，麻薩諸塞州劍橋：哈佛大學出版社，1991），頁345-46。

37 約翰・艾普西托，和約翰・多諾（John J. Donohue）編輯，《轉型中的伊斯蘭教：穆斯林觀點》（*Islam in Transition: Muslim Perspectives*，紐約：牛津大學出版社，1982），頁181-82。

38 馬赫馬薩尼，〈穆斯林：頹廢與文藝復興：伊斯蘭法學對現代社會需求的適應〉（Muslims: Decadence and Renaissance: Adaptation of Islamic Jurisprudence to Modern Social Needs），《穆斯林世界》（*The Muslim World*）一九五四年第44期，頁201。

39 約翰・艾普西托，和約翰・多諾，《轉型中的伊斯蘭教：穆斯林觀點》，頁182。

40 阿薩夫・阿里・阿斯加・斐濟，《伊斯蘭教的現代方法》（*A Modern Approach to Islam*，牛津和紐約：牛津大學出版社，1963），頁112。

41 汗與賴買丹，《當代伊斯蘭教：限制和爭議》（*Contemporary Ijtihad: Limits and Controversies*，愛丁堡：愛丁堡大學出版社，2011），頁 65-67。

42 瑪立哈·瑪立克，《英國的少數民族法定命令》（*Minority Legal Orders in the UK*，倫敦：英國學院出版社，2012），頁 10；塔吉·烏斯瑪尼（Shaykh Muhammad Taqi Usmani），〈伊斯蘭投資：背後的伊斯蘭法原則〉（Islamic Investments: Shari'ah Principles Behind Them），《伊斯蘭抵押貸款》（*Islamic Mortgages*，出版日期不詳），heep://www.islamicmortgages.co.uk/index.php?id=276

43 提穆爾·庫蘭，《伊斯蘭教和瑪門：伊斯蘭教的經濟困境》（*Islam and Mammon: The Economic Predicaments of Islamism*，新澤西州普林斯頓：普林斯頓大學出版社，2005），頁 596-97。

44 馬爾（Andrew Marr），《現代英國史》（*A History of Modern Britain*，倫敦：Macmillan 出版社，2007），頁 601。

45 安全政策中心，《伊斯蘭法和美洲法院：對國家上訴法院案件的評估》（*Shariah Law and American Courts: An Assessment of State Appellate Court Cases*），不定期論文系列，華盛頓特區，二〇一一年五月二十日，頁 8。

46 同上，頁 12-13。

47 同上，頁 16。

48 同上，頁 17；也可參見凱崇（Ketron），《條例草案 1028》（*Senate Bill 1028*）www.capitol.tn.gov/Bills/107/Bill/SB1028.pdf

49 羅恩·威廉斯，引自作者不詳，〈伊斯蘭法在英國是「不可避免的」〉（Sharia law in UK is "unavoidable"），《BBC 新聞》二〇〇八年二月七日，http://news.bbc.co.uk/go/pr/fr/-/hi/uk/7232661.stm

50 泰瑞（Nick Tarry），〈宗教法庭已在使用中〉（Religious courts already in use），《BBC 新聞》二〇〇八年二月七日，http://news.bbc.co.uk/go/pr/fr/-/I/hi/uk/7223040.stm

51 瑪立哈·瑪立克，《英國的少數民族法定命令》（2012）。

52 法茲盧爾·拉賀曼，《伊斯蘭教》（*Islam*，倫敦：Weidenfeld & Nicolson

出版社，1966），頁256。

53　莫哈瑪德‧卡瑪立，〈伊斯蘭教與現代性的挑戰〉（Shari'ah and the Challenge of Modernity），《伊斯蘭大學季刊學報》（Islammic University Quarterly Academic Journal）一九九五年一至三月第211期，頁12-13。

54　例如：《追風箏的孩子》（The Kite Runner，倫敦：Bloomsbury 出版社，2006）；以及《燦爛千陽》（A Thousand Splendid Suns，倫敦：Bloomsbury 出版社，2007）。

55　納吉布‧馬哈福茲，〈關於伊斯蘭法在埃及適用問題的辯論〉（Debate on the Application of the Shari'a in Egypt），《金字塔報》（Al Ahram）一九七七年五月十七日。

56　莫哈瑪德‧卡瑪立，〈伊斯蘭教與現代性的挑戰〉，頁25。

57　瑪立哈‧瑪立克，《英國的少數民族法定命令》，頁4-10。

58　瑪立哈‧瑪立克，《英國的少數民族法定命令》，頁51。

59　哈立德‧M‧阿布－法德爾，〈在伊斯蘭傳統和大自然中的狗〉（Dogs in the Islamic Tradition and Nature），載於泰勒（Bron Taylor）編輯《宗教與大自然百科全書》（Encyclopedia of Religion and Nature，紐約：Continuum 國際出版集團，2004），以及《眾議院的學者》（Scholar of the House，日期不詳）在線，http://www. Scholarofthehouse.org/dinistrandna.html

60　瑪立哈‧瑪立克，《英國的少數民族法定命令》，頁15-16。

第六章　多元性

1　遜尼派與什葉派人數確切百分比是有爭議的。什葉派教徒喜歡說他們占全世界穆斯林人數的百分之十五。

2　在黎巴嫩、印度、巴基斯坦、坦尚尼亞、葉門與巴林也有為數眾多的什葉派教徒。

3　瑞普，《穆斯林：他們的宗教信仰和實踐》（Muslims: Their Religious Beliefs and Practices，倫敦：Routledge 出版社，1990），頁89。

4　說 Shi'a 一個團體，是正確的，不過現在西方常見的用法，也就是說

Shi'as，是不正確的。正確的名詞是 Shi'ites 或 Shi'is。

5　巴柳齊（H.M. Balyuzi），《穆罕默德和伊斯蘭的歷程》（*Muhammad and the Course of Islm*，牛津：George Ronald 出版社，1976），頁 165-68；普納瓦拉（I. K. Poonawala）和科爾伯（E. Kohlberg），〈阿里・伊本－阿布－塔立卜〉（Ali b. Abi Taleb），《伊斯蘭教百科全書》（*Encyclopedia Iranica*，1982），http://www.iranicaonline.org/articles/ali-b-abi-taleb

6　吉約姆（Alfred Guillaume），《穆罕默德的一生》（*The Life of Muhammad*，巴基斯坦喀拉蚩：牛津大學出版社，1980），頁 114。

7　哈爾姆，《什葉派》，頁 12-13。

8　謝克・穆菲德〔霍華德（I. K. A. Howard）譯〕，《指南書》（*Kitab al-irshad/The Book of Guidance*，霍舍姆：穆罕默德信託基金會，1981），頁 370。

9　吉朋，《羅馬帝國興衰史》（*The Decline and Fall of the Roman Empire*，愛丁堡：T. Nelson 和 P. Brown 出版社，1832）第 5 冊，頁 391-92。

10　列維克（Meir Litvak），〈卡爾巴拉〉，《伊斯蘭教百科全書》，http://www. iranicaonline.org/articles/karbala，二〇一〇年十二月十五日。

11　被所有三個主要什葉派團體接受的什葉派伊瑪目的開頭如下：(1) 阿里（卒於六六一年）；(2) 哈珊（卒於六八〇年）；(3) 胡笙（卒於六八〇年）；(4) 宰因・阿比丁（卒於七一二年）。

12　哈爾姆，《什葉派》，頁 202-05。

13　哈爾姆，《什葉派》，頁 202-07。

14　參見達夫塔里（Farhad Daftary），《伊斯瑪儀教派簡史》（*A Short History of the Isma'ilis*，愛丁堡：愛丁堡大學出版社，1998）；哈爾姆，《什葉派》，頁 160-201。

15　德魯茲派這個名字源自德拉齊（al-Darazi）。關於這個團體的歷史和信仰，參見索尼亞（Sonia）和屬利（Fuad I. Khuri），《作為德魯茲人》（*Being a Druze*，倫敦：德魯茲遺產基金會，2004）；達納（Nissim Dana），《德魯茲：轉型中的宗教社群》（*The Druze: A Religious Community in Transition*，耶路撒冷：Turtledove 出版社，1980）。

16 波哈拉派也被稱為 Musta'lians。波哈拉這個字的意思是商人；見哈爾姆，《什葉派》，頁 192。

17 參見阿薩尼（A. S. Asani），《狂喜與啟蒙：南亞的伊斯瑪儀派虔誠文學》（*Ecstasy and Enlightenment: The Ismaili Devotional Literature of South Asia*，倫敦和紐約：I. B. Tauris 出版社，2002）。

18 已知的第一次穆哈蘭姆月十日遊行是九六二年。

19 參見布朗（E. G. Browne），《波斯文學史》（*A Literary History of Persia*，劍橋：劍橋大學出版社，1924）第 4 冊，頁 172-77。

20 伊蓮‧秀黎諾（Elaine Sciolino），《波斯鏡：伊朗難以捉摸的面孔》（*Persian Mirrors: The Elusive Face of Iran*，紐約：The Free 出版社，2000），頁 174。

21 也可參見切爾夫斯基（Peter J. Chelkowski），《受難劇：儀式和戲劇》（*Ta'ziyeh: Rituals and Drama*，紐約：紐約大學出版社，1979），頁 88-94。

22 胡笙同父異母兄弟阿拔斯和他的兒子阿里‧阿克巴爾的墓也在納傑夫。

23 個人交流來自雪奴兒‧吉華博士（Dr Shainool Jiwa）。

24 一九七四年，一位黎巴嫩什葉派十二伊瑪目派宗教領袖穆薩‧薩德爾（Musa Sadr）發布一項教令，聲明阿拉維派屬於什葉派十二伊瑪目派穆斯林社群。

25 參見弗萊德曼（Yaron Friedman），《努賽里耶派－阿拉維派：敘利亞主要少數民族的宗教、歷史和身分介紹》（*The Nusayri-'Alawis: An Introduction to the Religion, History and Indentity of the Leading Minority in Syria*，萊頓：Brill 出版社，2009）；也可參見哈爾姆，《什葉派》，頁 156-58。

26 據估計，二〇一三年土耳其阿列維派教徒人數約占土耳其總人口七千六百萬人左右的百分之十至三十之間。雖然兩個教派名稱的意義類似，土耳其的阿列維派與阿拉維派絕對不相同。

27 尚克蘭（David Shankland），《現代土耳其的阿列維派：世俗伊斯蘭傳統的出現》（*The Alevis in Modern Turkey: the Emergence of a Secular Islamic*

Tradition,牛津阿賓頓:Routledge 出版社,2003)。

28 麥德隆(Wilferd Madelung),《關於柴迪派伊瑪目歷史的阿拉伯文本:塔巴里斯坦、德萊木和吉蘭》(*Arabic Texts Concerning the History of the Zaydi Imams: Tabaristan, Daylaman and Gilan*,威斯巴登:Franz Steiner 出版社,1987)。

29 卡濟(A. K. Kazi),〈關於柴迪派律法發展的說明〉(Notes on the Development of Zaidi Law),《兩河》(*Abr Nahrain*)一九六○至六一年第 2 卷,頁 36-40。

30 參見古蘭經 4:24。也可參見霍納瓦爾(Nayer Honarvar),〈面紗背後:伊斯蘭社會中的婦女權利〉(Behind the Veil: Women's Rights in Islamic Societies),《法律與宗教雜誌》(*Journal of Law and Religion*)一九八八年第 6 期,頁 365-66;〈穆塔:綜合指南〉(Mutah: A Comprehensive Guide),《回答輔士》(*Answering Ansar*)二○○八年第 2 期。

31 哈爾姆,《什葉派》,頁 136。

32 何梅尼,《伊斯蘭政府》(*Hukumat-i-Islami*,納傑夫,1971),阿爾加(H. Algar)翻譯,《伊斯蘭政府:法學家的治理》(*Islamic Goverment: Goverance Of the Jurist*,德黑蘭:Alhoda UK 出版社,2002)。

33 傑夫・史坦,〈你分得清遜尼派和什葉派嗎?〉(Can You Tell a Sunni From a Shiite),《紐約時報》二○○六年十月十七日。

34 例如參見塔吉姆(L. N. Takim),《美國的什葉派》(*Shi'ism in America*,紐約:紐約大學出版社,2009)。

第七章　思想

1 伊吉,《卡拉姆知識站》(*Al-mawaqif fi 'ilm al-kalam*,開羅:Dar al-'ulum 出版社,1938),引自阿芬迪(Abdel Wahab El-Affendi),〈伊斯蘭神學〉(Islamic Theology),《穆斯林哲學》(*Muslim Philosophy*,1998),http://www.muslimphilosophy.com/ip/rep/H009.htm

2 嘎札里〔卡瑪立(Sabih Ahmad Kamali)譯〕,〈哲學家的矛盾〉(Tahafut Al-Falasifah/Incoherence of the the Philosophers),《知識份子

外賣》（*Intellectual Takeout*，日期不詳），http://www.intellectualtakeout. org/library/primary-sources/al-ghazalis-tahafut-al-falasifah-incoherence-hilosophers

3 嘎達（Sheikh Salman al-Qadah），〈七十三個教派〉（73 sects），《今日伊斯蘭報》（*Islam Today*）二〇〇六年五月三十日，http://en.islamtoday. netartshow-438-3468.htm

4 例如古蘭經 32:4，真主升上寶座。

5 關於伊斯蘭教中天使名字的相關細節研究，參見伯奇（S. R. Burge），《伊斯蘭教中的天使：中東文化與文明》（*Angles in Islam. Jalal al-Din al-Suyuti's al-Haba'ik fi akhbar al-mala'ik*，倫敦和紐約：Routledge 出版社，2012），頁 31-51。

6 阿布─哈珊‧阿胥阿里〔里特爾（Hellmut Ritter）編輯〕，《伊斯蘭教的支持者》（*Maqalat al-Islamiyyin*，伊斯坦堡：Matba'at al-Dawla 出版社，1929），頁 290-93。

7 嘎札里〔巴格達迪（Muhammad al-Baghdadi）編輯〕，《在信條中恢復純潔》（*Iljam al-'awamm 'an 'ilm al-kalam*，貝魯特：Dar al-kitab al-'arabi 出版社，1985）。

8 古蘭經 20:8；17:110；7:180；59:24。

9 嘎札里〔斯塔迪（R. C. Stade）編輯〕，《闡釋真主美名的最佳方式》（*al-Maqsad al-asna*，奈及利亞伊巴丹：Daystar 出版社，1970）。

10 華特（W. Montgomery Watt），《伊斯蘭哲學與神學》（*Islamic Philosophy and Theology*，愛丁堡：愛丁堡大學出版社，1985），頁 78。

11 戈德菲爾德（Isiaih Goldfeld），〈文盲先知〉（The Illiterate Prophet），《伊斯蘭教》（*Der Islam*）一九八〇年第 57 期，頁 58-67。

12 「哲學的蘇非主義」最偉大的闡述者伊本─阿拉比，被稱為「柏拉圖之子」（Ibn Aflatun）。

13 列維斯（Bernard Lewis），《伊斯蘭教從先知穆罕默德到君士坦丁堡的奪取》（*Islam from the Prophet Muhammad to the Capture of Constantinople*，牛津：牛津大學出版社，1974）第 1 冊，頁 5。

14 派普斯（Daniel Pipes），〈哈里發〉（The Caliphate），《丹尼爾・派普斯中東論壇》（*Daniel Pipes Middle East Forum*）二〇〇五年十二月十二日，www.danielpipes. org/blog/2005/12/the-caliphate

15 關於伊本－阿布杜－瓦哈卜的傳記和背景，參見（John Obert Voll），〈更新和改革的基礎，十八世紀和十九世紀的伊斯蘭運動〉（Foundations for Renewal and Reform. Islamic Movements in the Eighteenth and Nineteenth Centuries），載於約翰・艾普西托編輯《牛津伊斯蘭教詞典》（*The Oxford Dictionary of Islam*，紐約：牛津大學出版社，2004），頁 516-19。

16 伊芳・哈達德，《當代伊斯蘭教與歷史的挑戰》（*Contemporary Islam and the Challenge of History*，奧爾巴尼：紐約州立大學出版社，1982），頁 90。

17 伊本－巴茲，〈使一個人的伊斯蘭教無效的十件事〉（Ten things which nullify one's Islam），《伊斯蘭教法判令在線》（*Fatwa Online*，日期不詳），http://www. Fatwaonline.com/FATAWA/CREED/SHIRK/9991120_1.HTM

18 賈邁勒丁・阿富汗尼，〈賈邁勒丁對勒南的回應，《辯論》雜誌一八八三年五月十八日〉（Answer of Jamal al-Din to Renan, *Journal des Débats*, 18 May 1883），載於妮基・凱迪（N. R. Keddie），《伊斯蘭教回應帝國主義：賈邁勒丁・阿富汗尼的政治和宗教著作》（*An Islamic Response to Imperialism. Political and Religious Writings of Sayyid Jamal ad-Din Al-Afghani*，加州柏克萊：加州大學出版社，1972）。

19 埃爾瑪・哈德（Elma Harder），〈穆罕默德・阿布杜〉（Muhammad 'Abduh），《伊斯蘭教研究中心》（*Center for Islamic Studies*，日期不詳），http:www.cis-ca.org/voices/a/abduh.htm

20 莫哈麥德・阿庫恩，《重新思考伊斯蘭教：常見問題，不常見的回答》（*Rethinking Islam: Common Questions, Uncommon Answers*，科羅拉多州波德：Westview 出版社，1994）。

第八章　蘇非主義

1　阿南德‧興戈蘭尼（Anand T. Hingorani）和貢恩加‧興戈蘭尼（Ganga Anans Hingorani）編，《甘地思想百科全書》（*The Encyclopaedia of Gandhian Thoughts*，新德里：全印度國會委員會出版，1985），頁 182。

2　參見（R. S. Elwood Jr.），《神祕主義與宗教》（*Mysticism and Religion*，新澤西州恩格伍德‧克利夫蘭：Prentice Hall 出版社，1980）。

3　「Sufi」一字有其他可能的詞源，其中之一來自阿拉伯文 safa（意思是「成為純潔的」），另一個可能的理論主張這個字來自 sophia（希臘文的「智慧」）。

4　引自阿貝里（A. J. Arberry），《蘇非派：伊斯蘭神祕主義的敘述》（*Sufism: An Account of the Mystics of Islam*，倫敦：Unwin 出版社，1950），頁 33。

5　里特爾（H. Ritter），〈伊斯蘭教虔誠史研究〉（Studien zur Geschichte der islamischen Frömmigkeit），《伊斯蘭教》（*islamica*，1925）第 14 卷，頁 21。

6　史密斯（Margaret Smith），《近中東早期神祕主義研究》（*Studies in Early Mysticism in the Near and Middle East*，牛津：One World 出版社，1995 年再版）。

7　例如參見著名的法國天主教伊斯蘭歷史學家馬西尼翁（Louis Massignon），《論伊斯蘭教技術語言的起源》（*Essay on the Origions of the Technical Language of Islam*，印地安納州聖母鎮：聖母大學出版社，1997）。

8　古蘭經 29:45；13:28。

9　亦見埃及西奈半島聖凱薩琳修道院中發現的十二世紀聖像畫，描繪早期基督教「神聖攀登的天梯」(the Ladder of Divine Ascent)，畫中由約翰‧克利馬科斯引導的僧侶們正爬上靈性的梯子，朝向耶穌而去。

10　馬丁‧林斯（Martin Lings），《何謂蘇非主義》（*Whis is Sufism?*，加州柏克萊和洛杉磯：加州大學出版社，1975）。頁 101。

11　阿塔爾（Farid al-Din Attar），《穆斯林聖徒和神祕主義者：來自阿塔

爾所創作聖徒傳記劇集》〔*Muslim Saints and Mystics: Episodes from the Tadhkirat al-Auliya' (Memorial of the Saints) by Farid al-Din Attar*〕，阿貝里（A. J. Arberry）譯（倫敦、麻薩諸塞州波士頓，以及亨利鎮：波斯遺產系列第 1 號，1966），頁 46。這場會面上歷史上不可能發生，因為哈珊在七二八年去世時，拉比雅還只是個小女孩。

12　阿塔爾，頁 51。

13　同上，頁 51；關於拉比雅的傳記，參見伊本－赫里康（Ibn Khallikan），《傑出人物傳記》（*Wafayat al-a'yan*），斯朗男爵（W. M. de Slane）翻譯為《伊本－赫里康傳記詞典》（*Ibn Khallikan's Biographical Dictionary*，巴黎，一八四三至七一年）第 3 冊，頁 215；阿爾塔〔尼克遜（R. Nicholson）編輯〕，《聖徒傳記劇集》（倫敦：Luzac &Company Ltd，1907），頁 59。

14　關於朱內德的徹底研究，參見阿貝德－卡德（Ali Hassan Abed-Kader），《朱內德的生平、人格和著作》（*The Life, Personality and Writings of al-Junayd*，倫敦：Gibb Memorial Trust 出版社，1976）。

15　真主的九十九個美麗名字之一。

16　巴爾迪克（Julian Baldick），《神祕的伊斯蘭教：蘇非主義簡介》（*Mystical Islam: An Introduction to Sufism*，倫敦：I. B. Tauris 出版社，1989），頁 36。

17　他的墳墓周圍發展成的神社今天仍然有人造訪。

18　《約翰福音》14:6。

19　特別是馬西農（Louis Massignon）〔馬森（H. Mason）譯〕，《哈拉吉的激情：伊斯蘭教的神祕主義者和烈士》（*The Passion of Al-Hallaj: Mystic and Martyr of Islam*，新澤西州普林斯頓：普林斯頓大學出版社，1994）。

20　瑪格麗特‧史密斯（Margaret Smith），《巴格達早期的神祕主義：哈利史‧穆哈希比的生活與教學研究》（*An Early Mystic of Baghdad: A Study of the Life and Teaching of Haritb b. Asad al-Muhasibi*，倫敦：Sheldon 出版社，1935），頁 156-57。

21　嘎札里，《幸福的煉金術》（*Alchemy of Happiness/Kimiya al-sa'adat*），

克魯克（Jay R. Crook）譯（伊利諾州芝加哥：Great Books of the Islamic World, Inc. 出版，2005）。

22 這不是一篇現代意義的自傳，而是一篇靈性自傳，描繪出他如何尋求宗教確定性。嘎札里的這篇作品因此被拿來與西方最著名基督教靈性自傳——聖奧古斯丁自傳——相比，兩者目標相同。

23 麥卡錫（Richard J. McCarthy），《自由與實現：嘎札里的《迷途指津》和其他相關作品的注釋翻譯》（*Freedom and Fulfillment: An Annotated Translation of Al-Ghazali's al-Munqidh min al-dalal and Other Relevant Works*，麻薩諸塞州波士頓：Twayne 出版社，1980）。

24 麥卡錫，《自由與實現》，頁 94。

25 例如參見巴爾迪克，《神祕的伊斯蘭教》，頁 99。

26 傑斯泰斯（Phyllis G. Jestice），《世界聖人：跨文化的百科全書》（*Holy People of the World: A Cross-cultural Encyclopedia*，加州聖塔芭芭拉：ABC-CLIO Inc. 出版，2004）第 1 冊，頁 713。

27 嘎札里，《迷途指津》，麥卡錫譯（麻薩諸塞州波士頓：Twayne 出版社，1980），頁 101。

28 阿貝德－卡德，《朱內德的生平、人格和著作》（*The Life, Personality and Writings of al-Junayd*，倫敦：Luzac 出版社，1976），頁 90。

29 朱拉比・胡吉維里（Ali b. 'Uthman al-Jullabi al-Hujwiri），《最古老的波斯關於蘇非主義的論述》（*The Oldest Persian Treatise on Sufism*），尼科爾森（Reynald A. Nicholson）譯（倫敦：Luzac 出版社，1976），〈序言〉，頁 xiii。

30 博威林（G. Böwering），〈蘇非學理〉（erfan），《伊斯蘭教百科全書》，http://www. iranicaonline.org/articles/erfan-1。

31 阿達斯（Claude Addas）〔金斯利（Peter Kingsley）譯〕，《尋求紅硫：伊本－阿拉比的生活》（*Quest for the Red Sulphur: The Life of Ibn 'Arabi*，劍橋：伊斯蘭教文本學會，1993），頁 213。

32 安娜－瑪麗・石默爾（Anne-Marie Schimmel，《伊斯蘭教的神祕維度》（*Mystical Dimension of Islam*，北卡羅萊納州教堂山：北卡羅萊納大學出

版社，1975），頁 272。

33 阿貝里（A. J. Arberry），《阿拉伯詩歌：學生入門》（*Arabic Poetry: A Primer for Students*，劍橋：劍橋大學出版社，1965），頁 126。

34 這個著名說法引自諸多書籍，例如參見：穆賈迪迪（Jawid Mojaddedi），《超越教條：魯米關於與上帝的友誼和早期蘇非理論的教誨》（*Beyond Dogma: Rumi's Techings on Friendship with God and Early Sufi Theories*，牛津：牛津大學出版社，2012），頁 63。

35 引自格拉斯（Cyril Glassé），〈賈拉盧丁·魯米〉，載於《新伊斯蘭教百科全書》（加州核桃溪市：Altamira 出版社，2003），頁 235。

36 蘇非領導者有不同名稱，如 shaykhs、pirs 或 babas，取決於使用的語言是阿拉伯語、波斯語或土耳其語。

37 包括 ribat 和 zawiya（在說阿拉伯語的地方），khanqah（尤其在埃及、伊朗與中亞）以及 tekke（在土耳其與巴爾幹半島）。

38 賽伊德·侯賽因·納賽爾，《伊斯蘭教的理想與現實》（*Ideals and Realities of Islam*，麻薩諸塞州波士頓：Beacon 出版社，1966），頁 142。

39 杜勒努·密斯里，引自胡吉維里，《最古老的波斯關於蘇非主義的論述》，「Kashf」部分，頁 204。

40 關於這個爭議話題的討論，參見安娜－瑪麗·石默爾，〈東方之舞〉（raks），載於貝爾曼等人編輯《布里爾伊斯蘭教線上百科全書》，http://www.referenceworks. brillonline.com/entries/encycloparedia-of-islam-2/raks-SIM_6205?s.num=o&s.f.s2_parent=s.f.book. encycloparedia-of-islam-2&s.q=raks

41 關於蘇非行者迴旋舞蹈的意義之進一步分析，參見列維斯（Franklin Lewis），《魯米：過去和現在，東方和西方：賈拉盧丁·魯米的生平、教學和詩歌》（*Rumi: Past and Present, East and West. The Life, Teaching and Poetry of Jalal al-din Rumi*，牛津：Oneworld 出版社，2000），頁 309-13、461-63。

42 雷納德（John Renard），《伊斯蘭教的七扇門：靈性與穆斯林的宗教生活》（*Seven Doors to Islam: Spirituality and the Religious Life of Muslims*，

加州柏克萊和倫敦：加州大學出版社，1996），頁 67。

43　雷納德，《伊斯蘭教的七扇門》，頁 180。

44　穆妮拉・海利（Muneera Haeri），《基斯蒂：生命之光》（*The Chishtis: A Living Light*，牛津：牛津大學出版社，2000）；恩斯特（Carl W. Ernst）和勞倫斯（Bruce B. Lawrence），《蘇非愛的烈士：南亞及其他地區的基斯蒂教團》（*Sufi Martyrs of Love: The Chishti Order in South Asia and Beyond*，紐約：Palgrave Macmillan 出版社，2002）。

45　南亞其他重要蘇非道團是嘎迪里道團、納各胥班迪道團與蘇赫拉瓦爾迪道團。

46　布魯尼森（Mrtin van Bruinessen），〈印度尼西亞蘇非主義和蘇非主義的研究〉（Studies of Sufism and the Sufi Orders in Indonesia），《伊斯蘭世界》（*Die Welt des Islams*）第 38 期（一九九八年七月二日），頁 204。

47　德魯斯（G. W. J. Drewes）和布拉克爾（L. F. Brakel）編輯和翻譯，《哈姆札・凡蘇里的詩》（*The Poems of Hamzah Fansuri*，荷蘭多德雷赫特和新澤西州辛納明森：Fortis 出版社，1986）；約翰斯（Anthony Johns），〈東南亞的蘇非主義：反映與反思〉（Sufism in Southeast Asia: Reflections and Reconsiderations），《亞洲研究雜誌》（*Journal of Asian Studies*）一九七五年四月十九日，頁 45。

48　豪威爾（Julia Day Howell），〈蘇非主義和印度尼西亞伊斯蘭教復興〉（Sufism and the Indonesian Islamic Revival），《亞洲研究雜誌》第 60 期（二○○一年八月三日），頁 702。

49　穆亥亞廷（Musa Muhaiyaddeen），〈吟誦〉（Recite），《蘇非主義》雜誌二○○三年第 1 卷第 11 期，頁 7。

50　賽伊德・侯賽因・納賽爾，《伊斯蘭教的理想與現實》（麻薩諸塞州波士頓：George Allen &Unwin 出版社，1975 年再版），頁 124。

第九章　吉哈德

1　關於吉哈德的一個開創性的新研究，參見阿斯瑪・阿夫薩魯丁，《在真主的道路上奮鬥：伊斯蘭思想中的聖戰與殉難》（*Striving in the Path of*

God: Jihad and Martyrdom in Islamic Thought，牛津：牛津大學出版社，2013）。

2　史密斯，《近中東早期神祕主義研究》，頁 76。

3　胡吉維里（尼科爾森譯），《最古老的波斯關於蘇非主義的論述》（倫敦：Luzac & Company Ltd 出版，1976），頁 200。

4　阿斯瑪‧阿夫薩魯丁，《在真主的道路上奮鬥》，頁 225。

5　羅斯托（D.A.Rustow），載於帕里（V. J. Parry），和葉普（M. E. Yapp）編輯，《中東的戰爭、技術與社會》（*War, Technology and Society in the Middle East*，倫敦：牛津大學出版社，1975），頁 386。

6　約翰‧艾普西托和達麗亞‧莫格海德，《誰為伊斯蘭教說話？》（*Who Speaks For Islam?*，2008）。

7　阿斯瑪‧阿夫薩魯丁，《在真主的道路上奮鬥》，頁 225。

8　米爾（Mustansir Mir），〈伊斯蘭教中的聖戰〉（Jihad in Islam），載於達賈尼－謝基爾（Hadia Dajani-Shakeel）和梅西爾（Ronald Messier）編輯，《聖戰及其時代》（*The Jihad and Its Times*，密西根州安娜堡：密西根大學出版社，1991），頁 114。

9　也可參見古蘭經 30:30。

10　布哈里〔穆辛‧汗（M. Muhsin Khan）譯〕，〈第 67 冊：狩獵‧屠殺〉（Book 67: Hunting, Slaughtering），《伊斯蘭之城》（*Islamicity*，日期不詳），https://www.islamicity.com/mosque/sunnah/bukhari/067.sbt.html#007.067.44:17/67/441

11　哈拉格（Wael B. Hallaq），《伊斯蘭法簡介》（*An Introduction to Islamic Law*，劍橋：劍橋大學出版社，2009）。

12　關於穆斯林征服的一個卓越分析，參見肯尼迪（H. Kennedy），《偉大的阿拉伯征服》（*The Great Arab Conquest*，賓夕法尼亞州費城：Da Capo 出版社，2007）。

13　伊本－穆巴拉克，〈阿布杜拉〉（Abdallah），載於哈馬德（N. Hammad）編輯，《吉哈德之書》（貝魯特：Al-maktaba al-mu'asiriyya 出版社，1971）。

14 彼得斯（Rudolph Peters），《中世紀和現代伊斯蘭教的聖戰》（*Jihad in Medieval and Modern Islam*，萊頓：Brill 出版社，1977），頁 9-25。

15 伊本－哈勒敦，《歷史緒論》（*Muqaddimah*, 1967）頁 224。

16 科爾伯格（Etan Kohlberg），〈什葉派伊瑪目聖戰教義的發展〉（The Development of the Imami Shi'i Doctrine of Jihad），《德國東方學會期刊》（*Zeitschrift der Deutschen Morgenländischen Gesellschaft*）一九七六年第 126 卷，頁 64-86。

17 科爾伯格，〈什葉派伊瑪目聖戰教義的發展〉，頁 66。

18 格利夫（Robert Gleave），〈早期什葉派歷史研究的新進展〉（Recent Research into the History of Early Shi'ism），《歷史指南針》（*History Compass*）二〇〇九年六／七月號，頁 1593-1605。

19 科爾伯格，〈什葉派伊瑪目聖戰教義的發展〉，一九七六年。

20 塔赫里（Amir Taheri），《神聖恐怖：伊斯蘭恐怖主義的內幕》（*Holy Terror: The Inside Story of Islamic Terrorism*，倫敦：Sphere Books 出版社，1987），頁 241。

21 卡杜里（Majid Khadduri），《伊斯蘭教中的戰爭與和平法》（*The Law of War and Peace in Islam*，倫敦：Luzac & Company Ltd. 出版，1940），頁 19。

22 馬德隆（Wilferd Madelung），〈哈里哲派：阿賈拉德派和伊巴迪斯派〉（Kharijism: the 'Ajarida and the Ibadiyya），《伊斯蘭早期伊朗的宗教趨勢》（Religious Trends in Early Islamic Iran，紐約州奧爾巴尼：Bibliotheca Persica 出版社，1988），頁 54-55；赫克（Paul L. Heck），〈末世論的聖經主義與社群的終結：早期哈里哲派的案例〉（Eschatological Scripturalism and the End of Community: The Case of Early Kharijism），《宗教歷史檔案》（*Archiv für Religionsgeschichte*）二〇〇五年第 7 期，頁 137-52。

23 特蘭德威爾（Luke Treadwell），〈伊本－札菲爾關於薩曼王朝的敘述〉（The Account of the Samanid Dynasty in Ibn Zafir al-Azdi's Akhbar al-duwal al-munqati'a），《伊朗》（*Iran*）二〇〇五年第 43 期，頁 135-71。

24 納爾沙希（Narshakhi）〔弗萊易（Richard N. Frye）譯〕，《布哈拉的歷史》（*The History of Bukhara*，麻薩諸塞州劍橋：中世紀美國學院，1954），頁 18；托爾斯托夫（Sergei P. Tolstow）〔梅赫利茨（O. Mehlitz）譯〕，《在古代合唱文化的腳步》（*Auf den Spuren der altchoresmischen Kultur*，柏林，1953），頁 267。

25 梅辛爾（Ronald A. Messier），《阿爾摩拉維德朝和聖戰的意義》（*Almoravid and the Meanings of Jihad*，加州聖塔芭芭拉：Praeger 出版社，2010）；蘭格（Dierk Lange），〈阿爾摩拉維德朝的擴張和加納的垮台〉（The Almoravid Expansion and the Downfall of Ghana），《伊斯蘭教》（*Der Islam*）一九九六年第 73 期，頁 122-59。

26 哈莫里（Andras Hamori），《穆塔納比對薩義夫·道拉的頌詞集》（*The Composition of Mutanabbi's Panegyrics to Sayf al-Dawla*，萊頓：Brill 出版社，1992）；卡蘿·希倫布蘭德，〈十字軍東征時期的聖戰詩歌〉（Jihad Poetry in the Age of the Crusades），載於麥登（Thomas Madden）、納斯（James L. Naus）和瑞恩（Vincent Ryan）編輯《十字軍東征：衝突中的中世紀世界──在聖路易斯大學舉行的十字軍東征會議論文集》（*Crusades:Medieval Worlds in Conflict.Proceedings of the Crusades conference held at the University of Saint Louis*，奧爾德肖特：Ashgate 出版社，2010），頁 10-12。

27 卡蘿·希倫布蘭德，《十字軍東征：伊斯蘭教觀點》（*The Crusades: Islamic Perspectives*，愛丁堡：愛丁堡大學出版社，1999），頁 102；也可參見《以弗所書》6:10-17。

28 卡蘿·希倫布蘭德，《十字軍東征》，頁 103。

29 里昂（Malcolm Cameron Lyons）和傑克森（D. E. P. Jackson），《薩拉丁：聖戰的政治》（*Saladin: The Politics of the Holy War*，劍橋：劍橋大學出版社，1982），頁 189。

30 卡蘿·希倫布蘭德，《十字軍東征》，頁 166。

31 伊本－祖拜爾〔萊特（W. Wright）譯〕，《遊記》（*Rihla*，萊頓：Brill 出版社，1907），頁 28-31。

32　莫拉比亞（A. Morabia），〈伊本－泰米葉：最後一位偉大的中世紀聖戰理論家〉（Ibn Taymiyya, dernier grand théoricien du jihad médiéval），《東方研究公報》（*Bulletin d' études orientales*）一九七八年第 30 卷第 2 期，頁 85-99。

33　丹妮絲·埃格勒（Denise Aigle），〈蒙古入侵沙姆地區：合贊和伊本－泰米葉的三個「反蒙古」伊斯蘭教令〉（The Mongol Invasions of Bilad al-Sham by Ghazan Khan and Ibn Taymiyya's Three 'Anti-Mongol'Fatwas），《瑪姆魯克朝研究評論》（*Mamluk Studies Review*）二〇〇七年第 11 卷第 2 期，頁 89-120。

34　丹妮絲·埃格勒，〈蒙古入侵沙姆地區〉（二〇〇七年）；哈馬爾丁·汗（Qamaruddin Khan），《伊本－泰米葉的政治思想》（*The Political Thought of Ibn Taymiyyah*，伊斯蘭馬巴德，1973），頁 20，注釋 2。

35　哈馬爾丁·汗，《伊本－泰米葉的政治思想》，頁 155。

36　卡蘿·希倫布蘭德，《土耳其神話與穆斯林象徵：曼齊克爾特之戰》（*Turkish Myth and Muslim Symbol: The Battle of Manzikert*，愛丁堡：愛丁堡大學出版社，2007）。

37　《追風箏的孩子》和《燦爛千陽》。

38　〈奧薩瑪·賓－拉登，基地的毀滅〉（Usamah Bin-Ladin, the Destruction of the Base）抄本（一九九九年六月十日採訪播出），《恐怖主義研究中心》（*The Terrorist Research Center*，日期不詳），http://web.archive.org/web/20021113111503/http://www.terrorism.com/terrorism/BinLadinTranscript.shtml

39　奧薩瑪·賓－拉登，〈世界伊斯蘭陣線聲明〉（World Islamic Front statement），《美國科學家聯合會》（*Federation of American Scientists*，一九九八年二月二十三日），http://www.fas.org/irp/world/para/docs/980223-fatwa.htm

40　納塔娜·德龍巴斯（Natana DeLong-Bas），〈蓋達組織〉（al-Qaeda），《牛津書目在線》（*Oxford Bibliographies Online*，二〇〇九年十二月十四日），http://www. oxfordbibliographies.com/view/document/obo-

9780195390155-obo--9780195390155-0065.xml?rskey=N3ltW7&rescult=121

41 （Faisal Devji），《聖戰風景：戰鬥、道德、現代性》（*Landscapes of Jihad: Militancy, Morality, Modernity*，紐約州伊薩卡：康奈爾大學出版社，2005）。

42 米爾，〈伊斯蘭教中的聖戰〉，頁 113。

43 艾莉森・帕格特（Alison Pargeter），《新的聖戰前沿：歐洲的激進伊斯蘭教》（*The New Frontiers of Jihad: Radical Islam in Europe*，倫敦：I. B. Tauris 出版社，2008）。

44 彼得斯，《中世紀和現代伊斯蘭教的聖戰》（1977）。

45 卡西姆・札曼（Muhammad Qasim Zaman），《激進時代的現代伊斯蘭思想：宗教權威與內部批判》（*Modern Islamic Thought in a Radical Age: Religious Authority and Internal Criticism*，劍橋：劍橋大學出版社，2012），頁 71-72、273-81、304-08。

46 瓦巴・朱海里（Wahba Zuhayli），〈伊斯蘭教與國際法〉（Islam and International Law），《紅十字國際評論》（*International Review of the Red Cross*）第 87 冊，第 858 號，二〇〇五年六月，頁 269-83。

47 穆罕默德・薩義德・布提〔阿德爾・阿布斯（Munzer Adel Absi）譯〕，《如何理解並實踐伊斯蘭的吉哈德》（Jihad in Islam how to understand and practice，達馬斯庫斯：Dar al-Fikr Publishing House 出版，1995）。

48 同上。

49 帕柏（R. A. Pape），《渴望勝利：自殺式恐怖主義的戰略邏輯》（*Dying to Win: the Strategic Logic of Suicide Terrorism*，紐約：藍燈書屋，2006）。

50 妮羅米・德・索伊薩（Niromi de Soyza），〈姊妹們〉（Sisters in arms），《電報雜誌》（*Telegraph Magazine*）二〇〇九年五月九日，頁 35。

51 拜爾（R. Baer），《星期日泰晤士報》（*The Sunday Times*）二〇〇六年九月三日。

52 哈立德・M・阿布－法德爾，〈伊斯蘭教與權力神學〉（Islam and the Theology of Power），《中東報告》（*Middle East Report*）二〇〇一年冬季號第 221 期，頁 31。

53 布恩特（Gary Bunt），《穆斯林互聯網：重新布線伊斯蘭教之家》
（*iMuslims:Rewiring the House of Islam*，北卡羅來納州教堂山：北卡羅來納大學出版社，2009）。

第十章　女性

1 瓊·史密斯，《獨立報》（*The Independent*）二〇一三年九月二十二日。

2 娜瓦勒·薩達維，引自馬昆德（Robert Marquand），〈阿拉伯婦女：這一次，革命不會讓我們落後〉（Arab Women: this time, the revolution won't leave us behind），《基督教科學箴言報》（*The Christian Science Monitor*）二〇一一年三月八日，http://www.csmonitor.com

3 凱特·澤比里（Kate Zebiri），〈當代伊斯蘭恐懼症中東方主義主題的重新部署〉（The Redeployment of Orientalist Themes in Contemporary Islamophobia），《當代伊斯蘭教研究》（*Studies in Contemporary Islam*）二〇〇八年第 10 期，頁 5。

4 凱特·澤比里，〈當代伊斯蘭恐懼症中東方主義主題的重新部署〉，頁 36。

5 同上，頁 9。

6 穆罕默德·阿薩德，《古蘭經的信息》（*The Message of the Qur'an*，倫敦：The Book Foundation 出版，2003），頁 600，注釋 37。

7 《哥林多前書》11:16。

8 妮基·凱迪（Nikki R. Keddie）和貝絲·巴隆（Beth Baron），《中東歷史上的女性：在性別和性別方面轉移邊界》（*Women in Middle Eastern History: Shifting Boundaries in Sex and Gender*，康乃狄克州紐黑文：耶魯大學出版社，1992）。

9 古蘭經 2:221。

10 約翰·艾普西托和納塔娜·帝朗－巴斯（Natana J. DeLong-Bas），《穆斯林家庭法中的婦女》（*Women in Muslim Family Law*，紐約州雪城：雪城大學出版社，2001）。

11 資料不詳，〈穆罕默德的女兒法蒂瑪〉（Fatima bint Muhammad），《拯

救指南》（*Guide to Salvation*，日期不詳），http://www.guidetosalvation.com/Website/Fatima_bint_muhammad.htm

12 珍‧卡瑪爾（Jean Calmard），〈法蒂瑪〉（Fateema），《伊斯蘭教百科全書》（*Encyclopedia Iranica*，一九九九年十二月十五日），http://www.iranicaonline.org/articles/fartema

13 唯一所知的例子是十二世紀葉門蘇雷希德（Sulayhid）王朝的皇后們，以及十三世紀一位土耳其女性蘇丹，她僅僅統治埃及瑪姆魯克朝數個月。

14 芮姆凱‧克魯克（Remke Kruk），《伊斯蘭教的戰士女性：阿拉伯流行文化中的女性賦權》（*The Warrior Women of Islam: Female Empowerment in Arabic Popular Culture*，倫敦：I. B. Tauris 出版社，2013）。

15 卡蘿‧希倫布蘭德，〈塞爾柱朝時期的婦女〉（Women in the Seljud Period），載於納夏特（G. Nashat）和貝克（L. Beck）編輯《伊朗婦女：從伊斯蘭教崛起至一八〇〇年》（*Women in Iran from the Rise of Islam to 1800*，伊利諾州厄巴納：伊利諾大學出版社，2003），頁 103-20；赫布利（Gavin Hambly），《中世紀伊斯蘭世界的女性：權力、贊助和虔誠》（*Women in the Medieval Islamic World: Power, Patronage, and Piety*，英格蘭貝辛斯托克：Macmillian 出版社，1998）。

16 皮爾斯（Leslie Pierce），《帝國後宮：奧斯曼帝國的婦女與主權》（*The Imperial Harem: Women and Sovereignty in the Ottoman Empire*，牛津：牛津大學出版社，1993）。

17 勒伊拉‧艾哈邁德（Leila Ahmed），《伊斯蘭教中的婦女與性別：現代辯論的歷史根源》（*Women and Gender in Islam: Historical Roots of a Modern Debate*，康乃狄克州紐黑文：耶魯大學出版社，1999），頁 75；姍布爾‧阿里－卡拉馬利（Sumbul Ali-Karamali），《隔壁的穆斯林：古蘭經、媒體和面紗》（*The Muslim Next Door: The Qur'an, the Media, and That Veil Thing*，奧勒岡州阿什蘭：White Cloud 出版社，2008），頁 153。

18 瑪麗蓮‧布思（Marilyn Booth），〈引言〉，載於瑪麗蓮‧布思編輯《後宮歷史：構想場所和生活空間》（*Harem Histories: Envisioning Places and Living Spaces*，北卡羅萊納州德罕：杜克大學出版社，2010），頁 18。

19　瑪麗蓮・布思，〈引言〉，載於《後宮歷史》，頁 13。

20　傑廷・拉德（Jateen Lad），〈全景肉體：黑太監作為托普卡帕後宮的守護者〉（Panoptic Bodies: Black Eunuchs as Guardians of the Topkapi Harem），載於《後宮歷史》，頁 136-76。

21　柴蒂蓮・瓦騰堡（Heghnar Zeitlian Watenpaugh），〈作為傳記的後宮：現代敘利亞的國內建築、性別和懷舊〉（The Harem as Biography: Domestic Architecture, Gender and Nostalgia in Modern Syria），載於《後宮歷史》，頁 227。

22　埃米莉・薩義德－魯伊特（Emily Said-Ruete）〔弗里曼－格倫維爾（G. S. P. Freeman-Grenville）〕，《一位阿拉伯公主的回憶》（Memoirs of an Arabian Princess，倫敦和海牙：East-West 出版社，1994）。

23　埃米莉・薩義德－魯伊特，《一位阿拉伯公主的回憶》，頁 viii。

24　埃米莉・薩義德－魯伊特，《一位阿拉伯公主的回憶》，頁 97-98。

25　阿米娜・瓦杜德（Amina Wadud），《古蘭經和女人：從女人的角度重讀神聖的文本》（Qur'an and Woman: Rereading the Sacred Text from a Woman's Perspective，紐約和牛津：牛津大學出版社，1999）；《BBC 新聞》二〇〇八年十月二十七日。

26　阿米娜・瓦杜德，《性別內部聖戰：女性在伊斯蘭教中的改革》（Inside the Gender Jihad: Women's Reform in Islam，牛津：Oneworld 出版社，2006）。

27　法蒂瑪・梅爾尼斯（Fatima Mernissi），《被遺忘的伊斯蘭女王》（The Forgotten Queens of Islam，麻薩諸塞州波士頓和劍橋：Polity 出版社，1994）。

28　《伊斯蘭視野》（Islamic Horizons）雙月刊雜誌二〇〇二年第 1423 期，頁 16，姍布爾・阿里－卡拉馬利所引，《隔壁的穆斯林：古蘭經、媒體和面紗》，頁 135。

29　資料不詳，〈女性割禮：英國首次宣布切割女性生殖器官罪〉（FGM: UK's first female genital mutilation prosecutions announced），《BBC 新聞》二〇一四年三月二十一日，http://www.bbc.co.uk/news/uk-26681364

30 資料不詳，〈在國際婦女節，家庭庇護所呼籲結束女性割禮和假期割禮〉（On International Women's Day, Sanctuary calls for an end to FGM and Vacation Cutting），http:/www. Sanctuaryforfamilies.org/index.php?option=content & task=view & id=618

31 資料不詳，〈先知的諺語：關於父母〉（Sayings of the Prophet: On Parents），《伊斯蘭公報》（*The Islamic Bulletin*）第16個議題（一九九八年八／九月），http://www. islamicbulletin.org/newsletters/issue_16/prophet.aspx

32 莎拉‧西爾維斯特里（Sara Silvestri），《揭開問題：歐洲穆斯林婦女的潛力、難題和願望》（*Unveiled Issues. Europe's Muslim Women's Potential, Problems and Aspirations*，布魯塞爾：博杜安國王基金會出版，二〇〇九年）。

33 道恩‧查蒂，〈阿曼面紗〉（Veiling in Oman），《倫敦中東》（*The Middle East in London*）雙月刊雜誌第 8 卷第 1 期（二〇一一年十／十一月），頁 11。

34 在每天五次的禮拜與麥加朝聖時（男女一起進行儀式），女性必須露出臉和手。

35 《伊斯蘭法－基本法》（Islamic Sharia-base Law），第 18/2001 號。

36 約翰‧艾普西托，〈穆斯林婦女重新獲得自己的權利〉（Muslim women reclaiming their rights），《社會政策與理解研究所》（*Institute for Social Policy and Understanding*）（二〇〇九年七月二十二日），http://www. ispu_org./content/Muslim_Women_Reclaiming_Their_Rights

37 派翠西亞‧傑菲里（Patricia Jeffery），《井裡的青蛙：深閨制度中的印度婦女》（*Frogs in a Well: Indian Women in Purdah*，倫敦：Lawrence Hill & Co. 出版，1979）。

38 伊芳‧哈達德、簡‧史密斯（Jane I. Smith）和凱瑟琳‧摩爾（Kathleen Moore），《美國的穆斯林婦女：性別、伊斯蘭教和社會》（*Muslim Women in American: Gender, Islam, and Society*，紐約：牛津大學出版社，2006）。

39 伊斯蘭社會服務協會和伊斯蘭教婦女公司，〈婦女友好的清真寺和社區中心：共同努力恢復我們的遺產〉（Women Friendly Mosques and Community Centers: working Together to Reclaim Our Heritage），《伊斯蘭意識》（Islamic Awareness）網站（日期不詳），http://www.Islamicawareness.net/Mosques/WomenAndMosquesBooklet.pdf

40 約翰・艾普西托和達麗亞・莫格海德，《誰為伊斯蘭教說話？》，二〇〇七年。

41 聯合國開發計劃署，〈走向阿拉伯世界婦女的崛起〉（Towards the Rise of Women in the Arab World），《阿拉伯人類發展報告》（Arab Human Development Report，2005），http://www.arab-hdr.org/publications/contents/2005/execsummary-e.pdf

42 瑪麗蓮・布思，《後宮歷史》，二〇一〇年。

43 蘇萊曼（Yasir Suleiman），《皈依伊斯蘭教的敘事：女性視角》（Narratives of Conversion to Islam. Female Perspectives，劍橋和馬克菲爾德：阿瓦里德・本・塔拉勒王子伊斯蘭教研究中心，與劍橋大學新穆斯林項目聯合，2013）。

第十一章　展望明日

1 資料不詳，〈共通的一個字公開信〉（The ACW Letter），《共通的一個字》（A Common Word，2007），http://www.acommonword.com/the-acw-document/

2 參見第六章。

3 〈來自苛刻的地形〉（From harsh terrain），《經濟學人》（The Economist）雜誌二〇〇九年八月六日。

4 溫特（Tim Winter），〈賓－拉登的暴力是一種異端邪說〉（Bin Laden's violence is a heresy），《每日電訊報》（The Daily Telegraph）二〇〇一年十月十五日，http://beta.radicalmiddleway.co.uk/articles.php?id=6&art=11

5 約翰・艾普西托和達麗亞・莫格海德，《誰為伊斯蘭教說話？》，頁69。

6 惠特爾（Giles Whittell），《泰晤士報》二〇〇〇年一月七日。

詞彙表

詞彙表裡首先收錄的是最關鍵與最常用的詞彙，其次就是伊斯蘭歷史發展中重要人物的名字。

專有名詞

abaya 阿巴雅　穆斯林女性穿的長袍。

'Abbasids 阿拔斯朝　伊斯蘭帝國第二個王朝（西元 750-1258 年）。

ab-i turbat 阿比托巴　以什葉派聖城卡爾巴拉的泥土混和水製成，人們相信這種泥磚具有療效。

Abrahamic 屬於亞伯拉罕的　該詞用來形容亞伯拉罕的三個宗教 —— 猶太教、基督教和伊斯蘭教 —— 共有的傳統。

adhan 宣禮　伊斯蘭教召喚祈禱者做例行禮拜。

ahl al-bayt 先知家族　字面的意思是「家裡的人」。指的是先知穆罕默德的女兒法蒂瑪（Fatima）與她的先生 —— 穆罕默德的堂弟阿布－塔利卜（'Ali ibn Abi Talib）生下的先知後裔。

ahwal 阿哈瓦　神祕的狀態，蘇非教徒在靈魂邁向真主之路上達成的狀態。

'Alawis 阿拉維派　也稱做努賽里耶派（Nusayris），是密傳的少數什葉派，主要在敘利亞與黎巴嫩境內。今日統治敘利亞的家族依舊屬於這個團體。

Alevis 阿列維派　現今土耳其境內很重要的少數宗教團體。他們的信仰以什葉派教義為基礎，受到蘇非主義、基督教和薩滿教的影響。

Allah 阿拉　「唯一的真主」。

Almoravids 阿爾摩拉維德朝（al-Murabitun 穆拉比特朝）　曾經統治北非、並在之後統治西班牙的柏柏爾人王朝（西元 1056-1147 年）。

angel 天使　神的信使，是神與人類之間的媒介，是一種靈性的存在。

angelology 天使學　與天使有關的知識。

animist 泛靈論者　相信在樹木、植物、石頭和動物等物體之中都各有其靈魂主宰的人。

Arab Spring 阿拉伯之春　用以稱呼自 2011 年起至今在阿拉伯世界持續進行的起義浪潮，阿拉伯人稱該現象為「阿拉伯覺醒」。

arkan al-din 伊斯蘭五功　「宗教支持」。伊斯蘭教的五個支柱：所有穆斯林必須盡力達成的本分。實行五柱能加強穆斯林對真主的信仰，並培養對伊斯蘭教的認同感。

ascetics 禁欲主義者　在許多宗教中，指的都是極端嚴格地獨自施行自律、冥想、祈禱、禁食與自我犧牲的隱居神聖男性與女性。

'Ashura 阿舒拉節　什葉派最重要的節日，在穆斯林曆法每年第一個月「穆哈蘭姆月」（Muharram）的第十天舉行（'Ashura 是阿拉伯語的「第十」）。阿舒拉節是為期十天哀悼殉教者胡笙（Husayn）的最高潮。

Assassins (*Hashishiyyun*) 阿薩辛派　這廣泛使用但帶有貶意的稱謂，是中古時期的遜尼派穆斯林賦予尼查爾派（Nizaris）的稱謂，之後被十字軍沿用。尼查爾派是什葉派伊斯瑪儀派的分支。英文「暗殺者」（assassin）一詞來自大麻（hashish）這個字，但該教派服用大麻的可能性很低（亦見 Nizaris）。

al-'atabat al-muqaddasa「神聖的門檻」　伊拉克的什葉派聖城：卡爾巴拉（Karbala'）、納傑夫（Najaf）、卡西曼恩（Kazimayn）和薩瑪拉（Samarra）。

ayatollah 阿亞圖拉　「真主的象徵」。這個頭銜是用來稱呼什葉派十二伊瑪目派學者，但不是在學者通過考試後賦予的，而是在學術界中逐漸產生一種共識，認為這位學者的知識和地位值得擁有該頭銜。

bay'a 誓約　指將領、宗教學者和行政官員擁戴遜尼派哈里發登基時，對他立下的「忠誠誓約」。

bazaris 巴札力　店主階級；他們在 1979 年伊斯蘭革命中扮演重要的角色，好戰的什葉派十二伊瑪目派政權因此上台。

Bektashiyya 貝克塔什道團　蘇非兄弟會，以創辦該兄弟會的哈吉‧貝克塔什（Hajji Bektash）（卒於 1270 年）命名。

bila kayfa 沒有〔詢問〕如何　換言之，就是「沒有設法了解如何做到」。這是由伊本－漢巴勒（Ahmad b. Hanbal，卒於 855 年）提倡的方法，他鼓吹信徒不應該質疑人類理解力所不及的信仰。

Bohras 波哈拉派　什葉派伊斯瑪儀派團體，1171 年先遷徙至葉門，之後定居印度。

burqa 波卡　穆斯林女性穿的寬鬆長袍，包住全身，只露出眼睛周圍的一小部分。

Byzantine empire 拜占庭帝國（約西元 330-1453 年）　接續羅馬帝國在東地中海政權的帝國。拜占庭人信奉希臘正教。

caliph (khalifa) 哈里發　穆罕默德的「繼承人」；之後成為遜尼派信徒的宗教與法律領袖。

caravansaray 篷車客棧　也稱做 khan。供帶著動物與貨物的旅人與商隊過夜的房屋。

cem evi 集會所　這是阿列維派舉行主要儀式（sema，旋轉舞儀式）的地方，該儀式由主持禮拜儀式的教長德德（dede）帶領進行。

chador 披風　婦女所穿的衣服，蓋住全身，只露出臉的上半部。尤指伊朗婦女的穿著。

Chishtiyya 基斯蒂道團　以其創辦者穆因丁‧基斯蒂（Mu'in al-Din Chishti）（卒於 1236 年）命名的蘇非教團，之後盛行於印度。

Companions (*sahaba*) 聖伴　與穆罕默德關係最密切的人。

Constitution of Medina 麥地那憲法（有時也稱做「麥地那憲章」）　一份基本文件，年代可追溯至麥地那時期的第二或第三年，其中提及來自麥加和麥地那的一群信徒組成的社群──烏瑪（umma），不過也可包括猶太教徒、基督教徒和異教徒。

Crusaders 十字軍　指的是出發前往耶路撒冷、將聖地從穆斯林手中收復的西歐基督教徒。從西元 1099 至 1291 年，在中東都可見到十字軍。

Dar al-'ahd 締約之地　見 Dar al-sulh。

Dar al-harb 戰爭之地　尚未在伊斯蘭的統治之下、因此尚未與穆斯林簽訂和平條約的領土。

Dar al-hikma 智慧宮　將國外學者的作品翻譯成阿拉伯文的翻譯中心，於西元 830 年由哈里發瑪蒙（al-Ma'mun）成立。

Dar al-Islam 伊斯蘭之地　指整個伊斯蘭世界，也就是施行伊斯蘭律法的穆斯林主權國家。

Dar al-sulh 和平之地　與穆斯林政府簽訂條約以保護該地穆斯林的非穆斯林領土。這一類條約往往包括同意支付（或收取）貢品。

Day of Judgment (Last Day) 審判日　也稱做懲罰日或復活日。神將在這世界末日審判所有人。

dede 德德　旋轉舞儀式（sema）的主持者。

dhikr 讚誦　字面意思是「提起」。蘇非主義儀式，亦即緬懷與不停複誦真主之名。個人或群體都可唸誦。

dhikr Allah 緬懷真主　蘇非主義以重複漸強的方式複誦真主之名的祈禱儀式。

du'a' 私人禮拜　除了一天五次例行禮拜之外所做的禮拜。

Druze 德魯茲派　從什葉派伊斯瑪儀派分裂出的教派。在第六任哈里發也就是法蒂瑪朝的哈基姆於西元 1021 年神祕失蹤之後，該教派將他神格化。德魯茲教徒目前主要居住於黎巴嫩，有些人住在以色列。

Emigrants (Muhajirun) 遷士　伴隨穆罕默德在西元 622 年離開家園從麥加遷徙至麥地那〔亦即所謂聖遷（hijra）〕的信徒。這些人在麥地那的新穆斯林社群中扮演了重要角色。

esoteric 奧祕的　神祕而隱晦的事物、只有具特殊知識且被選中的一群人才能了解。

fana' 無我（「在真主中讓自我滅絕」）　指蘇非教徒在「神祕道路」的最後一個階段，達到完全呈現在真主面前、徹底喪失自我的境界。

faqih 伊斯蘭法學家　熟知伊斯蘭法理學的學者。

fard 義務　由伊斯蘭法界定為人類必要的行為。

Fatiha〈開端〉章　古蘭經第 1 章。

fatwa 教令　穆夫提（穆斯林學者）針對伊斯蘭法是否准許或禁止某種行為所

做的合法意見或宣告。

fiqh 伊斯蘭法學　亦即「了解」。傳統的遜尼派穆斯林法理學。

Fivers 五伊瑪目派　見 Zaydis。

fuqaha' 伊斯蘭法學家　法律學者，精通伊斯蘭法理學（fiqh）。

Gabriel 加百列（Jibril 吉卜立）　啟示天使。

ghayba (occultation) 隱遁　字面意思是「不在」。為十二伊瑪目派的核心教義，一開始它的意思是「小隱遁」。在這個時期，於 874 年消失的第十二位伊瑪目，教徒認為他隱藏起來，但仍然在世。從 941 年起（亦見safir），此教義轉變為大隱遁：教徒相信第十二位伊瑪目已切斷與世界的所有聯繫，直到末世才重返人世。現在的十二伊瑪目派依舊在等待第十二位伊瑪目。

Ghaznavids 嘎茲納朝　先是統治伊朗和阿富汗東部，之後並統治北印度的土耳其王朝（961-1186）。

ghulat 極端派　將阿里神性化的什葉派極端份子。

ghusl 大淨　祈禱者必須徹底清洗身體，以確保禮拜儀式的潔淨。

ginan 吉南　是一首關於伊瑪目的什葉派伊斯瑪儀派詩歌，一開始為口傳，之後以信德語（Sindhi）、古吉拉特語（Gujurati）、印地語（Hindi）以及旁遮普（Punjabi）等印度語記錄下來，約有八百首。吉南有時神祕難解，有時訴說故事，提供信徒道德指引。

Gnosticism 諾斯替主義　希臘化晚期與基督教早期一種宗教與哲學的二元論。許多諾斯替教派都保證教徒可藉由超自然的知識獲得拯救，而他們斷言神只有對諾斯替教徒才揭示這些神祕的知識。

greater jihad 大吉哈德　見 jihad。

Greater Occultation 大隱遁　見 ghayba。

hadith 聖訓　先知穆罕默德的言行錄，包含大量先知的格言與行誼，一般認為由聖伴傳播開來。

hafiz 哈菲茲　能背誦整部古蘭經的人。

hajj 朝聖　前往麥加的朝聖之旅，即伊斯蘭教的第五支柱。所有身體健全與經濟許可的穆斯林，一生都要有一次在朝聖月（Dhu'l Hijja）前往麥加朝

聖。

halakha 哈拉卡　字面意思為「道路」，即猶太人的律法。

halal 清真　意思是「被准許的」。這個字詞特別用來指依照伊斯蘭法規定所屠宰的肉類。

Hamdanids 哈姆丹尼朝　西元906-1004年統治北敘利亞的什葉派阿拉伯王朝。

Hanafi 哈納菲　阿布－哈尼法（Abu Hanifa）創立的伊斯蘭法學派（madhhab）追隨者。

Hanbali 漢巴里　伊本－漢巴勒（Ahmad ibn Hanbal）創立的伊斯蘭法學派追隨者。

hanif 哈尼夫　這個字詞在古蘭經裡指的是在伊斯蘭教出現之前，只崇拜一神的虔誠信仰者。該詞尤指亞伯拉罕。

haram 禁制　伊斯蘭法學所禁止的行為。

harem 後宮體系／閨房　穆斯林家庭中女性居住的區域。

hawza 十二伊瑪目派神學院　教導學生什葉派律法的神學院。

hijab 希賈布　通稱包覆婦女全身、只露出手和臉的服裝，也指蓋住頭髮的頭巾。

hijra 聖遷　指穆罕默德和第一批穆斯林於西元 622 年從麥加遷徙至麥地那的旅程。該年即伊斯蘭曆元年。

hiyal 擬制　伊斯蘭法學家應付難題時的法律策略。

hudud 伊斯蘭刑法　固定的伊斯蘭法懲罰方式，可粗略定義為「真主對於人類自由設下的界線」。

hukm 法律判決。

'ibadat 宗教義務　穆斯林必須實行的宗教義務，與敬拜真主相關的行為。

Ibadis 伊巴德派　現代哈理哲派（Kharijite）後裔，目前大都居住於阿曼，有少部分人分別住在阿爾及利亞的某些地方，以及坦尚尼亞內的自治區桑吉巴（Zanzibar）。他們與遜尼派和什葉派分開做禮拜，但與其他穆斯林和諧共處。

'id al-adha 宰牲節　於伊斯蘭曆都爾黑哲月（十二月）的十日舉行。在十二月朝聖月中，這對世界各地的穆斯林而言都是盛大慶祝的日子。

‘id al-fitr 開齋節　是慶祝齋戒月結束的歡樂節日。這時候穆斯林會穿上最漂亮的衣服，交換禮物，造訪清真寺，和親友共享特別的餐點。

ihram 伊蘭　朝覲者為了進行「朝聖」或「小朝」，讓自己進入的神聖狀態。

i‘jaz 伊札立　主張古蘭經無法被模仿的伊斯蘭教義。

ijma‘ 公議　即「輿論」。亦即遜尼派宗教學者在某個特定時期對律法的一致意見；這是宗教學者為了將伊斯蘭法系統化，所必須仰賴的四個核心元素之一。

ijtihad 理性思考判斷　意思是「努力」。這是宗教法學家在做決定時獨立推論的過程。

Illuminationist 照明論者　見 ishraqiyya。

imam / Imam 伊瑪目　「模範」，亦即週五清真寺禮拜的帶領者（*imam*）。對什葉派而言，就是神選中來帶領他們的先知後裔（Imam）。對十二伊瑪目派以及伊斯瑪儀派而言，伊瑪目（Imam）的教義是絕對正確的；對遜尼派而言，伊瑪目（*imam*）這個稱謂有時會和「哈里發」交互使用，或者會用來榮耀某個偉大的學者，例如嘎札里（al-Ghazali）。

Imama 伊瑪目制　關於什葉派伊瑪目以及遜尼派哈里發的核心概念與教義。

al-insan al-kamil 完人　由蘇非主義的重要人物伊本－阿拉比（Ibn al-Arabi）所詳細闡述的神智學理論，指的是穆罕默德，也就是人性的原型。藉由穆罕默德，真主才能被世人所知，並且顯現在世人面前。

‘irfan 蘇非學理　蘇非主義的哲學。

ishraqiyya (Illuminationism) 照明論　由蘇赫拉瓦爾迪（Suhrawardi）所闡述的學說，融合希臘、古伊朗和伊斯蘭元素。他主張真主，也就是第一道絕對之光的本質，恆常照耀著世界。世上萬物都來自於祂的光；而在竭力取得這光的同時，祂創造的萬物便能得到救贖。與任何形式的神親近，就取決於光的明暗度。

islah 改革　重建或改革所謂真正的伊斯蘭教。

Islam 伊斯蘭　依照古蘭經的訊息，完全歸順神。

Isma‘ilis 伊斯瑪儀派　又稱「七伊瑪目派」，以其第七任伊瑪目——伊斯瑪儀命名。伊斯瑪儀派信仰對象是活著的伊瑪目，即穆罕默德的後代。西元

969 年，法蒂瑪朝在埃及立了一位伊斯瑪儀派的哈里發（見 Nizaris），並統領地中海地區達將近兩世紀。之後，該派其中一支在西元 1094 年分裂出去。今日尼查爾派是一個備受敬重的宗教團體，教徒分散世界各地，完全融入各個不同的社會中。他們將其領導者阿迦汗（Aga Khan）的教導視為絕對正確的教義。另一個伊斯瑪儀派分支是波哈拉派，這一派大都居住於印度，較不為人知，且在政治活動上並不活躍。

Isra'iliyyat 以色列子孫的故事　在中東流傳的故事，內容來自猶太教和基督教傳統，以及古老的中東民間故事。

istishhad 殉教　尋求殉教，或殉教的行動。

Jabriyya 賈布里道團　早期穆斯林神學團體，曾在八世紀短暫出現。它主張人類對自己的行為沒有選擇權。

Ja'fari 賈俄法爾學派　十二伊瑪目法學派的別稱，因為十二伊瑪目派的第六任伊瑪目賈俄法爾・薩迪克（Ja'far al-Sadiq，卒於 765 年）的格言與評判，構成許多十二伊瑪目派的律法。

jam'atkhana 集會所　特殊的建築物，伊斯瑪儀派週五做禮拜的地方。

Janissaries 蘇丹禁衛軍　鄂圖曼帝國的菁英部隊。

jihad 吉哈德　在神的道路上「奮鬥」。穆斯林宗教學者對「吉哈德」下了兩種不同層次的定義：大吉哈德指的是個人努力淨化自身，除去低層次的本能與不純潔的天性；小吉哈德則是為擴張或防禦伊斯蘭土地而戰鬥。

jilbab 吉巴卜　穆斯林女性所穿的長袍，遮住全身，只露出頭、臉和手，再把頭用頭巾包住。在印尼這個字詞指的是頭巾。

Ka'ba 天房　位於麥加的一棟立方體建築，外部鑲有神聖的黑石，那就是信徒朝聖的方向；朝聖者會繞行天房，進行朝觀或小朝的儀式。穆斯林相信天房是由易卜拉欣（亞伯拉罕）和他的兒子伊斯瑪儀（以實瑪利）所建。

kafir 卡菲爾　不信教者，拒絕服從阿拉。

kalam 卡拉姆　字面意思是「演說」。指伊斯蘭神學。

Karbala' 卡爾巴拉　伊拉克城市，什葉派領袖胡笙殉教處；該城是今日什葉派教徒造訪的聖地之一。

khak-i Karbala' 卡爾巴拉的泥土　將這泥土加水混和做成小磚塊，就是所謂

的阿比托巴，信徒認為它可以治療病人和垂死的人。

khalifa 哈里發　見 caliph。

Kharijites 哈里哲派（出走派）　早期伊斯蘭教的一個教派，他們相信應該由德行最高的人領導群體，此人不一定是來自先知的家庭或由整個伊斯蘭社群選出。依照分離者教派的觀點，只要有人不同意這個看法，他不算是穆斯林，且應該被殺。

khums 庫姆　為十二伊瑪目派穆斯林上繳給國家收入五分之一的稅。

khutba 布道　在清真寺中，由伊瑪目（教長）於週五和兩個主要伊斯蘭節慶時帶領的講道。

Last Day 末日　見 Day of Judgment。

laylat al-qadr 高貴之夜　「力量之夜」，亦即伊斯蘭曆最神聖的一晚。教徒在齋戒月的 26 至 27 日慶祝這一天，因為他們相信古蘭經就是在這一天完全進入穆罕默德的靈魂中。

lesser jihad 小吉哈德　見 jihad。

Lesser Occultation 小隱遁　見 ghayba。

madhhab 伊斯蘭法學派　亦即「前進的方式」（way of going）。遜尼派有四個派，都同樣重要。什葉派也有自己的學派。

madrasa 經學院　學生學習自己所屬法學派的地方。學校課程也包括其他科目，如阿拉伯語法以及伊斯蘭宗教學。

maghazi books 戰役之書　記錄穆罕默德各戰役（*maghazi*）的書籍。

Mahdi 馬赫迪（救世主）　最後審判與復活日前夕，由真主選出在「正義時代」帶領全世界的人物；什葉派十二伊瑪目派的馬赫迪是回到世上的第十二位伊瑪目。

makruh 可憎　被伊斯蘭法歸類為應被譴責的行為。

Maliki 瑪立基法學派　以瑪立克・伊本－阿納斯（卒於 795 年）命名的法學派。

Mamluks 瑪姆魯克朝　根據地位於埃及的土耳其王朝（西元 1250-1517 年），統治龐大的帝國。

mandub 嘉許　被伊斯蘭法歸類為應被嘉許的行為。

Manichaeism 摩尼教　由摩尼（西元 216-274 年）創立的二元論宗教，主張善與惡——神與魔鬼——皆為永存不朽。

maqam 馬卡姆　蘇非修練道路上的「一站」名稱，類似靈性階梯上的一階。

maraji' 瑪拉吉　中東什葉派十二伊瑪目派伊斯蘭律法的最高領袖，引導現今教徒如何生活在遠方多為非穆斯林的土地上。

marja' al-taqlid「模仿對象」　十九世紀時，教徒賦予約十位新菁英宗教學者的稱謂，他們被認為是當時最有資格引導十二伊瑪目派教徒的人士。

al-masjid al-haram 禁寺　麥加的清真寺。

maslaha 福利　依照公眾利益做出的法律決策。

mawla 毛拉　有許多意思，包括主人、貴族或保護者。

mazalim 申訴法庭　統治者審理案件的法庭。

Mecca 麥加　阿拉伯的城市，穆罕默德的出生地與開始傳教的地點。也是朝聖的目的地，身體或經濟狀況許可的穆斯林一生至少必須到該城朝聖一次。

Medina 麥地那　先知之城的縮寫（*madinat-al-nabi*）。舊名為雅什里布（Yathrib）。西元 622 年穆罕默德遷徙至麥地那，建立了烏瑪（伊斯蘭社群）。

Medina Charter 麥地那憲章　見 Constitution of Medina。

Mevlevis 梅夫拉維道團（Mawlawiyya **毛拉維道團**）　亦稱「迴旋托缽行者」（Whirling Dervish），由賈拉盧丁·魯米（Jalal al-Din Rumi，卒於 1273 年）在土耳其孔亞（Konya）創立的蘇非道團。

mihna 古蘭經被造說（文字獄）　「審判」、「試驗」、「審訊」。主要於西元 827 年由阿拔斯王朝哈里發瑪蒙（Ma'mum）推動，試圖迫使宗教學者與政府官員接受理性主義學派（Mu'tazilite）主張古蘭經是被創造出來的學說，作為遜尼派阿拔斯王朝的官方教義。此舉遭到極具威望、厭惡神學理論的保守宗教學者伊本－漢巴勒（Ahmad b. Hanbal，卒於 855 年）反對。

mihrab 壁龕　在清真寺內牆上的平坦或內凹的拱形空間或壁龕。壁龕的位置就是禮拜方向（qibla，麥加的方向）。

minaret 宣禮塔　與清真寺相連的尖塔，宣禮員登上此處呼喚做禮拜的教徒。

mi'raj 登霄 穆罕默德從麥加到耶路撒冷的「夜之旅」（Night Journey，約在聖遷後的第六年），並且從耶路撒冷升天到達天堂，遇見之前的先知，並見到神。

Mirrors for Princes 君王寶鑑 寫給統治者，建議其如何成立好政府的書籍。

monotheist 一神論者 相信世上只有唯一一位神的信仰者。

mosque (masjid) 清真寺 字面意義為「跪拜之處」。一般的清真寺就是進行禮拜的地方。週五清真寺（jami'）則是舉行週五隆重禮拜的清真寺，週五的講道（khutba）會在講壇（minbar）舉行。

mu'amalat 民事法規 由伊斯蘭法理學書籍所定義的人際關係義務規範。

mubah 默許 伊斯蘭法學許可的行為。

muezzin 宣禮員 在清真寺宣禮塔上負責喚拜的人。

mufti 穆夫提 伊斯蘭法大法官，有資格提供教令（fatwa）的穆斯林學者。

Mughals 蒙兀兒帝國 於西元 1526-1858 年統治印度的王朝。

Muhajirun 遷士 見 Emigrants。

mujahid 奮戰者 指在真主的道路上奮鬥的人，進行奮戰的戰士。

mujtahid 穆智塔西德 做出個人法學判斷的宗教法學家（見 ijtihad）。

Muslim 穆斯林 「順從神的人」。

The Muslim Brotherhood (al-ikhwan al-muslimin) 穆斯林兄弟會 1928 年由哈珊‧班納（Hasan al-Banna'）創立於埃及；其用意是為了創造真正的伊斯蘭社會，必須回到古蘭經與聖訓的原則。

mut'a 穆塔 什葉伊斯蘭所允許的臨時婚姻制。

Mu'tazila 理性主義學派 穆斯林神學團體，又稱做「正義與認主（*tawhid*，即相信真主的獨一性）之人」；其最著名的教義就是「古蘭經乃創造而來」。

nabi 先知 被真主選出傳送訊息給人類的人。

al-nabi al-ummi 不識字的先知 這是賦予穆罕默德的稱謂，古蘭經就是透過他傳授給信徒。為強調伊斯蘭教啟示的奇蹟性，穆斯林學者普遍相信穆罕默德不會讀寫。

Naqshbandiyya 納各胥班迪道團 由穆罕默德‧賓－穆罕默德‧納各胥班

（Muhammad ibn Muhammad Naqshband）（卒於 1389 年）創立的蘇非道團。

nass 直接任命　指定下一位什葉派伊瑪目為繼任者，賦予他權力。

Neoplatonism 新柏拉圖主義　古希臘哲學的最後一個學派，由埃及哲學家普羅提諾（西元 205-270 年）確立學說，在他最重要的著作《九章集》（*Enneads*）中提出。新柏拉圖主義放棄上帝在某個特定時間創造宇宙的概念，轉而提倡上帝持續「流射」，在他下方傾瀉出層級排列的創造物。

Night Journey 夜之旅　見 mi'raj。

Night of Power 高貴之夜　見 laylat al-qadr。

niqab 尼卡布　穆斯林女性戴的面紗，只遮住口鼻。

nisab 尼薩卜　在支付得起「天課」（zakat）之前，穆斯林必須擁有的最低額度財產。

Nizaris 尼查爾派　著名的伊斯瑪儀派分支，1094 年從開羅法蒂瑪王朝主流團體中分離出去，在伊朗西北阿拉穆特（Alamut）城堡建立根據地。亦見 Isma'ilis。

Nusayris 努賽里耶派　見 'Alawis。

Ottomans 鄂圖曼帝國　從西元 1342 至 1924 年統治中東、北非和巴爾幹半島的遜尼派穆斯林土耳其大帝國。

Pan-Islamism 泛伊斯蘭主義　一種政治運動，目的是在世界上建立唯一的、支配一切的伊斯蘭國；往往和一九二〇年代以降恢復統一的哈里發國概念有關。

pillars of Islam 伊斯蘭五柱　見 *arkan al-din*。

polytheism 多神教　相信世上不僅止於一位神。

Qadariyya 嘎迪里道團　八世紀時的一群伊斯蘭神學家，他們認為人類有自由意志。他們相信，如果人類沒有能力決定自己想做什麼，真主就不會強迫人類行道德之事。

qadi 卡迪　伊斯蘭法的法官。

al-Qa'ida (Al Qaeda) 蓋達組織　字面意思為「基地」。全球激進份子的組織，以伊斯蘭恐怖攻擊與自殺炸彈攻擊為名進行活動，包括 2011 年 9 月

11 日的紐約市世貿中心的慘烈攻擊行動。

Qajars 卡扎爾朝　土庫曼人建立的王朝，於西元 1779 至 1925 年間統治伊朗。

qanun 法典　世俗法律。

qawwali 卡瓦力　印度蘇非基斯蒂道團融合虔誠的詩句與音樂的一種儀式表演。

qibla 禮拜方向　伊斯蘭教做禮拜的方向，以清真寺內的壁龕方向為準。

qiyas 類比　伊斯蘭法學的原則，藉由類比，既有的法學便可適用於新的情況。

Quraysh 古萊須族　穆罕默德在阿拉伯的部族。遜尼派哈里發便是源於此一部族。

Qur'an 古蘭經　亦即「唸誦」。由天使加百列（Gabriel）以阿拉伯文整部口述給穆罕默德，並由「聖伴」記錄內容的啟示。古蘭經是伊斯蘭教的聖經，被寫下來的古蘭經稱做「定本」（mushaf）。

rak'a 拉卡　組成一輪禮拜儀式的一連串動作，包括唸誦、鞠躬和跪拜。

Ramadan 齋戒月　穆斯林禁食的月份，伊斯蘭教陰曆的第九個月。

rasul Allah 真主的使者　即「真主的先知」，教徒賦予穆罕默德的稱謂。

ribats 里巴特　有圍牆的邊境建築物，防衛伊斯蘭邊界的吉哈德戰士的住所。這些戰士在中亞等地防衛伊斯蘭邊境，進行傳教活動，試圖使異教徒土耳其人信奉伊斯蘭教。

Rifa'iyya 里法伊道團　亦稱「怒吼的苦行僧」（Howling Dervishes）。為非正統蘇非道團，以里法伊（Rifa'i，卒於 1182 年）命名，目前主要教徒居住在埃及與敘利亞。

rosary 玫瑰念珠　禱告用的念珠，以九十九顆珠子製成，九十九是「上帝美麗之名」的數目。

rouzehs　什葉派儀式，紀念胡笙的生平與逝世。

sadaqa 布施　自願的施捨。

Safavids 薩法維帝國　原為說土耳其語的王朝，於西元 1501 至 1722 年統治伊朗。該王朝以十二伊瑪目派作為伊朗國教。

safirs (emissary) 使者　什葉派十二伊瑪目派稱呼四位代理人的用詞，隱遁的

第十二位伊瑪目在小隱遁（*ghayba*）時將訊息傳遞給這四位代理人。

Salafis 薩拉菲主義者　尊崇前三代穆斯林的人，這些人就是所謂虔誠的祖先（salaf）。有些現代薩拉菲主義者提倡回到單一純潔的伊斯蘭教時期，亦即西元 632 至 661 年，當時治理穆斯林社群的是最早的四位哈里發——「正統哈里發」。

salat 禮功　伊斯蘭教徒一天五次的例行禮拜儀式：伊斯蘭教的第二功。

salat al-tawarih 泰拉威　只有在齋戒月進行的自願性禮拜，由二十、三十二或四十次拉卡（*rak'a*）組成，時間在一般的早晨禮拜開始之前的凌晨。

sama' 薩瑪（聆聽）　蘇非主義以音樂幫助深思的方式。見 sema。

Samanids 薩曼朝　於西元 819 至 1005 年統治伊朗東部和中亞的波斯王朝，擁護強大的遜尼正統教派。

Sasanians 薩珊帝國　前伊斯蘭波斯王朝，從西元 224 至 651 年統治一龐大帝國，領土包括伊拉克、伊朗和部分中亞。其國教為瑣羅亞斯德教。

sawm 齋戒　禁食：伊斯蘭教第四功。

Seal of the Prophets 先知封印　賦予穆罕默德的稱謂。穆斯林相信穆罕默德是審判日前的最後一位先知。上帝對他的天啟也是對人的最後一次天啟。

Seljuqs 塞爾柱朝　土耳其王朝，征服了伊朗、伊拉克、部分敘利亞、巴勒斯坦、安那托利亞（為現今土耳其）與中亞。塞爾柱朝統治時間為西元 1040 至 1194 年，期間他們鼓勵人民建造了許多清真寺與經學院。

sema 聆聽　阿拉伯語和波斯語 sama' 的土耳其語。

Semitic 閃族人　這個詞源自於「閃」（Shem），他是挪亞的三個兒子之一。閃族人包括猶太人、阿拉伯人和衣索匹亞人。閃語包括阿卡德語、腓尼基語、阿姆哈拉語、阿拉姆語（耶穌的語言）、敘利亞語、希伯來語和阿拉伯語。

seraglio 後宮　鄂圖曼宮廷中妻妾居住的私人區域。

Seveners 第七伊瑪目派　見 Isma'ilis。

Shafi'i 夏菲儀法學派　以法學家穆罕默德・伊本－伊德里斯・夏菲儀（Muhammad ibn Idris al-Shafi'i，西元 767 至 820 年）為名的學派。

shahada 唸功　穆斯林的信仰宣言：五功的第一功。

shahid 殉教者　字面意思為「見證」。死於「真主道路」的人。

Shamanism 薩滿教　部落社會中的一套信仰和習俗，以薩滿巫師為核心人物，人們相信他們具有與靈界溝通的能力。

Shari'a 伊斯蘭法　字面意思為「通往水的道路」，伊斯蘭宗教律法。

shaykh 導師　這個字有各種意思，包括：值得敬重的長者、部族首領和蘇非導師。

Shi'ites 什葉派　最主要的伊斯蘭少數教派，他們相信伊斯蘭社群的政府和對教條的解釋權利，應該交由有領袖魅力的先知穆罕默德的後代。

shirk 重罪　聲稱有任何神、人或物分享真主的獨一性，伊斯蘭教中最大的罪過。

sira 先知傳　字面意思是「行為方式」。這個字用來稱呼正統的穆罕默德傳，其作者為伊本－易斯哈格（Ibn Ishaq，卒於 770 年），由伊本－希夏姆（Ibn Hisham，卒於 833 年）修訂。

Sufi 蘇非主義　一種伊斯蘭教的神祕主義。

sultan 蘇丹　字面意思是「當權者」。遜尼派哈里發賦予軍事領袖的稱謂，藉此合法化他暫時的權力。許多穆斯林統治者的稱謂都是「蘇丹」。

sunna 慣例。

Sunna 聖行　先知穆罕默德作為信徒典範的行為，如同聖訓中所記載。

Sunnis 遜尼派　相對於伊斯蘭其他教派如什葉派與伊巴德派（Ibadis），遜尼派為穆斯林社群最主要的教派。

sura 蘇拉　古蘭經的一章。

tahara 儀式潔淨。

tajwid 誦讀學　字面意思是「裝飾」。確立古蘭經每一個字母與音節完整、順暢與和諧發音的一門學科。

takbir 大讚詞　唸誦（Allahu akbar）一詞，意思是「真主至大」。

talbiyya 塔爾比亞　亦即「我任您差遣，噢真主，我任您差遣」；穆斯林朝聖者在朝聖月第九天登上阿拉法特山時一邊吟誦的句子。

Taliban 塔利班　字面意思為「學生」，為毛拉‧歐瑪（Mullah Omar）於 1994 年成立的激進穆斯林組織，與蓋達組織有關聯。塔利班自 1996 至

2001 年統治阿富汗。

taqiyya 隱藏信仰原則　教徒出於虔誠的掩飾行為，尤以什葉派教徒為主，他們假裝信仰其他教派，以免因為自己非主流的見解而遭迫害。

tariqa 蘇非道團　蘇非主義的靈性道路。

tasawwuf 蘇非主義　（蘇非主義的阿拉伯文）字面意思是「成為一位蘇非行者」。伊斯蘭教的神祕範疇。

tawhid 認主（獨一性）　宣告神的獨一性：伊斯蘭教的核心教義。

tawwabun 懺悔者　680 年，伊拉克庫法人民任由胡笙在卡爾巴拉被屠殺。看見他被砍掉的頭顱時，人們哀號捶胸，深深懊悔為何他們沒有幫助胡笙。當時事件演變為什葉派的哀悼與贖罪儀式。

ta'ziya 受難劇　宗教哀悼詩歌，通常在什葉派的阿舒拉節（'Ashura）演出，以紀念胡笙被殺的事件。

theocracy 神權政治　認為神即為統治者的一種政府形式。

theosophy 神智學　字面意思為「上帝的智慧」。密傳的哲學研究，試圖理解神與祂的奧祕；這種方式被伊朗的蘇非主義思想家如穆拉・薩德拉（Mulla Sadra，卒於 1640 年）所採用；神智學宣稱它是藉由靈性的極樂、直觀或特殊的個人關係獲得神的知識。

Twelvers 十二伊瑪目派　什葉派第十二代伊瑪目的追隨者。為目前全世界人數最多也最廣為人知的什葉派團體。

'ulama' 烏拉瑪　伊斯蘭宗教學者的稱謂。

Umayyads 伍麥亞朝　穆斯林帝國（西元 661 至 750 年）。750 年，西班牙也建立了一個後伍麥亞朝，直到 1031 年才滅亡。

umma 烏瑪　穆罕默德建立的伊斯蘭社群，全球的伊斯蘭社群。

'umra 小朝　規模較小的朝聖行動。Hajj 的簡短版。

'urf 習慣法。

vilayat-I faqih 伊斯蘭法學家託管　由何梅尼（Ayatollah Khomeini）提出討論的教義；根據這項教義，穆斯林法學家不僅有宗教權，也有政治權。教徒必須永遠服從這些法學家，才是服從真主的表現。它成為伊朗伊斯蘭共和國的立國基礎。

vizier 大臣　見 wazir。

Wahhabiyya / Wahhabis 瓦哈比運動　穆斯林政治暨宗教團體，以創立者穆罕默德・伊本－阿布杜－瓦哈卜（Muhammad ibn 'Abd al-Wahhab，卒於1792年）命名。瓦哈比運動源自於對漢巴里法學的嚴格解釋，並逐漸與一七四四年在沙烏地阿拉伯掌權的紹德家族（Sa'ud）產生密切的關係。

wali 守護者　這個名詞有許多意思，包括：守護者、聖人、朋友。

wasl 來臨　蘇非行者用來形容接近上帝時的神祕狀態。

wazir (vizier) 大臣　前現代伊斯蘭政府的大臣。

Whirling Dervishes 迴旋托缽行者　見 Mevlevis。

wudu' 小淨　做禮拜前必須保持的清潔狀態。

zakat 天課　字面意思是「純淨」。義務施捨：伊斯蘭教的第五柱。

Zamzam 滲滲泉　麥加卡巴天房附近的一口井。飲用井水是麥加朝聖者的儀式之一。

Zaydis 柴迪派　亦稱「五伊瑪目派」，是什葉派現存最古老的教派，以胡笙的孫子柴迪・伊本－阿里（Zayd ibn 'Ali，卒於740年）命名。伊斯蘭教早期，柴迪派相信真正的伊瑪目是用劍成功建立自身地位的穆罕默德的後代。伊瑪目也必須擁有宗教知識。但和十二伊瑪目派不同的是，柴迪派伊瑪目在教義上並不是絕對正確的。葉門一直到1962年之前都還是柴迪派掌權的國家。

ziyara 朝聖　造訪穆罕默德的墳墓與其他麥地那聖地。這個字也有造訪什葉派伊瑪目和蘇非行者陵墓的意思。

Zoroastrianism 瑣羅亞斯德教　伊斯蘭教出現之前伊朗最古老的宗教。目前在伊朗某些偏僻的地方還有教徒活動，在印度的某些帕西人族群間也依然十分盛行。教徒相信一神，他們稱祂為阿胡拉・馬滋達（Ahura Mazda）；在祂之下，宇宙間善與惡兩種相反的力量不停戰鬥。

Zoroastrians 瑣羅亞斯德教徒　〔亦稱做 majus，因此成為波斯僧侶或賢人（magi）這個字詞〕。由哲學家瑣羅亞斯德（Zoroaster，約卒於西元前550年）創立的宗教瑣羅亞斯德教的追隨者。之後它成為薩珊帝國（見Sasanians）的國教。

人名

'Abduh, Muhammad 穆罕默德・阿布杜（1849-1950 年） 埃及現代主義改革者，對整個伊斯蘭世界有很大的影響力。

Abraham 亞伯拉罕（Ibrahim **易卜拉欣**） 聖經與古蘭經裡的人物。他在古蘭經裡被稱做阿拉的朋友（Khalil Allah）。穆斯林將他視為一神教的創立者與麥加卡巴天房的建造者；他也制定了朝覲儀式。

Abu Bakr, 'Abd Allah 阿布－巴克爾（約 570-634 年） 穆罕默德的岳父；伊斯蘭社群的第一位哈里發，在位時間為 632 至 634 年。

Abu Hanifa, al-Nu'man ibn Thabit 阿布－哈尼法（700-767 年） 早期伊斯蘭法學家，被認為是哈納菲法學派的創立者。

al-Afghani, Sayyid Jamal al-Din 賈邁勒丁・阿富汗尼（1838-1897 年） 現代主義改革者，也是備受爭議的政治激進份子。

Aga Khan IV, Karim 阿迦汗四世（生於 1936 年） 第四十九任伊瑪目，什葉派伊斯瑪儀派分支尼查爾派目前的精神領袖。

'A'isha 阿伊夏（613-678 年） 公認為穆罕默德最寵愛的妻子；第一任哈里發阿布－巴克爾的女兒。

'Ali ibn Abi Talib 阿里・伊本－阿布－塔利卜（約 600-661 年） 穆罕默德的堂弟與女婿，也是伊斯蘭第四任哈里發。於 661 年遭到暗殺。

Aristotle 亞里斯多德（西元前 384-322 年） 著作甚豐的希臘哲學家與科學家，作品對往後數世紀學者有極大影響。

Arkoun, Mohammed 莫哈麥德・阿庫恩（1928-2010 年） 阿爾及利亞的穆斯林，現代主義思想家。

al-Ash'ari, Abu'l-Hasan 阿布－哈珊・阿胥阿里（847-936 年） 遜尼派神學家，設法以理性的方法證明傳統信仰的真理。

al-'Askari, al-Hasan 哈珊・阿斯卡利（約 846-874 年） 什葉派十二伊瑪目派的第十一任伊瑪目，葬於伊拉克的薩瑪拉。

Atatürk, Mustafa Kemal 凱末爾（1881-1938 年） 土耳其國父，於 1923 年建立土耳其共和國。

al-Basri, Hasan 哈珊・巴斯里（642-728 年） 早期伊斯蘭禁欲主義者、法官

與傳道者。

Bistami, Bayazid Abu Yazid 布耶濟德・阿布－雅濟德・比斯塔米（804-874年） 具爭議性的伊朗蘇非行者，以其神祕經驗聞名。

al-Bukhari, Muhammad ibn Isma'il 布哈里（810-870年） 兩部最權威「聖訓」（hadith）之一《哈布里聖訓集》（*Sahih al-Bukhari*）的作者。

al-Busiri 布希里（1211-1294年） 埃及蘇非主義詩人，寫下世人最喜愛的阿拉伯宗教詩〈斗篷頌歌〉（Qasidat al-Burda），讚美先知穆罕默德的出生、升天與吉哈德。教徒認為這首詩具有特殊的力量，因此會在喪禮和其他宗教儀式中唸誦。

al-Buti, Muhammad Sa'id Ramadan 穆罕默德・薩義德・布提（1929-2013年） 敘利亞遜尼派教士，在他的文章中強調「大奮戰」。他死於大馬士革清真寺的一場自殺炸彈客攻擊。

Ebadi, Shirin 希琳・艾芭迪（生於1947年） 伊朗律師與人權鬥士，常與伊朗政府起衝突。於2003年獲得諾貝爾和平獎。

Ebu's-Su'ud 阿布－蘇德（約1490-1574年） 鄂圖曼哈納菲派法學家。

Al-Farabi, Abu Nasr 法拉比（約870-950年） 早期穆斯林哲學家。

Fatima 法蒂瑪（卒於633年） 穆罕默德的女兒，阿里的妻子，哈珊與胡笙的母親。她被賦予「閃耀的法蒂瑪」（al-Zahra）尊稱。

Fyzee, Asaf 'Ali Asghar 阿薩夫・阿里・阿斯加・斐濟（1899-1981年） 印度穆斯林，伊斯瑪儀派波哈拉派（Bohra）法學家。從他最有名的著作《伊斯蘭教法綱要》（*Outlines of Muhammadan Law*）中可看出他對伊斯蘭法學採取激進而現代性的研究方法。

al-Ghazali, Abu Hamid Muhammad 嘎札里（1058-1111年） 活躍的伊朗穆斯林學者，在中世紀歐洲被稱為加札勒（Gazel）。

Hagar 夏甲 聖經與古蘭經人物。亞伯拉罕的女僕和以實瑪利的母親。

al-Hallaj, Mansur Abu'l-Mughith 哈拉吉（857-922年） 伊朗蘇非行者，也是蘇非主義最有名的殉教者，於922年在巴格達被釘十字架。他將蘇非主義傳播給一般大眾，遜尼派菁英學者認為他危及信仰的穩定性。

Hasan 哈珊（625-670年） 穆罕默德的孫子，法蒂瑪與阿里的長子，什葉派

第二任伊瑪目。

al-Hilli, al-Muhaqqiq Ja'far ibn al-Hasan 穆哈基格・希里（1205-1277 年）
來自伊朗希拉市的什葉派十二伊瑪目派學者。他寫下的十二伊瑪目派律法
手冊至今仍在使用。

al-Hilli, al-Hasan ibn Yusuf al-'Allama 阿拉瑪・希里（1250-1325 年） 什葉
派十二伊瑪目派首位被賦予「阿亞圖拉」（Ayatollah，真主象徵）稱謂的
學者。他確認了理性思考判斷（ijtihad）的原則，並將該原則深植於十二
伊瑪目派教法中。

Hujwiri, Abu'l-Hasan 'Ali 阿布－胡笙・阿里・胡吉維里（約 990-1077 年）
著有最早且最有名的蘇非主義論文集之一的波斯作者。

Husayn 胡笙（620-680 年） 穆罕默德的孫子，法蒂瑪與阿里的小兒子，第三
任什葉派伊瑪目。被雅濟德派出的伍麥亞朝軍隊殺死，在伊拉克卡爾巴拉
殉教。追思被謀害的胡笙，是什葉派穆哈蘭姆月儀式的重點。

Ibn 'Abd al-Wahhab, Muhammad 穆罕默德・伊本－阿布杜－瓦哈卜（1703-
1787 年） 瓦哈比運動的領導者。瓦哈比運動始於阿拉伯，目標是淨化伊
斯蘭教。他對蘇非主義和什葉派懷抱敵意，傾向回歸古蘭經與先知道路的
絕對權威。

Ibn al-'Arabi, Muhyi al-Din 穆希丁・伊本－阿拉比（Muhyiddin，1165-1240 年）
蘇非主義最知名的神智學者，尤以備受爭議的「萬有一體」（wahdat al-
wujud）學說廣為人知。

Ibn Battuta 伊本－巴杜達（卒於 1368 或 1377 年） 最有名的中世紀穆斯林旅
人。他在日記中描述從摩洛哥到遠東的旅程。

Ibn al-Farid, 'Umar 伊本－法利德（1181-1235 年） 埃及蘇非主義詩人。

Ibn Baz, 'Abd al-'Aziz ibn 'Abdallah 阿布杜－阿齊茲・伊本－巴茲（1910-
1999 年） 瓦哈比運動學者，為沙烏地阿拉伯官方的伊斯蘭教大法官。

Ibn Hanbal, Ahmad ibn Muhammad 伊本－漢巴勒（780-855 年） 漢巴
里法學派創辦者。他拒絕接受阿拔斯朝哈里發瑪蒙於 833 年的「文字
獄」（*mihna*）運動中，試圖在伊斯蘭世界強行推動的理性主義學派
（Mu'tazili）（也就是古蘭經是被創造出來）的理論；他因此入獄，但之

後被釋放。

Ibn Hisham, Abu Muhammad 伊本－希夏姆（卒 834 年） 正統的先知穆罕默德傳記（亦即 sira）編輯者，他所根據的是之前伊本－易斯哈格（Ibn Ishaq）的作品。

Ibn Ishaq, Muhammad ibn Yasar 伊本－易斯哈格（704-767 年） 正統的先知穆罕默德傳記（sira）作者。先知傳記經由伊本－希夏姆修訂後流傳下來。

Ibn Khaldun, ‘Abd al-Rahman 伊本－哈勒敦（1332-1406 年） 世人常稱他為「社會學之父」。生於突尼西亞。他是一位旅遊各地的法學家，在伊斯蘭世界許多地方工作過。他以開創性論文集《歷史緒論》（*Muqaddima*）聞名於世，該著作以歷史為基礎看待律法與其模式。

Ibn Rushd, Abu ’l-Walid Muhammad ibn Ahmad 伊本－魯胥德〔在中世紀歐洲被稱為阿威羅伊（Averroes），1126-1198 年〕 西班牙穆斯林，阿拉伯文哲學家，以其著作《矛盾的矛盾》（*The Incoherence of the Incoherence*）聞名。

Ibn Sina, Abu ‘Ali 伊本－西那〔在中世紀歐洲被稱為阿維森納（Avicenna），980-1037 年〕 享有盛名的穆斯林哲學家、科學家與醫生。

Ibn Taymiyya 伊本－泰米葉（1263-1328 年） 敘利亞的漢巴里法學派的學者。著作甚豐，為瓦哈比運動者所仰慕。

Ishmael 以實瑪利（Isma‘il 伊斯瑪儀） 聖經人物，亦出現在古蘭經中。他是亞伯拉罕與夏甲的兒子，並幫助父親建造卡巴天房。大多數聖經評注者都認為，他就是差點被亞伯拉罕獻祭給上帝的那個兒子。以實瑪利被認為是阿拉伯人的祖先。

Ja‘far al-Sadiq 賈俄法爾・薩迪各（699-765 年） 伊斯瑪儀派與十二伊瑪目派的第六任伊瑪目；他是傳遞聖訓的重要人物。

Jesus 耶穌〔古蘭經中的「麥爾彥之子爾薩」（‘Isa ibn Maryam），也就是馬利亞之子耶穌〕 穆斯林認為他是上帝一位非常重要的先知。古蘭經中亦記錄了耶穌誕生的奇蹟。

al-Jilani, ‘Abd al-Qadir 阿布杜－嘎迪爾・吉蘭尼（1077-1166 年） 波斯人，著名的蘇非行者，創立嘎迪里道團（Qadiriyya）。

John of Damasus 大馬士革的約翰（676-749 年） 基督教修士與神學家，曾經在大馬士革伍麥亞哈里發的宮廷中擔任稅務官；他在作品《基督教徒與薩拉森人的辯論》（*Disputation between a Christian and a Saracen*）中，提出一套基督教徒在與穆斯林談論宗教問題時可能觸及的論述。

Junayd ibn Muhammad Abu'l-Qasim al-Khazzaz 朱內德（830-910 年） 早期蘇非行者，在巴格達教學，提倡以謹慎的方法，將蘇非主義融入遜尼派正統教義中。

Khadija 哈蒂嘉（554-619 年） 穆罕默德的第一任妻子；她在世時是他唯一的妻子。

Khaled M. Abou El-Fadl 哈立德‧M‧阿布－法德爾（1963 年生於科威特）伊斯蘭律法權威，也是美國優秀的人權學者。

Khan, Sayyid Ahmad 薩義德‧阿赫瑪德‧汗（1817-1898 年） 印度穆斯林，現代主義者，研究如何處理英國統治印度的議題，以及伊斯蘭教徒在被殖民的家鄉中該如何自處。他希望能解放伊斯蘭律法，以便回應現代社會的需求。

Khomeini, Ayatollah Sayyid Ruhollah 何梅尼（1902-1989 年） 伊朗革命領袖，於 1979 年成立伊朗伊斯蘭共和國。

al-Kulayni, Muhamad ibn Ya'qub 庫萊尼（864-940 年） 伊朗什葉派神學家，在大量著作中，他蒐集並有系統地整理出一萬六千則「聖訓」，包括對什葉派傳統而言特別重要的內容。

Mahmassani, Sobhi 馬赫馬薩尼（1909-1986 年） 提倡改變的黎巴嫩學者，他認為伊斯蘭律法應該能適應現代社會的狀況。

al-Makki, Abu Talib 阿布－塔利卜‧瑪基（卒於 996 年） 夏菲儀法學派學者與蘇非行者，其作品是學者嘎札里（al-Ghazali）的重要參考資料。

Malik ibn Anas, Abu 'Abdallah 瑪立克‧伊本－阿納斯（716-795 年） 瑪立克法學派的創立者。

al-Ma'mun, Abu'l-'Abbas 'Abdallah 瑪蒙（786-833 年） 阿拔斯朝哈里發，知識豐富，對神學深感興趣，創立著名的「智慧宮」。

Marrash, Mariyana 瑪利亞娜‧馬拉許（1848-1919 年） 第一位在報紙上發

表文章的阿拉伯女性。她在敘利亞的阿勒坡主持一間沙龍，並且每每在沙龍中穿著歐洲最新流行服飾。

Mary 馬利亞（約 18-41 年） 耶穌的母親。在古蘭經關於馬利亞的那一章中提到天使報喜與耶穌誕生。

Mawdudi, Sayyid Abu'l-'Ala 毛杜迪（1903-1979 年） 印度記者，於 1941 年成立「伊斯蘭大會黨」（Jama'at-i-Islami Party）。1947 年，他移居到剛脫離印度獨立的新國家巴基斯坦，並繼續闡述他的伊斯蘭觀點。

Mernissi, Fatima 法蒂瑪·梅爾妮希（生於 1940 年） 知名的摩洛哥社會學家與女性主義作家。

Moses 摩西 猶太教領袖，帶領以色列人越過紅海離開埃及。他在西奈山上領受十誡。在沙漠中度過四十年後的摩西，在看到應許之地後才死去。摩西也是伊斯蘭教的重要先知。

al-Mufid, Shaykh Abu 'Abd Allah Muhammad 謝克·穆菲德（948-1022 年） 十二伊瑪目派學者，到今天他的書籍仍舊是十二伊瑪目派經學院法律課程的核心。

al-Muhasibi, Abu 'Abdallah al-Harith 穆哈希比（781-857 年） 巴格達的蘇非行者，他在著作裡將蘇非主義放在正統遜尼派教義的架構中。

Muhammad 穆罕默德（約 570-632 年） 伊斯蘭教的先知，真主向他揭示古蘭經。穆斯林將他視為最後的一神論先知，也就是「先知封印」（Seal of theProphets）。

Muqatil ibn Sulayman al-Balkhi 穆卡提（卒於 767 年） 早期古蘭經注釋者。

al-Muqaddasi, Muhammad ibn Ahmad Shams al-Din 穆嘎達西（約 945/46-991 年） 阿拉伯穆斯林旅行者，曾撰寫涵蓋伊斯蘭世界所有國家的完整地理學著作。

Muslim, Abu'l-Husayn 穆斯林（816-873 年） 被視為最可信的兩本「聖訓」之一的編纂者。

al-Mustansir, Abu Ja'far 穆斯坦席爾（1192-1242 年） 阿拔斯朝哈里發，1232 年於巴格達建造穆斯坦席爾經學院，以容納四個遜尼法學派。

al Mutanabbi, Abu'l-Tayyib Ahmad 穆塔納比（915-965 年） 最受喜愛的阿拉

伯古典詩人之一。

Naqshband Bukhari, Baha' al-Din 納各胥班・布哈里（1318-1389 年） 蘇非主義納各胥班迪道團創立者。

Neshat, Shirin 娜夏特（生於 1957 年） 伊朗攝影師與影片製作人，流亡國外三十多年。

Nizam al-Mulk, Abu 'Ali Hasan al-Tusi 尼札姆・穆勒克（1018-1092 年） 鼎鼎有名、任職時間極長的波斯大臣，曾服務兩位塞爾柱土耳其蘇丹──阿勒普・阿爾斯蘭（Alp Arslan）和瑪立克夏（Malikshah）。

al-Nu'man, al-Qadi al-Nu'man ibn Muhammad al-Tamimi 嘎迪・努曼（卒於 974 年） 律法學者，在其鉅著《伊斯蘭五功》中陳述伊斯蘭律法概念。

Nur al-Din, Mahmud, ibn'Imad al-Din Zengi 努爾丁（1118-1174 年） 土耳其將領，曾統治敘利亞與巴勒斯坦，為主要反十字軍戰士，替薩拉丁鋪路。

al-Palimbani, 'Abd al-Samad 帕立姆巴尼（約 1704-1790 年） 南蘇門答臘的蘇非主義作家，其作品受嘎札里和伊本－阿拉比的影響。

Plato 柏拉圖（約西元前 428/427 或 424/423-348/347 年） 世界知名的希臘哲學家與科學家，建立西方哲學的基礎。

al-Qaradawi, Yusuf 優素夫・卡拉達威（生於 1926 年） 埃及學者，可算是今日世界上最權威的遜尼派發言人。他在半島電視台（al-Jazeera）的節目十分有名。

Qurb, Sayyid 庫特布（1906-1966 年） 被形容為「現代伊斯蘭基本教義派之父」，他是激進的伊斯蘭人穆斯林兄弟會主要發言人。1966 年，他因反對由總統賈麥勒・阿布杜－納瑟（Jamal 'Abd al-Nasser）主政的埃及政府而被處決。

Rabi'a 'Adawiyya 拉比雅・阿達維亞（約 715-801 年） 伊拉克蘇非主義女聖徒，是一位離群索居的獨身神祕主義者，一開始住在沙漠中，之後在巴斯拉，身邊有一群門徒。

Reza Shah Pahlavi 巴勒維（1878-1944 年） 伊朗統治者，1925 年即位，直到 1941 年被迫退位為止。

Rida, Muhammad Rashid 穆罕默德・拉胥德・里達（1865-1935 年） 敘利亞

穆斯林改革者；在凱末爾廢除哈里發之前，他曾針對哈里發議題撰文論述。

Rumi, Jala al-Din 賈拉盧丁・魯米（1207-1273 年） 重要的波斯蘇非主義詩人。他生於阿富汗的巴爾赫（Balkh），後定居於孔亞（Konya，今土耳其境內）。

Rushdie, Salman 薩爾曼・魯西迪（生於 1947 年） 印度裔英國文學家，著有許多論文與書籍。於 1988 年出版小說《魔鬼詩篇》（*The Satanic Verses*），為此遭伊朗領袖何梅尼下達追殺教令（fatwa）。

El-Saadawi, Nawal 娜瓦勒・薩達維（生於 1931 年） 著作甚豐的埃及作家與女性主義運動者。

Saddam Husayn, 'Abd al-Majid al-Tikriti 薩達姆・海珊（1937-2006 年） 第五任伊拉克總統，在位期間為 1979 至 2006 年。

Sadra, Mulla 穆拉・薩德拉（1572-1640 年） 波斯蘇非主義神智學者。

Saladin 薩拉丁 穆斯林稱他為薩拉丁・優素夫・伊本－艾尤布（Salah al-Din Yusuf ibn Ayyub，1138-1193 年）。十字軍戰役中的庫德族穆斯林英雄，於 1187 年收復耶路撒冷，他的騎士風度與寬大為懷的精神傳遍歐洲。

Salme, Bint Said 薩樂美・賓特－薩義德（1844-1924 年） 阿拉伯公主，桑吉巴群島與阿曼的統治者薩義德・薩義德（Sayyid Said）的女兒。她嫁給一名年輕的德國人亨利希・魯伊特（Heinrich Ruete）並逃往歐洲，之後寫下她的自傳。

al-Sanhuri, 'Abd al-Razzaq 桑胡里（1895-1971 年） 阿拉伯世界的重要人物，他以法國法典與埃及現有法條為範本，並融合伊斯蘭法要素，制定了一套新的埃及民法法典。

Sayf al-Dawla, 'Ali ibn Abu'l-Hayja 'Abdallah 薩義夫・道拉（916-967 年） 位於北敘利亞邊境小國家哈姆丹尼朝（Hamdanid）阿拉伯什葉派君王，統治期間為 944 至 967 年。他每年發起聖戰，對抗拜占庭帝國。

al-Shafi'i, Muhammad ibn Idris 夏菲儀（768-820年） 夏菲儀法學派創立者。

Suhrawardi, Shihab al-Din Yahya 蘇赫拉瓦爾迪（1154-1191 年） 照明派蘇非主義作家。他往往被冠上「殉教者」（al-Maqtul）的稱謂，因為他被指控

為異教徒，囚禁在阿勒波並且被處刑。

'Umar, Mullah Muhammad 穆拉・歐瑪（生於 1959 年） 阿富汗塔利班的精神領袖。

Umm Kulthum 庫勒蘇姆（1898-1975 年） 埃及女性（有人稱她為「東方之星」），被認為是最偉大的阿拉伯歌手。

Usama bin Laden 奧薩瑪・賓－拉登（1957-2011 年） 伊斯蘭教軍事組織蓋達（al-Qa'ida）的創立者，被指控必須為發生在美國 2001 年 911 恐怖攻擊負責。2011 年他在巴基斯坦被殺。

Usman dan Fodio 歐斯曼・丹・弗迪奧（1754-1817 年） 宗教教師與改革者，住在戈比爾國的豪薩城邦，即現在的北奈及利亞；1804 年他 創立了索科多哈里發國（Sokoto caliphate）。

Wadud, Amina 阿米娜・瓦杜德（生於 1952 年） 備受矚目的非裔美國穆斯林學者，提倡對伊斯蘭教採取「性別包容」的詮釋。2005 年她於紐約市主持週五主麻日禮拜，對信徒布道。

Yusuf ibn Tashfin 優素夫・伊本－塔休芬（1061-1107 年） 柏柏爾人的穆拉比特朝第二任領導者，他征服北非大部分地區，在摩洛哥馬拉喀什建立新首都，並攻擊穆斯林西班牙。

Zayd ibn 'Ali 柴德・伊本－阿里（695-740 年） 先知穆罕默德的玄孫，於 740 年在庫法反叛伍麥亞朝哈里發時失敗被殺。他是什葉派分支柴迪派第五任伊瑪目，因此柴迪派又稱五伊瑪目派。

Zuhayli, Wahba 瓦赫巴・祖黑里（生於 1932 年） 敘利亞伊斯蘭法學家與吉哈德詮釋者，他主張不應該發動戰爭，逼迫非穆斯林改信伊斯蘭教。

延伸閱讀

針對特定主題可參考各章末選讀書目。

Andaya, B. W. and L. Y. Andaya, *A History of Malaysia*, Honolulu, HI: University of Hawaii Press, 2001

Arberry, A. J., *Sufism: An Account of the Mystics of Islam*, New York: Harper & Row, 1970

Asad, Muhammad, *The Message of the Qur'an*, London: The Book Foundation, 2003

Aslan, R., *No God But God: The Origins, Evolution, and Future of Islam*, New York: Random House, 2006

Attar, Farid al-Din, *Muslim Saints and Mystics*, trans. A. J. Arberry, London: Routledge and Kegan Paul, 1979

Ayoob, Mohammed, *The Many Faces of Political Islam: Religion and Politics in the Muslim World*, Ann Arbor, MI: University of Michigan Press, 2007

Bearman P., R. Peters and F. E. Vogel (eds.), *The Islamic School of Law: Evolution, Devolution, and Progress*, Cambridge, MA: Harvard University Press, 2006

Black, Anthony, *The History of Islamic Political Thought from the Prophet to the Present*, Edinburgh: Edinburgh University Press, 2001

Bloom, Jonathan and Sheila Blair, *Islam: A Thousand Years of Faith and Power*, New Haven, CT: Yale University Press, 2002

Boland, B. J., *The Struggle of Islam in Modern Indonesia*, The Hague, Netherlands: Nijhoff, 1971

Bonner, Michael, *Jihad in Islamic History: Doctrines and Practices*, Princeton, NJ: Princeton University Press, 2006

Bukhari-al, *Sahih al-Bukhari*, trans. M. Muhsin Khan, Chicago, IL: Kazi Publications, 1979

Bunt, Gary, *Islam in the Digital Age: E-Jihad*, Online Fatwas and Cyber Islamic Environments, London: Pluto Press, 2003

Burke, Jason, *Al-Qaeda: Casting a Shadow of Terror*, London: I. B. Tauris, 2003

Calmard, Jean, "Fatema," in *Encyclopedia Iranica*: http://www.iranicaonline.org/articles/fatema

Cole, J., *Sacred Space and Holy War: The Politics, Culture and History of Shi'ite Islam*, London: I. B. Tauris, 2002

Cook, David, *Martyrdom in Islam*, Cambridge: Cambridge University Press, 2007

Cooke, Miriam and Bruce B. Lawrence (eds.), *Muslim Networks from Hajj to Hiphop*, Chapel Hill, NC: University of North Carolina Press, 2005

Cortese, D. and S. Calderini, *Women and the Fatimids in the World of Islam*, Edinburgh: Edinburgh University Press, 2006

Denny, Fred, *An Introduction to Islam*, New York: Macmillan, 2006

Doorn-Harder, P. van, *Women Shaping Islam: Indonesian Women Reading the Qur'an, Urbana*, IL: University of Illinois Press, 2006

Elias, Jamal J., *Islam*, Abingdon, Oxford: Taylor & Francis, 2003

Ernst, Carl, *Following Muhammad: Rethinking Islam in the Contemporary World*, Edinburgh: Edinburgh University Press, 2004

Esposito, John L. and Dalia Mogahed, *Who Speaks for Islam? What a Billion Muslims Really Think*, New York: Gallup Press, 2008

Esposito, John L. (ed.), *The Oxford History of Islam*, New York: Oxford University Press, 1999

Esposito, John L., *Women in Muslim Family Law*, Syracuse, ny: Syracuse University

Press, 2001

Ess, J. van, *The Flowering of Muslim Theology*, trans. J. M. Todd, Cambridge, ma: Harvard University Press, 2006

Ewing, Katherine P. (ed.), *Being and Belonging: Muslims in the United States Since 9/11*, New York: Russell Sage, 2008

Firestone, Reuven, *Jihad: The Origins of Holy War in Islam*, New York: Oxford University Press, 1999

Fletcher, J., *Studies on Chinese and Islamic Inner Asia*, ed. B. F. Manz, Aldershot: Variorum, 1995

Ghaneabassiri, Kamran, *A History of Islam in America*, New York: Cambridge University Press, 2010

Goodman, L. E., *Avicenna*, London: Routledge, 1992

Goody, J., *Islam in Europe*, Cambridge: Cambridge University Press, 2004

Haeri, Shaykh Fadhlalla (ed. and trans.), *The Sayings and Wisdom of Imam Ali*, London: Muhammadi Trust of Great Britain and Northern Ireland, 1999

Hambly, Gavin, *Women in the Medieval Islamic World: Power, Patronage, and Piety*, Basingstoke: Macmillan, 1998

Hodgson, Marshall G. S., *The Venture of Islam: Conscience and History in a World Civilization*, 3 vols., Chicago, IL: University of Chicago Press, 1974

Hoyland, Robert, *Seeing Islam as Others Saw It: A Survey and Evaluation of Christian, Jewish, and Zoroastrian Writings on Islam*, Princeton, NJ: The Darwin Press, 1997

Huda, Qamarul, *The Diversity of Muslims in the United States: Views as Americans*, Washington, DC: United States Institute of Peace, 2006

Ibn Ishaq, *The Life of Muhammad (Sirat Rasul Allah)*, trans. A. Guillaume, London: Oxford University Press, 1955

Ibn Khaldun, *The Muqaddimah: An Introduction to History*, trans. F. Rosenthal, abridged N. J. Dawood, Princeton, nj: Princeton University Press, 1969

Jeffrey, Patricia, *Frogs in a Well: Indian Women in Purdah*, London: Zed Press,

1979.

Joseph, Suad (ed.), *Encyclopedia of Women and Islamic Cultures*, Leiden: Brill, 2003

Kepel, Gilles and Jean-Pierre Milleli (eds.), Al-Qaeda in its Own Words, Cambridge, MA and London: Belknap Press, 2008

Khomeini, R. M., *Islam and Revolution, Writings and Declarations of Imam Khomeini*, trans. H. Algar, Berkeley, CA: Mizan Press, 1981

Kruk, Remke, *The Warrior Women of Islam: Female Empowerment in Arabic Popular Culture*, London: I. B. Tauris, 2013

Lawrence, Bruce (ed.), *Messages to the World: the Statements of Osama Bin Laden*, trans. James Howarth, London: Verso, 2005

Lewis, Franklin, *Rumi: Past and Present, East and West: The Life, Teachings and Poetry of Jalal al-Din Rumi*, Oxford: Oneworld, 2000

Lewis, P., *Islamic Britain: Religion, Politics, and Identity Among British Muslims*, London: Palgrave, 2002

Long, David E., *The Hajj Today, Albany*, NY: State University of New York Press, 1979

Makdisi, George, *The Rise of Colleges: Institutions of Learning in Islam and the West*, Edinburgh: Edinburgh University Press, 1981

Martin, R. C., M. R. Woodward and D. S. Atmaja, *Defenders of Reason in Islam: Mut'azilism from Medieval School to Modern Symbol*, Oxford: Oneworld, 1997

McAuliffe, Jane Dammen (ed.), *Encyclopedia of the Quran*, Leiden: Brill, 2001–2006

Melchert, C., *The Formation of the Sunni Schools of Law, 9th–10th Centuries C. E.*, Leiden: Brill, 2002

Mernissi, Fatima, *The Forgotten Queens of Islam*, London: Polity Press, 1993.

Mottahedeh, Roy, *The Mantle of the Prophet*, Harmondsworth: Penguin Books, 1987

Motzki, H. (ed.), *The Biography of Muhammad: The Issue of the Sources*, Leiden:

Brill, 2000

Nashat, G. and L. Beck (eds.), *Women in Iran from the Rise of Islam to 1800*, Urbana, IL: University of Illinois Press, 2003

Nasr, Seyyed Hossein, *Islam: Religion, History and Civilization*, San Francisco, CA: HarperOne, 2002

Netton, Ian Richard, *Text and Trauma: An East-West Primer*, London: Routledge, 1996

Nielsen, Jorgen, *Muslims in Western Europe*, Edinburgh: Edinburgh University Press, 2005

Pierce, Leslie, *The Imperial Harem: Women and Sovereignty in the Ottoman Empire*, Oxford: Oxford University Press, 1993

Qaradawi, Yusuf, *The Lawful and the Prohibited in Islam*, Indianapolis, IN: American Trust Publications, n. d.

Rahman, Fazlur, *Major Themes of the Qur'an*, Minneapolis, MN: Bibliotheca Islamica, 1980

Renard, John, *Seven Doors to Islam: Spirituality and the Religious Life of Muslims*, Berkeley, CA and London: University of California Press, 1996

Rippin, Andrew (ed.), *The Blackwell Companion to the Qur'an, Malden*, MA: Blackwell, 2006

Rippin, Andrew, *The Qur'an and Its Interpretative Tradition*, Aldershot: Ashgate, 2001

Rizvi, S. H., "Mysticism and Philosophy: Ibn 'Arabi and Mulla Sadra," in eds. R. Taylor and P. Adamson, *The Cambridge Companion to Arabic Philosophy*, Cambridge: Cambridge University Press, 2005, pp. 224–46

Robinson, Francis (ed.), *The Cambridge Illustrated History of the Islamic World*, Cambridge: Cambridge University Press, 1996

Safi, Omid (ed.), *Progressive Muslims: On Gender, Justice and Pluralism*, Oxford: Oneworld, 2003

Sahas, Daniel J., *John of Damascus on Islam: The "Heresy of the Ishmaelites"*,

Leiden: Brill, 1972

Said-Ruete, Emily, *Memoirs of an Arabian Princess*, ed. G. S. P. Freeman-Grenville, London and The Hague, Netherlands: East-West, 1994

Sajoo, Amyn, *Muslim Ethics: Emerging Vistas*, London: I. B. Tauris, 2004

Shepard, William, *Introducing Islam*, Abingdon, Oxford: Routledge, 2009

Silvestri, Sara, *Unveiled Issues: Europe's Muslim Women: Potential, Aspirations and Challenges*, Brussels: King Badouin Foundation, 2009

Smith, Jane I., *Islam in America*, New York: Columbia University Press, 1999

Smith, Margaret, *Readings From the Mystics of Islam*, London: Luzac, 1972

Suleiman, Yasir, *Narratives of Conversion to Islam: Female Perspectives*, Cambridge: Prince Alwaleed Bin Talal Centre of Islamic Studies, University of Cambridge, in association with the New Muslims Project: Markfield, 2013.

Taji-Farouki, Suha (ed.), *Modern Muslim Intellectuals and the Qur'an*, London: Oxford University Press, 2004

The Koran Interpreted, trans. A. J. Arberry, London: Allen & Unwin, 1980

Trimingham, J. S., *The Sufi Orders in Islam*, Oxford: Clarendon Press, 1971

Tucker, Judith, *Women, Family, and Gender in Islamic Law*, Cambridge: Cambridge University Press, 2008

Turner, Colin, *Islam: The Basics*, London: Routledge, 2005

Turner, Richard Brent, *Islam in the African-American Experience*, Bloomington, IN: Indiana University Press, 2003

Wadud, Amina, *Inside the Gender Jihad: Women's Reform in Islam*, Oxford: Oneworld, 2006

Woodward, Mark R. (ed.), *Toward a New Paradigm: Recent Developments in Indonesian Islamic Thought*, Tempe, az: Arizona State University Program for Southeast Asian Studies, 1996

Zubaida, Sami, *Law and Power in the Islamic World*, London and New York: I. B. Tauris, 2003

圖片來源

Zahur Ramji/AKDN 圖 41

akg-images/Hervé Champollion 圖 72

akg-images/Gerard Degeorge 圖 40

Luis Dafos/Alamy 圖 32

dbimages/Alamy 圖 59

imageBROKER/Alamy 圖 31

Halil Ibrahim Kurucan/Alamy 圖 20

Photos 12/Alamy 圖 27

Stillman Rogers/Alamy 圖 19

Travelscape Images/Alamy 圖 7

Ivan Vdovin/Alamy 圖 61

Patricia White/Alamy 圖 50

Bosiljka Zutich/Alamy 圖 17

Art Archive/Bodleian Libraries, The University of Oxford 圖 76

Art Archive/Gianni Dagli Orti 圖 54

Art Archive/DeA Picture Library 圖 28

Art Archive/Mondadori Portfolio/Electa 圖 10

Art Archive/Jane Taylor 圖 2

Art Archive/Topkapi Museum, Istanbul/Gianni Dagli Orti 圖 48

National Library, Cairo 圖 13

Harvard Art Museums/Arthur M. Sackler Museum, Grace Nichols Strong, Francis H. Burrand Friends of the Fogg Art Museum Funds. Photo Imaging Department, President and Fellows of Harvard College, Cambridge, MA 圖 53

Patrimonio Nacional, Madrid 圖 64

Metropolitan Museum of Art, New York 圖 9、45

Sally Nicholls 圖 30

Bibliothèque Nationale de France, Paris 圖 21、23、65

Musée du Louvre, Paris 圖 71

Ovidio Salazar 圖 5

Metropolitan Museum of Art, New York/Scala 圖 56

Österreichische Nationalbibliothek, Vienna 圖 29

Freer Gallery of Art, Smithsonian Institution, Washington, D.C. 圖 47、58

The Art and History Collection, courtesy the Arthur M. Sackler Gallery, Smithsonian Institution, Washington, D.C. 圖 22

Drazen Tomic 書前大地圖、圖 4、34、35、36

中外文對照及索引

部分內容僅出現於本書附贈拉頁「伊斯蘭年表」，以下用（拉頁＋年分）標示。

書籍文獻、畫作電影等

一畫

建築